高等学校应用型本科规划教材

Daolu Gongcheng Zhitu
道路工程制图

主编　谭海洋
主审　和丕壮

人民交通出版社

内 容 提 要

本书作为高等学校应用型本科的基础课程教材，主要介绍了道路工程制图的一般理论和制图方法，同时还涉及房建、城市道路、水工制图等内容。全书共二十章。第一章为绪论，第二章至第十五章是制图基础与投影理论，第十六章至第二十章是专业制图。为了与本教材配合使用，还编写了同层次的《道路工程制图习题集》，另册出版。

本书可作为高等学校应用型本科层次的土木工程专业教材，也可供相关工程技术人员在生产实践中参考。

图书在版编目（CIP）数据

道路工程制图／谭海洋主编．—北京：人民交通出版社，2008.9
ISBN 978-7-114-07326-7

Ⅰ.道… Ⅱ.谭… Ⅲ.道路工程—工程制图—高等学校—教材 Ⅳ.U412.5

中国版本图书馆CIP数据核字(2008)第127207号

高等学校应用型本科教材
书　　名：道路工程制图
著 作 者：谭海洋
责任编辑：毛　鹏　岑　瑜
出版发行：人民交通出版社
地　　址：(100011) 北京市朝阳区安定门外外馆斜街3号
网　　址：http://www.ccpress.com.cn
销售电话：(010) 59757973
总 经 销：人民交通出版社发行部
经　　销：各地新华书店
印　　刷：北京武英文博科技有限公司
开　　本：787×1092　1/16
印　　张：16.25
插　　页：3
字　　数：410千
版　　次：2008年9月　第1版
印　　次：2024年7月　第18次印刷
书　　号：ISBN 978-7-114-07326-7
定　　价：28.00元

21世纪交通版
高等学校应用型本科规划教材
编　委　会

前　　言

随着教育部制定的《面向21世纪高等工程教育教学内容和课程体系改革》的启动，为适应教学改革的发展，满足工科院校土木工程各专业的教学需要，根据高等学校工科制图课程教学指导委员会制定的《画法几何及土木建筑制图课程教学基本要求》的主要精神，结合近年来计算机绘图技术的发展，总结多年来的教学要求，特别是近年来本课程教学改革的实践经验编写了本教材。

本教材考虑到土木工程各专业的需要，专业图包括了建筑工程图、道路工程图、桥梁工程图、隧道工程图、水利工程图、港航工程图等。各专业师生可根据具体情况，对内容予以取舍。

本教材适合各类土木工程本科专业，由其应用型本科专业学生学习使用。

与本书配套的还有谭海洋主编的《道路工程制图习题集》，可配合本书使用。

参加本教材编写的人员有：谭海洋（第二章、第九章、第十九章、第二十章）、王岱雅（第七章、第十二章、第十六章）、蒋少青（第一章、第四章）、何祎（第十四章、第十七章）、万力（第八章、第十章）、汪琳（第五章、第六章）、尹月里（第十一章、第十八章）、禹季芳（第三章、第十三章）、袁奇（第十五章）。本书由谭海洋担任主编。

在本书的编写过程中，参阅了一些国内同类教材，同时也选用了部分单位的施工图纸，在此特向有关作者致谢。

本书承蒙长安大学和丕壮教授审定，为本书提供了许多建设性的意见，在此深表感谢。

由于编者水平有限，本书会存在一些缺点和错误，恳请读者和同行批评指正。

编　者

2008年5月

目　录

绪　论

一、本课程的地位、性质

在日常生活和工作中，我们会常常遇到图样，工程图样能形象地描绘事物和表达设计思想，工作中既要用图样来表达设计者的设计思想，也需要用图样来指导施工、制造、加工。所以工程图样被誉为“工程技术的语言”。

画法几何及工程制图是研究图示法和图解法的学科。画法几何研究空间形体与平面图形之间的关系，而工程制图是研究工程建筑物或机械的表达方法、绘图方法及读图方法。

画法几何及工程制图是一门技术基础课，学生通过学习，可养成严谨细致的工作作风，掌握正投影的基本理论和作图方法。学好这门课程，不仅为今后学习专业课程打下良好的基础，也是为了今后工作上的需要。因此，要求学生既要掌握一定的绘图和读图能力，同时要求培养学生具有一定的空间想象和空间构思能力，以及具有正确地表达自己设计思想的能力。由于社会生产和科学研究的发展对计算机图形处理技术提出了更高的要求，本课程为适应这一新变化，在内容编排选择上做了大量工作，力求满足这一新形势的发展。

二、本课程的任务、要求

为学生学习后续课程和今后工作进行规划、设计、施工、科学研究提供图示、图解的理论和方法，培养工程技术人员的绘图、读图和空间想象能力。

学习本课程时，要求掌握以下基本内容和基本技能：

(1)常用投影法(主要是正投影法)的基本理论及其应用。

包括正投影规律和点、线、面及基本立体的投影规律与作图方法。

(2)培养空间几何问题的图解能力。

正投影法中，空间几何元素点、线、面的从属、平行、相交、垂直关系的投影特点和作图方法；空间定位及度量问题的图解方法。

(3)培养对三维形状与相关位置的空间逻辑思维和形象思维能力。

包括三维基本形体和组合体的投影及其相对位置的表达方法。

(4)土木制图的基本知识。

包括表达建筑物的方法、规定、尺寸、技术要求等；图例符号的画法与意义、几何作图等。

三、本课程的学习方法

本课程由画法几何、制图基础、土木工程制图和计算机绘图基础四部分组成，各部分既有各自的特点，又相互紧密联系，学习过程中应注意以下问题：

(1)本课程中的图示法、图解法和一些几何作图方法都是以初等几何原理为基础，学习时要注意联系和运用几何方面的知识，这将有助于分析和理解，使课程易于掌握。画法几何及工程制图是研究空间形体在平面上的投影规律，在学习过程中要注意对空间形体的分析及空间

形体与平面图形之间的联系，掌握“从空间形体到平面图形，从平面图形到空间形体”的学习方法，

(2)本课程是一门实践性很强的学科，几何元素的投影规律及绘图、读图并不很复杂，但要利用这些理论解决具体的几何问题并不容易，只有通过反复的实践练习，才能学好这门课程，所以必须认真完成一定数量的作业和习题，通过作业和习题的实践练习，才能正确掌握投影理论和作图方法。

(3)学习过程强调循序渐进，首先必须熟练掌握正投影规律和空间几何元素点、线、面的投影规律，然后循序渐进，逐步深入。如果前面基础部分知识掌握不好，后面的学习将会越学越困难。

(4)制图基础和土木工程图的学习应熟悉、掌握并严格遵守国家制图标准[如《道路工程制图标准》(GB 50162—92)]的有关规定，掌握表达建筑物的方法、规定、尺寸、技术要求、图例符号的画法与意义等，认真进行制图技能的操作训练和练习，养成正确使用制图工具、仪器，以及准确和规范作图的习惯，逐步提高空间想象能力，养成严谨、认真、细致的工作作风。

(5)在学习本课程的过程中，应注意自学和复习，逐步提高自学能力、发现问题、分析问题和解决问题的能力，养成良好的学习习惯。

第一章　制图基本知识

第一节　基本制图标准

图样是工程界的共同语言，是表达设计构思、组织指导生产、进行技术交流的重要技术文件。绘制工程图样必须遵守统一的规定，这个统一的规定就是制图标准。本章主要介绍《道路工程制图标准》(GB 50162—92)中的有关规定。

一、图纸幅面及标题栏

为了合理地利用图纸，便于图纸的装订、保管，图纸幅面的大小应符合表1-1的规定：

图纸幅面尺寸(单位:mm)　　表1-1

尺寸代号	图纸幅面代号				
	A0	A1	A2	A3	A4
$b \times l$	841×1189	594×841	420×594	297×420	210×297
a	35			30	25
c	10				

无论图纸是否装订，都应画出图框，见图1-1。图框左边距图纸边缘的尺寸为a；其余三边距图纸边缘的尺寸为c。在图框右下角画一图标，图标、绘签栏、角标的格式请查《道路工程制图标准》(GB 50162—92)，在本课程作业中，图标采用图1-2的格式。

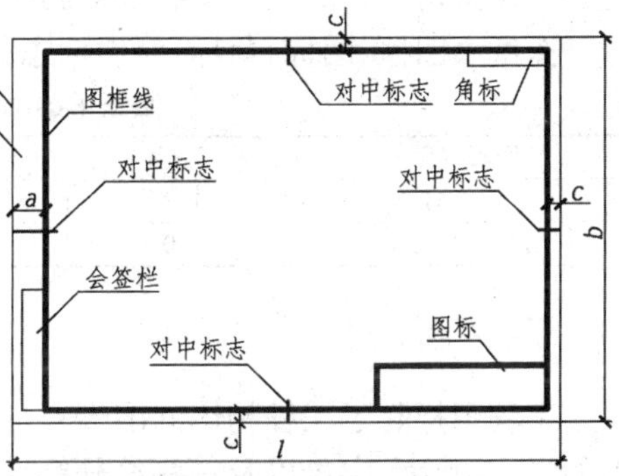

图1-1　图纸幅面格式

二、图线及其画法

工程图中图线的宽度b根据图形的大小和复杂程度从0.35mm、0.5mm、0.7mm、1.0mm、1.4(mm)系列中选取。

为了保证图样所表示的内容层次分明、清晰易看。采用各种不同形式和粗细的图线，分别

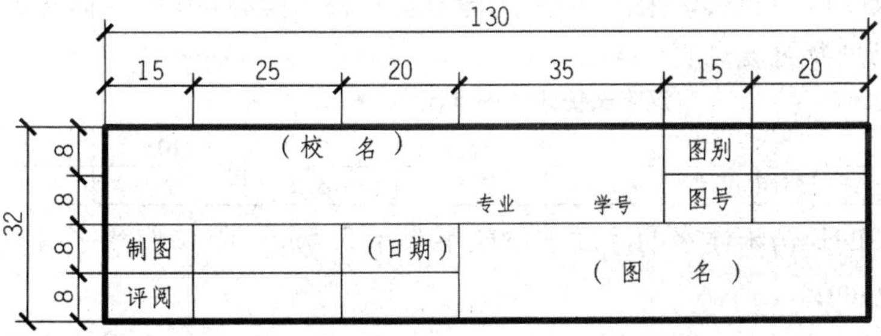

图1-2　标题栏(尺寸单位:mm)

表示不同的意义和用途。各种图线的线型、线宽及其用途见表1-2。

图线的线型、线宽及用途 表1-2

名称	线型	线宽	一般用途
粗实线		b	主要可见轮廓线
细实线		$0.25b$	可见轮廓线、图例线等
虚线	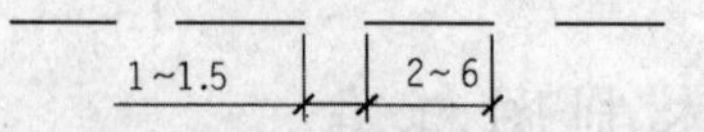	$0.25b$	不可见轮廓线
点画线	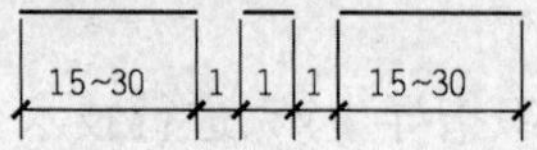	$0.25b$	中心线、对称线等
双点画线	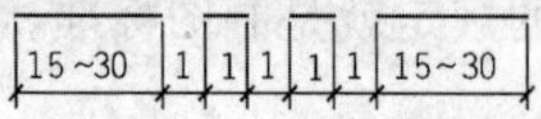	$0.25b$	假想轮廓线、成型前原始轮廓线
折断线	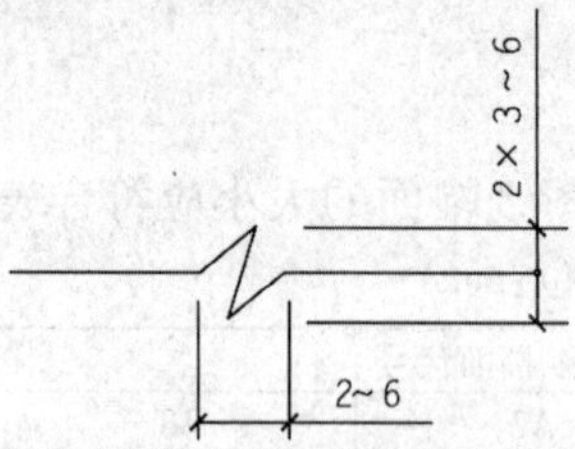	$0.25b$	断开界线
波浪线		$0.25b$	断开界线

在同一张图纸,同类线的粗细应保持均匀一致,线、点画线及双点画线的线段长度和间隔宜各自保持均匀相等。点画线及双画线中的"点"是小短画(约1mm),而不是点。

图纸中图框、图标、角标、对中标志的线宽,见表1-3。

图纸中的图框线和图标线宽(单位:mm) 表1-3

图纸幅面	图框线	图标、绘签栏外框线	对中标志	图标、绘签栏分格线、角标
A0 A1	1.4	0.7	≥0.5	0.25
A2 A3 A4	1.0	0.7	≥0.5	0.25

三、字体

工程图样除了工程物体的图形外,还需要用文字来说明它的名称、尺寸、用料、作法等。图上的汉字、数字、字母以及一些符号等均应书写端正,笔画清晰,排列整齐,间距均匀。

1. 字体规格

字号代表文字的高度,汉字、阿拉伯数字、拉丁字母等字体高度系列统一规定为2.5mm、3.5mm、5mm、10mm、14mm、20mm。长仿宋体的字高与字宽的比例大约为$\sqrt{2}:1$。

图样中的汉字应写成长仿宋体,应采用国家正式公布推行的《汉字简化方案》中规定的简化字。字体的高度及宽度见表1-4。

汉字长仿宋体的字高、字宽(单位:mm) 表1-4

字高(即字号)	2.5	3.5	5	7	10	14	20
字宽	1.8	2.5	3.5	5	7	10	14

工程图样中的长仿宋体字的高度一般应不小于3.5mm,阿拉伯数字、拉丁字母的高度一般应不小于2.5mm。

2. 字体示例

为了在书写时对字体的规格有所依据,将汉字长仿宋体、拉丁字母、阿拉伯数字分别示例于图 1-3 和图 1-4。

图 1-3　汉字长仿宋体示例

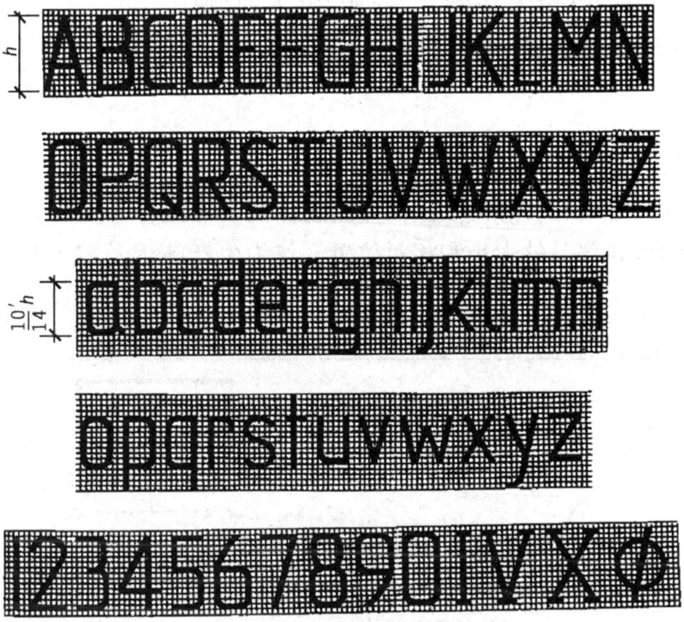

图 1-4　拉丁字母、阿拉伯数字示例

3. 字体写法

长仿宋体的特点是:笔画挺直,粗细一致,钩长锋锐,整齐秀丽。长仿宋体字的基本笔画和写法见表 1-5。

长仿宋体字的基本笔画和写法　　表 1-5

名称	横	竖	撇	捺	钩	挑	点
形状							
写法							

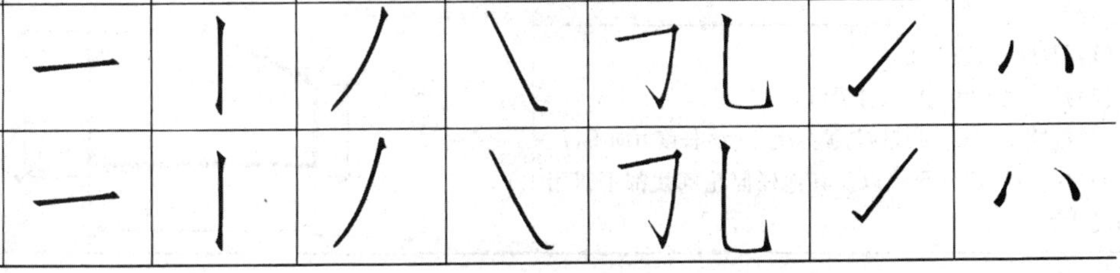

四、比例和图名

比例就是图样上反映物体的线段长度与相应实际线段长度之比。

比例分放大的比例(如2∶1、5∶1……),缩小的比例(如1∶2、1∶5……),以及实尺的比例(如1∶1)等三种。在土建工程图中常用缩小的比例。绘图时,应根据图样的用途和被绘物体的复杂程度,优先从下列常用比例中选用:

1∶1、$1:1\times10^n$;1∶2、$1:2\times10^n$;1∶5、$1:5\times10^n$,n为正整数。

也可以按需要选用中间比例:

1∶1.5、$1:1.5\times10^n$;1∶2.5、$1:2.5\times10^n$;1∶3、$1:3\times10^n$;1∶4、$1:4\times10^n$;1∶6、$1:6\times10^n$,n为正整数。

比例书写在图名的右侧,字号应比图名字号小一号或二号。图名下画一条横线,其线宽应不粗于本图纸图形中的粗实线,同一张图纸上的这种横线线宽应一致。图名下横线与图名文字的间隔一般不宜大于1mm,其长度应以所写文字所占的长短为准,不要任意画长,如图1-5所示。

当一张图纸中的各图只用一种比例时,也可以把比例单独书写在图纸标题栏内。

<u>平面图</u>　1∶100

图1-5　比例书写形式

五、尺寸注法

图样上除表示物体形状的图形外,还需注出物体的实际尺寸。尺寸是用规定的长度单位或角度单位,表示物体各部分的大小和相对位置。作为生产施工及竣工验收的重要依据。尺寸注法见表1-6。

尺寸注法　　表1-6

1. 尺寸的组成 (1)尺寸界线。 (2)尺寸线。 (3)尺寸起止符号。 (4)尺寸数字	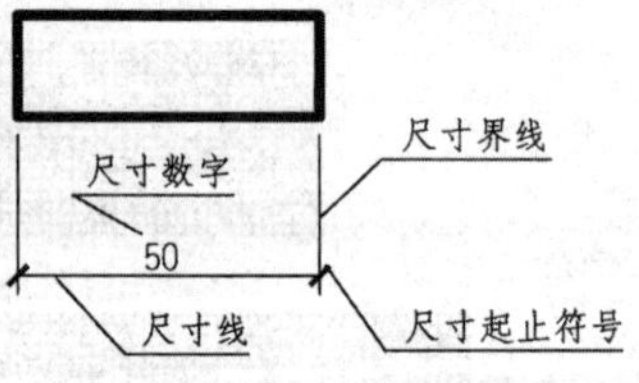
2. 尺寸界线的画法 (1)尺寸界线用细实线。 (2)一般情况下,线性的尺寸界线垂直于尺寸线,并超出尺寸线约2mm。当标注困难时,也可不垂直,但尺寸界线应相互平行。 (3)尺寸界线不宜与需要标注尺寸的轮廓线相接,应留出约2mm的间距。 (4)图形的轮廓线以及中心线都允许用作尺寸界线	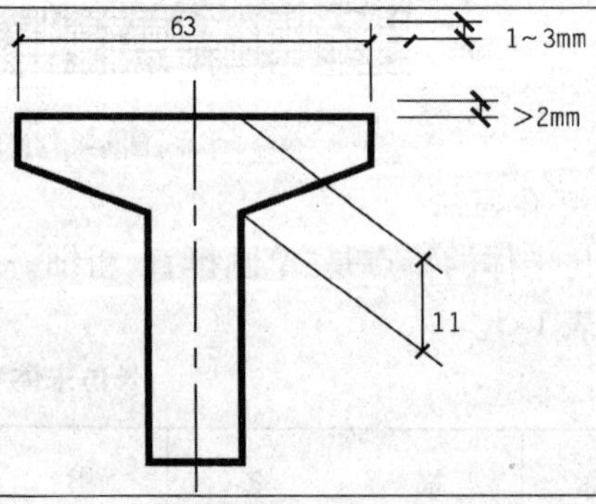
3. 尺寸线的画法 (1)尺寸线用细实线。 (2)尺寸线不宜超出尺寸界线。 (3)线性尺寸的尺寸线应与被标注尺寸的长度方向平行。 (4)中心线、尺寸界线以及其他任何轮廓线都不得用作尺寸线	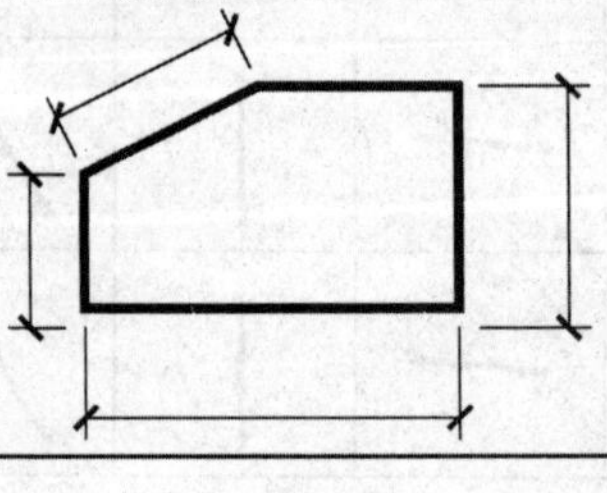

4. 尺寸起止符的画法

(1)尺寸起止符宜采用单边箭头表示，箭头在尺寸界线的右边时，应表注在尺寸线之上，反之，应表注在尺寸线之下。

(2)箭头大小可按绘图比例取。

(3)也可用45°倾斜的短线表示，其倾斜方向为尺寸线顺时针转45°角，长度宜为2～3mm。

(4)在连续表示的小尺寸中，也可在尺寸界线同一水平的位置，用小黑点表示

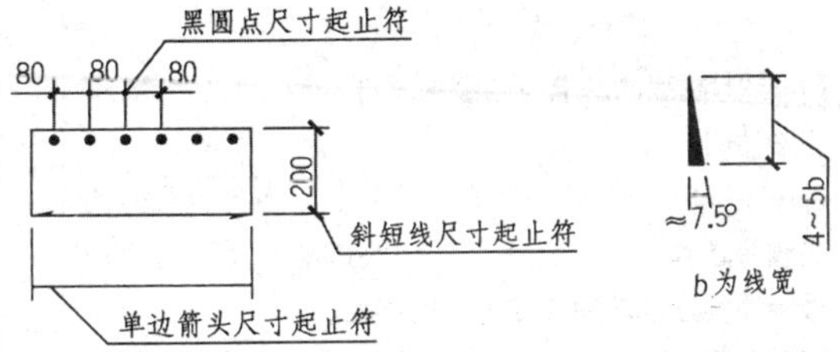

注：尺寸单位：mm

5. 尺寸数字

(1)工程图上标注的尺寸数字，是指物体的实际大小，它与绘图所用的比例无关。

(2)工程图上的尺寸单位，高程和总平面图以m为单位，桥涵工程图以cm为单位，其他都以mm为单位。

(3)尺寸数字书写方向按右图规定。

(4)尺寸数字应尽量注写在尺寸线的上方中部，当注写尺寸数字的位置不够时，则可把最外边的尺寸数字注写在尺寸界线的外侧，中间邻的尺寸数字可错开注写，必要时也可引出注写。

(5)任何图线不得穿过尺寸数字，当不能避免时，必须把标注尺寸处的其他图线断开

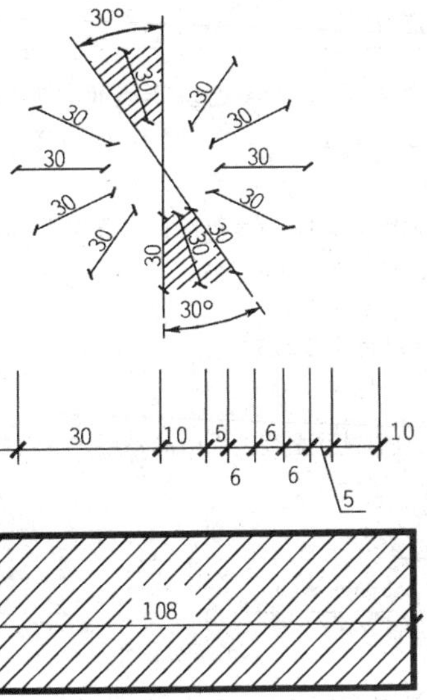

注：尺寸单位：mm

6. 半径、直径、球的尺寸标注

(1)半径尺寸线必须从圆心画起或对准圆心，直径尺寸线则通过圆心或对准圆心。

(2)标注半径、直径或球的尺寸时，尺寸线应画上箭头

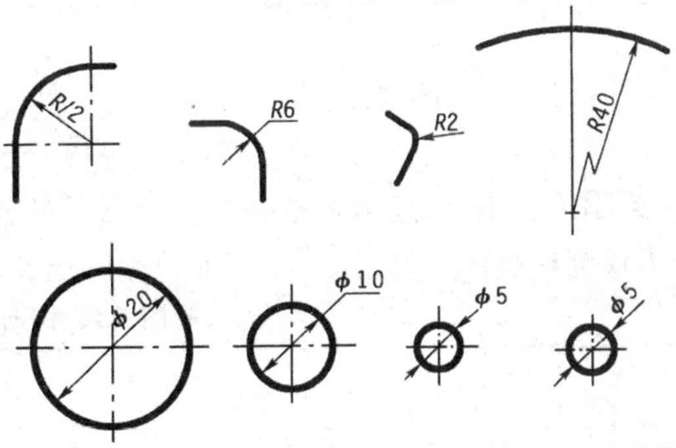

7. 角度的注法

(1)标注角度的尺寸界限应沿径向引出，尺寸线是以角顶点为圆心的圆弧，尺寸起止符号采用箭头。

(2)角度数字一律水平注写在尺寸线的中断处，必要时也可以注写在尺寸线的上方或外面，也可以引出标注

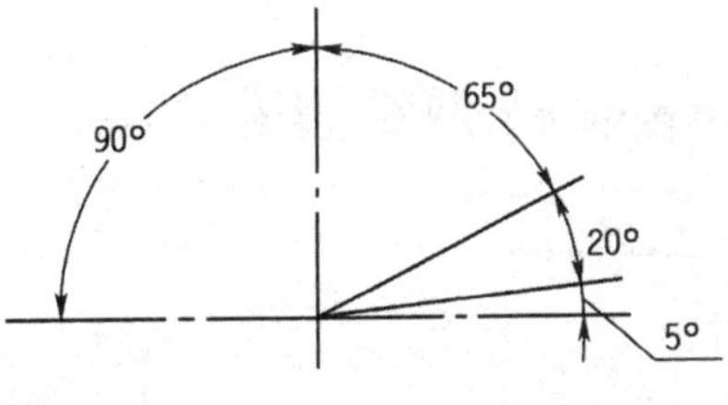

续上表

8. 高程的注法 (1)图上高程的基准与测量的基准一致，单位为米，图上不必注明。 (2)高程数字前，应加注高程符号。立面高程符号为细实线等腰直角三角形，其斜边应保持水平，直角顶点应与被标注高度的轮廓线或引出线接触。 平面高程符号如右图所示，矩形框及圆周用细实线画出	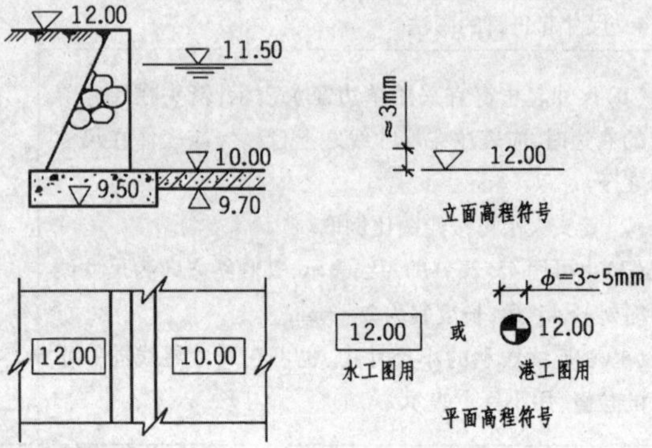
9. 坡度的注法 (1)坡度＝两点间的高度差/两点间的水平距离。如右图所示，$BC=1\mathrm{m}$，$AB=2\mathrm{m}$，则 AC 的坡度＝1/2，写成1∶2。 (2)当坡度平缓时，坡度可用百分数表示，标注方法如右图所示，箭头表示下坡方向	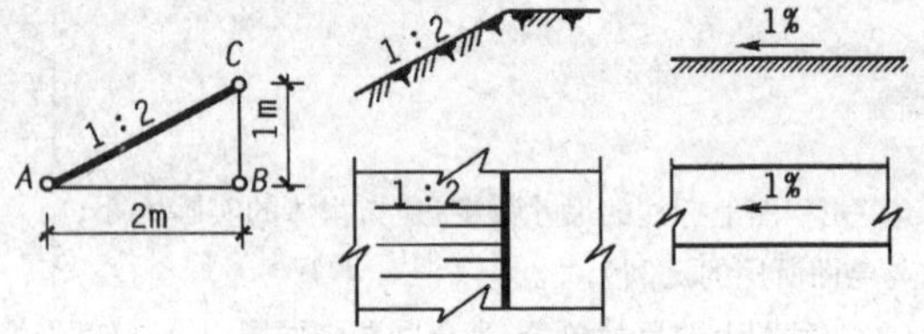
10. 多层结构尺寸的注法 指引线应通过并垂直于被引的各层，文字说明的次序应与构造的层次一致	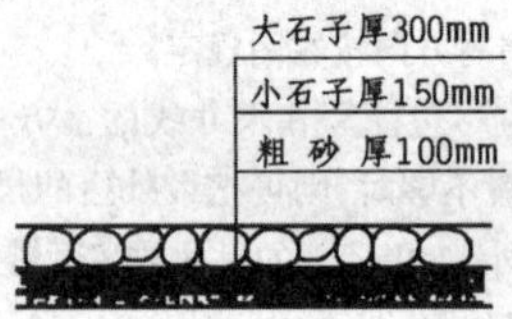
11. 水位的标注法 由数条上长下短的细实线及标符号组成	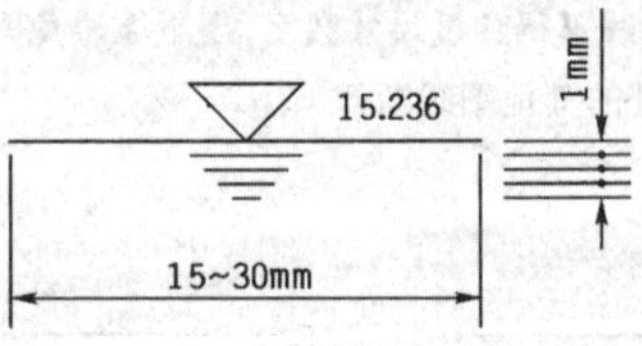

第二节　制图工具、仪器及其使用方法

绘制工程图样，应当具备必要的绘图工具和仪器。正确地掌握制图工具和仪器的使用方法，不仅能提高图面质量，同时能加快制图速度。制图工具、仪器及其使用方法如表1-7所示。

制图工具、仪器及其使用方法　　表1-7

图板	图板的板面应平整，左右两边应平直	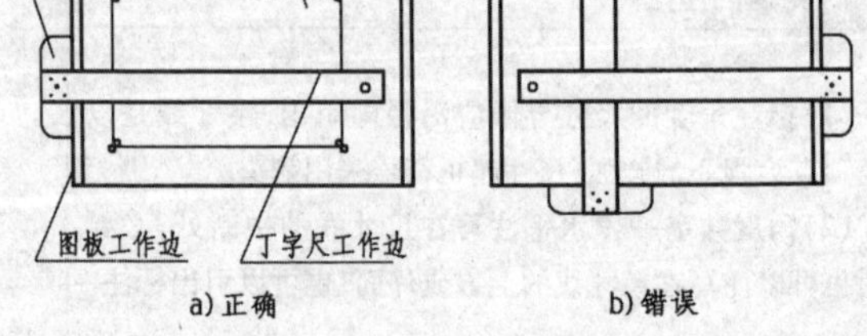

丁字尺	丁字尺是用来画水平直线的。丁字尺的尺头,只能靠图板的左边。 画线时只能使用丁字尺的工作边,此边必须保证平直。上下移动丁字尺时的要领是:左手握住尺头,并使尺头靠近图板	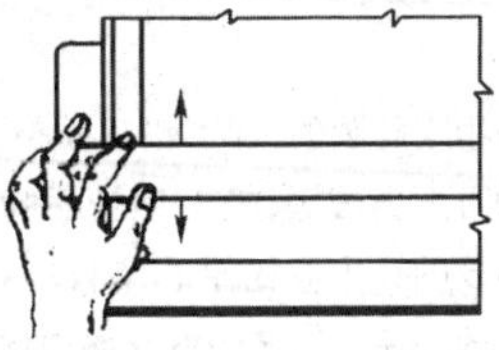
	画水平直线的要领是:左手按住尺身,右手从左向右画线	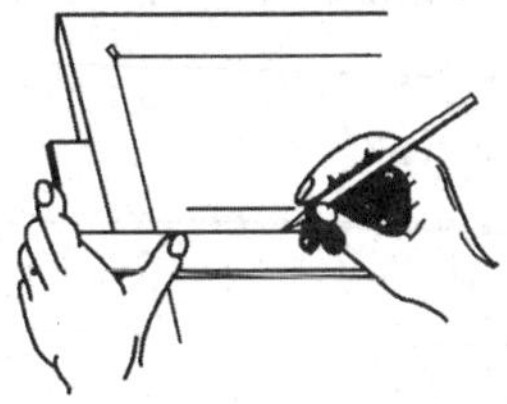
三角板	三角板每副有两块,与丁字尺配合可以画垂直线及等倾斜角	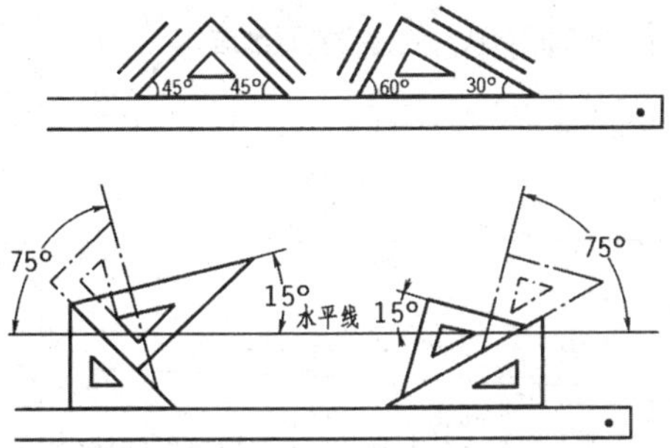
	用三角板画垂直线的要领是:先把丁字尺定位好,使尺头紧靠图板,然后用左手按住尺身,再把三角板放在所要画的垂直线的右边并紧靠丁字尺,同时用手按住。画线时从下向上画	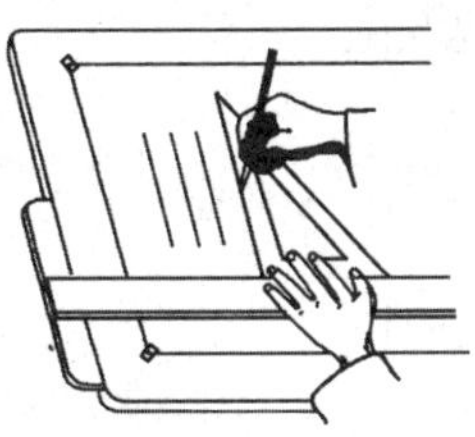
铅笔	铅芯的软硬用字母"B"及"H"表示,"H"前面的数字愈大表示铅芯愈硬,"B"前的数字愈大表示铅芯愈软、愈黑。画图时不要用过软或过硬的铅芯,建议选择 2H、H、HB 和 B 四种。 画底稿及细线:2H 或 H;画粗线:B;写字:HB。 铅笔削法:见右图 a) 和 b)	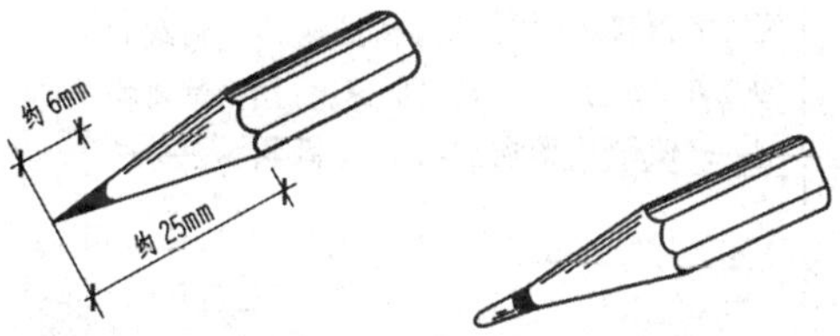 a) 圆锥形　　b) 楔形
	运笔要领:见右图。 (1)铅笔与纸面和尺身的相互位置如右图所示。 (2)画线时速度和用力要均匀。 (3)画长线时是肘臂移动而手腕不转动	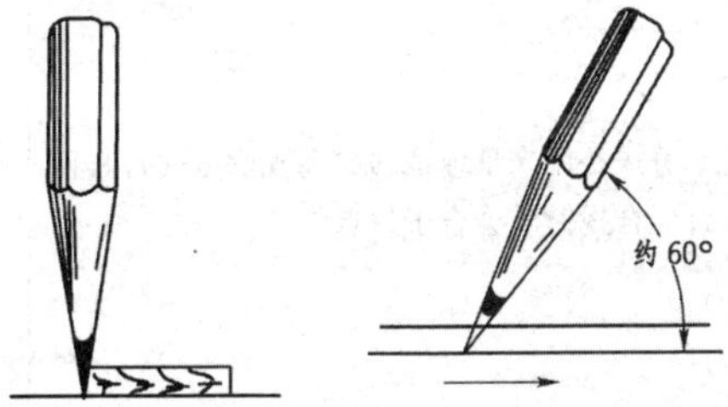 侧面　　正面

圆规	圆规是用来画圆的，卸下铅笔插脚，换上鸭嘴笔插脚可上墨画圆，换上钢针插脚可作分规用。圆规的针尖应比铅芯略长一点，针尖用台阶形的一端。铅芯最好比画直线的软一点。如画直线用 HB 铅笔，则圆规中宜用 B 的铅芯。	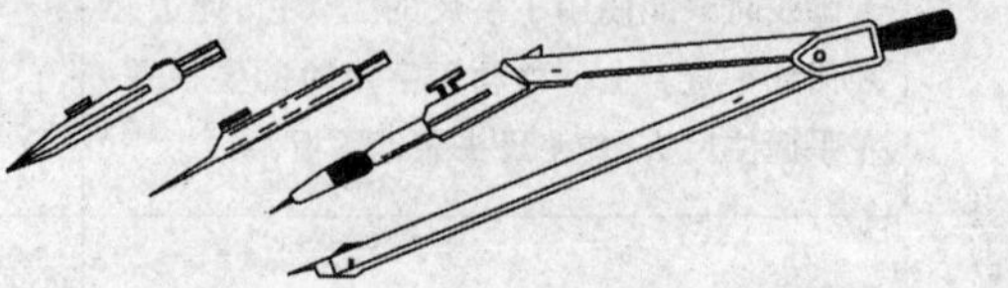
	画圆时针尖和铅芯应垂直纸面	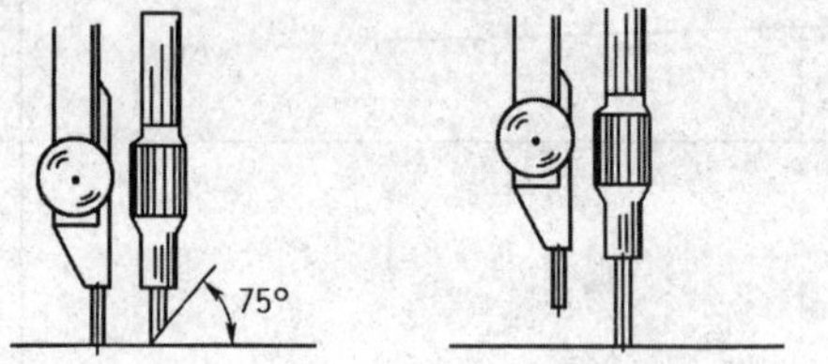 a) 正确　　b) 错误
	画大圆时可装上延伸杆（同样要保持针尖和铅芯垂直纸面）	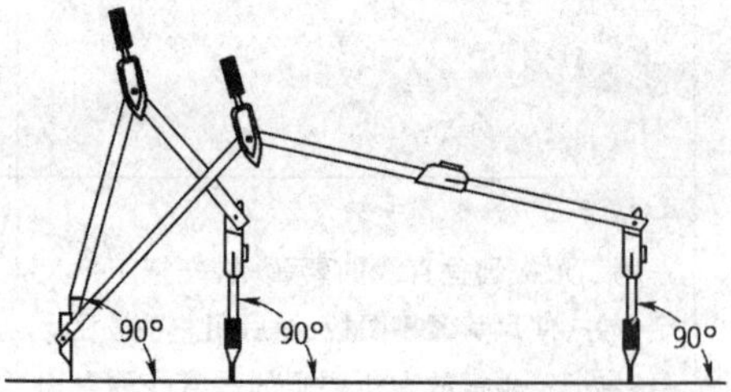
	画圆时的要领：用右手大拇指和食指捏住圆规的顶部，用左手的食指推送针尖到圆心的位置[图 a)]。旋转时的速度、用力都要均匀。并使圆规稍向旋转方向倾斜一些[图 b)]	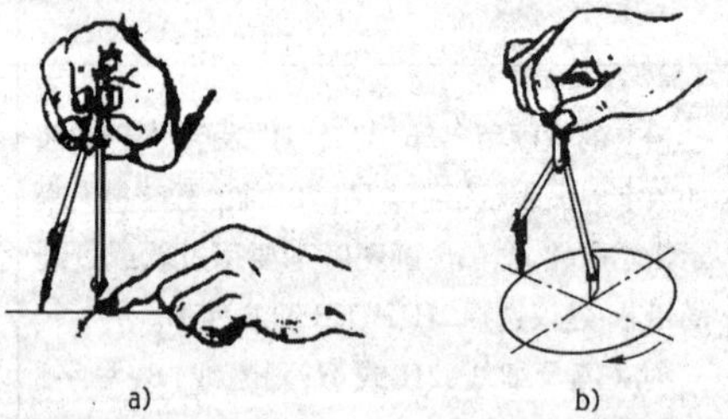 a)　　b)
分规	分规是用来量取线段或等分线段的，其两针尖合拢时应会合于一点	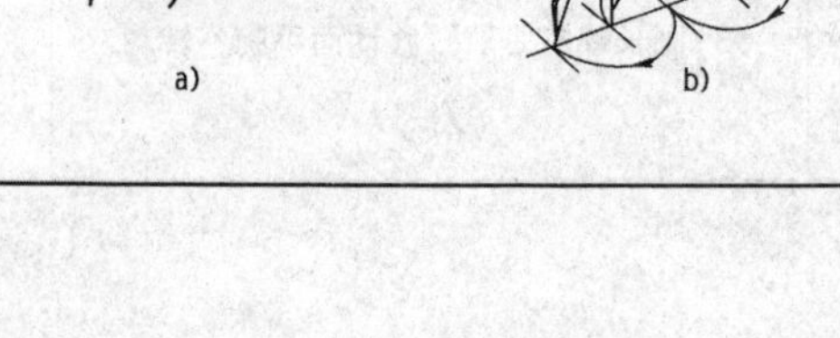 a)　　b)

点圆规	点圆规是用来画小点圆的,有铅笔和鸭嘴笔两个插脚,可画铅笔或上墨小点圆。 画小点圆的要领是:右手食指按住顶部,中指和小拇指捏住套管并旋转	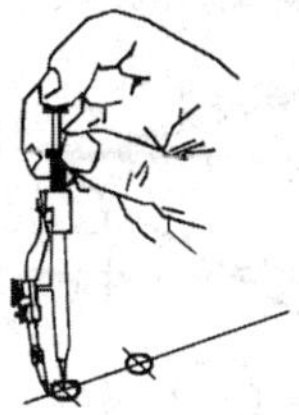
擦图片	擦图片是擦图线用的。使用时把擦图片上的孔洞对准要擦去的图线,然后用橡皮擦去	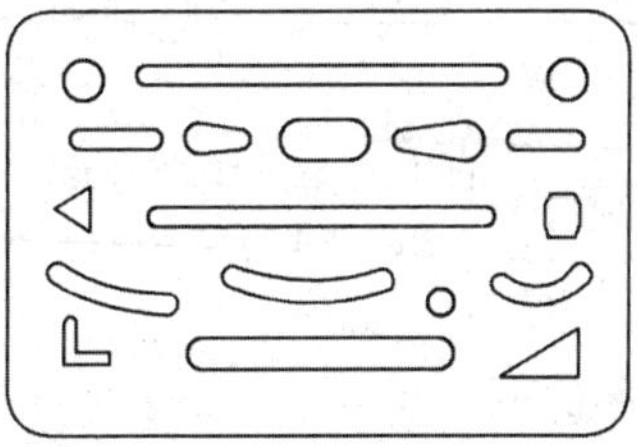
曲线板	曲线板是用来画非圆曲线的。其画线步骤如下: (1)已知曲线上各点。徒手用铅笔轻轻地依次把各点光滑连接。 (2)根据曲线上各点的弯曲趋势,找出曲线板与曲线相吻合的线段。画线时最后一点不画。 (3)依次找出曲线板与曲线相吻合的曲线段(每次尽量多吻合几点,并包括前一次吻合的最后两点),并画线	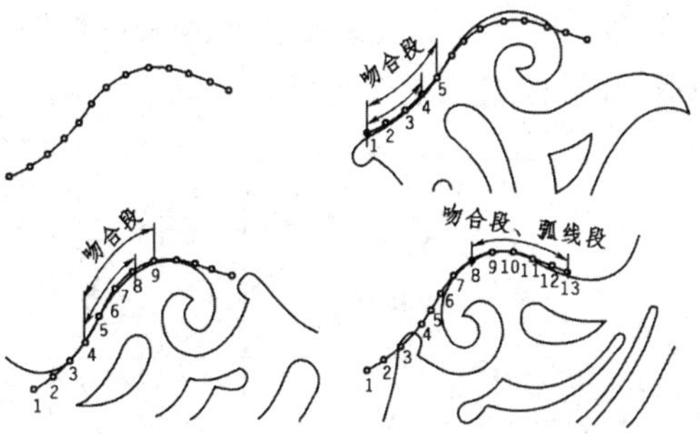

第三节　几何作图

一、作直线的平行线、垂直线

1. 过已知点 C 作直线 CD 平行于已知直线 AB(图 1-6a)

将三角板的一边靠齐直线 AB,另一边靠拢三角板乙再平行移动三角板甲,使之靠齐 C 点,过 C 点画一直线 CD 即是。

2. 过已知点 C 作直线垂直于已知直线 AB(图 1-6b)

将三角板甲一直角边靠准 AB,再靠上另一三角板乙。移动三角板甲,并把它的另一直角边靠准 C 点,过 C 点画一直线即是。

二、等分已知线段

已知线段 AB 试作五等分,见图 1-7。

过 A 点作任意直线，在该直线上自 A 点截取五个相等线段得 1、2、3、4、5，连接 5、B 两点，过其余点分别作 $5B$ 的平行，它们与 AB 的交点就是所求的等分点。

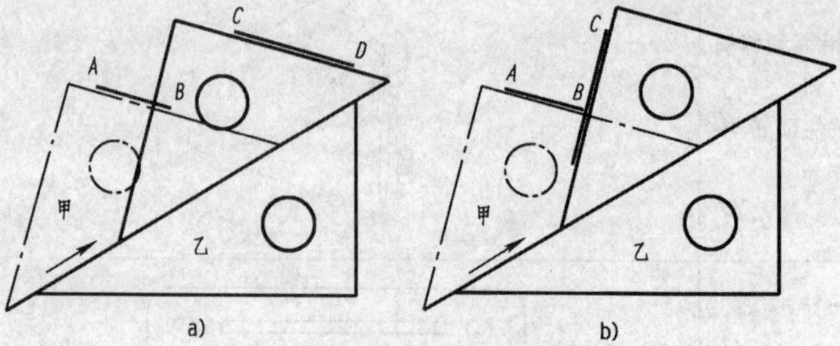

图 1-6　作直线的平行线、垂直线

a)作平行线；*b*)作垂直线

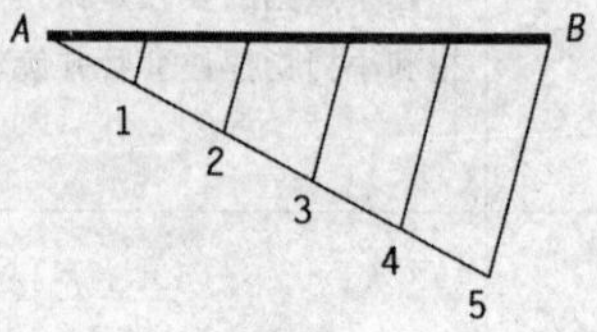

图 1-7　等分已知线段

三、正多边形

1. 正五边形

已知正五边形的外接圆，可按图 1-8 所示的绘图步骤求作正五边形。先以圆半径 OA 的中点 M 为圆心，$1M$ 为半径画弧交于 N，则 $1N$ 即为正五边形的边长。以 $1N$ 为弦长，依次在圆周上截取，即可作出该正五边形。

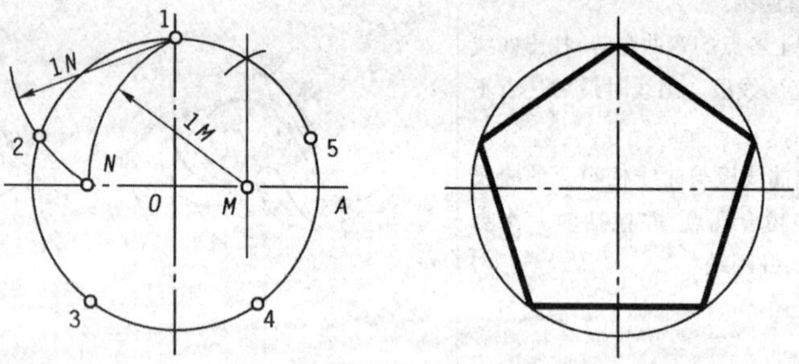

图 1-8　已知外接圆作正五边形

2. 正任意多边形

已知外接圆作正任意多边形的方法，实际上是一种近似的(手工尺规)画法，但已相当逼近真正精确的正任意多边形。图 1-9 所示的为正七边形的绘制过程，先将垂直方向的直径七等分，以 N 为圆心，以 NA 为半径画弧，交于 N_1 和 N_2。再从 N_1 和 N_2 出发分别画直线至等分点 2、4、6，并延伸与圆周交于 B、G、C、F、D、E。依次连接 A、B、C、D、E、F、G、A，即得正七边形。

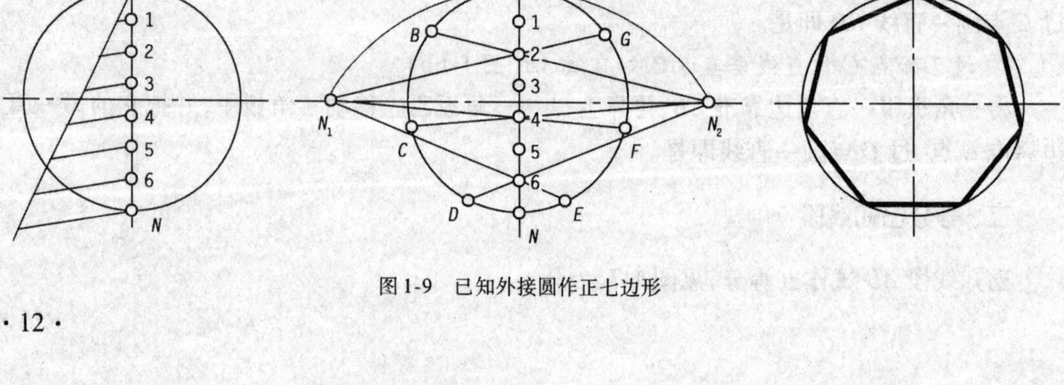

图 1-9　已知外接圆作正七边形

四、作椭圆

1. 同心圆法作椭圆(图 1-10)

(1)以 O 为圆心,分别以长轴 AB、短轴 CD 为直径画两个同心圆。过点 O 作任意条放射线(图中每 30°画一条),与大、小圆分别交于 1、2、3、…、12 和 1′、2′、3′、…、12′等点。

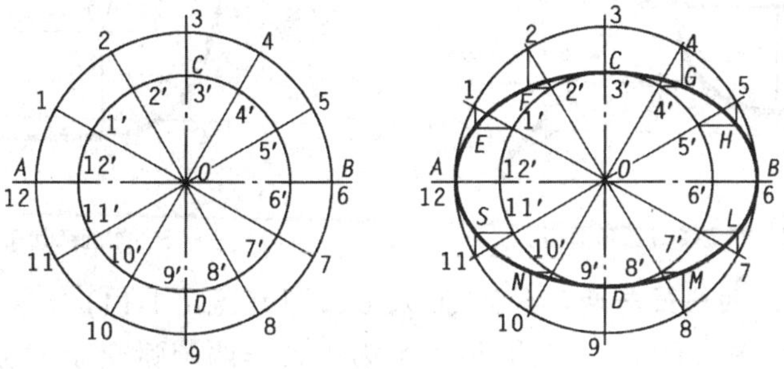

图 1-10　同心圆法作椭圆

(2)过 1、2、3、…、12 等点分别画短轴的平行线,过 1′、2′、3′、…、12′等点分别画长轴的平行线,两组相应直线的交点 E、F、C、G、H、…、A 即为椭圆上的点。用曲线依次光滑连接,即为所求。

2. 四圆心法作近似椭圆(图 1-11)

(1)见图 1-11a),在短轴 OC 延长线上取点 K,使 $OK=OA$,连接 AC,在 AC 上取 $CL=CK$。

(2)见图 1-11b),作 AL 的垂直平行分线,分别与长轴及短轴延长线交于 1、2 两点。再作出它们的对称点 3、4。这四点就是近似椭圆的四个圆心。

(3)见图 1-11c),连接 23、43,并延长,再分别以 2、4 两点为圆心,$R_1=2C=4D$ 为半径画圆弧与 21、23、43、41 的延长线交于 E、F、G、H 四点。

(4)见图 1-11d),分别以 1、3 两点为圆心,$R_2=1A=3B$ 为半径,在 E 与 H、F 与 C 之间画圆弧,即完成作图。

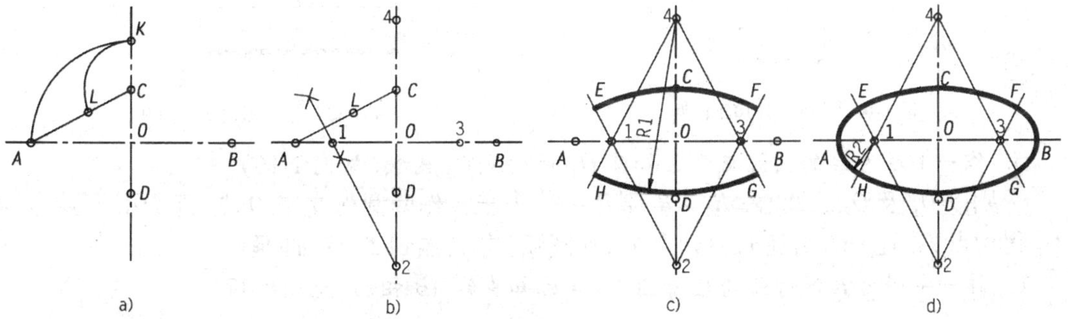

图 1-11　四圆心法作近似椭圆

五、圆弧连接

圆弧连接,不仅是圆弧与圆弧的连接,也包括圆弧与直线的连接。作图时,应根据已知条件准确地作出连接圆弧的圆心位置,以及连接圆弧与已知圆弧或直线平滑过渡的连接点(切点)的位置。

1. 从圆外一点 A 作直线与已知圆相切(图 1-12)

已知圆的圆心为 O,以 AO 为直径作个圆,交已知圆于 T 点,即为切点,作直线 AT 即是。

2. 作一半径为 R 的圆弧切于两已知直线 AB 及 CD(见图 1-13)

分别作两已知直线的平行线 A_1B_1 及 C_1D_1,相距为 R,相交于 O 点,由之作 AB 及 CD 的垂直

线交 AB 于 T_1，交 CD 于 T_2，即为切点，以 O 为圆心，R 为半径，作圆弧（自 T_1 点到 T_2 点）即是。

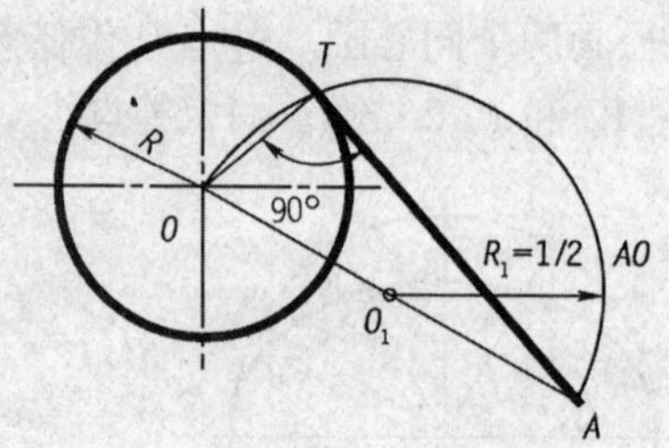

图 1-12　作直线与已知圆相切

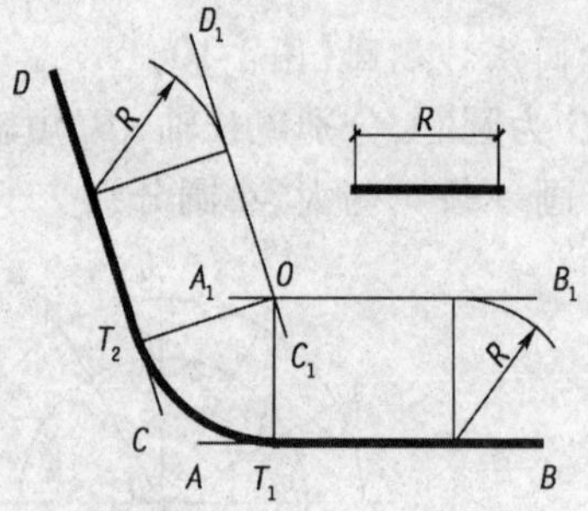

图 1-13　作圆弧切于两直线

3. 作一半径为 R 的圆弧与两已知圆 O_1 及 O_2 外切（见图 1-14）

分别以 O_1 及 O_2 为圆心，R_1+R 及 R_2+R 为半径作两圆弧交于 O 点，即为所求圆心，连 OO_1 及 OO_2 得切点 T_1及 T_2，作圆弧（自 T_1点到 T_2 点）即是。

4. 作一半径为 R 的圆弧与两已知圆 O_1 及 O_2 内接（见图 1-15）

分别以 O_1 及 O_2 为圆心，$R-R_1$ 及 $R-R_2$ 为半径作两圆弧交于 O 点，即为所求圆心，连 OO_1 及 OO_2 并延长得切点 T_1及 T_2，作圆弧（自 T_1点到 T_2 点）即是。

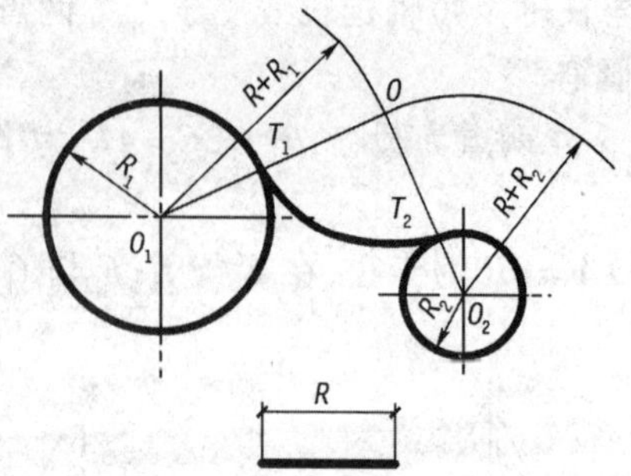

图 1-14　作圆弧外切于两圆

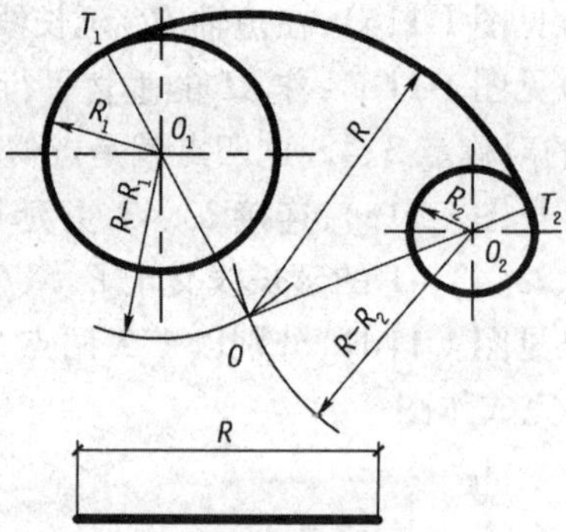

图 1-15　作圆弧内接于两圆

5. 作一半径为 R 的圆弧与两已知圆 O_1 外切及 O_2 内接（见图 1-16）

分别以 O_1 及 O_2 为圆心，R_1+R 及 $R-R_2$ 为半径作两圆弧交于 O 点，即为所求圆心，连 OO_1 得切点 T_1，连 OO_2 并延长得切点 T_2，作圆弧（自 T_1点到 T_2 点）即是。

6. 作一半径为 R 的圆弧与已知圆 O_1 与已知直线 AB 相切（见图 1-17）

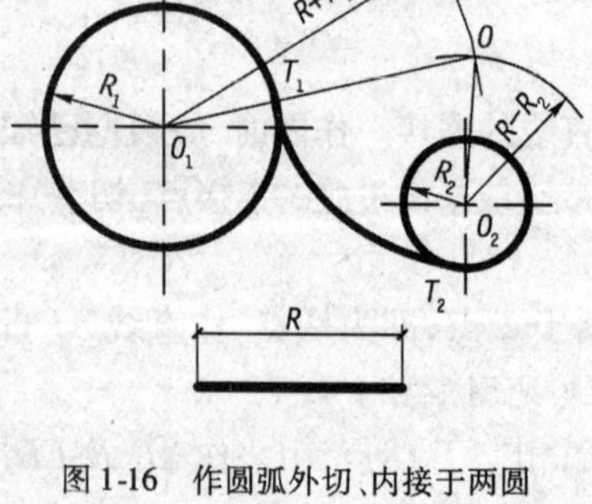

图 1-16　作圆弧外切、内接于两圆

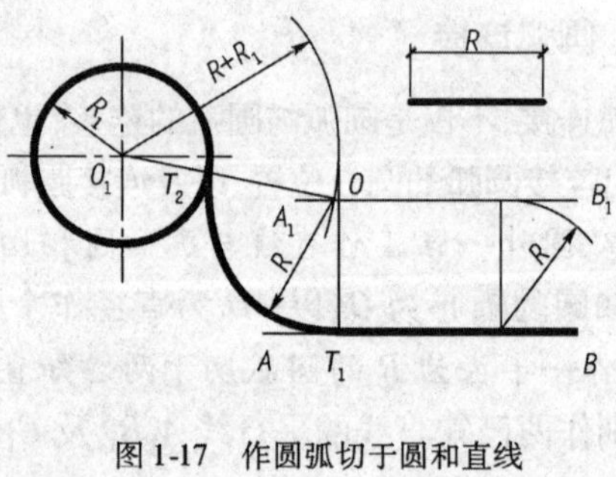

图 1-17　作圆弧切于圆和直线

以 O_1 为圆心，R_1+R 为半径作圆弧，与相距已知直线为 R 的平行线 A_1B_1 交于 O 点，即为所求圆心，由之作 AB 的垂直线交 AB 于 T_1，连 OO_1 得切点 T_2，作圆弧（自 T_1 点到 T_2 点）即是。

第四节　平面图形的尺寸分析和线段分析

一、平面图形的尺寸分析

定形尺寸用于确定平面图形中各线段形状大小的尺寸。如用以确定图形中直线段的长度、圆弧的直径和半径、角度的大小等尺寸。如图 1-18 中“R_1、R_2、R_3”尺寸。定位尺寸用于确定平面图形中各线段或线框间相对位置的尺寸，如图 1-18 中“L”尺寸。

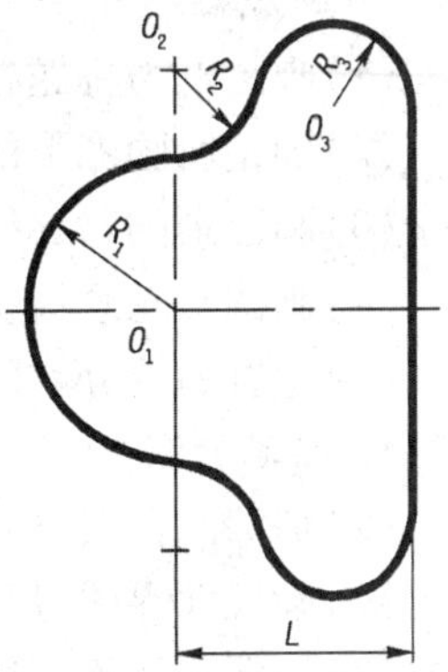

图 1-18　平面图形

二、平面图形的线段分析

1. 已知线段

凡定形尺寸和定位尺寸齐全，作图时可直接画出的线段，称为已知线段。如图 1-18 中半径为 R_1 的半圆。

2. 中间线段

给出的定位尺寸不全，必须依靠附加的一个几何条件才能画出的线段，称为中间线段。如图 1-18 中半径为 R_2 的圆弧及距 O_1 为 L 的直线。

3. 连接线段

只给出定形尺寸，作图时要利用两个两线相切的几何条件才能画出的线段，称为连接线段。如图 1-18 中半径为 R_3 的圆弧。

三、平面图形的画图方法

平面图形的画图方法见图 1-19a）~图 1-19d）。

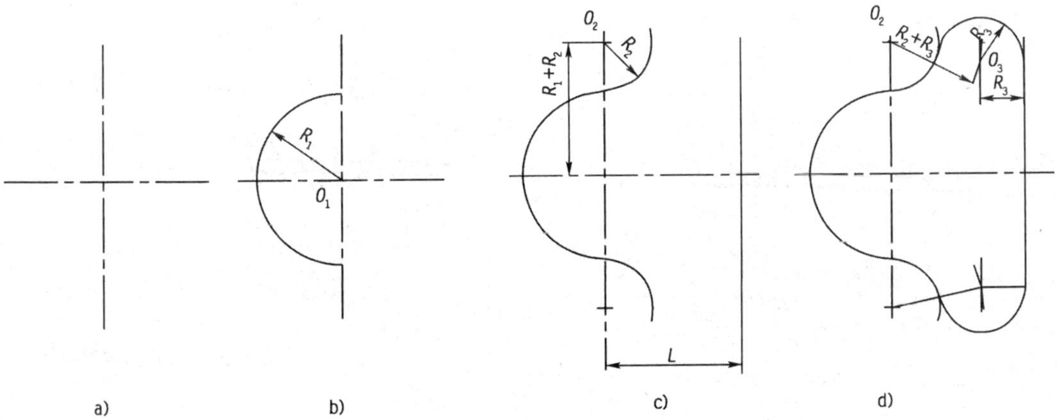

图 1-19　平面图形的画图方法

a）选定坐标系，画出基准线；b）画出已知线段；c）画出中间线段；d）画出连接线段

第五节　画 图 步 骤

为了保证画图的质量，提高画图的速度，除了应当严格遵守国家制图标准的各项规定，正

确使用各种制图工具、仪器外，还应当注意画图的步骤。

1. 画图前的准备工作

(1)读懂所要绘制图形的内容与要求。

(2)准备好必要的制图工具、仪器，将铅笔与圆规内的铅芯削好。用清洁软布将图板、丁字尺、三角板擦干净，以免弄脏图纸。

(3)用胶带纸将图纸固定在图板上，如表1-8图板内容所示。固定图纸时，应使图纸的上边与丁字尺的尺身平行，图纸与图板边缘留有适当空隙。

(4)准备一张白纸，将图纸上暂未画或已画好的部位盖上，保持图面清洁。

2. 画底稿

(1)画图框与标题栏。

(2)确定所画图形的比例，布置好各个图形在图面上的位置。

(3)画图形的对称线、中心线，各个方向的尺寸基准线。

(4)画图形轮廓线，由整体到局部。

(5)检查错线、漏线，及时更正，擦去多余线。

3. 铅笔加深

(1)加深对称线、中心线。

(2)画尺寸界线、尺寸线、尺寸起止符号。

(3)加深图形轮廓线，先虚线后实线，先圆弧后直线，先水平直线后垂直直线和倾斜直线。

(4)画断面材料图例。

(5)填写尺寸数字、标题栏及说明。

第二章　投影的基本知识

当物体置于太阳光下或在灯光照射下时，由于物体遮挡了光线，物体就会在地面或墙上留有影子，如图 2-1 所示。该影子能够反映物体的外围轮廓，但不能反映物体的内部细节。

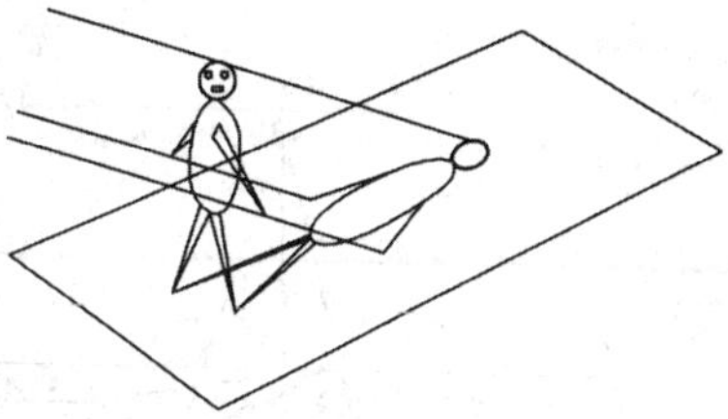

图 2-1　影子的形成

借助于这种影子投射的方法，把它扩展使其能反映物体的内部细节，假设用投影线通过物体，在给定投影平面上作出物体细节的方法称为投影法。

第一节　投 影 概 念

一、投影法的概念

投影法是画法几何学的基本方法。

设定平面 P 为投影面，不在投影面上的点 S 为投影中心，空间点 A，通过不在投影面的光源 S 为投影中心，射出过 A 点的投影线与投影面 P 相交于一点 a，点 a 称为空间点 A 在投影面 P 上的投影。光线叫做投影线，所投射的面叫做投影面，投影面上得到的物体图形叫做该物体的投影（图 2-2）。

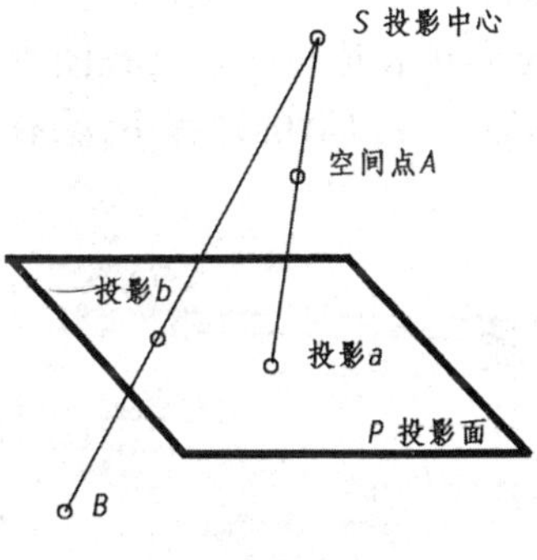

图 2-2　投影的基本概念

按此法把物体表示在平面 P 上的方法称为投影法，这种光线发出于一点的投影法称为中心投影。

投影与影子的区别：

影子：只反映某方向的外形轮廓。

投影：反映物体的内部详细结构形状，被挡仍有投影。

投影三要素：

①投影线（投影中心）；②投影面；③投影元素（物体）。

物体无论在光源和投影面之间还是在之外都可以得到投影。

二、投影的分类

1．中心投影法

投影线都从投影中心出发，在投影面上作出投影图形的方法叫做中心投影法。中心投影法的投影中心、物体、投影面三者之间的相对位置都对投影的形状和大小有影响。其度量性较差。投影线从一点发出，点光源 S 称为投影中心。该投影法的特点是：物体距离投影面的距离不同时，得到的投影大小不同（图 2-3）。因此，中心投影法不能够真实地反映物体的形状和大小，一般工程图不采用这种投影法绘制。但中心投影法具有立体感强的特点，常用于绘制建筑物的外观图，也称为透视图。

2. 平行投影法

若将投影中心移至无穷远处，则所有的投影线就相互平行。用相互平行的投影线，在投影面上作出投影图形的方法叫做平行投影法。平行投影法的主要特征：投影大小与物体和投影面之间的距离无关，度量性较好。

在平行投影法中，根据投影线是否垂直于投影面，又分为正投影法和斜投影法两种(图2-4)。

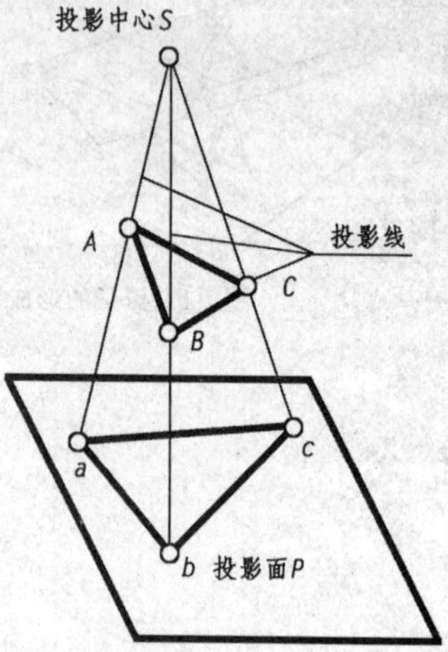

图2-3 中心投影法

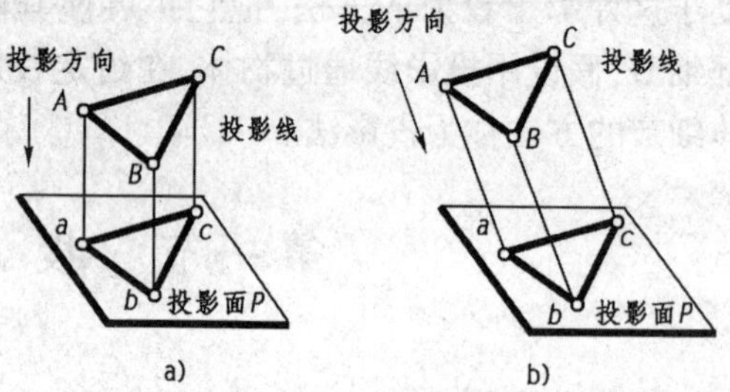

图2-4 平行投影法

a)正投影法；b)斜投影法

(1)正投影法：投影线垂直于投影面，当投影线对投影面垂直时，称为直角投影(或正投影)。

(2)斜投影法：投影线倾斜于投影面，当投影线对投影面倾斜时，称为斜角投影。

正投影法能准确地表达出物体的形状结构，而且度量性好，因而在工程上广泛应用。但它的缺点是立体感差，一般要用两个或两个以上的图形才能把物体的形状表达清楚。工程图中主要采用正投影法绘制图形，所以正投影法是本课程学习的主要内容。在以后的课程中，除有特别说明外，我们提到的投影均指正投影。

第二节 平行投影的基本性质

平行投影法的特点是：物体的投影与物体到投影面的距离无关。

正投影法是平行投影的一种，同样也具有平行投影的特性。

平行投影的基本性质：

1. 从属定比性

直线上点的投影仍在直线的投影上，并且点分空间线段的比例等于其投影分线段投影的比例，见图2-5。即 $AK:KB=ak:kb$。

2. 平行性

两平行直线的投影仍相互平行，见图2-6。

3. 类似性

平面图形倾斜于投影面时所得的投影是变小的与实际图形相类似的图形(边数相同、凹凸性一致),见图2-7。

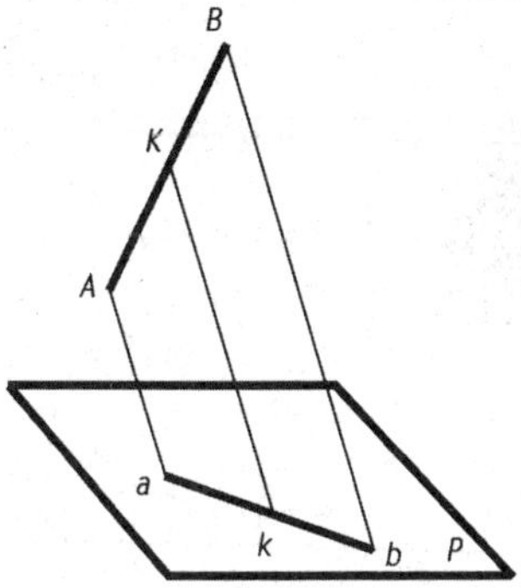

图2-5　从属定比性

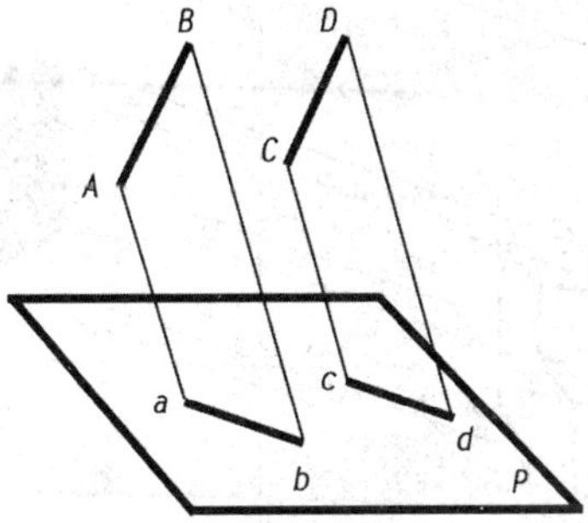

图2-6　平行性

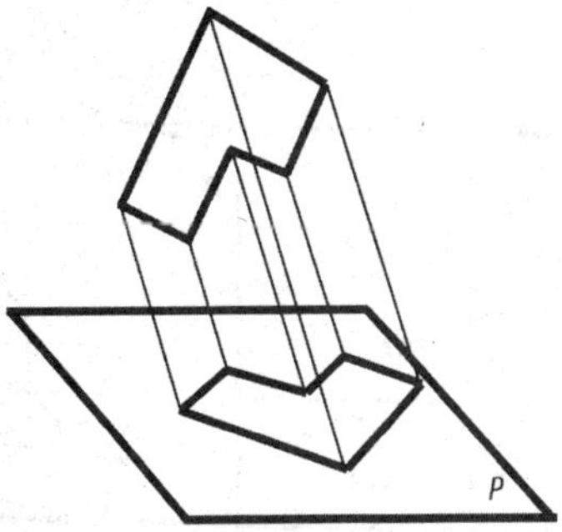

图2-7　类似性

4. 显实性

若线段和平面图形平行于投影面,则其在该投影面上的投影反映实长或实形,见图2-8。

5. 积聚性

若线段或平面的图形垂直于投影面,其投影积聚为一点或一直线段,见图2-9。

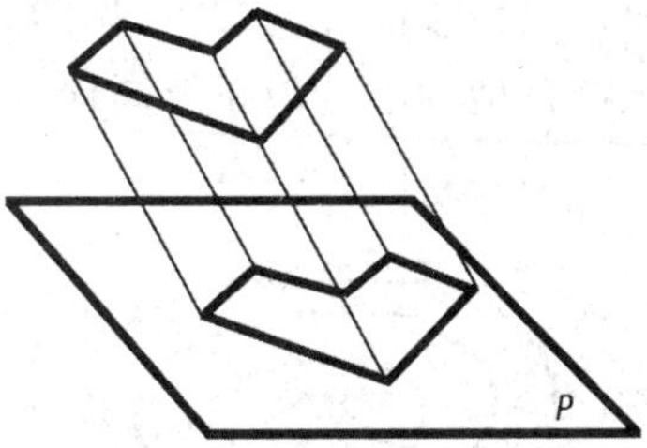

图2-8　显实性

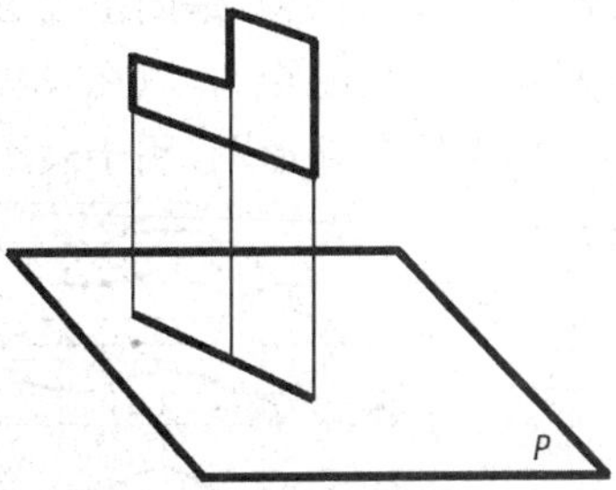

图2-9　积聚性

第三节　工程中常用的投影方法

1. 多面正投影图

多面正投影是采用两个或两个以上的互相垂直的投影面,在每个投影面上分别用正投影法获得几何形体的投影,由这些投影便能准确、唯一地确定几何形体的空间位置和形状,投影时一般取几何形体的主要平面与相应的投影面平行,以便反映形体的实形,见图2-10。多面正投影图能够准确地反映形体的形状和大小,度量性好,作图简便,是工程上使用的主要作图方法。

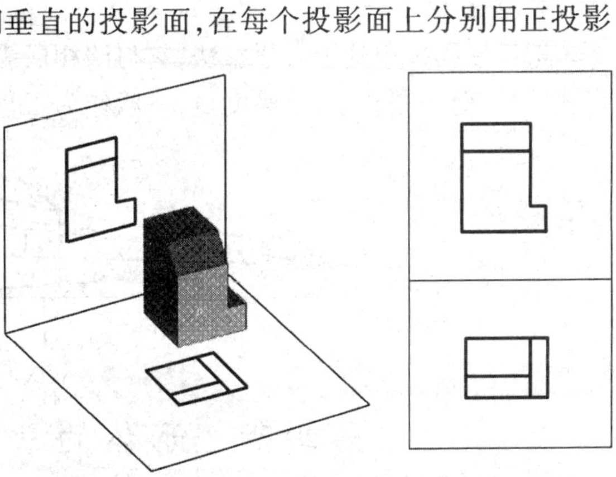

图2-10　多面正投影法

2. 轴测图

轴测投影属于平行投影,其采用单面投影图,将形体投影到一个投影面上,在同一个投影面上反映形体长、宽、高三个方向的尺寸,与正投影相比,具有直观性好的优点;但其作图复杂,且表面形状易于变形,一般作为辅助视图使用，见图 2-11。

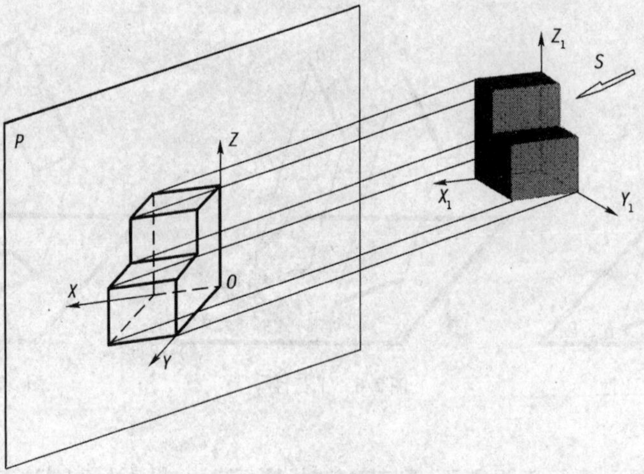

图 2-11　轴测投影图

3. 标高投影图

标高投影法是单面投影，是用正投影法获得空间几何元素的水平投影之后，再用数字标出空间几何元素对投影面的距离，以在投影图上确定空间几何元素的几何关系，见图 2-12。常用在土木工程中用来绘制地形图，用于表示土木工程建筑物在地面上的位置及高程。

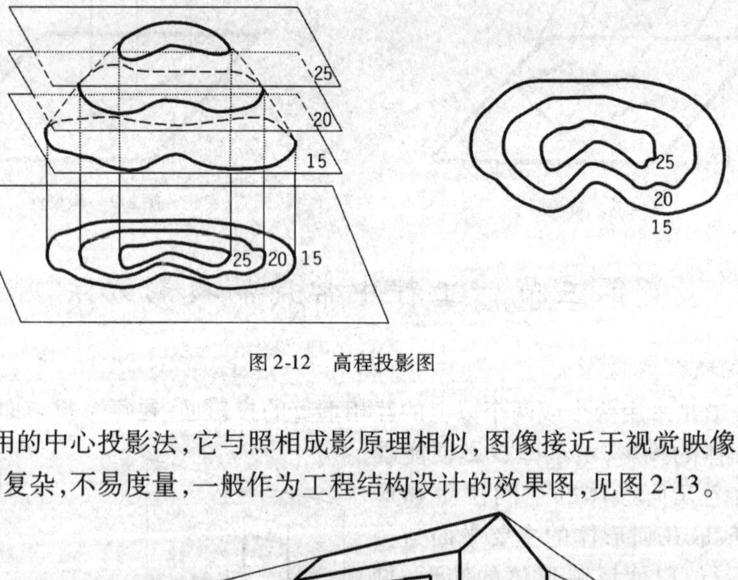

图 2-12　高程投影图

4. 透视图

透视投影采用的中心投影法，它与照相成影原理相似，图像接近于视觉映像，所得投影图直观性强，但作图复杂，不易度量，一般作为工程结构设计的效果图，见图 2-13。

图 2-13　透视投影图

第四节　形体的三面投影图及其规律

由于单面投影图的空间不唯一性，即通过单面投影图不能确定空间物体，常采用三面投影图来表示空间形体。

形体三视图的形成及投影规律如下。

1. 三视图的形成

用三个互相垂直的投影面构成一空间投影体系，即正面 V、水平面 H、侧面 W。把物体放在空间的某一位置固定不动，分别向三个投影面上对物体进行投影，在 V 面上得到的投影叫做立面图，在 H 面上得到的投影叫平面图，在 W 面上得到的投影叫侧面图。见图 2-14。为了在同一张图纸上画出物体的三个视图，国家标准规定了其展开方法：V 面不动，H 面绕 OX 轴向下旋转 90°与 V 面重合，W 面绕 OZ 轴向后旋转 90°与 V 面重合，这样，便把三个互相垂直的投影面展平在同一张图纸上了。三视图的配置为：以立面图为基准，平面图在立面图的正下方；侧面图在立面图的正右方，见图 2-15。

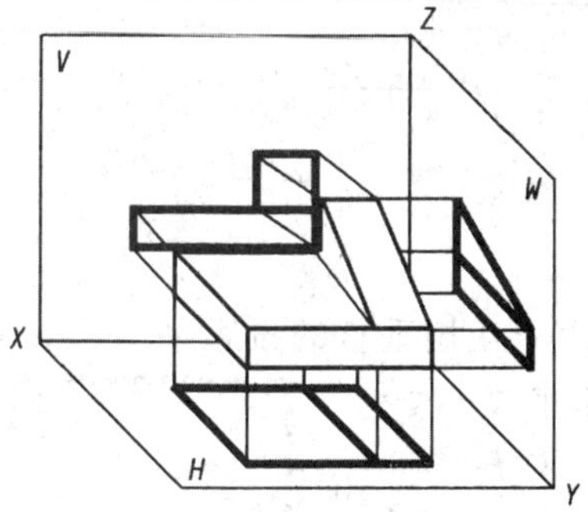

图 2-14　三视图的形成

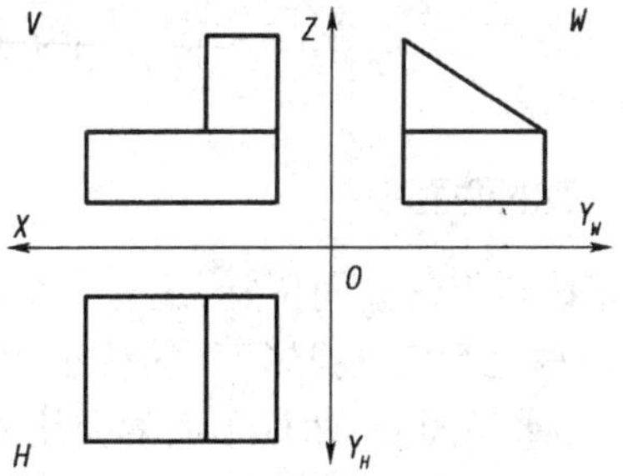

图 2-15　三视图的展开和投影规律

2. 视图之间的投影规律

每个视图反映物体两个方向的尺寸。立面图反映物体的长度和高度；侧面图反映物体的宽度和高度；平面图反映物体的长度和宽度。可以在各视图上分析出物体各部分的空间位置，以便增强对物体的空间想象能力。按照三视图的配置，三视图的投影规律为：长对正，高齐平，宽相等，见图 2-15。

三视图的投影规律是在画图、看图时都须严格遵守的基本规律。

第三章　点

在几何中学过，确定一点的空间位置，用三维笛卡儿直角坐标系来描述。它是以数来描述空间点的位置，而本章三维空间点的位置，是用“形”来描述的，即通过投影的方法，在二维平面上精确表达点的三维空间位置。

第一节　两投影面体系中点的投影

一、点的两面投影

为了确定点的空间位置，建立一个两投影面体系：两个互相垂直的投影平面 V 和 H，见图 3-1。V 面称之为正立投影面（简称正面），H 面称之为水平投影面（简称水平面）。两投影面的交线 OX 称为投影轴。V、H 投影面将空间分为四个区域，每个区域称之为分角，按图 3-1 所示顺序分别称为第一分角、第二分角、第三分角、第四分角。我国的各种制图标准都规定使用第一分角。

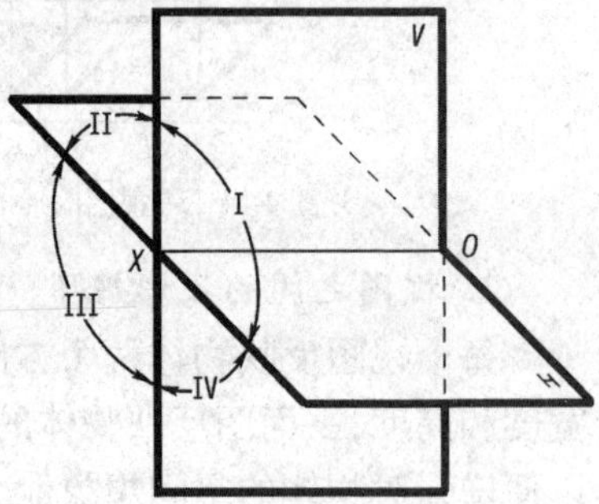

图 3-1　两投影面体系

设在两投影体系中有一点 A，过 A 点分别向 V、H 面投影，即过 A 点分别向 V、H 面作垂线，得到交点 a' 和 a，则称 a' 为 A 点的正面投影，a 为 A 点的水平投影。

将 H 面绕 OX 轴向下旋转 90° 与 V 面重合，得到如图 3-2b）所示的投影图。因为投影面被认为可以任意大小，所以通常将它画成如图 3-2c）所示的投影图。

规定：空间点用大写字母表示，水平投影用相应的小写字母表示，正面投影用相应的小写字母加一撇表示。

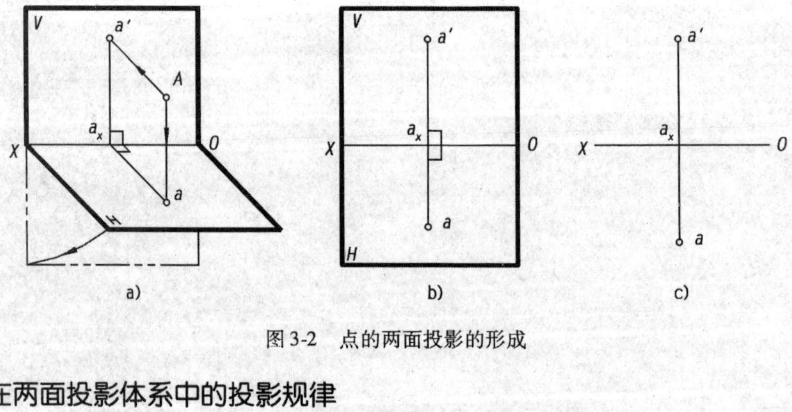

图 3-2　点的两面投影的形成

二、点在两面投影体系中的投影规律

如图 3-2a）所示因为 $Aa' \perp V$ 面，$Aa \perp H$ 面，所以平面 $a'Aa \perp OX$ 轴，与 OX 轴交于点 a_x，所以 $a'a_x \perp OX$ 轴、$aa_x \perp OX$ 轴。当投影体系展开时，a'、a_x、a 在一条垂直于 OX 轴的直线上。此

外，由图 3-2a)，可以推出 $Aa'a_x a$ 是一个矩形，所以 $a'a_x = Aa$，$a\ a_x = Aa'$，Aa 与 Aa' 分别为空间点 A 到 H 面和 V 面的距离。由此可得出点在两投影面体系中的投影规律：

(1)点的两面投影连线垂直于投影轴；

(2)点的投影到投影轴的距离等于空间点到相邻投影面的距离。

三、其他分角内点的投影

在工程应用上会遇到点、线或物体位于其他象限的情况，下面我们讨论位于其他象限的点的投影特点。

如图 3-3 所示，A、B、C、D 四点分别位于第一、第二、第三、第四分角，作出四点的投影后展开。注意，展开时 V 面不动，H 面绕着 OX 轴前半部分向下后半部分向上旋转。展开后，H 面的前半部分和后半部分分别位于 OX 轴的下方和上方。其投影除具有前面所叙述的两点规律外，还具有以下特征：

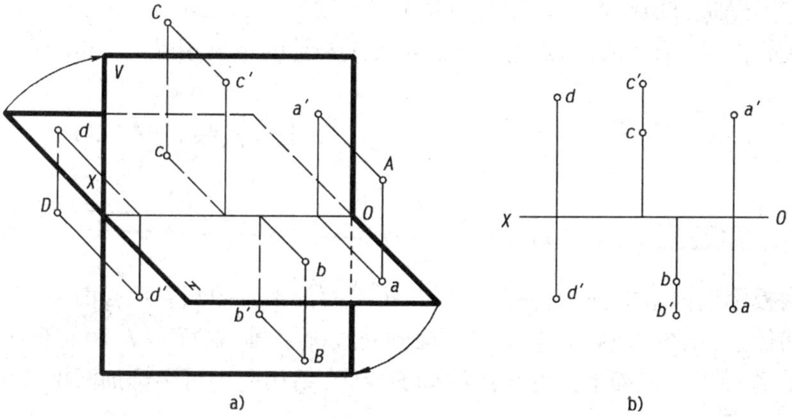

图 3-3　点在四个分角中的投影

(1)位于第一、第二分角的点，其正面投影位于 OX 轴的上方；位于第三、第四分角的点，其正面投影位于 OX 轴的下方。

(2)位于第一、第四分角的点，其水平投影位于 OX 轴的下方；位于第二、第三分角的点，其水平投影位于 OX 轴的上方。

四、特殊位置点的投影

位于投影面上、投影轴上及分角等分面上的点，称之为特殊位置的点，如图 3-4、图 3-5 所

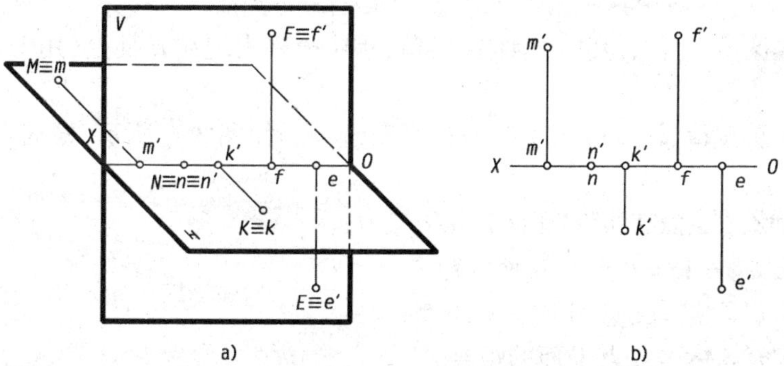

图 3-4　投影面及投影轴上的点的投影

示。其投影特征是：

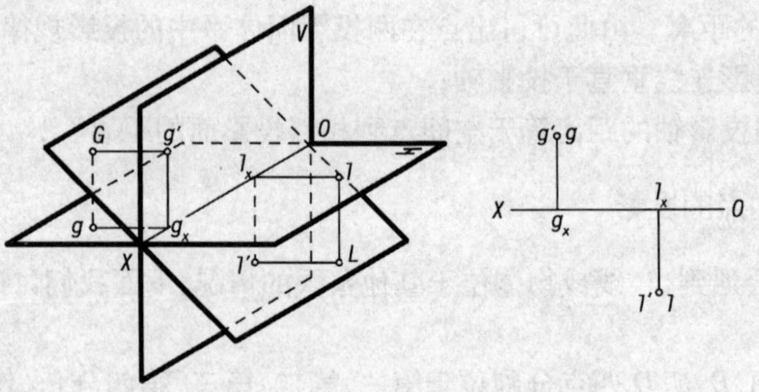

a)　　b)

图 3-5　第二、第四分角面上的点的投影

(1)位于投影面上的点，一个投影落在投影轴上，另一个投影与其本身重合；

(2)位于投影轴上的点，两个投影均与其本身重合；

(3)位于分角等分面上的点，点的两个投影至 OX 轴的距离相等。

第二节　三投影面体系中的点的投影

一、点的三面投影

在上述两投影面体系中，增加一个与 V、H 投影面都垂直的侧立投影面 W(简称侧面)就构成了三投影面体系，见图 3-6a)。W 面与 V 面的交线称 Z 轴，W 面与 H 面的交线称 Y 轴，三投影轴的交点 O 称原点。W 面上点的投影称侧面投影，用相应小写字母加两撇表示。

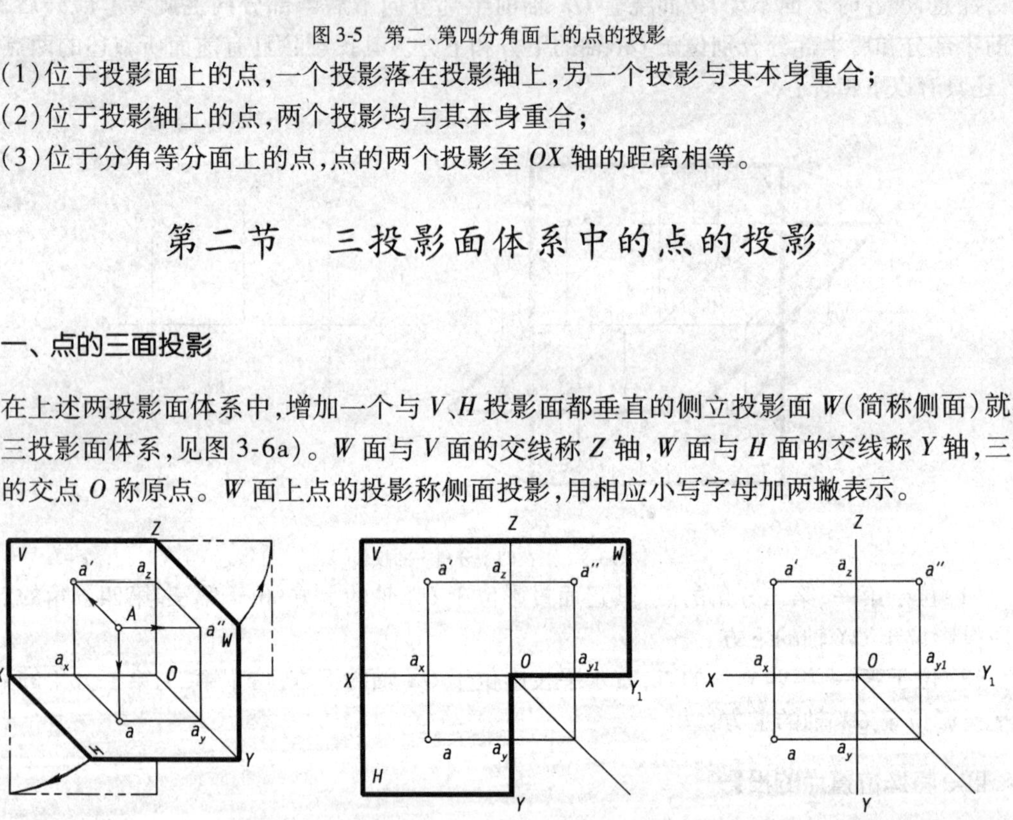

a)　　b)　　c)

图 3-6　点的三面投影的形成

展开方法如图 3-6 所示，其中 Y 轴在展开过程中分别表现在 H 面上(用 Y 标注)和 W 面上(用 Y_1 标注)。

点的两面投影规律，均可应用于三面投影系统中。如图 3-6 所示，根据点的两面投影规律，不难得出：

(1) $a'a'' \perp OZ$；$a'a \perp OX$；$a''a_{y_1} \perp OY_1$；$aa_y \perp Oy$。

(2) $a'a_x = a''a_{y_1} = Aa = A$ 点到 H 面的距离；

$a'a_z = aa_y = Aa'' = A$ 点到 W 面的距离；

$aa_x = a''a_z = Aa' = A$ 点 V 面的距离。

作图时，为使 $aa_x = a''a_z$，采用 45°斜线作为辅助线，见图 3-6b)和图 3-6c)。

点的两面投影能唯一确定点的空间位置。已知点的两面投影，可根据投影原理用作图的方法求出第三面投影。

【例 3-1】 已知 B 点的正面投影和侧面投影 b'、b''，如图 3-7 所示，求 B 点的水平投影 b。

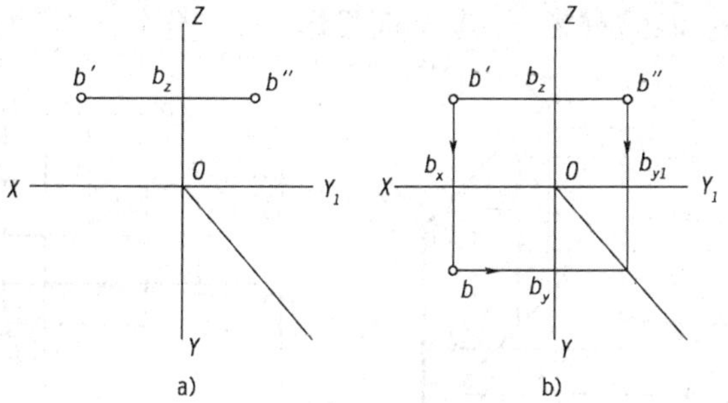

图 3-7　求点的第三面投影

解：根据点的投影规律，水平投影 b 一定在过正面投影 b' 垂直于 OX 轴的投影连线上，而 $bb_x = b''b_z$。

作图：过 b' 作线段垂直于 OX 轴；再过 b'' 作 OY_1 轴的垂线与 45°斜线相交，过此交点作直线垂直于 OY 轴，与过 b' 垂直于 OX 轴的直线段相交，交点即为所求水平投影 b。

二、点的投影与坐标

三维空间的点是以到三个参照面的距离来定位的。坐标是用数值来表达这三个距离；投影法则是用图形来表达这三个距离，即投影到轴的距离。实际上，坐标与投影两种表示点的空间位置的方法是可以互换的，工程实际中，有时也采用坐标来表示空间点的位置。

将笛卡儿坐标系引入到三投影面体系中，这时投影面就是相应的坐标面，投影轴就是相应的坐标轴，投影体系的原点就是坐标系的原点；并规定 X 轴从原点向左为正，Y 轴从原点向前为正，Z 轴从原点向上为正。图 3-6a）A 点的三个坐标分别为：

$x = a_xO = Aa'' = A$ 点到 W 面的距离 $= a'a_z = aa_y$（点的投影到轴的距离）；

$y = a_yO = Aa' = A$ 点到 V 面的距离 $= aa_x = a''a_z$（点的投影到轴的距离）；

$z = a_zO = Aa = A$ 点到 H 面的距离 $= a'a_x = a''a_{y_1}$（点的投影到轴的距离）。

三、点的相对位置

1．两点的相对位置

空间点的位置也可以由相对另一点的位置来确定。在投影体系中两点的相对位置是这样规定的：两点中，x 坐标大的点在左，y 坐标大的点在前，z 坐标大的点在上。换句话说，两点中，离 W 面远的点在左，离 V 面远的点在前，离 H 面远的点在上。如图 3-8 所示，B 点在 A 点的右方、后方和上方。

2．重影点及其可见性

当两点位于同一投射线上时，两点在该投射线所垂直的投影面上的投影重合成一点，此两点称为对该投影面的重影点。

重影点的重合投影要区分可见性。我们把投射线看作人的视线，以对 H 面的重影点为例：投影时相当于人眼从上往下看，上面的点投影可见；下面的点投影不可见。以此原理推断，凡离投影面远（即坐标大的点）的重影点的投影可见，即规定把不可见点的投影加括号，以区别可见点的投影。

图3-9a)和图3-9b)中,A、B两点是对V面的重影点,其正面投影a'、b'重合,a'可见,b'不可见;C、D两点是对水平投影面的重影点,其水平投影重影c、d重合,c可见,d不可见。图3-9c)、d)中,M、N两点是对W的重影点,其W面投影m''、n''重合,m''可见,n''不可见。

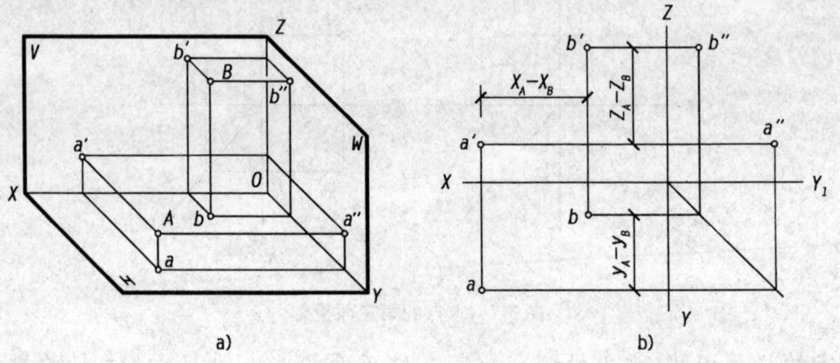

图3-8 两点的相对位置

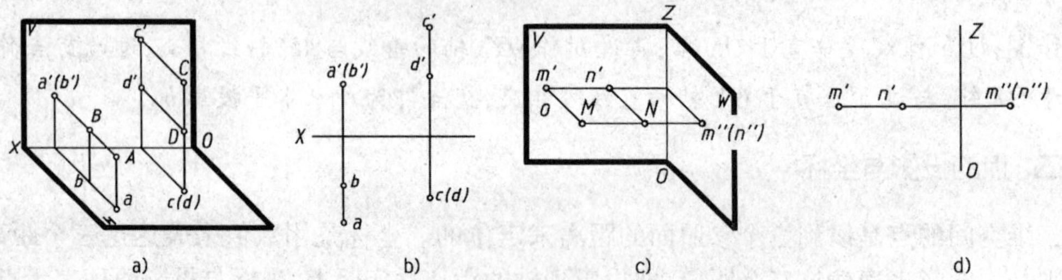

图3-9 重影点

第四章　直　　线

第一节　直线的投影

一、直线的投影一般仍为直线，特殊情况积聚成一点

图 4-1 中，直线 AB 在 H 面上的投影仍为直线 ab；直线 CD 平行于投射线方向，投影 cd 积聚为一点。

二、直线的投影

由于线是点的集合，所以线的投影实际上就是点的投影的集合。直线的投影一般仍为直线，所以直线的投影可由直线上任意两点的投影来决定。图 4-2 中，已知直线 AB 上 A 和 B 两点的三面投影，则引直线连接两点的同一投影面上的投影，即连 $a\ b$、$a'b'$ 和 $a''b''$，就得到直线 AB 的三面投影，如图 4-2b）所示。图 4-2a）是其直观图。

三、直线对投影面的相对位置

在三投影面体系中，直线对投影面的相对位置，可以分三类：

（1）倾斜于三个投影面的直线，称为一般位置直线；

（2）平行于一个投影面的直线；

（3）垂直于一个投影面的直线；后两类称为特殊位置直线。

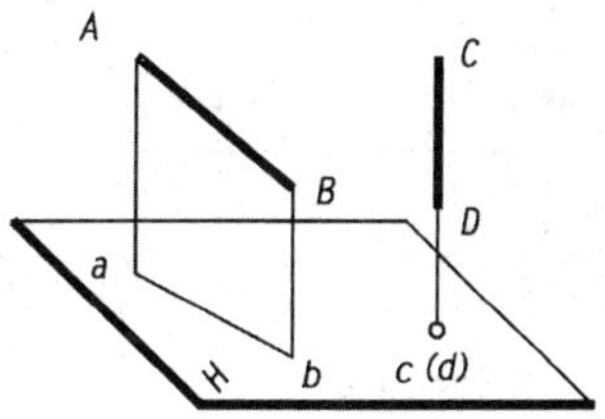

图 4-1　直线的投影

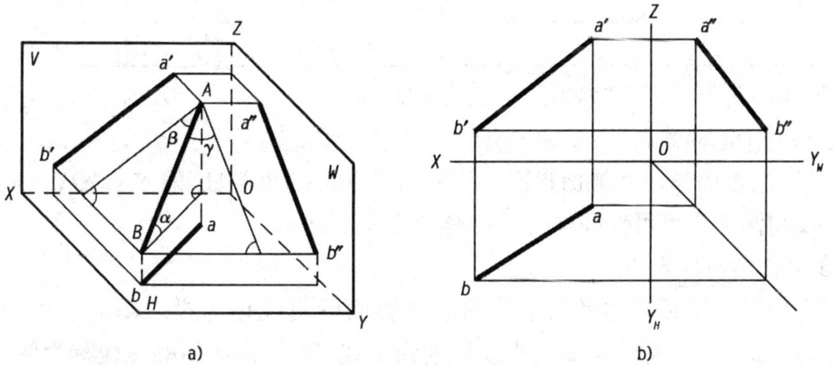

图 4-2　两点的投影决定一直线

a）直观图；b）投影图

1. 一般位置直线

如图 4-2 所示一条一般位置直线。直线 AB 对 H、V 及 W 三投影面所成角度分别用 α、β、γ

表示。由于直线 AB 倾斜于各投影面,故在各投影面上的投影小于实长且与轴都倾斜。

2. 平行于一个投影面的直线

平行于某个投影面而倾斜于另外两投影面的直线称为某投影面平行线。平行于 H 面的直线称为水平线,平行于 V 面的直线称为正平线,平行于 w 面的直线称为侧平线。

以正平线为例,投影图具有下列投影性质(参看表 4-1):

投 影 面 平 行 线 表 4-1

直线的位置	直 观 图	投 影 图	特 性
平行于 V 面 (正平线)	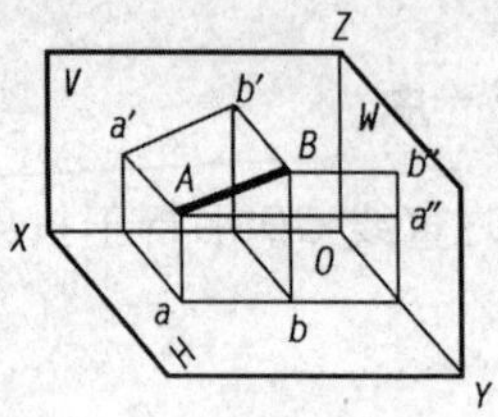	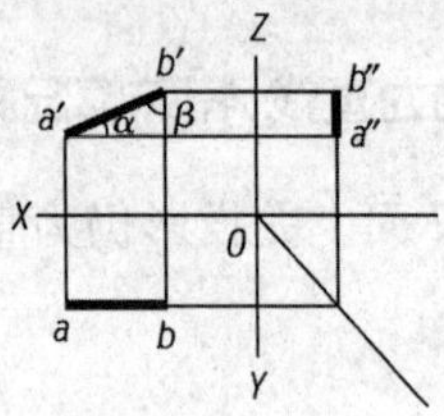	①$a'b' = AB$,且反映 α、γ 实角; ②$ab // OX, a''b'' // OZ$
平行于 H 面 (水平线)	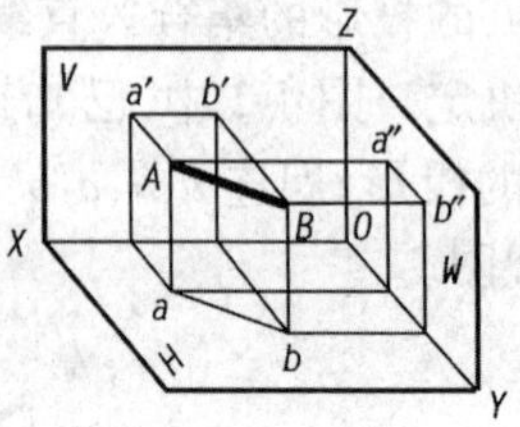	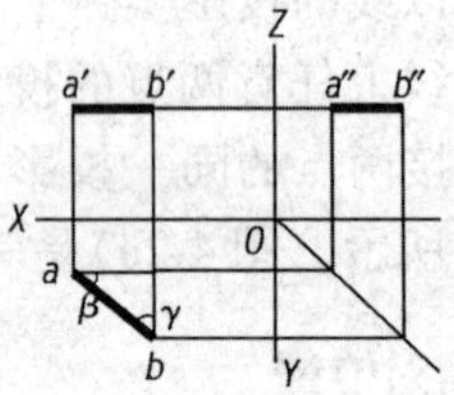	①$a\ b = AB$,且反映 β、γ 实角 ②$a'b' // OX,\ a''b'' // OY$
平行于 W 面 (侧平线)	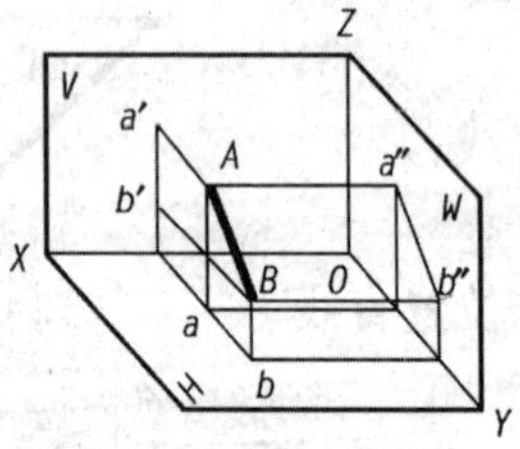	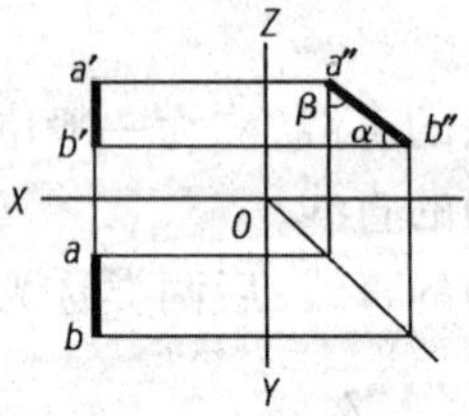	①$a''b'' = A\ B$,且反映 α、β 实角; ②$a'b' // OZ, a\ b // OY$

(1)正平线的正面投影反映线段实长,即 $a'b' = A\ B$;且 $a'b'$ 与 OX 轴的夹角反映该直线与 H 面的角度 α;与 OZ 轴的夹角,反映该直线与 W 面的角度 γ.

(2)正平线的水面投影和侧面投影分别平行于相应的投影轴,即 $a\ b // OX, a''b'' // OZ$。

对水平线和侧平线也可作同样分析可得到类似的性质(表 4-1)。

3. 垂直于投影面的直线

垂直于一个投影面必同时平行于另两个投影面的直线称为投影面的垂直线。垂直于 V 面的直线称为正垂线,垂直于 H 面的直线称为铅垂线,垂直于 W 面的直线称为侧垂线。

以正垂线为例,投影图具有下列投影性质(参看表 4-2):

(1)正垂线的正面投影积累为一点,即 $a'b'$ 积聚成一点。

(2)正垂线的水平投影和侧面投影分别垂直于相应投影轴,即 $a\ b \perp OX\ , a''b'' \perp OZ$。

(3)正垂线的水平投影和侧面投影反映线段实长,即 $a\ b\ = A\ B, a''b'' = A\ B$。

对铅垂线和侧垂线可作同样分析而得到类似的性质(表 4-2)。

投影面垂直线 表 4-2

直线的位置	直观图	投影图	特性
垂直于 V 面 （正垂线）	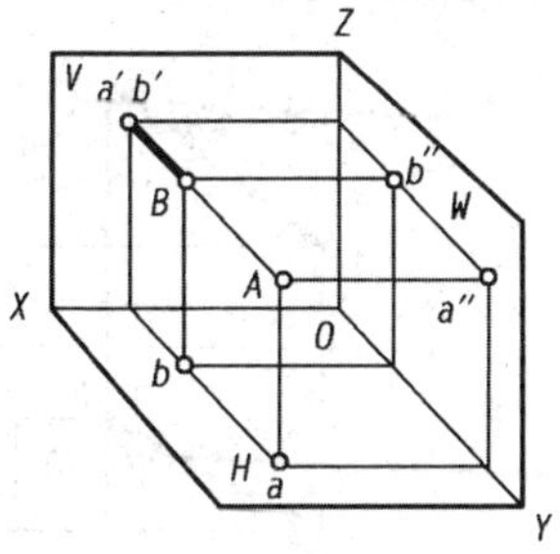	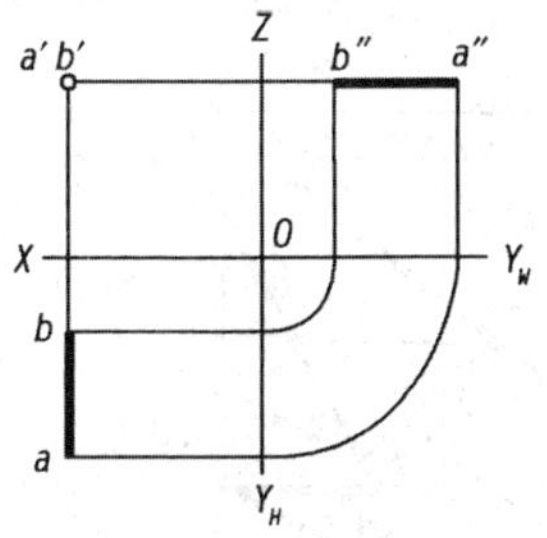	①$a'b'$积聚成一点； ②$ab \perp OX$，$a''b'' \perp OZ$； ③$ab = AB$，$a''b'' = AB$
垂直于 H 面 （铅垂线）	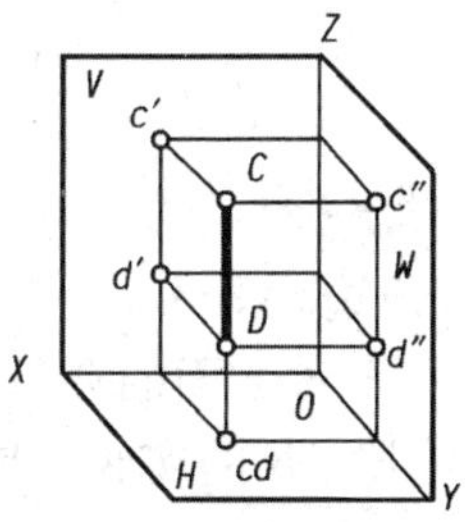	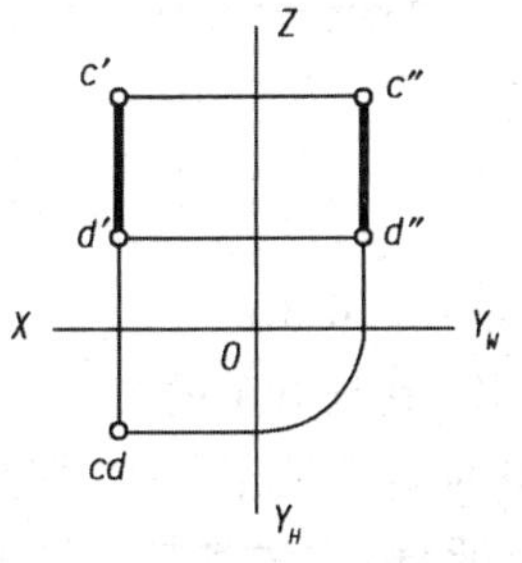	①cd 积聚成一点； ②$c'd' \perp OX$，$c''d'' \perp OY$； ③$c'd' = CD$，$C''D'' = CD$
垂直于 W 面 （侧垂线）	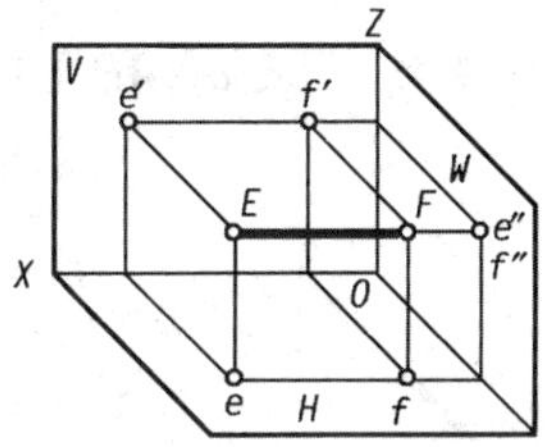	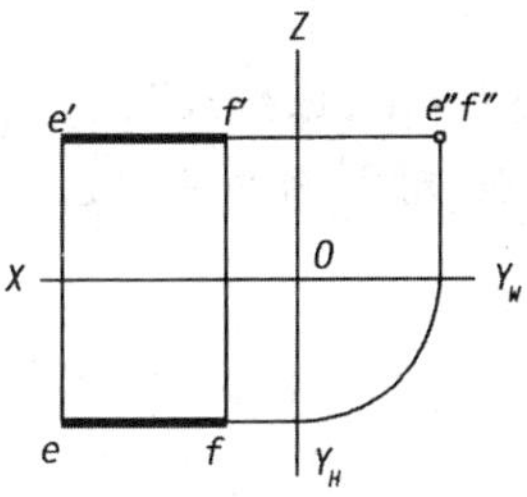	①$e''f''$积聚成一点； ②$e'f' \perp OZ$，$ef \perp OY$； ③$e'f' = EF$，$ef = AB$

第二节　一般位置线段的实长及其倾角

由上节可知，在特殊位置直线的投影中，能找到该线段的实长和对各投影面夹角的实形，而在一般位置线段的投影图中则不能。求一般位置线段实长和夹角常用的方法为直角三角形法。

图 4-3a）为一般位置线段 AB 的直观图。现分析线段和它的投影之间的关系，以寻找求线段实长的图解方法。过点 A 作 $AC /\!/ ab$，构成直角三角形 ABC，其斜边 AB 是空间线段的实长。一直角边 AC 的长度等于水平投影 ab，另一直角边 BC 是线段两端点 A 和 B 到水平投影面的距离之差 $\Delta Z = Z_B - Z_A$。

只要知道直角三角形两直角边的长度，便可作出此三角形。在投影图上的作图法见图 4-3b）。以 ab 为一直角边，ΔZ 为另一直角作出直角三角形。斜边 L 即为线段 AB 的实长，其与 ab 的夹角 α 为线段 AB 对 H 面的夹角。

如图 4-3a）所以，过点 B 作 $BD /\!/ a'b'$，构成直角三角形 ABD。其斜边 AB 是空间线段的实长。一直角边 BD 的长度等于正面投影 $a'b'$，另一直角边 AD 是线段两端点 A 和 B 到正面投影面的距离之差 $\Delta Y = Y_A - Y_B$。

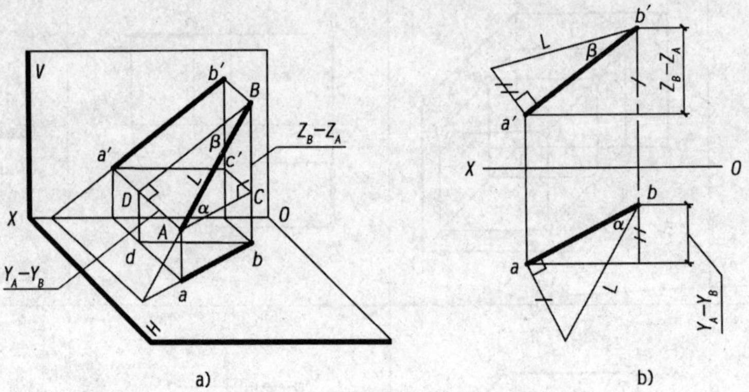

图 4-3　求一般位置线段实长和 α、β 角

在投影图上的作图法见图 4-3b）。以 $a'b'$ 为一直角边，ΔY 为另一直角作出直角三角形。斜边 L 即为线段 AB 的实长，其与 $a'b'$ 的夹角 β 为线段 AB 对 V 面的夹角。

两个直角三角形求得的实长是相等的，都是同一线段 AB 的实长。同理，如欲求线段的 γ 角，则需利用侧面投影，其原理、方法都是一样的。

直角三角形画在图纸的任何地方都可以。为作图简便，可将直角三角形画在如图 4-4b）所示的位置。

【例 4-1】　如图 4-4a）所示，已知线段 AB 的水平投影 ab 及 a'，$AB = 40$mm。试求线段 AB 的正面投影 $a'b'$，及线段 AB 对 V 面的夹角 β。

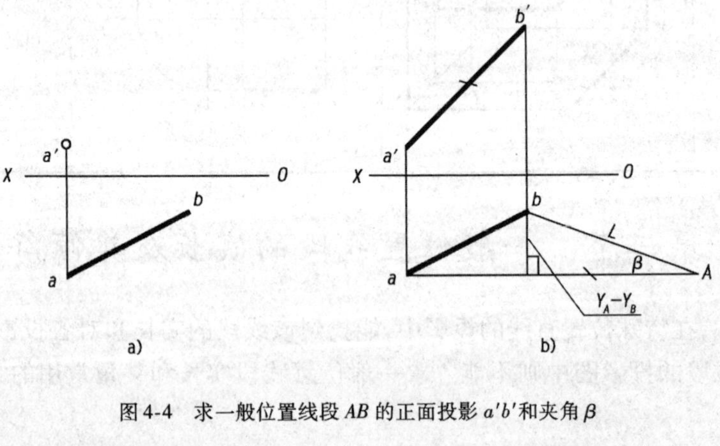

图 4-4　求一般位置线段 AB 的正面投影 $a'b'$ 和夹角 β

分析：β 夹角所在的直角三角形中，一直角边为线段 AB 的正面投影 $a'b'$，另一直角边是线段两端点 A 和 B 到正面投影面的距离之差 $\Delta Y = Y_A - Y_B$，斜边 L 为线段 AB 的实长。由此可作出此直角三角形。

解：如图 4-4b）所示，过 a 作 OX 轴的平行线构成直角，以 b 为圆心、L 为半径作弧交该线于点 A，得直角三角形：一直角边的长度为 $\Delta Y = Y_A - Y_B$，另一直角边的长度为正面投影 $a'b'$，斜边 L 与 $a'b'$ 的夹角为 β。以 a' 为圆心、$a'b'$ 的长度为半径作弧交过 b 与 ox 轴垂直的线于 b'，连 a'、b' 即为所求正面投影。

第三节　直线上的点

直线上的点具有以下性质：

(1)属于直线的点，它的三个投影均属于直线的投影。反之，点三个投影均分别属于直线的三个同名投影，则该点属于直线。如图4-5所示，已知 $C \in AB$，则 $c \in ab$、$c' \in a'b'$、$c'' \in a''b''$。

(2)属于线段的点，分线段之比等于点的投影分线段的同名投影之比。如图4-5所示，已知 $C \in AB$，则 $AC:CB = ac:cb = a'c':c'b' = a''c'':c''b''$。

【例4-2】 已知线段 AB 投影，试将 AB 分成3:2两段，求分点 C 的投影(图4-6)。

解：见图4-6，过 a 任作一辅助线截等距五段，末端点 B_0，分点 C_0；连 b、B_0，过 C_0 作 $b\,B_0$ 平行线 cC_0，交 ab 于 c；过 C 作 OX 轴垂线 cc'，交 $a'b'$ 于 c'，即求得分点 C 的投影。

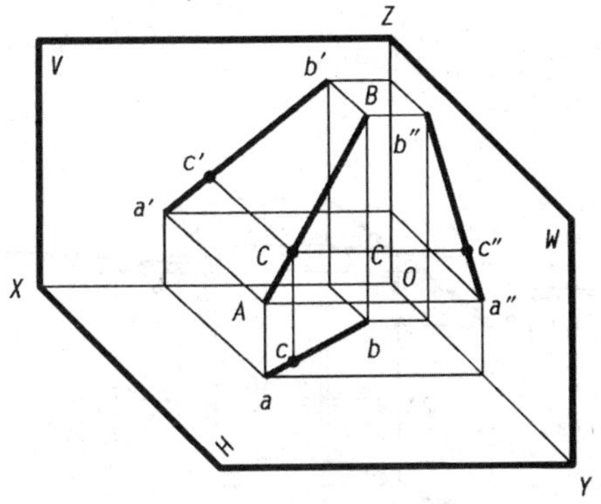

图4-5　直线上的点

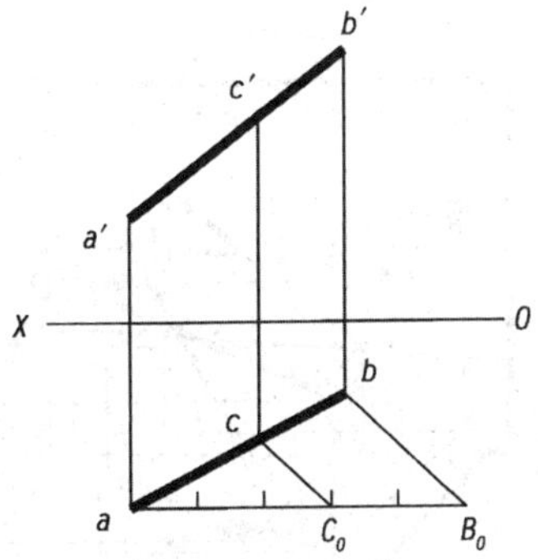

图4-6　点分线段呈比例

第四节　两直线的相对位置

两直线的相对位置有三种情况：平行、相交和交叉(又称异面)。

一、平行两直线

如图4-7所示，两平行直线 $AB /\!/ CD$，根据平行投影的性质——空间平行两直线其投影相

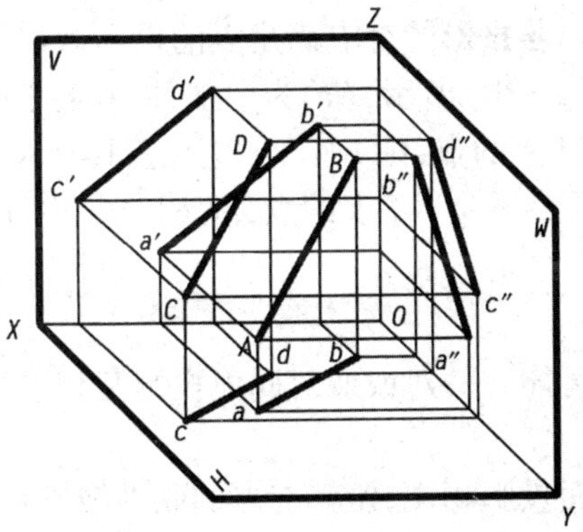

a)

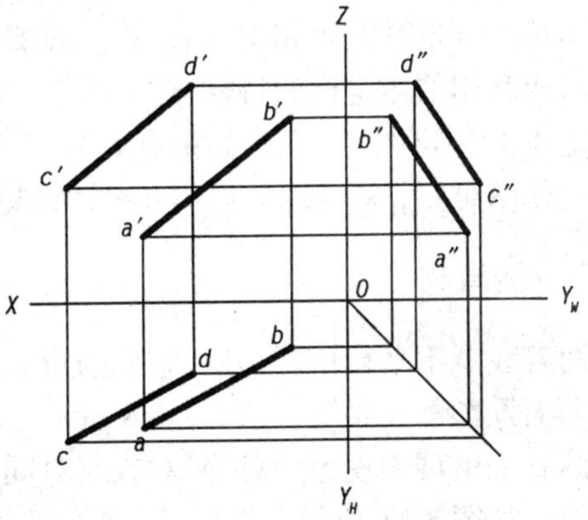

b)

图4-7　平行两直线

互平行，可得空间平行两直线其同名投影相互平行，即 $ab // cd$，$a'b' // c'd'$，$a''b'' // c''d''$。反之，若两直线的同名投影相互平行，则此空间两直线平行。

判断两直线是否平行，对一般线只要观察两面投影即可。但如图 4-8 所示的两侧平线 *EF* 和 *GH*，它们的 *V*、*H* 投影虽然互相平行，但两直线不一定平行，可作出其 *W* 面投影来判断：*EF* 与 *GH* 不平行。

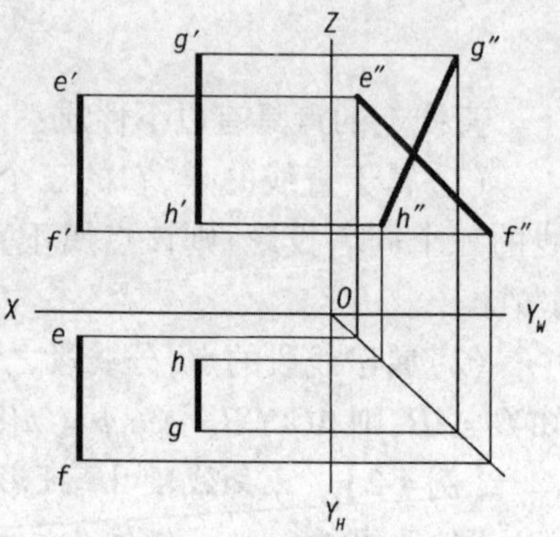

图 4-8　判定两直线的相对位置

二、相交两直线

如图 4-9 的所示 *AB* 和 *CD* 为相交两直线，其交点 *K* 为两直线的共有点，它既是 *AB* 上的一点，又是 *CD* 上的一点。由于线上一点的投影必在该线的同面投影上，因此 *K* 点的 *H* 面投影 *k* 既在 *ab* 上又在 *cd* 上。这样，*k* 必然是 *ab* 和 *cd* 的交点；同理，*k'* 必然是 *a'b'* 和 *c'd'* 的交点。

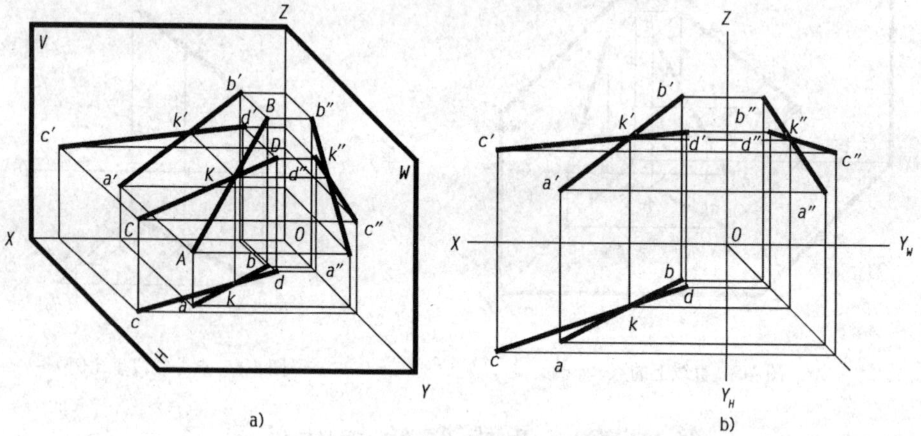

图 4-9　相交两直线

由此可得，相交两直线的投影特点为：相交两直线，其同名投影必相交，且各投影的交点满足点的投影规律。

如图 4-9b）所示，*AB*、*CD* 均为一般线，故按上述投影特点根据 *V*、*H* 两面投影即可判定两直线为相交。若当两直线之一与投影面平行线时，如图 4-10a）所示，*GH* 为侧平线，只根据两面投影则还不足以判定其是否相交，须作第三投影。若投影的交点满足点的投影规律则相交，反之则不交。或利用前述定比的特性来判定，如图 4-10b）所示，*EF* 为一般线，由已知的两面投影可以确定点 *K* 一定在 *EF* 上。如果点 *K* 也是 *GH* 上的点，则 *EF* 与 *GH* 有公共点 *K*，二直线必相交。通过作图可知，$hk : kg \neq h'k' : k'g'$，所以点 *K* 不是 *GH* 上的点，故 *EF* 与 *GH* 不相交。

三、交叉两直线

交叉两直线既不平行也不相交，它们的投影可能有一对或两对同面投影互相平行，但绝不可能三对同面投影都互相平行，如图 4-8 所示。

交叉两直线也可表现为一对、两对或三对同面投影相交，但其交点的联系线不可能符合点的投影规律。如图 4-11 所示，*AB* 和 *CD* 是交叉两直线，其三面投影均相交，但其交点不符合点的投影规律，即 *ab* 和 *cd* 的交点不是一个点的投影，而是 *AB* 上的 *II* 点和 *CD* 上的 *I* 点在 *H* 面上的重影点。*I* 点在上，为可见；*II* 点在下，为不可见。同样，$a'b'$ 和 $c'd'$ 的交点是 AB 上的 *III* 点和 CD 上的 *IV* 点在 V 面上的重影点。*III* 点在前，为可见；*IV* 点在后，为不可见。显然，$a''b''$ 和 $c''d''$ 的交点亦为重影点。

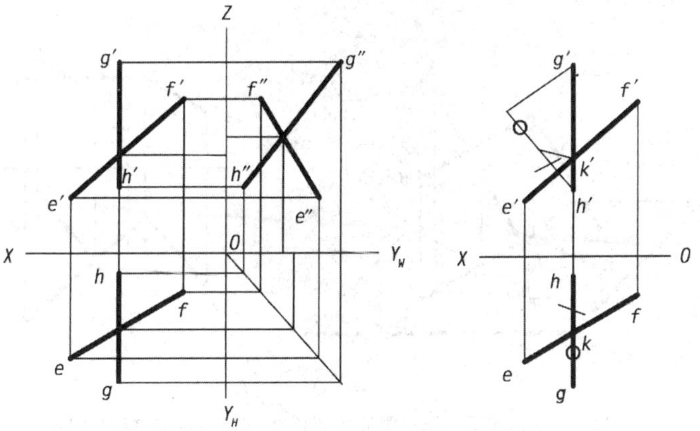

a)　　b)

图 4-10　判定两直线的相对位置

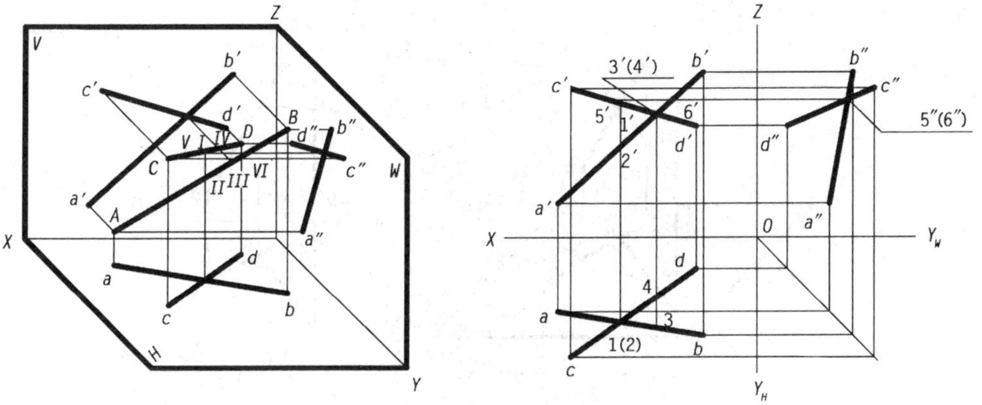

a)　　b)

图 4-11　交叉两直线

对于图 4-8 判定两侧平线的相对位置，也可不用 W 面投影而运用两直线共面还是异面的道理来判定（图 4-12）。可先假设它们为共面的平行两直线，分别连接 $e'h'$、$f'g'$ 及 eh、fg，则 EH 和 FG 应为相交两直线。但它们交点的两投影的连线不符合点的投影规律，故与假设有矛盾，即不平行也不可能相交，由此判定它们是交叉两直线。

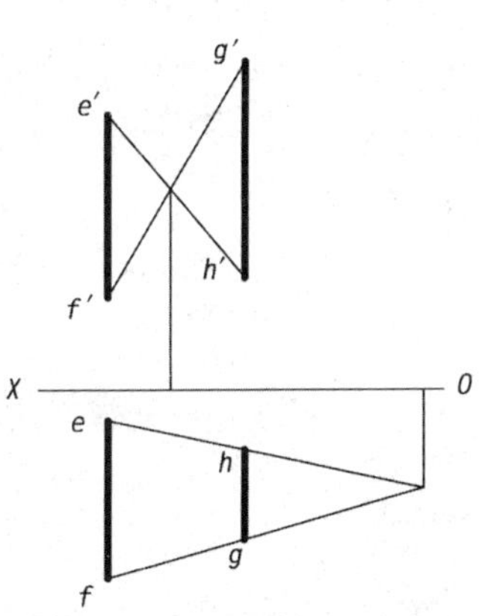

图 4-12　两侧平线相对位置的判定

四、直角投影

设两直线相交（或交叉）成直角，若其中有一条直线与某一投影面平行则直角在该投影面上的投影仍反映为直角。

当直线相交垂直，如图 4-13 中的 AB、AC 两直线，已知 $\angle BAC = 90°$，$AB /\!/ H$ 面，求证 $\angle bac = 90°$。

证明：因为 $AB \perp AC$，$AB \perp Aa$，所以 $AB \perp AacC$，$AB \perp ac$；又因为 $AB /\!/ ab$，所以 $ab \perp ac$。因此，$\angle bac = 90°$

当直线交叉垂直时，如图 4-13 中的 AB、MN 两直线，过 A 点作 $AC /\!/ MN$，则证明与直线相交垂直时一样。

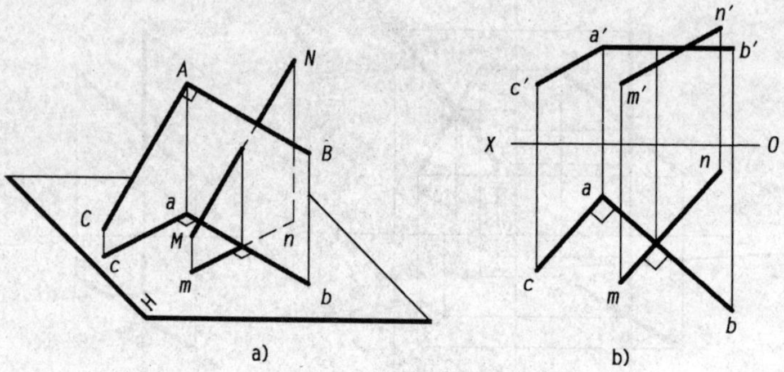

图 4-13　一直线平行于投影面的两相交（交叉）垂直直线的投影

【例 4-3】 求铅垂线 AB 与一般位置线 CD 之间的距离 MN。

分析：如图 4-14a）所示，MN 为直线 AB、CD 的公垂线，因为 $AB \perp H$ 面，所以 $MN /\!/ H$ 面，根据直角投影 $mn \perp cd$ 即可求得。

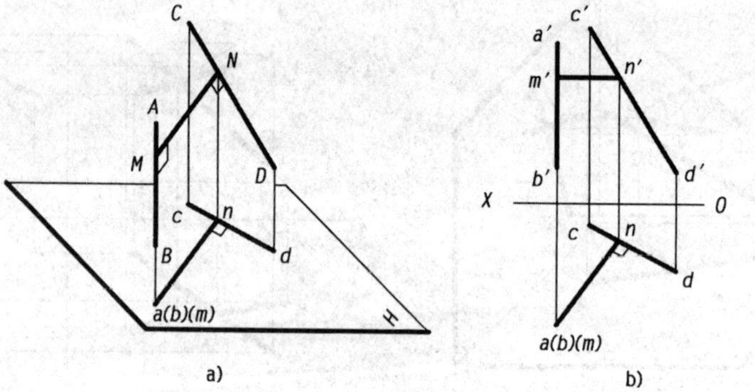

图 4-14　求两直线的公垂线

解：见图 4-14b），过 a 作直线 $mn \perp cd$ 交 cd 于 n，过 n 作 OX 轴垂线交 $c'd'$ 于 n'，过 n' 作 OX 轴平行线交 $a'b'$ 于 m'，$mn = MN$ 即为所求距离。

第五章　平　　面

第一节　平面的投影及其表示法

一、用几何元素表示平面

不属于同一直线上的三点可以确定一平面。根据几何原理也可以转换为:一点一直线;相交两直线;平行两直线或任何一平面图形来确定平面。因此,在投影图上可以用图 5-1 中任一组几何元素的投影表示平面。

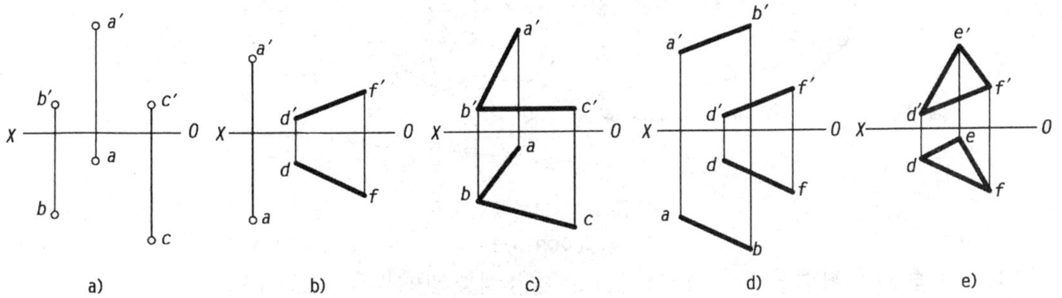

图 5-1　几何元素表示的平面

如图 5-2 所示,在三投影体系中,平面对投影面的相对位置,可分为三类:

(1)对三个投影面都倾斜的平面称为**一般位置平面**,如图示 C 面。

(2)垂直于一个投影面同时对其他两投影面倾斜的平面称为**投影面垂直面**,如图示 B、D、F 面。

(3)平行于一个投影面的平面称为**投影面平行面**,如图示 A、E、G 面。

其中,后两类称为**特殊位置平面**。

二、各种位置平面的投影

下面分别介绍三类平面的投影特性。

1. 一般位置平面

因一般位置平面同时倾斜于三个投影面,故它的三个投影均为类似图形。如图 5-2 中的 C 面是梯形,故其三面投影均为梯形(图 5-3)。

2. 垂直于一个投影面的平面

垂直于一个投影面同时对其他两投影面倾斜的平面,统称为**投影面垂直面**。垂直于 H 面的平面,称为**铅垂面**;垂直于 V 面的平面,称为**正垂面**;垂直于 W 面的平面,称为**侧垂面**。

如图 5-4 所示铅垂面 F,垂直于 H 面,倾斜于 V 面和 W 面,故其水平投影积聚为一直线,V 面和 W 面投影为类似图形;铅垂面的水平投影与 OX 轴的交角,反映该平面对 V 面的角度 β;铅垂面的水平投影与 OY 轴的交角,反映该平面对 W 面的角度 γ。

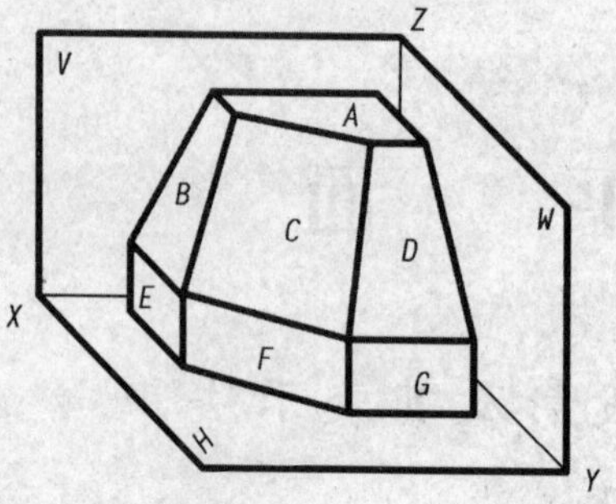

图 5-2　物体上的各种位置平面

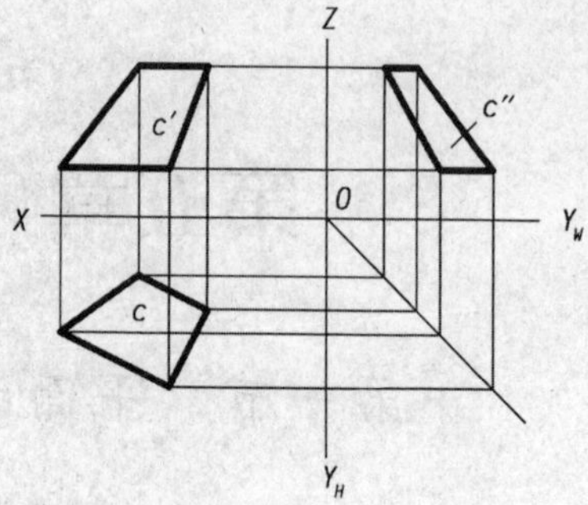

图 5-3　一般位置平面的投影

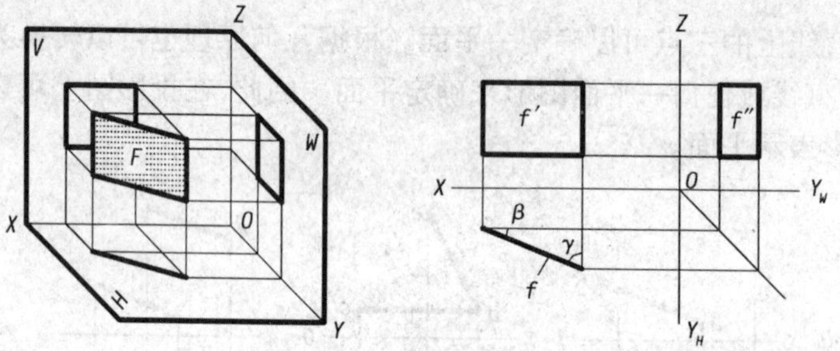

图 5-4　铅垂面的投影

a）直观图；b）投影图

对于正垂面和侧垂面可作同样分析，也可得到类似的性质（表 5-1）。

特殊位置平面当仅需要表示平面的位置时，可只用其积聚性投影表示，标记为 F_H 或 F_V、F_W，如表 5-1 中“积聚性投影表示法”一栏。

投 影 面 垂 直 面　　　　表 5-1

平面的位置	直 观 图	投 影 图	积聚性投影表示法
垂直于 *H* 面（铅垂面）	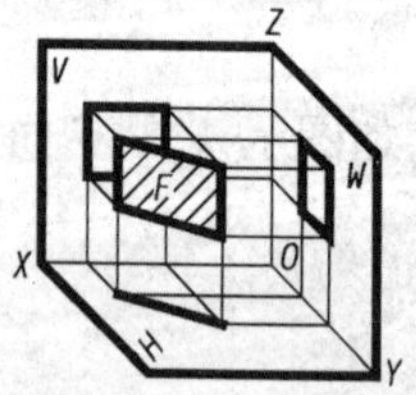	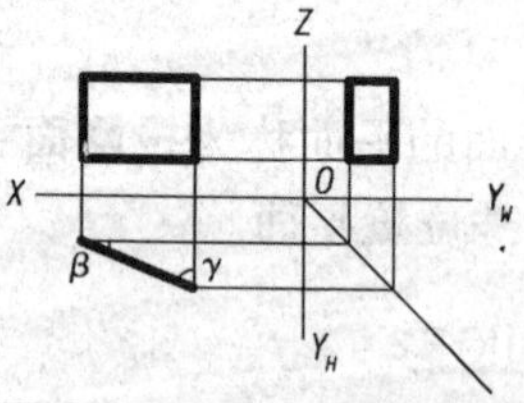	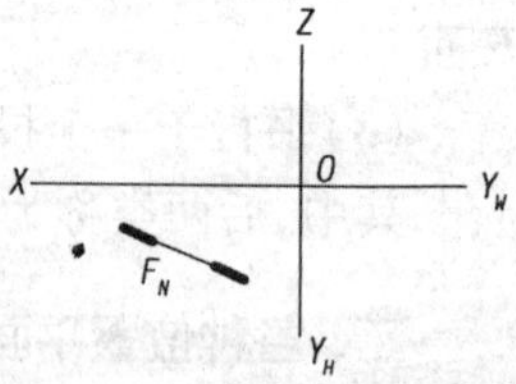
垂直于 *V* 面（正垂面）	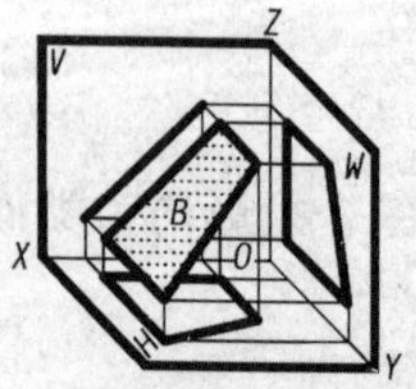	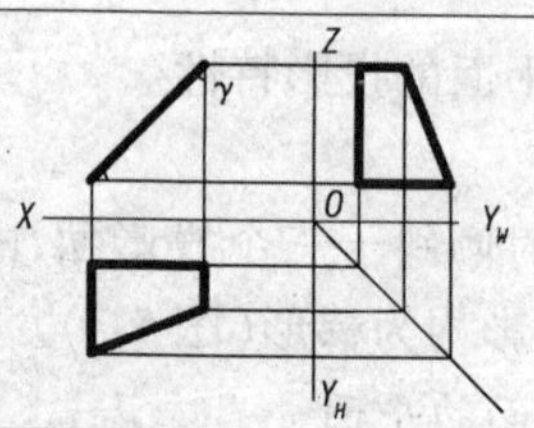	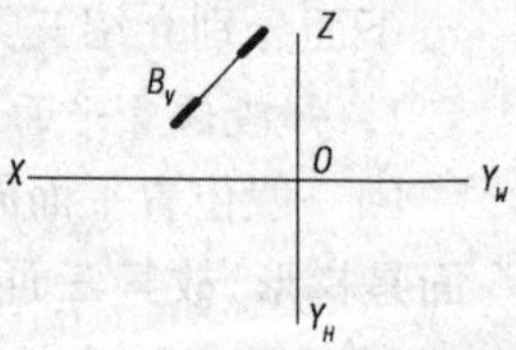
垂直于 *W* 面（侧垂面）	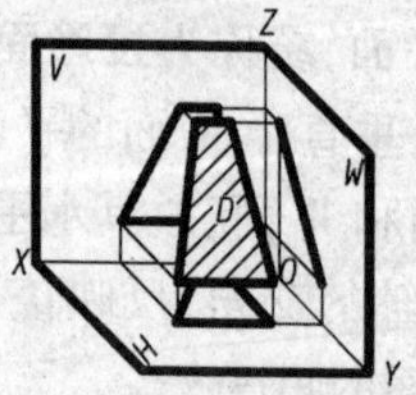	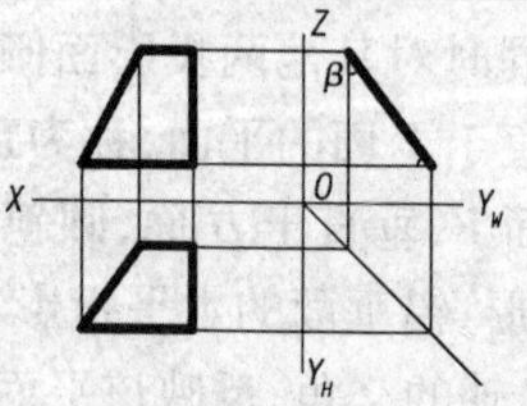	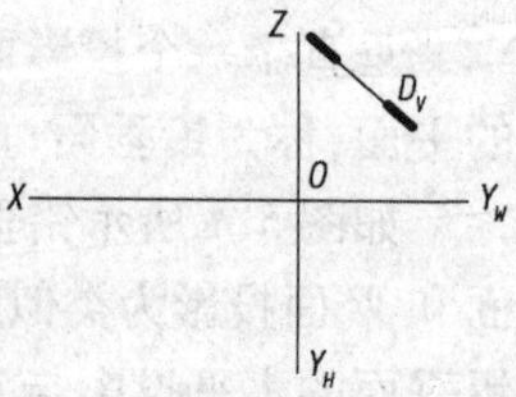

3. 平行于投影面的平面

平行于一个投影面同时对其他两投影面垂直的平面，统称为**投影面平行面**。平行于 *H* 面的平面，称为**水平面**；平行于 *V* 面的平面，称为**正平面**；平行于 *W* 面的平面，称为**侧平面**。

如图 5-5 所示正平面 *G*，平行于 *V* 面，垂直于 *H* 面和 *W* 面，故其正面投影反映实形；*H* 面和 *W* 面投影积聚为一直线，且分别平行于投影轴 *OX* 和 *OZ*。

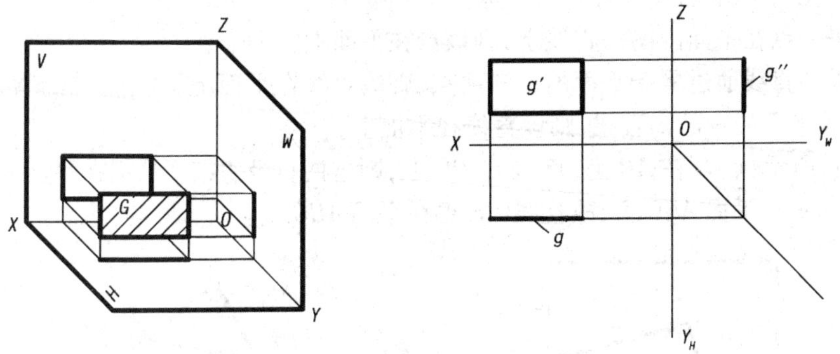

a)　　b)

图 5-5　正平面的投影

a）直观图；b）投影图

水平面和正平面也有类似的性质（表 5-2）。

投 影 面 平 行 面　　表 5-2

平面的位置	直 观 图	投 影 图	积聚性投影表示法
平行于 *H* 面 （水平面）	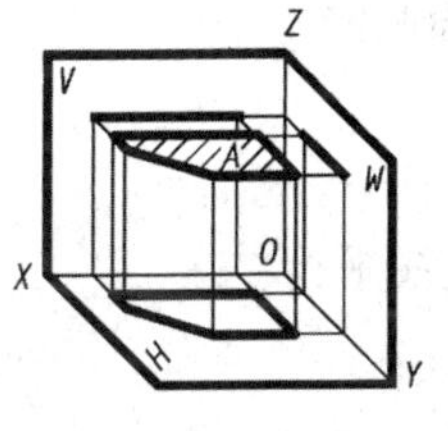	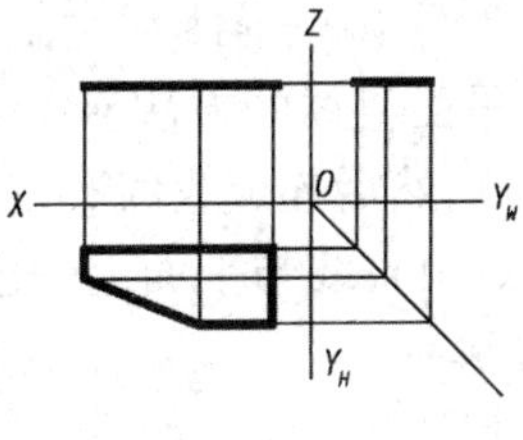	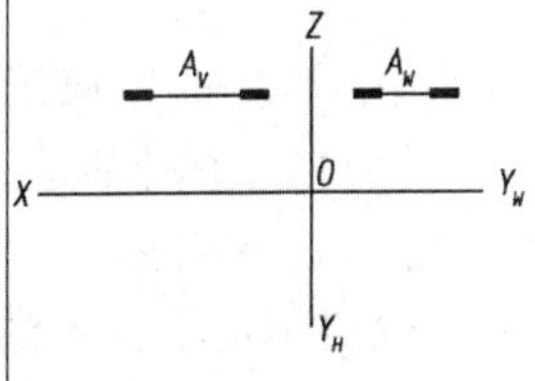
平行于 *V* 面 （正平面）	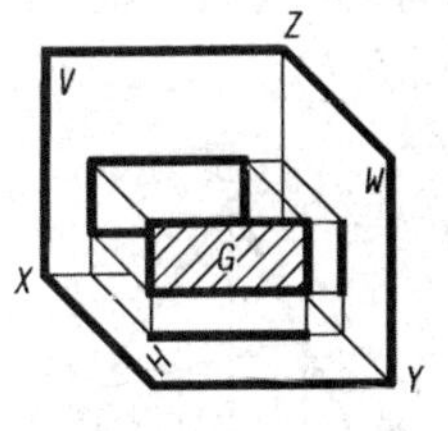	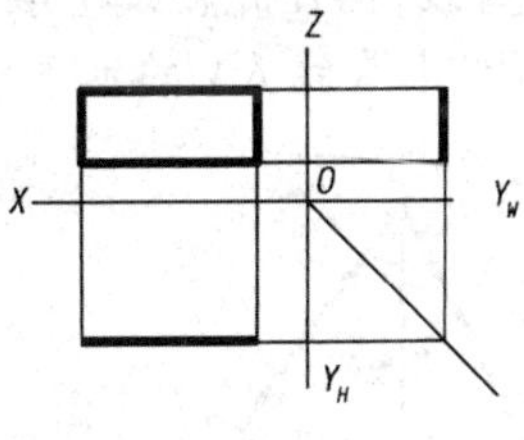	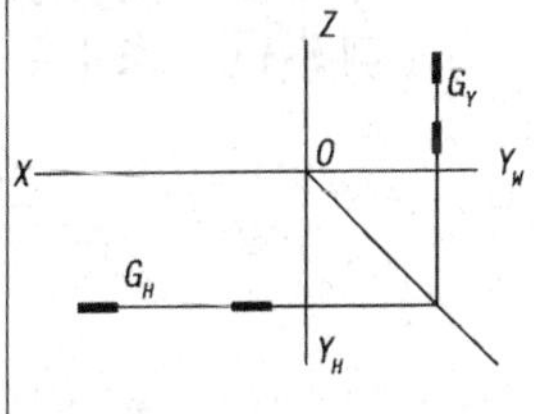
平行于 *W* 面 （侧平面）	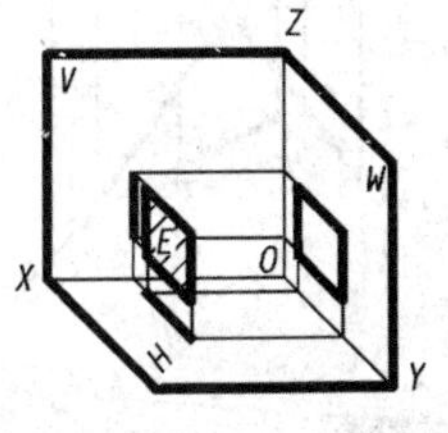	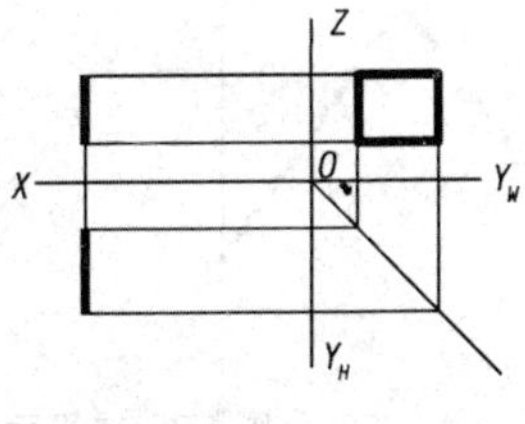	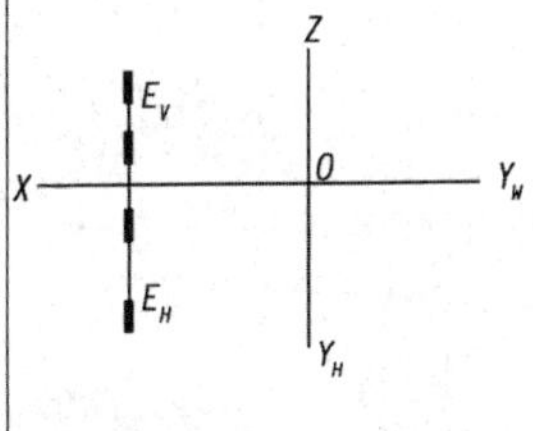

第二节　平面上的点和直线

一、平面上取点和直线

点和直线在平面上的充分必要条件是：

(1)如果一点在平面内的一直线上，则该点在平面上；

(2)如果一直线通过属于平面的已知两点，则该直线在平面上；或通过属于平面的一已知点且平行属于平面的一已知直线，则该直线在平面上。

如图 5-6 所示，点 D 在 AB 上，点 E 在 BC 上，则这两点及直线 DE 都在平面 ABC 上；直线 $EF/\!/AB$，且点 E 在平面 ABC 上，故直线 EF 也在平面 ABC 上。

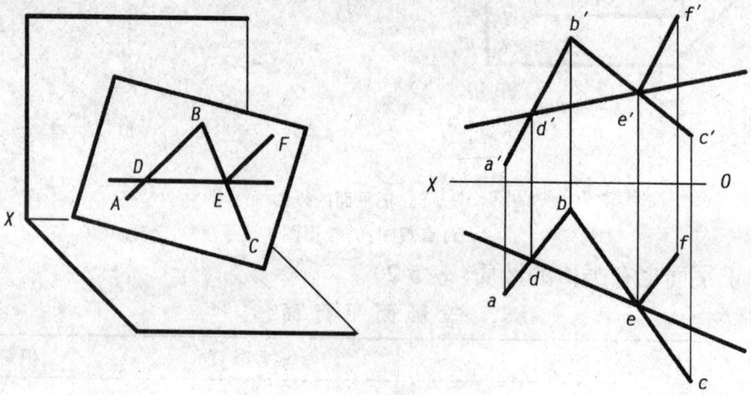

图 5-6　平面上的点和直线

由此得知，取属于定平面直线的方法有：

(1)取平面上两已知点，然后连成直线；

(2)过平面上一已知点引直线与平面上一已知直线平行。

取属于定平面点的方法有：

(1)在平面的已知线上取点；

(2)先在平面上取一直线，再在此直线上取点。这种方法称为辅助线法。

【例 5-1】　求平面 ABC 上直线 KN 的水平投影(图 5-7)。

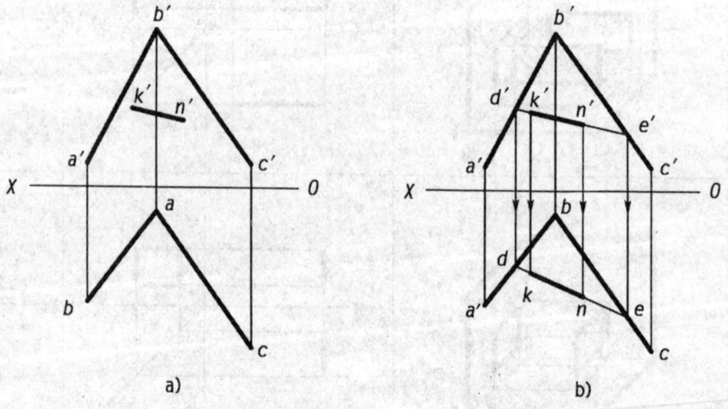

图 5-7　求平面上直线的投影

分析：直线 KN 既然在平面 ABC 上，必与平面上已知直线相交。

作图：延长 $k'n'$ 与 $a'b'$、$a'c'$ 分别交于 d'、e'，在 ab、ac 上定出 d、e，并连接，kn 必在 de 上。

【例 5-2】 已知平面 ABC 上一点 M 的水平投影 m，求其正面投影 m'[图 5-8a)]。

分析：如图 5-8b) 所示，点 M 必在平面上的直线 CI 或 MII 上。

作图[图 5-8c)]：连接 c、m 延长与 ab 交于 d，在 $a'b'$ 上定出 d'，连接 d'、c'，m' 必在其直线上。同理，[图 5-8d)]，过 m 作 $me/\!/ac$，在 $a'b'$ 上定出 e'，过 e' 作直线平行 $a'c'$，m' 必在其上。

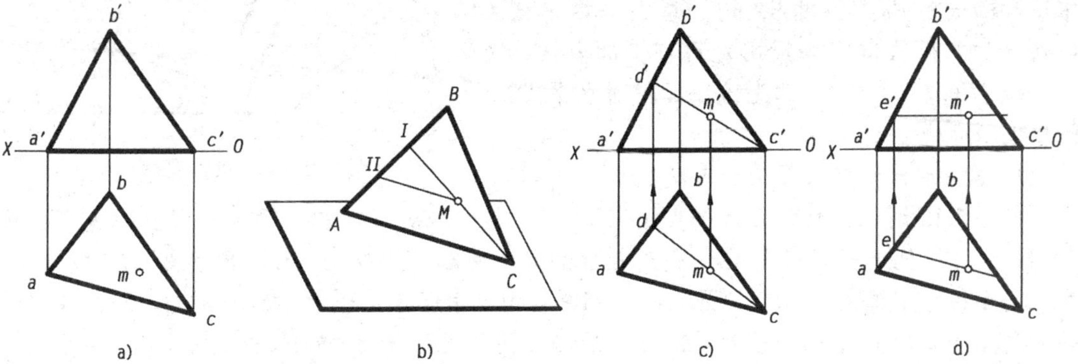

图 5-8 求平面上点的投影

二、平面上的投影面平行线

平面上平行于 H 面、V 面、W 面的直线分别称为属于该平面的水平线、正平线及侧平线，如图 5-9 所示。

属于平面的投影面平行线既具有投影面平行线的投影性质，又与所属平面保持从属关系。

【例 5-3】 已知 ΔDEF 给定一平面(图 5-10)，试过点 F 作属于该平面的水平线，过点 D 属于该平面的正平线。

作图(图 5-10)：过 f' 作 $f'a'/\!/OX$ 轴，与 $d'e'$ 交于 a'；在 de 上定出 a，连接 fa，AF(af、$a'f'$)即为所求水平线。同理，先过 d 作 $bd/\!/OX$ 轴，然后作出 $b'd'$，BD(bd、$b'd'$) 即为所求正平线。

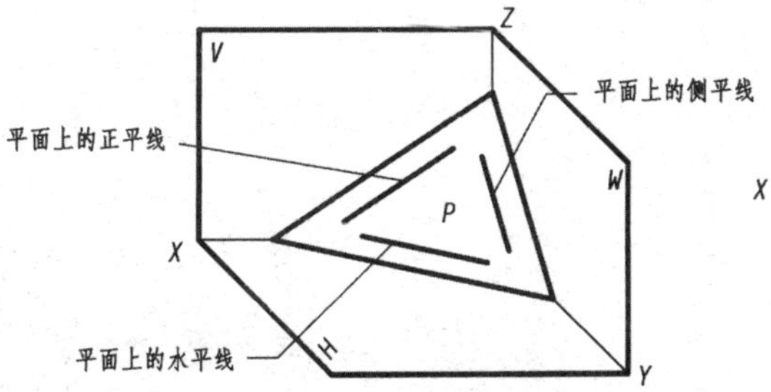

图 5-9 平面上的投影面平行线

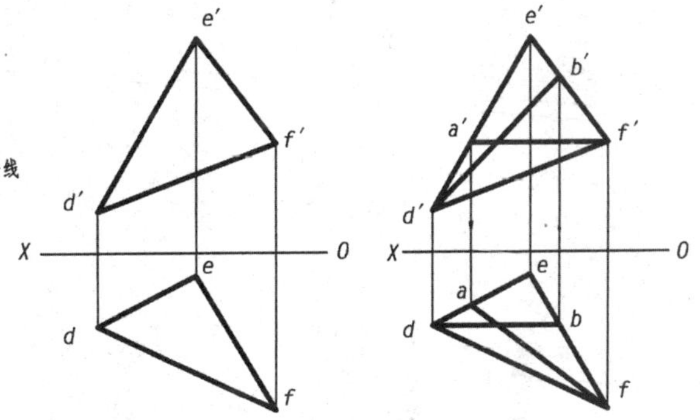

图 5-10 作属于平面的水平线和正平线

三、平面的最大斜度线

1. 最大斜度线的定义

属于定平面并垂直于该平面的投影面平行线的直线，称为该平面的**最大斜度线**。垂直于水平线的直线，称为**对水平投影面的最大斜度线**；垂直于正平线的直线，称为**对正投影面的最大斜度线**；垂直于侧平线的直线，称为**对侧投影面的最大斜度线**。

如图5-11所示，直线CD是属于平面P的水平线，垂直于CD且属于平面P的直线AF是对H面的最大斜度线。

如图5-12所示，定平面ΔABC。为作该平面上对水平投影面的最大斜度线，先任意引一水平线CD（cd，$c'd'$）。再根据直角投影定理在平面上任作CD的垂线AF（af、$a'f'$），AF即为该平面上对水平投影面的最大斜度线。

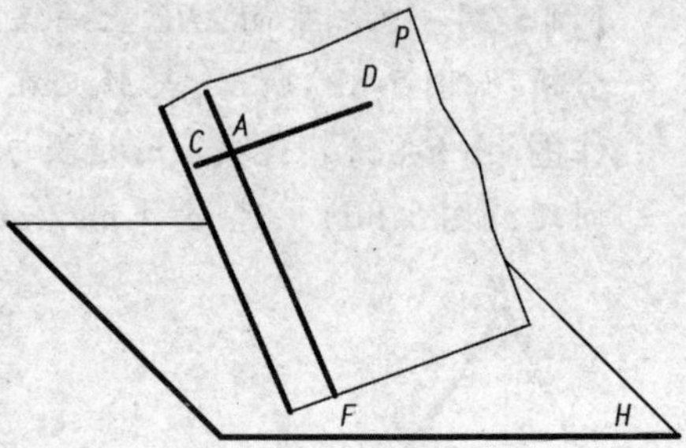

图5-11　最大斜度线

2. 最大斜度线对投影面的角度最大

如图5-13所示，CD对H面的夹角为0°，最大斜度线对H面的夹角为α。过点A作最大斜度线以外该平面上任意直线AB。它对H面的夹角为ω。因$AF \perp CD$，且$BF // CD$，故$AF \perp BF$。根据直角投影定理，$aF \perp BF$，则$aB > aF$，两个直角三角形Aba和Afa有相等的直角边Aa，而另一对直角边$aB > aF$，相应的锐角$\omega < \alpha$。故最大斜度线对投影面的角度最大。

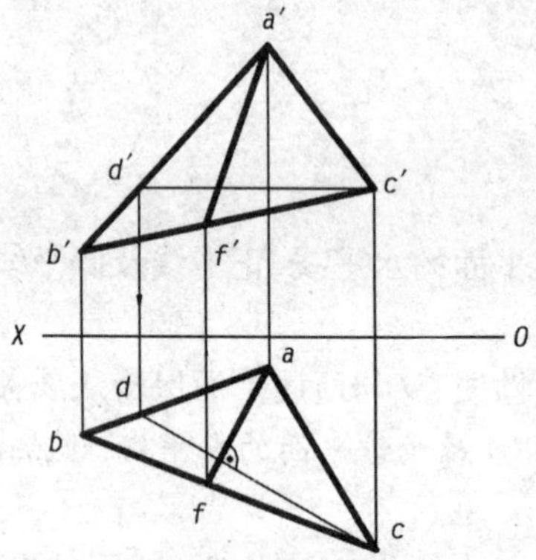

图5-12　对水平投影面的最大斜度线AF

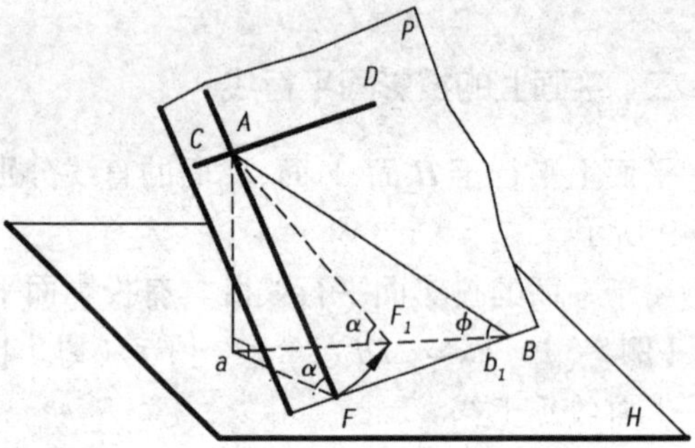

图5-13　最大斜度线

第六章　直线与平面的相对位置、两平面的相对位置

直线与平面之间和两平面之间的相对位置可分为平行、相交及垂直三种。本章重点讨论三个问题：

(1)在投影图上如何绘制及判别直线与平面、平面与平面平行。

(2)如果直线与平面、平面与平面不平行，在投影图上如何求出它们的交点或交线。

(3)在投影图上如何绘制及判别直线与平面、平面与平面垂直。

最后讨论距离和角度的度量，这是对以前各章原理的综合运用。

第一节　直线与平面、平面与平面平行

一、直线与平面平行

由初等几何知道，若一直线平行于属于定平面的一直线，则直线与该平面平行。如图 6-1 所示，直线 DE 平行于属于定平面 P 的直线 CF，则直线 DE 与该平面 P 平行。

【例 6-1】 试判断已知直线 MN 是否平行于定平面 $AB \times CD$(图 6-2)。

分析：在图 6-2 中，mn 平行于 ab，而 $m'n'$ 不平行于 $a'b'$，则 MN 不平行于 AB，即平面上没有与直线 MN 相平行的直线。所以，直线 MN 不平行于定平面。

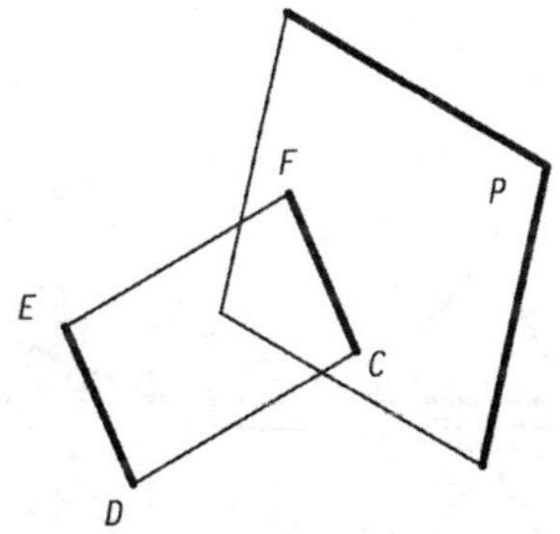

图 6-1　直线与平面平行示意图

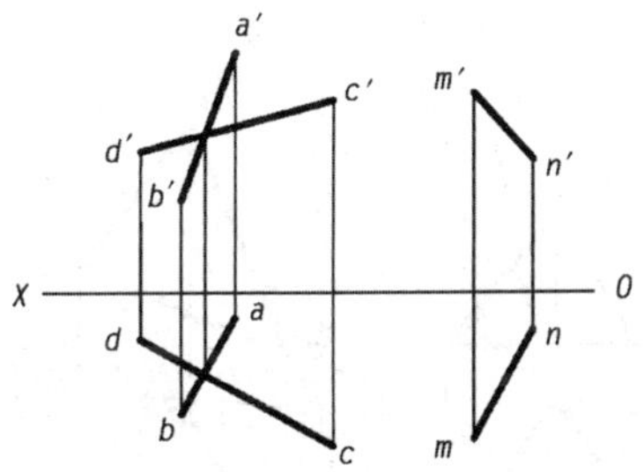

图 6-2　判断直线与平面是否平行

【例 6-2】 过已知点 M 作一水平线平行于已知平面 ABC[图 6-3a)]。

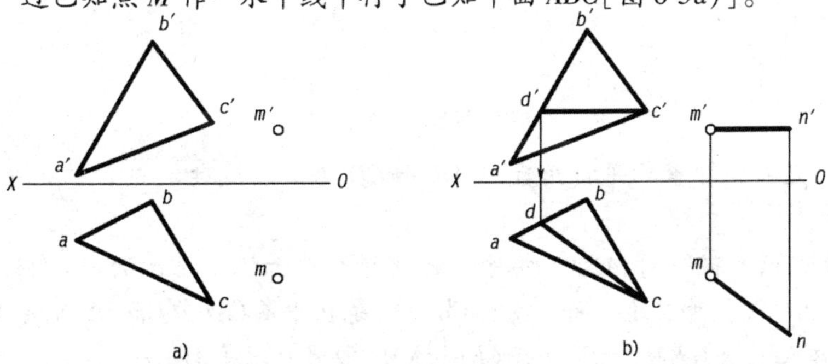

图 6-3　作直线平行于已知平面

分析：过点 M 可以作无穷多条平行于已知平面的直线，其中只有一条水平线。可先作属于已知平面的任一水平线 CD 为辅助线[图 6-3b)]，再过点 M 引直线 MN 平行于 CD。MN 平行于属于定平面的水平线 CD，所以 MN 既是水平线又平行于已知平面 ABC。

二、两平面平行

从初等几何得知，**若属于一平面的相交两直线对应平行于属于另一平面的相交两直线，则此两平面平行**。图 6-4 说明，两对相交直线 AB、BC 和 A_1B_1、B_1C_1 分别属于平面 P 和 Q。若两对相交直线对应平行，则平面 P、Q 平行。

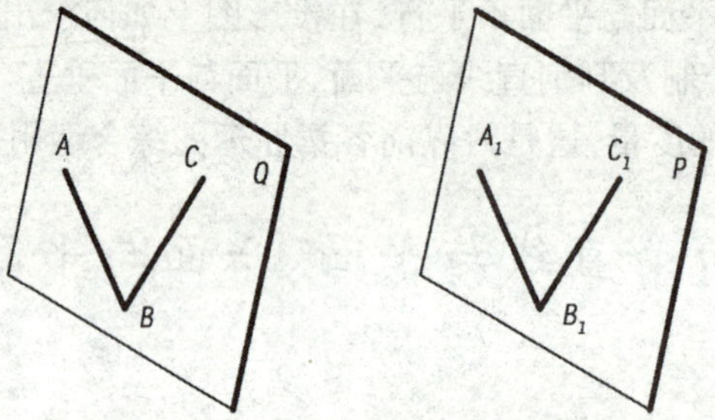

图 6-4 平面与平面平行示意图

【例 6-3】 试判断两已知平面 ABC 和 DEF 是否平行[图 6-5a)]。

分析：可先作属于第二平面的一对相交直线，再判断是否与第一平面的一对相交直线对应平行。图 6-5b) 中，作属于第二平面的 Dg 和 Eh，因为 $Dg /\!/ AB$，$Eh /\!/ AC$，所以两平面平行。

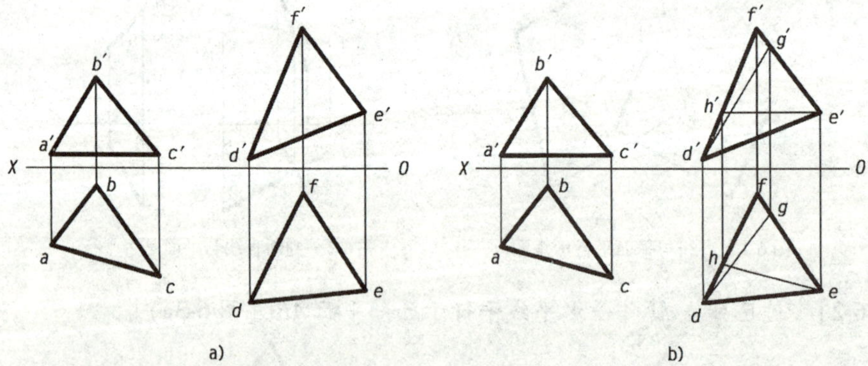

图 6-5 判断两平面是否平行

【例 6-4】 已知定平面由平行两直线 AB 和 CD 给定。试过定点 K 作一平面平行于已知平面[图 6-6a)]。

分析：只要过点 K 做一对相交直线对应地平行于属于已知平面的一对相交直线，所作的这对相交直线即可代表所求的平面。图 6-6b) 中，先在平面($AB /\!/ CD$)上作与 AB 相交的直线 AD，再过点 K 作 $KL /\!/ AB$、$KM /\!/ AD$，平面($KL \times KM$)即为所求平面。

若两平行平面同时垂直某一投影面，则其积聚性的投影相互平行，如图 6-7 所示。

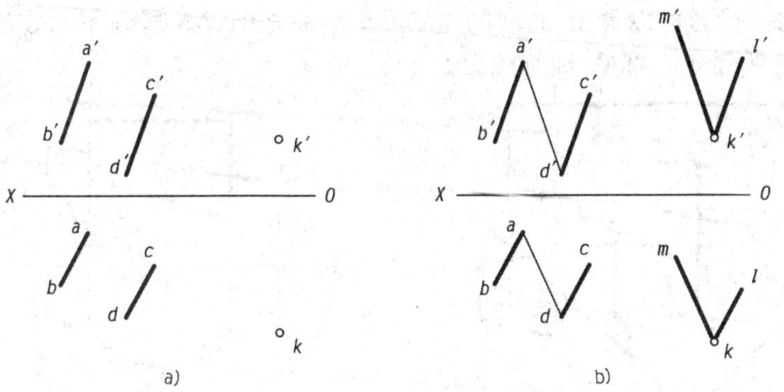

图 6-6 作平面平行于已知平面

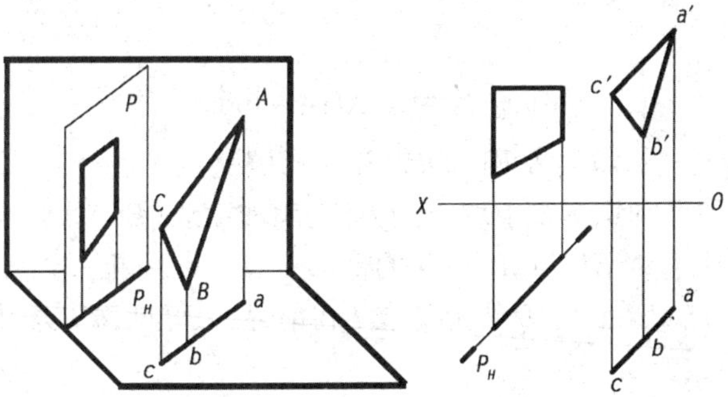

图 6-7 两特殊位置平面平行

第二节 直线与平面的交点、两平面的交线

直线与平面相交只有一个交点，它是直线和平面的共有点。它既属于直线，又属于平面。

两平面的交线是一直线，这条直线为两平面共有。共有性是求解相交问题依据的基本特性。

一、特殊位置的相交

特殊位置的相交问题是指相交两元素中至少有一个垂直于投影面的情况。此时该元素的一个投影有积聚性，利用积聚性，即可求出交点或交线的投影。

1. 直线与平面相交

如图 6-8b）所示直线 MN 和铅垂面 Q 相交。平面 Q 的水平投影 Q_H 积聚成一直线。交点 K 既然是属于平面的点，那么它的水平投影一定属于平面 Q 的水平投影。交点 K 又属于直线 MN，它的水平投影必属于 MN 的水平投影。因此，水平投影 mn 与 Q_H 的交点 k 便是交点 K 的水平投影。然后在 $m'n'$ 上找出 K 的正面投影 k'，点 $K(k,k')$ 即为直线 MN 和平面 Q 的交点。图 6-8a）为其直观图。

图 6-8b）中，直线与平面的正面投影有一段重叠，即存在可见性问题。为了使图形明显起见，把直线 MN 被平面 Q 遮住部分用虚线来表示。交点 K 是直线 MN 可见部分和不可见部分

的分界点。从水平投影可以看出，直线的 MK 段在平面之前，NK 段在平面之后。所以 $m'k'$ 可见，$n'k'$ 与平面重叠部分不可见，即画成虚线。

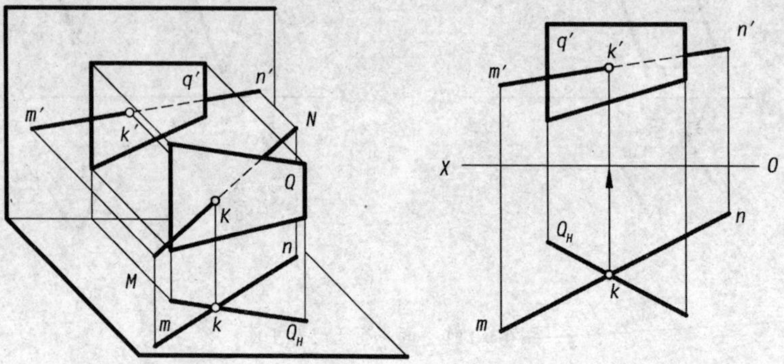

a)　　　　b)

图 6-8　直线与特殊位置平面的交点

图 6-9b）表示一铅垂线 AB 与平面 $CDEF$ 相交。因交点 K 在 AB 上，故 k 与 ab 重合；因点 K 又在平面 $CDEF$ 上，故可利用平面上取点的方法，用辅助线（EG）求出 k'。直线 AB 正面投影的可见性，可利用平面上直线 EF 与直线 AB 的重影点 H、I 来判断。从水平投影上看，H 比 I 离 OX 轴近，即 EF 线上的点 H 在后，AB 线上的点 I 在前，故 i' 可见，$a'k'$ 段也可见。

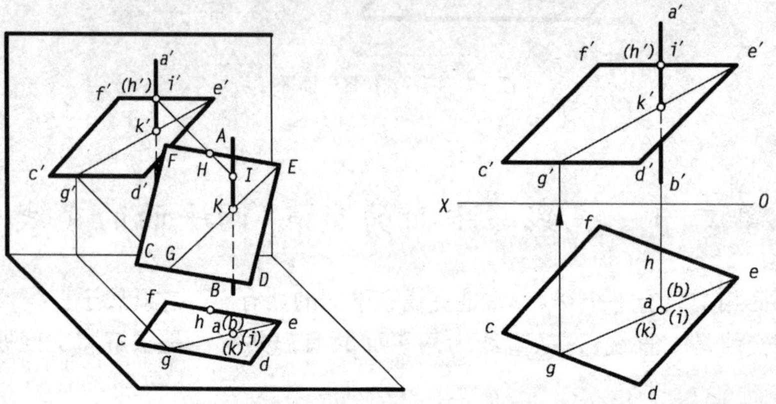

a)　　　　b)

图 6-9　铅垂线与平面相交

2. 两平面相交

通常，把求两平面交线的问题看作是求两个共有点或一个共有点及一确定的方向的问题。从图 6-10a）分析得知，要求图 6-10b）中一般位置平面 ΔABC 和铅垂面 $DEFG$ 的交线，只要求出属于交线的任意两点（如 K 和 L）即可。显然 K、L 即为 AC、CB 两边与铅垂面 $DEFG$ 的交点。

平面 $DEFG$ 是铅垂面，直线 AC 、BC 与特殊位置平面交点的求法在前面已讨论，其作图过程如图 6-10b）所示，KL 即为两平面的交线。

当交线在平面图形的范围内时，甲、乙两平面投影重叠部分，其可见性总是以交线为界，如果交线的一侧为甲面可见，则交线的另一侧必为乙面可见。图 6-10b）中两平面正面投影的重叠部分，从水平投影直观判断，交线右方三角形平面在前，故 $a'b'k'l'$ 可见，$d'e'$ 和 $f'e'$ 线中一段应画成虚线；交线左方的四边形平面可见，三角形平面轮廓线被遮掩部分应画成虚线。

如图 6-11 所示，平面 $ABCD$ 与正平面 P 相交。交线 KL 既在平面 P 上，则必是正平线，且 kl 与 p 重合；交线 KL 又在平面 $ABCD$ 上，必是该平面上的正平线。因 k 在 bc 上，且 $kl /\!/ cd$，故 k' 在 $b'c'$ 上，且 $k'l' /\!/ c'd'$（为使图形明显起见，可在两平面投影重叠部分，将一个平面的投影的可见部分画上 45°线）。

如图 6-12 所示两铅垂面相交，交线应是铅垂线，其水平投影即为两平面积聚性投影的共有点 $k(l)$，正面投影 $k'l' \perp OX$。

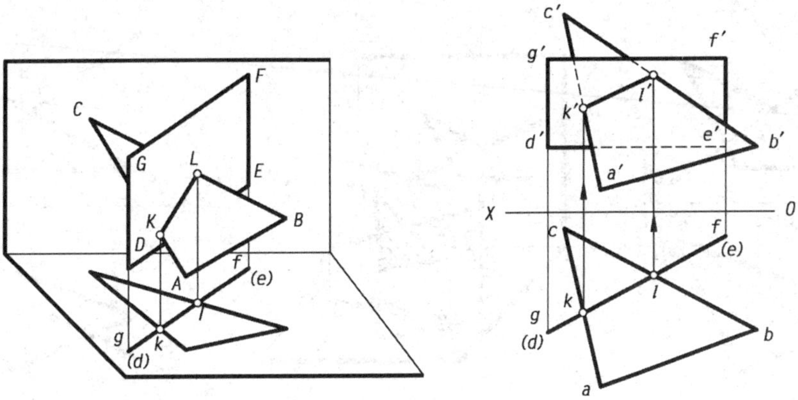

a)　　　b)

图 6-10　一般位置平面与特殊位置平面的交线

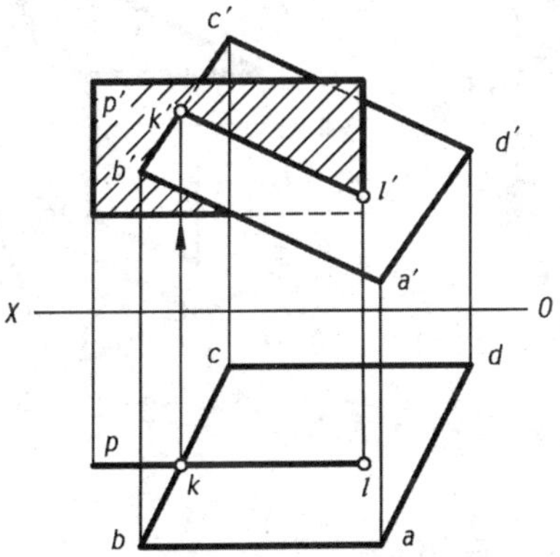

图 6-11　正平面与一般位置平面相交

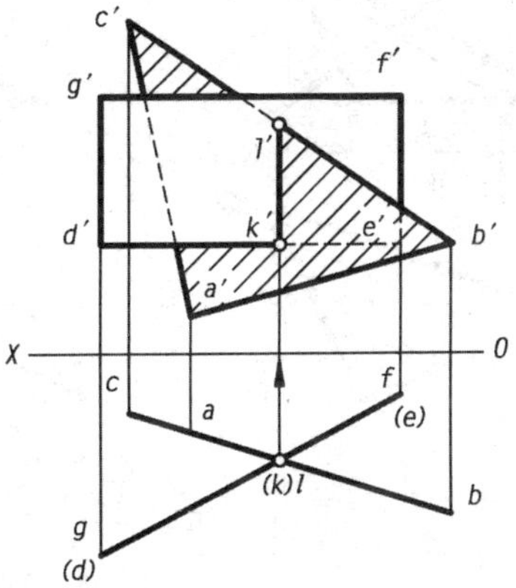

图 6-12　两铅垂面相交

由图 6-8 ~ 图 6-12 可知：当相交两元素之一的投影有积聚性时，交点或交线的一个投影可以直接得出，另一投影可用直线上取点或平面上取点、线的方法得出。

由图 6-11 及图 6-12 还可得知：若相交两平面之一平行于某投影面，则交线也平行于该投影面；若相交两平面同时垂直于某投影面，则交线也垂直于该投影面。

二、一般位置的相交

当参加相交的两个元素相对投影面都处于一般位置时，两个元素的投影都没有积聚性，交点、交线的投影都不能直接求得，必须采用辅助平面，经过一定的作图过程才能求得。这里只讨论一般位置直线与一般位置平面相交的问题。

要求图 6-13a) 中所示直线 AB 与一般位置平面 ΔCDE 的交点，可应用如图 6-13b) 所示辅助平面法求直线与平面交点的原理。从图中可以看出：交点 K 既然在平面 ΔCDE 上，那么也必在此平面上过点 K 的任一直线 MN 上。相交于点 K 的直线 MN 和 AB 组成一个平面 S。直线 MN 就是平面 S 与平面 ΔCDE 的交线，MN 与 AB 的交点即为直线 AB 与平面 ΔCDE 的交点。平面 S 即为求解的辅助平面。为便于在投影图上求作平面 S 与平面 ΔABC 的交线，应使辅助平面 S 处于特殊位置，便可利用图 6-10 方法作图求得。

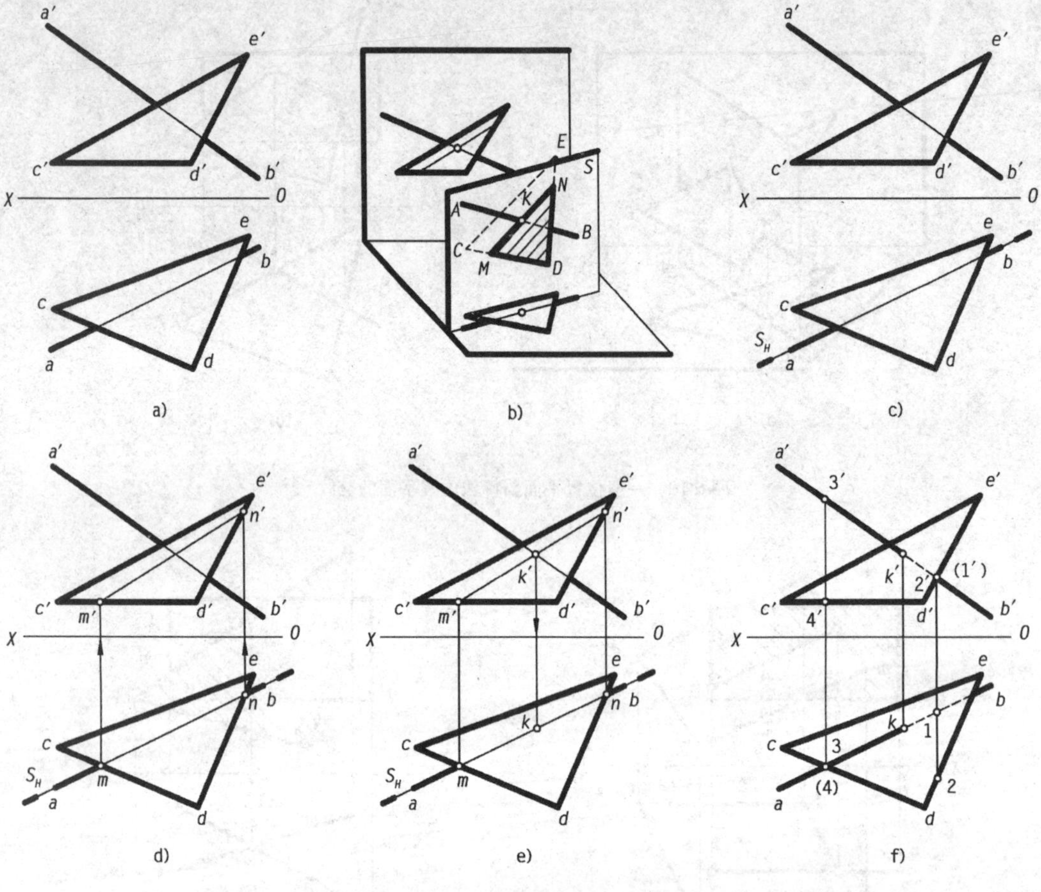

图 6-13　一般位置直线与一般位置平面相交

在投影图上按照如下三步求解：

(1) 包含直线 AB 作辅助面。如图 6-13c) 中作铅垂面 S，它的水平迹线 S_H 有积聚性，与 ab 重合。

(2) 求出辅助平面 S 与平面 ΔCDE 的交线 $MN(mn, m'n')$，如图 6-13d) 所示。

(3) 求出交线 MN 和 AB 的交点 $K(k, k')$，即为所求直线与平面的交点，如图 6-13e) 所示。

包含直线可作无穷多辅助平面，但为了作图简便，应作投影面垂直面。本题也可采用正垂面作辅助平面。

求出交点后，还要根据重影点 I、II 和 III、IV 别判断正面投影和水平投影的可见性，如图 6-13f) 所示。

第三节　直线与平面垂直、两平面垂直

一、直线与平面垂直

垂直于平面的直线，称为该平面的**垂线**或**法线**。

初等几何定理：若一直线垂直于某平面，则此直线必垂直于该平面上的一切直线。在图6-14a)中，若直线 LM 垂直于平面 P，则其必垂直于属于平面 P 的一切直线，其中包括水平线 AB 和正平线 CD。根据直角投影定理，投影图上必表现为直线 LM 的水平投影垂直于水平线 AB 的水平投影（$lm \perp ab$），直线 LM 的正面投影垂直于正平线 CD 的正面投影（$l'm' \perp c'd'$）。由此可得直线与平面垂直的投影定理：

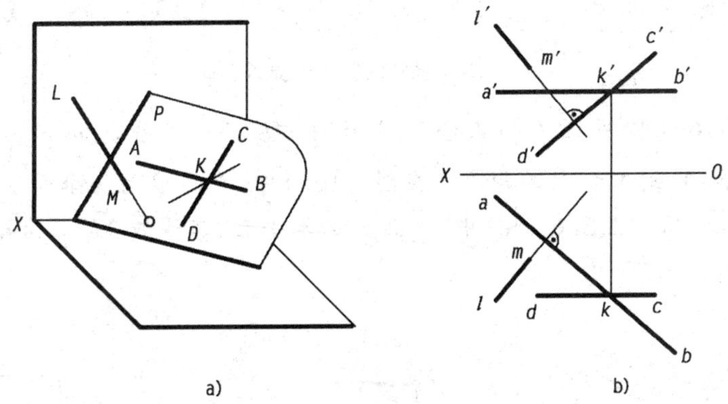

图6-14　直线与平面垂直

若一直线垂直于一平面，则直线的水平投影必垂直于该平面上水平线的水平投影，直线的正面投影必垂直于该平面上正平线的正面投影。

如图6-14b)所示，定平面为过点 K 的水平线 AB 和正平线 CD 给出，若要直线 LM 垂直于该平面，则其水平投影 $lm \perp ab$，正面投影 $l'm' \perp c'd'$。

反之，**若一直线的水平投影垂直于属于定平面上水平线的水平投影；直线的正面投影垂直于属于定平面上正平线的正面投影，则直线必垂直于该平面。**

这是因为直线和平面垂直的必要和充分条件是，该直线垂直于属于平面的相交两直线。

需要注意：**图6-14中，LM 与 AB、CD 是不相交的。若要求法线的垂足，必须按直线与平面求交点的作图方法求得。**

【例6-5】　已知定平面由平行两直线 AB 和 CD 给定，试判断直线 KL 是否垂直于定平面（图6-15）。

分析：直线 AB 和 CD 是水平线。作属于定平面的任意正平线 ED（$ed, e'd'$）。$kl \perp cd$，但 $k'l'$ 不垂直于 $e'd'$，故直线 KL 不垂直于定平面。

平面法线的作图与判断，要依赖属于该平面的投影面平行线的方向。这与前面学习的平面的最大斜度线有类似之处。但必须分清：法线与平面垂直在平面之外，而最大斜度线在平面之内；作法线需依靠两个面内投影面的平行线，而作最大斜度线只需一个面内投影面的平行线。

若平面为特殊位置平面，则可使法线的作图过程简化（图 6-16）。在学习了第七章后，可将一般位置平面的法线问题转化为特殊位置平面的法线问题。

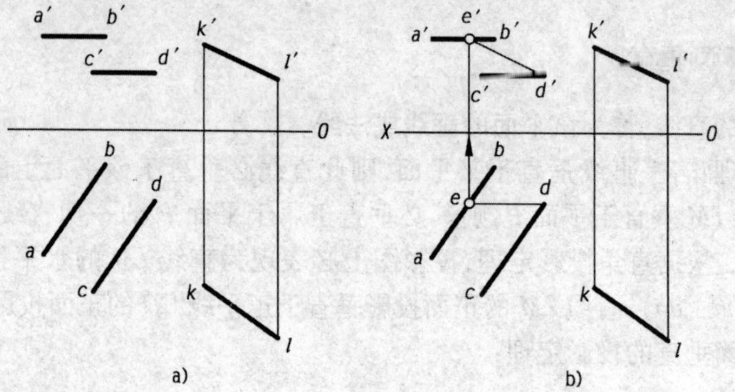

图 6-15　判断直线与平面是否垂直

分析：在图 6-16a）中，平面 P 为正垂面，其法线 MK 必为正平线，$m'k' \perp P_V$，$mk /\!/ OX$，点 K 为垂足，$m'k'$ 反映点 M 到平面 P 的距离。在图 6-16b）中，平面 Q 为铅垂面，其法线 KL 必为水平线，$kl \perp Q_H$，$k'l' /\!/ OX$。在图 6-16c）中，平面 F 为水平面，其法线 NK 必为铅垂线，$n'k' \perp F_V$，nk 积聚成点。

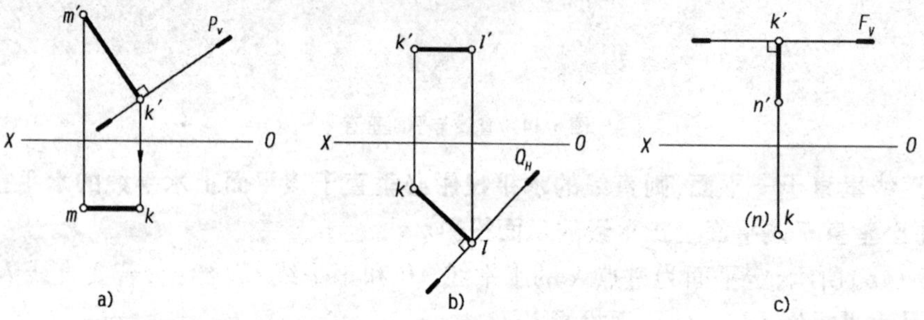

图 6-16　特殊位置平面的法线

二、两平面相互垂直

初等几何定理：若一直线垂直于一定平面，则包含这条直线的所有平面都垂直于该平面。反之，若两平面互相垂直，则由属于第一个平面的任意一点向第二个平面所作的垂线一定属于第一个平面。

在图 6-17 中，直线 MN 垂直于平面 H，则过 MN 的平面 P 和 Q 都与平面 H 垂直。

在图 6-18 中，点 F 在平面 P 上，FE 是平面 H 的垂线。图 6-18a）中 FE 在平面 P 上，故 P、H 两平面相互垂直；图 6-18b）中 FE 不在平面 P 上，则 P、H 两平面不垂直。

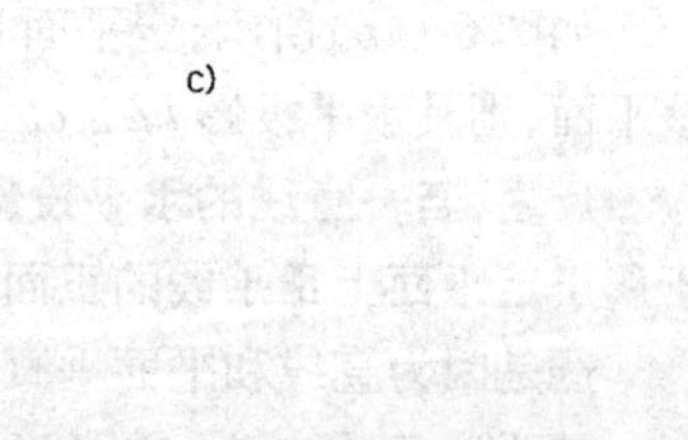

图 6-17　平面与平面垂直的示意图

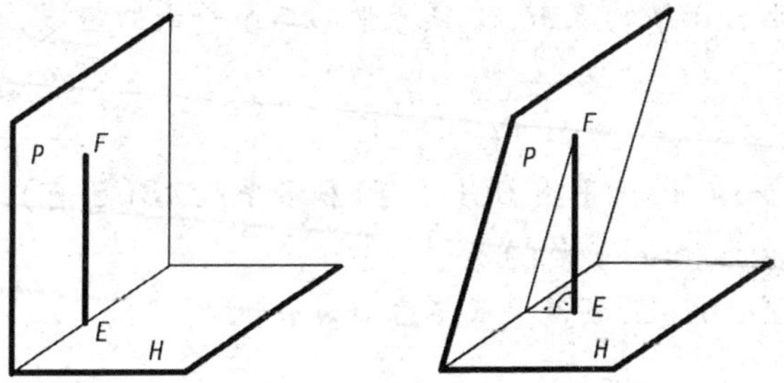

a)　　　　　　　　b)

图 6-18　两平面是否垂直的判断示意图

【例 6-6】　过定点 M 作平面垂直于已知平面 ΔABC(图 6-19)。

分析:过点 M 作平面 ΔABC 的垂线(MG),包含垂线 MG 的一切平面均垂直于定平面 $\triangle ABC$,故本题有无穷多解。

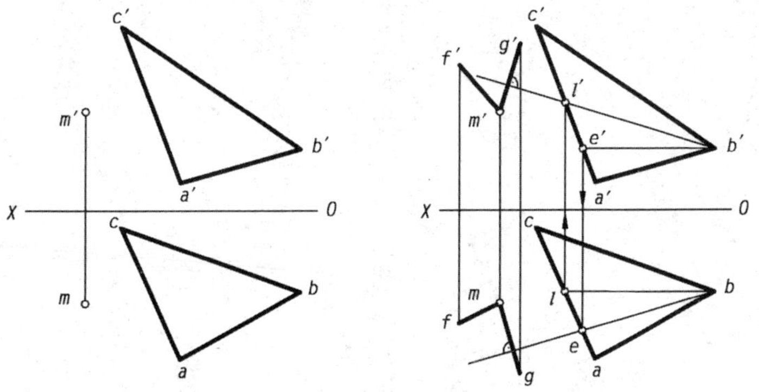

a)　　　　　　　　b)

图 6-19　过定点作平面的垂直面

作图[图 6-19b)]:

(1)为求 MG 两投影方向,先作已知平面 ΔABC 的任意正平线 $BL(bl,b'l')$ 和水平线 $BE(be,b'e')$;

(2)再作 $mg \perp be$,$m'g' \perp b'l'$;

(3)任作一直线 $MF(mf,m'f')$ 与 MG 相交,则平面 $MG \times MF$ 即为一解。

【例 6-7】　判断平面 ΔLMN 与平面 $AB \times DC$ 是否相互垂直[图 6-20a)]。

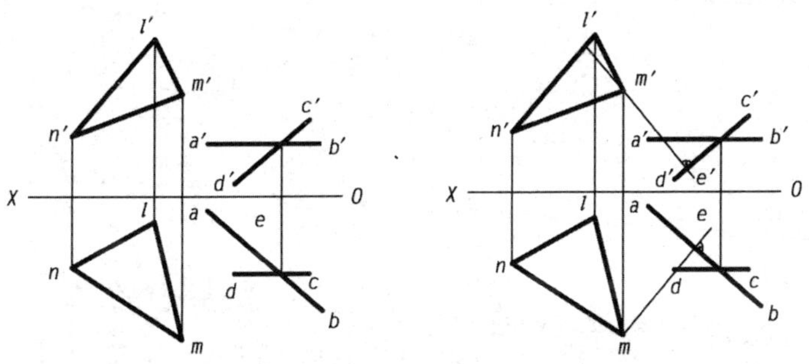

a)　　　　　　　　b)

图 6-20　判断两平面是否垂直

分析：任取属于平面 ΔLMN 的点 M，过 M 点做第二个平面的垂线，再检查垂线是否属于平面 $\triangle LMN$。

作图[图 6-20b)]：

(1)作属于平面 $AB \times DC$ 的正平线 DC(已有)和水平线 AB(已有)；

(2)作垂线 ME($me \perp ab, m'e' \perp d'c'$)。

显然 ME 不在平面 ΔLMN 上，故两平面不垂直。

第七章　投影变换

所谓的**投影变换**是一个把空间几何元素在某一个两面投影体系中的投影，变换成为另一个两面投影体系中的投影的过程。

第一节　概　　述

一、问题的提出

1. 解题的需要

通过前面章节的学习，我们知道平行或垂直于投影面的直线和平面，在相应的投影面上的投影反映实长、实形或积聚为点和直线。这种特性为解决空间几何问题的度量、定位提供了方便。例如，图 7-1 中的过点作直线与平面垂直相交的问题。

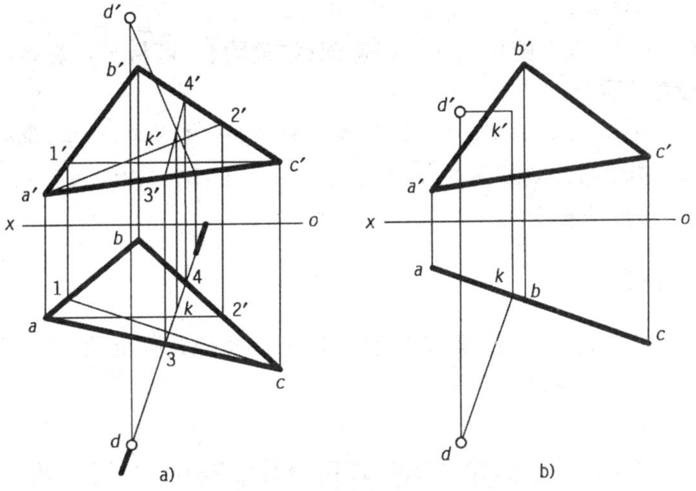

图 7-1　直线与平面的交点

a）过点作直线与一般位置平面垂直相交；b）过点作直线与铅垂面垂直相交

直线和平面并非都是处于特殊位置，此时可以设法改变它们与投影面的相对位置。

2. 视图的需要

在工程上，有些构件由于功能要求会出现斜面，这些斜面在投影体系中的任一投影面上的投影均不能反映实形，也无法标注尺寸，给制造带来不便。如果能够用一种方法，改变这些斜面与投影面的相对位置，使斜面的实形在投影面上反映出来，那么一切问题就都可以解决了。

二、变换的方法

改变空间元素对投影体系的相对位置，可以有多种方法，常用的有：

（1）**换面法**——用一个新的投影面更换已知投影体系中的某一个投影面，使保持不动的空间元素对新投影体系处于特殊位置。

（2）**旋转法**——投影面体系保持不动，通过把空间元素绕某旋转轴旋转到对投影面处于特殊位置。

其中，换面法在解题中使用得比较广泛，故在此主要介绍换面法。

第二节　换　面　法

换面法的特点是把已知的投影体系（“旧体系”）转变为两个相互垂直的平面投影新体系。空间元素的投影是在已知的体系中给出的，更换时元素本身的空间位置仍保持不变。

一、换面法原理

如果要求一般位置直线（或平面）的实长（或实形），则该直线（或平面）在新体系中应处于特殊位置（平行于新投影面）。在此法中，首先是如何选择新的投影面——更换哪一个投影面。设置新投影面应遵守以下两个原则：

（1）为了解题的需要，新投影面应与空间元素处于特殊位置；

（2）为了应用投影规律来作出投影，新设置的投影面必须垂直于原投影体系中的保留投影面，而构成新的投影体系。

必须注意：**换面时，一次只能更换一个投影面；如果需要，可将原投影体系中的两个投影面依次交替用新的投影面更换。**

在作图中，为了表述明显，对于新投影面、新投影轴及新投影的符号，都应以连续换面的顺序数为注脚。如第一次换面，换的是 V 面，可表示为 V_1/H；第二次换面则应换 H 面，用 V_1/H_2 表示；更多次换面可以此类推。

二、点的投影变换

点是最基本的几何元素，点的投影变换法则是进行其他几何元素变换的基础。下面以点的一次变换说明点的投影变换法则。

1. 点的一次变换

如图 7-2 所示，空间点 A 在原投影体系 V/H 中的投影为（a'，a）。现以 V_1 面更换 V 面，V_1 面垂直于原体系中的保留面 H 面，则 V_1/H 为新投影体系；V_1 面和 H 面的交线 O_1X_1 则成为新投影轴。由 A 点向 V_1 面作垂线，得到 A 点的新投影 a'_1，a'_1 与被保留面 H 上的投影 a

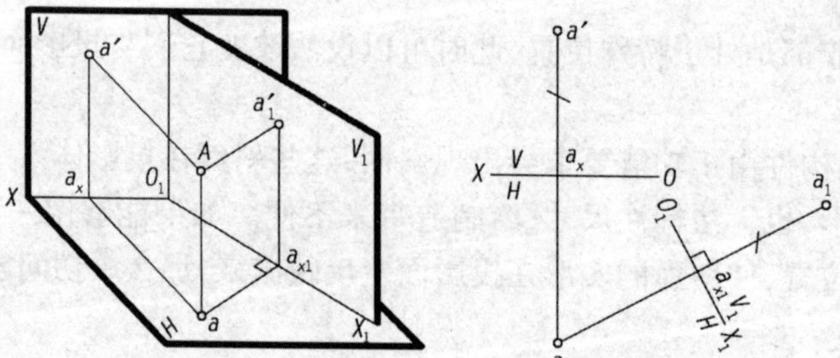

a)　　b)

图 7-2　点的一次变换（换 V 面）

就是 A 点在新投影体系 V_1/H 中的两个投影。由此也可以看出新、旧投影之间的关系：投影 a'_1 与 a 之间的连系线垂直于 O_1X_1 轴；另外，由于空间点 A 到 H 面的距离同时在 V_1 面和 V 面投影中反映出来，所以有 $Aa = a'a_x = a'_1a_{x1}$ 成立。同理，也可换 H 面进行一次变换，如图 7-3 所示。

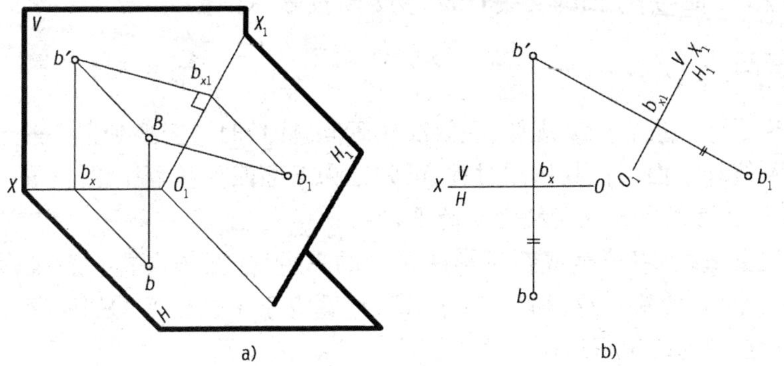

图 7-3　点的一次变换（换 H 面）

由上述关系可知，当把点在原体系中的图形变换为新体系中的图形时，可根据变换过程中那些不变的特征，作出点在新体系下的投影：

(1) 因原体系中的被保留投影不变，可由被保留投影 a 向新投影轴 O_1X_1 作垂线。

(2) 因点到被保留投影面的距离不变，则在垂线上截取 $a'a_x = a'_1a_{x1}$，从而得到 A 点在 V_1 面上的投影 a'_1。

综前所述，可得点的投影变换规律如下：

(1) 点的新投影与被保留投影之间的连系线必垂直于新投影轴；

(2) 点的新投影到新投影轴的距离等于被替换的投影到旧投影轴的距离。

2. 点的二次变换

在运用换面法解题时，由于新投影面必须垂直于原投影体系中的被保留投影面，所以它不能随意设置。因此，有些问题一次变换还不能满足解题的需要，还要进行第二次或更多次的变换。在连续变换投影面时，求点的新投影的方法和变换一次投影面的方法完全相同。但有两个方面的问题必须注意，如图 7-4 所示点的二次变换过程：

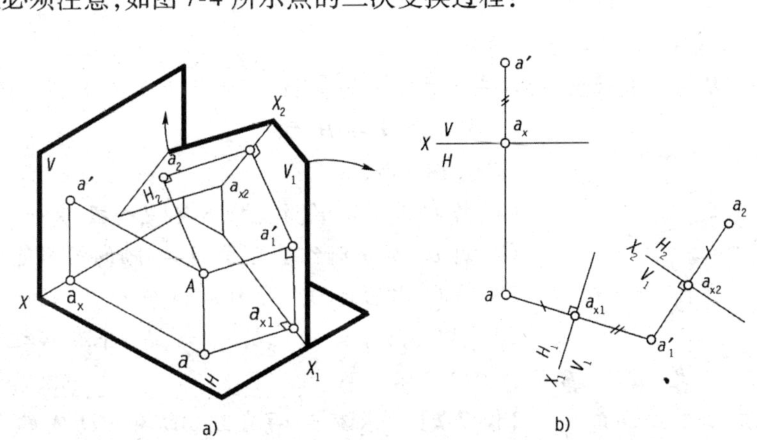

图 7-4　点的二次变换

(1)在进行第二次或多次变换时，V 面与 H 面必须交替变换。图 7-4 中先以 V_1 面替换 V 面，构成新体系 V_1/H；在进行第二次变换时，则应用 H_2 面替换 H 面。

(2)对新、旧投影面(轴)的概念要随变换过程而改变，这样才能保证得到正确的结果。因为第二次变换时，V_1/H 已成为旧投影体系，O_1X_1 轴为旧投影轴；而 V_1/H_2 则成为第二次变换后的新投影体系，V_1 面与 H_2 面的交线 O_2X_2 成为新投影轴。

三、基本作图

上节已讨论了点的投影变换规律，在解决实际问题时，时常会遇到把一般位置直线和平面变为特殊位置直线和平面。按其作图过程，可归结为下面四种基本作图。

1. 把一般位置直线变换成新投影面的平行线

若将一般位置直线 AB 变换成新投影体系中的平行线，必须设置一新投影面更换原投影体系中的某一投影面，使新置投影面平行于 AB，且垂直于未被更换的那一个投影面。故在新体系中，AB 为新投影面的平行线。

变换作图如图 7-5 所示，其原理分析如下：

要将一般位置直线 AB 变换成新投影体系中的正平线，根据正平线的投影特征，它的正面投影为反映实长及倾角的斜直线，水平投影平行于相应的投影轴。因此，取 O_1X_1 轴平行于 AB 的水平投影 ab，运用点的投影变换规律，分别求出 A、B 两点在 V_1 面上的投影 a'_1、b'_1，再用直线连接 a'_1、b'_1。线段 a'_1、b'_1 反映 AB 的实长，$a'_1b'_1$ 与 O_1X_1 轴的夹角就是 AB 对 H 面的夹角。

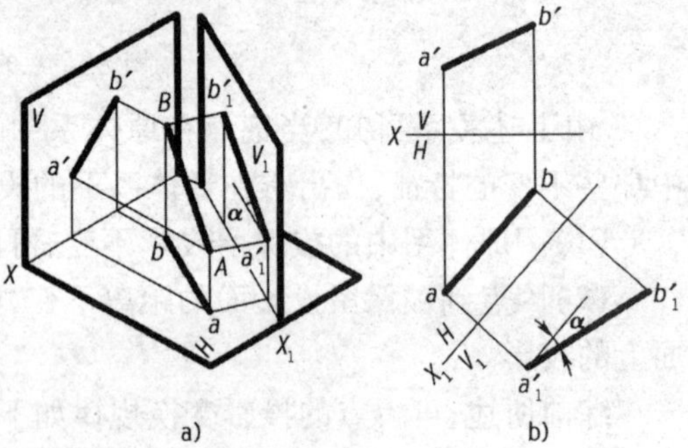

图 7-5　一般位置直线变换成正平线

如果要把一般位置直线变换成水平线，可变换 H 面，O_1X_1 轴则平行于已知投影中的 V 面投影 $a'b'$。

在解决一般位置直线变换为新投影体系的平行线的问题中，我们要做好两件事：一是根据实情确定更换哪一个投影面；二是选定新投影轴的方位。在此新投影轴必定平行于被保留投影，两者之间的距离可任意确定。

【例 7-1】　求线段 AB 的实长和 β 角。

分析：线段 AB 为一般位置直线，若只求 AB 的实长，可变换 V 面或 H 面，但题目还要求 β 角，所以就只能变换 H 面了。

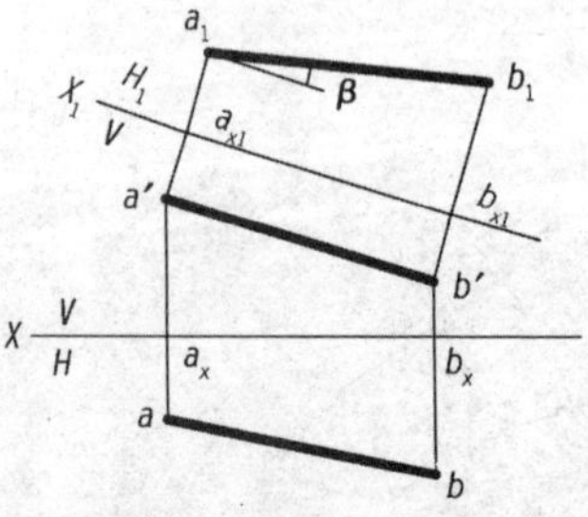
图 7-6　一般位置直线求实长和 β 角

作图(图 7-6)：

(1)作 $O_1X_1 /\!/ a'b'$(线段 AB 不变的投影)；

(2)过 a'、b'分别作垂直于 O_1X_1 轴的投影连线；

(3)在所作的连线上，由连线与 O_1X_1 轴的交点处，向 H_1 面一侧截取 $a_1a_{x1} = aa_x$，$b_1b_{x1} = bb_x$ 并连接之，即得 a_1b_1 及 β 角。

【例 7-2】　求交叉两直线 AB 和 CD 间的最短距离及其投影。

分析：求交叉两直线间的最短距离就是求它们的公垂线(MN)。如果两交叉直线中有一条直线为某一投影面垂直线时，则公垂线必是该投影面的平行线。该投影面上所反映的公垂线的实长即最短距离。

由题知，两直线中的 AB 为水平线，所以只需一次换面（V_1 面），就可以使 AB 变换成为投影面垂直线，在 V_1 面上投影 $a'_1b'_1$ 积聚为一点，且公垂线 MN 平行于 V_1 面。

作图（图 7-7）：

（1）将直线 AB 变换为面的垂直线，CD 随之变换。作 $O_1X_1 \perp ab$，分别求出 A、B 在 V_1 面上的投影 $a'_1b'_1$、$c'_1d'_1$，$a'_1b'_1$ 积聚为一点。

（2）作公垂线。过 $a'_1b'_1$ 作直线垂直于 $c'_1d'_1$，得公垂线在 V_1 面上的投影 $m'_1n'_1$，即为 MN 的实长。

（3）求公垂线 V/H 体系中的投影。由 m'_1 返回 H 面得 m，过 m 作 O_1X_1 轴的平行线，交于 ab 于 n，再以此作出 MN 在 V 面的投影 $m'n'$。

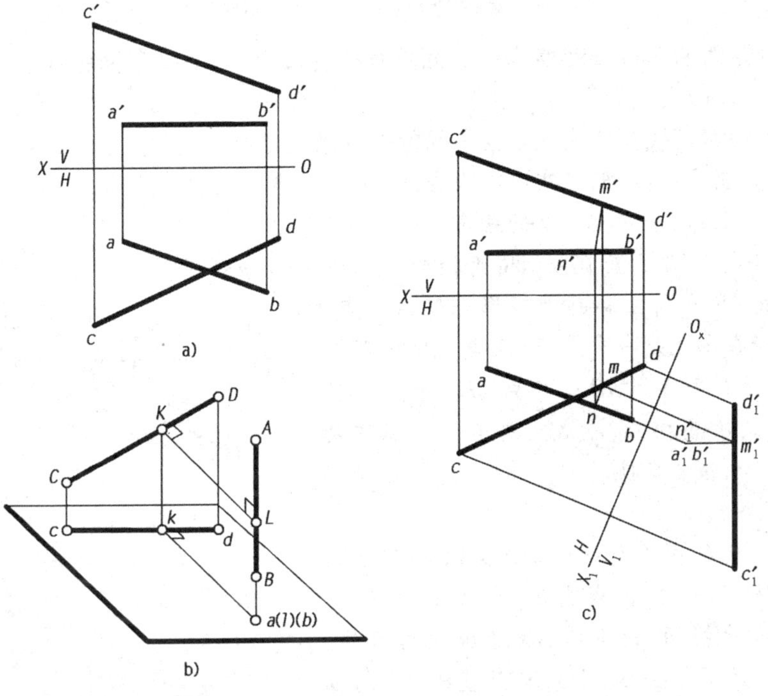

图 7-7　交叉两直线 AB 与 CD 间的最短距离

a）原题；b）分析；c）作图过程

2. 把一般位置直线变换成新投影面的垂直线

要把一般位置直线一次变换成新投影体系中的垂直线是不可能实现的。因为垂直于一般位置直线的平面必定是一般位置平面，而一般位置平面不符合设为新投影面的条件。

如果先将直线进行一次换面，使其成为新投影面的平行线；而投影面平行线再经过一次换面可成为又一新投影面的垂直线。

如图 7-8 所示一般位置直线 AB，经过一次换面成为了新投影面 V_1 的平行线。因为 $AB // V_1$，所以垂直于 AB 的 H_2 面就一定同时垂直于 V_1 面。这时，AB 在新体系 V_1/H_2 中变换成为了投影面垂直线。作图时，先取 O_1X_1 轴平行于 ab，求得直线在 V_1 面上的投影 $a'_1b'_1$；然后再作新轴 O_2X_2 垂直于 $a'_1b'_1$，求出直线 AB 在 H_2 面上的投影 a_2b_2。因为 $ab // O_1X_1$ 轴，所以 a_2b_2 必积聚为一点。此时的直线 AB 已垂直于新投影面 H_2。

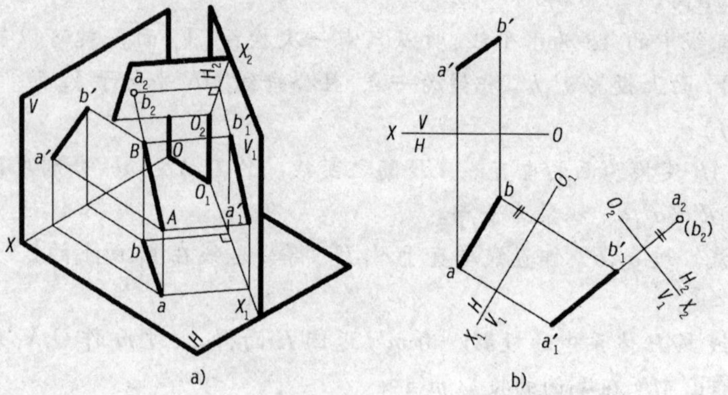

图 7-8　一般位置直线变换成铅垂线

在由新投影面的平行线变换为投影面垂直线的过程中，新投影轴应垂直于被保留投影，即原投影体系中反映实长的投影。

所以，一般位置直线要变换成新投影面的垂直线就必须经过两次换面：第一次由一般位置直线变换成投影面平行线；第二次再由投影面平行线变换为投影面的垂直线。

【例 7-3】　求点 C 到直线 AB 的距离。

分析：如果将一般位置直线 AB 变换为投影面垂直线，则直线 AB 在新投影面上投影积聚为一点。此时，点 C 的新投影也是一个点，这两点之间的距离就是所要求的点 C 到直线 AB 的距离 CD。但一般位置直线要通过两次变换，才能成为垂直线。在这两次变换中，点 C 也随之变换。

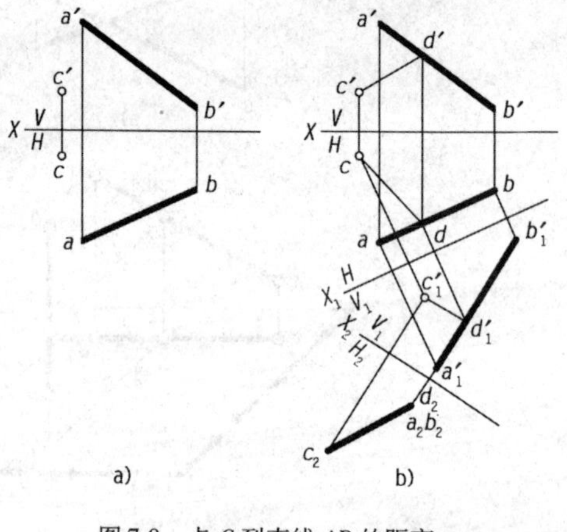

图 7-9　点 C 到直线 AB 的距离

a）原题；b）作图过程

作图（图 7-9）：

（1）将直线变换成平行线（正平线），点 C 也随之变换。作新轴 $O_1X_1 // ab$，求出 $a'_1b'_1$ 及 c'_1。

（2）作第二次换面，使直线 AB 变换成垂直线。作新轴 $O_2X_2 \perp a'_1b'_1$，在 H_2 面上求得直线 AB 的积聚投影 a_2b_2 及 c_2，并连接。这段直线即为距离 CD 的实长。

（3）由于 $CD \perp AB$，故在 V_1/H_2 体系中，直线 CD 为 H_2 面的平行线。在 V_1 面上作 $c'_1d'_1 // O_2X_2$，再由 d'_1 逐步返回 V/H 体系，求出直线 CD 的 H 及 V 投影。

【例 7-4】　正方形 $ABCD$ 的 BC 边在直线 KM 上，求作正方形 $ABCD$ 的两面投影。

分析：由正方形的构形特点——相邻两边相互垂直并相等，只要求出正方形一条边的投影及实长便可求出正方形的投影。按题给条件，BC 边在直线 KM 上，所以须经过一次换面，将直线 KM 变换成平行线。再按直角投影定理，求出与 BC 边相邻的 AB 边的投影。这时的 AB 边为一般位置直线，应再一次换面，将 AB 边变换为投影面平行线，就得到了正方形的边长；由 $AB = BC$ 便可确定 C 点。

作图（图 7-10）：

(1)将直线 KM 变成平行线，求出顶点 B 和 AB 边投影。作 $O_1X_1 // km$，并求出 a'_1 及 $k'_1m'_1$；

过 a'_1 作直线垂直于 $k'_1m'_1$，得交点 b'_1，由此可得到 AB 边的投影。

(2)变换 AB 边为平行线，求出 AB 边的实长。作 $O_2X_2 // a'_1b'_1$ 求出 a_2b_2，即为 AB 边的实长。

(3)在 $k'_1m'_1$ 上截取 $b'_1c'_1 = a_2b_2$，并画出正方形在 V_1 面上的投影 $a'_1b'_1c'_1d'_1$。

(4)将正方形在 V_1 面上的投影返回到 V/H 体系中，完成正方形的两面投影。

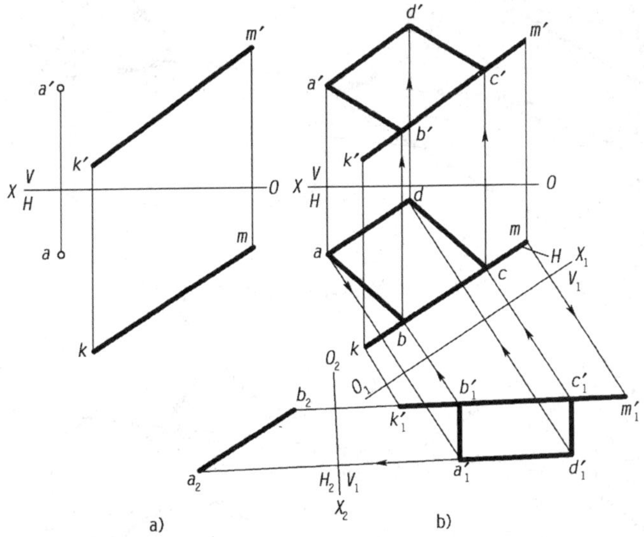

图 7-10 求作正方形的两面投影

a)已知点 A 和直线 KM；b)作图过程

3. 把一般位置平面变换成新投影面的垂直面

由第六章第三节中两平面的垂直条件知，要使平面成为新投影面的垂直面，就必须在该平面上找一条直线与新投影面垂直。如果这条直线是一般位置直线，如前所述，其要经过两次换面，才能变换成为投影面垂直线，这给作图带来不便；而投影面平行线变换为投影面垂直线只需一次换面即成，所以，这条与新投影面垂直的直线必须是相应投影面的平行线。把一般位置平面变换成新投影面的垂直面的一般步骤为：先在已知平面内取一条投影面平行线作为辅助线，再作新投影面垂直于该平行线，最后将平面投影到新投影面上。具体作图过程如图 7-11 所示。

为把一般位置平面 ΔABC 变换成为正垂面，先在已知平面 ΔABC 内取一条水平线 CK(ck、$c'k'$)，然后作 O_1X_1 轴垂直于 ck，再将 A、B、C 各点作变换，最后在 V_1 面上得到积聚性投影 $a'_1b'_1c'_1$。投影 $a'_1b'_1c'_1$ 与 O_1X_1 轴的夹角就是平面的 α 角。

如果要求取平面对 V、W 面的倾角，可用类似的方法取相应的平行线和更换相应的投影面来获得。

【例 7-5】 已知直线 AB 平行于 $\triangle EFG$，求两者之间的距离。

分析： 因为直线 $AB // \Delta EFG$，ΔEFG 为一般位置平面，若能将其变换为投影面垂直面，则两者的平行关系在新投影面上就能反映出来。在新投影面，从直线 AB 在该投影面上的投影的任意处向垂直面引垂线 CD,此时这条垂线 CD 平行于新投影面。

作图(图 7-12):

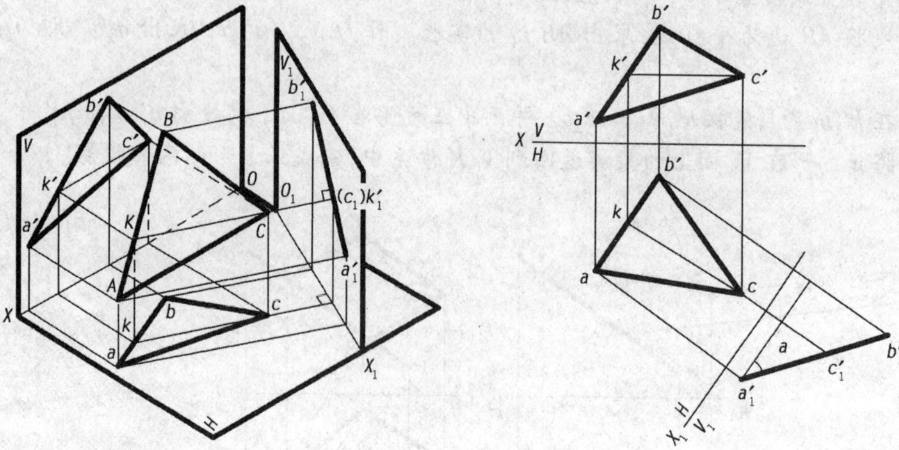

图 7-11　一般位置平面变换成正垂面

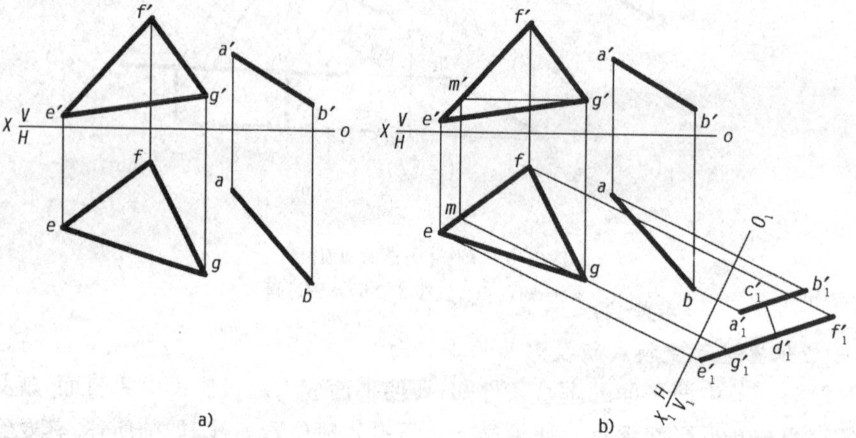

a)　　　　　　　　　　　　　　　　b)

图 7-12　直线 AB 到平面 EFG 的距离

a)原题;b)作图过程

(1)在 ΔEFG 上,过 G 点作辅助的水平线 GM。

(2)将 ΔEFG 变换为新投影面 V_1 的垂直面。作 $O_1X_1 \perp mg$,在新投影面 V_1 上得到 ΔEFG 的积聚投影 $e'_1f'_1g'_1$,同时也得到直线 AB 在该投影面的投影 $a'_1b'_1$。

(3)在 V_1 面上,过 $a'_1b'_1$ 上任意一点 c'_1 向 $e'_1f'_1g'_1$ 作垂线 $c'_1d'_1$。此时垂线 CD 平行于 V_1 面,则该垂线 CD 即为直线 AB 与 ΔEFG 之间的距离。

4. 把一般位置平面变换成新投影面的平行面

由于与一般位置平面平行的平面也是一个一般位置平面,而一般位置平面不能作为变换用的新投影面,所以把一般位置平面变为投影面平行面,只经过一次换面是不能实现的,必须将平面变换两次。先将平面变换成垂直面,再在垂直面的基础上作一次变换,就能变换成为平行面。

如图 7-13 所示 ΔABC 内作一水平线 CD,取 O_1X_1 轴垂直于 cd,在 V_1 面上把 ΔABC 变换成

了垂直面，新投影 $a'_1b'_1c'_1$ 积聚为一直线。再设 H_2 面平行 $\triangle ABC$，即取 O_2X_2 轴平行于 $a'_1b'_1c'_1$，则新投影 $a_2b_2c_2$ 就是所要求的 ΔABC 的实形。

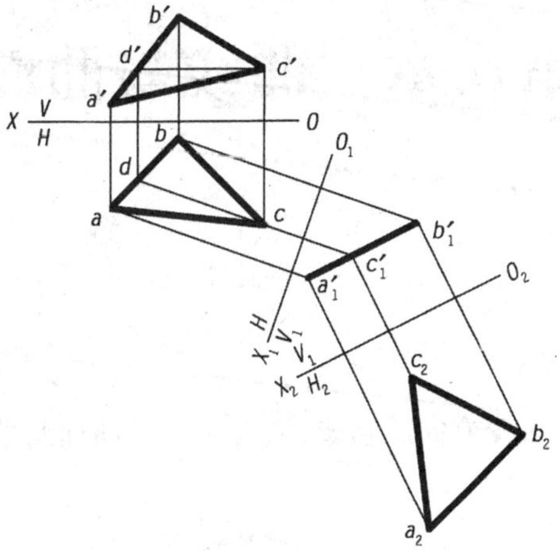

图 7-13　一般位置平面变换成水平面

第八章　曲线与曲面

第一节　曲　　线

一、曲线的形成及分类

曲线可看作是动点连续改变方向的轨迹，或者看作是曲面与曲面、曲面与平面的交线（图8-1）。

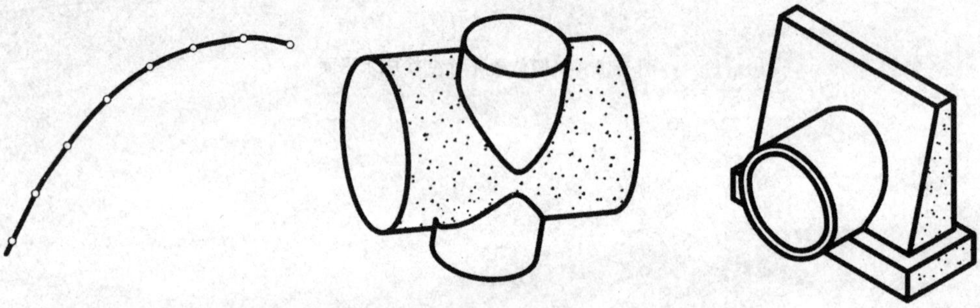

图 8-1　曲线的类型

曲线可分成规则曲线和不规则曲线。当曲线上的点都在同一平面上时，称为**平面曲线**，如圆、椭圆、双曲线等。当曲线上的点不在同一平面上时，称为**空间曲线**，如螺旋线等。

二、曲线的投影特性及作图

平面曲线的投影特性取决于该曲线所在平面相对投影面的位置。若曲线所在平面与投影面垂直，则该曲线有一面投影积聚为直线；若曲线所在平面与投影面平行，则该曲线有一面投影反映实形。空间曲线在任何投影面上的投影，都不可能积聚为一直线或反映实形。

曲线是点的集合，所以曲线的投影可用连接曲线上各点同面投影的方法求得。确定曲线极限位置的点，称之为**特殊点**。特殊点包括曲线上的最左、最右、最上、最下、最前、最后点以及两端点，其余点为一般点。

【例 8-1】　已知平面曲线的两面投影［图 8-2a)］，求其第三面投影。

分析：该曲线所在的平面垂直于 V 面，其在 H 面投影的类似形为圆，所以其实形为椭圆，在 W 面的投影仍为其类似形。

作图［图 8-2b)］：

(1) 求特殊点：在 H 面上标出投影圆与各中心线的交点 a、b、c、d，即得到曲线上各特殊点。

(2) 投影对应，在 V 面上找出各点的投影 a'、b'、c'、d'；二补三，求出各点的 W 面投影。

(3) 求一般点：在 H 面上特殊点间任取点，如 1、2，得到其 V 面投影 1′、2′；二补三，得其 W 面的投影。同理，可求其他一般点。

(4) 连线：将所求各点按顺序光滑连接，并加深。

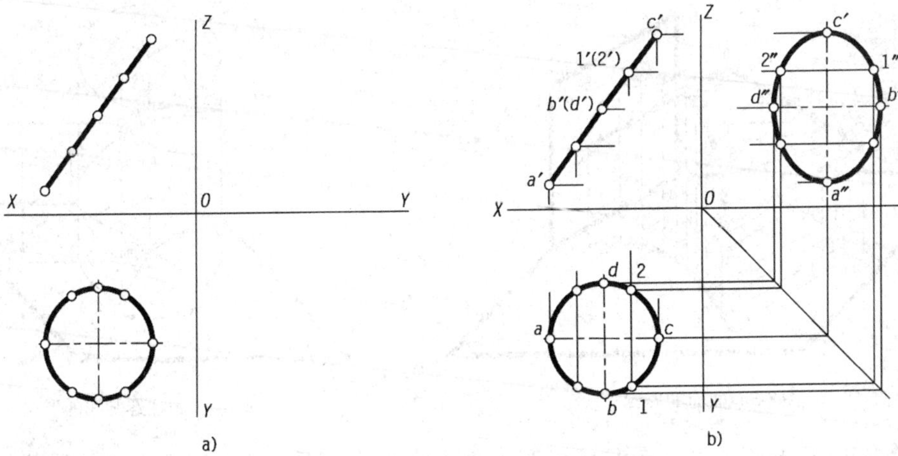

图 8-2　知两面投影作第三面投影步骤

第二节　曲　　面

一、曲面的形成及分类

曲面可看作是一动线在空间运动的轨迹。形成曲面的动线称为**母线**。控制母线运动的线或面称为**导线**或**导面**。母线在曲面上的任一位置称为**素线**。

如图 8-3 所示,曲面 S 由直线 AB 运动形成。AB 在运动中平行平面 P,且与直线 CD 及曲线 M 相交。AB 即为母线,平面 P 为导平面,直线 CD 和曲线 M 为导线,AB 在运动中的每一个位置如 A_1B_1、A_2B_2 即为素线。

按母线形状的不同,曲面分为两大类:

(1)由直母线形成的曲面,称为**直线面**,如圆柱面、圆锥面等。

(2)由曲母线形成的曲面,称为**曲线面**,如球面、环面等。

按曲面是由母线回转形成还是非回转形成又可分为**回转面**和**非回转面**。

工程中常用的圆柱面、圆锥面等将在下章结合曲面立体投影进行阐述,以下主要介绍工程中常用的几种曲面的投影特性和作图方法。

二、圆柱螺旋面

1. 圆柱螺旋线的形成

如图 8-4 所示,一动点 M 沿着正圆柱面上的直母线作等速运动,而直母线又同时绕着圆柱轴线作等角速回转运动,则动点 M 在圆柱表面所形成的轨迹称为**圆柱螺旋线**。显然,圆柱螺旋线是一空间曲线。

螺旋线有左旋和右旋之分,右旋的特点是可见部分自左向右升高,反之为左旋螺旋线。

当直母线旋转一周,点沿着轴线方向移动的距离称为**导程** S。

2. 圆柱螺旋线的投影及作图

圆柱螺旋线在轴线所垂直的面上投影为圆,在轴线所平行的面上投影为一规则曲线。

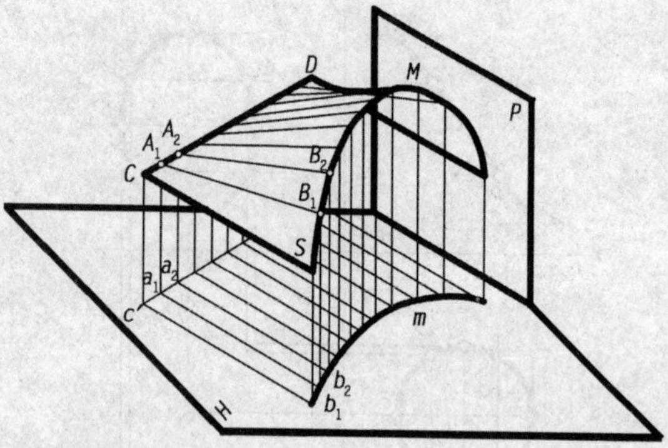

图 8-3 曲面的形成

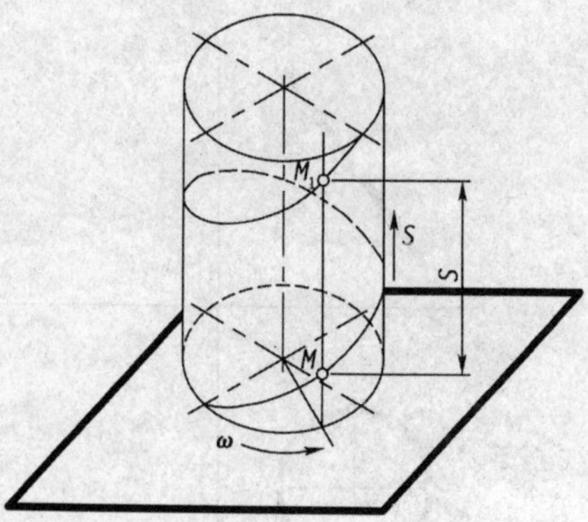

图 8-4 圆柱螺旋线的形成

【例 8-2】 已知螺旋线的导程 S 以及导圆柱的直径 d[图 8-5a)],画出右旋圆柱螺旋线的两面投影。

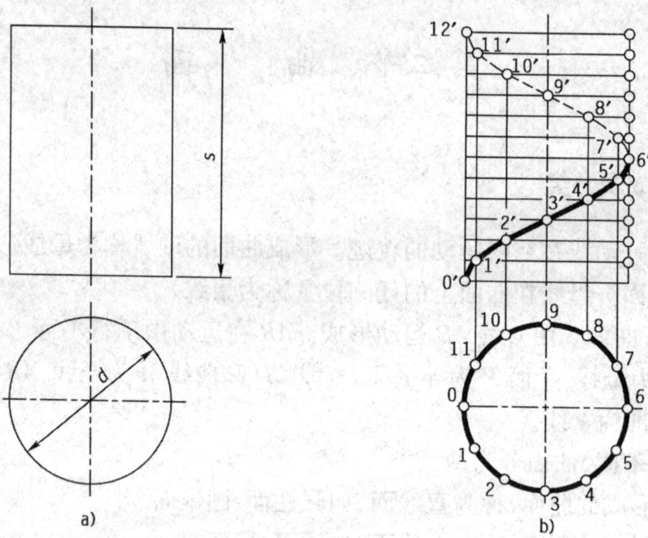

图 8-5 求画右旋圆柱螺旋线的两面投影

步骤[图 8-5b)]:

(1)根据 S 和 d,作出导圆柱的两面投影。

(2)等分圆周(图中作出了 12 等分),并按逆时针向方向标出各点 0、1、2、…、10、11。

(3)然后将导程作同样的等分,得一组水平等分线。

(4)过圆周上各点作铅垂线,按标点的顺序,自下而上在水平等分线上找出对应各点 0′、1′、2′、…、10′、11′。

(5)依次光滑连接各点,得圆柱螺旋线的正面投影。在圆柱前半部上的螺旋线为可见线段,画成实线;在圆柱后半部上的螺旋线为不可见线段,画成虚线。圆柱螺旋线的水平投影即为导圆柱的积聚投影圆。

3. 圆柱螺旋面

以圆柱螺旋线为导线的曲面称为**圆柱螺旋面**。圆柱螺旋面的应用非常广泛,如各种螺纹、螺旋形管道、螺旋桨、螺旋楼梯等。

以圆柱螺旋线为导线，直母线沿螺旋线和轴线移动，且始终与轴线垂直而形成的圆柱螺旋面为**圆柱正螺旋面**（图 8-6）。

4. 圆柱正螺旋面的投影及作图

圆柱正螺旋面在轴线所垂直的面上的投影为一个圆，在轴线所平行的面上的投影的外形线同圆柱螺旋线导线的正面投影。

作图（图 8-7）：在水平投影上任取一条圆周半径 *nn*，*nn* 即为该曲面上一条素线的水平投影。依此可定出它的正面投影 *n′n′*，用同样的方法可求出曲面上其他素线的投影。

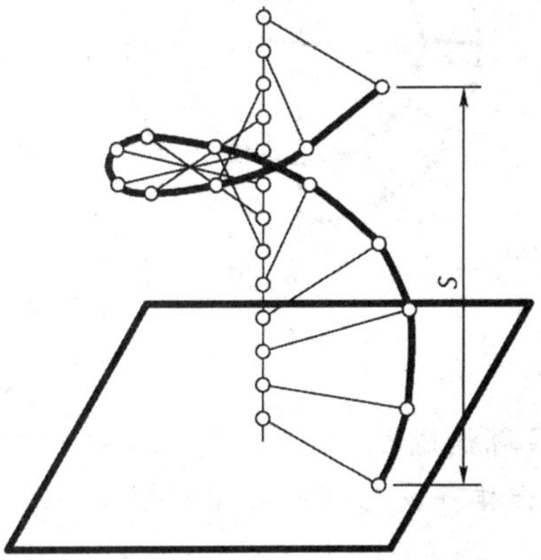

图 8-6　圆柱正螺旋面

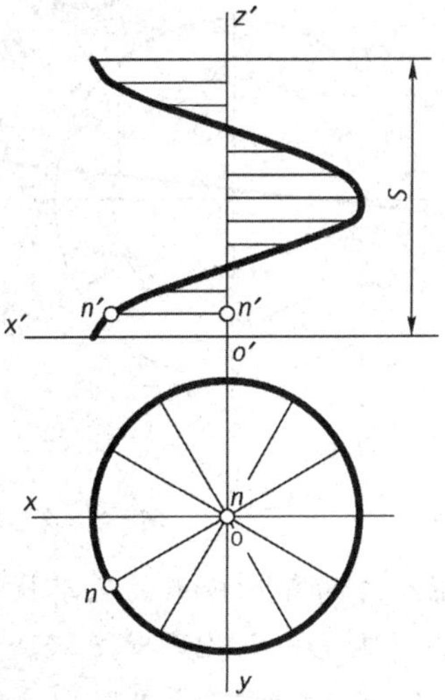

图 8-7　圆柱正螺旋面的作图方法

当圆柱正螺旋面被水平面或通过轴线的垂直面切割时，它们的截交线都是直线，即一条素线。

【例 8-3】　已知一圆柱右旋正螺旋楼梯的设计参数［图 8-8a)］，导圆柱直径为 d，导程为 S，楼梯台阶高度为 $T=S/12$，楼梯宽度为 W，楼梯底面到踏面的高度也为 $S/12$，完成其投影。

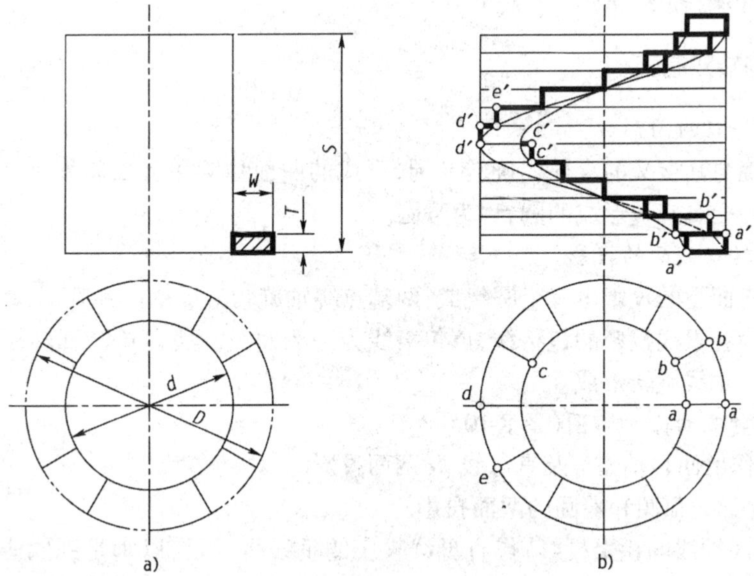

图　8-8

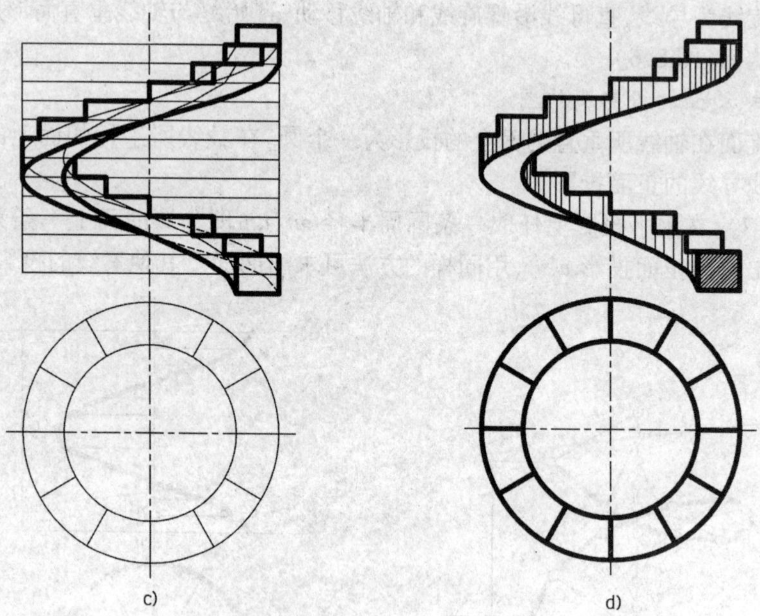

图 8-8　圆柱右旋正螺旋楼梯的设计参数

步骤:楼梯台阶的各对应点的运动轨迹均为圆柱螺旋线。

(1)分别以 d 和 $D=d+2W$ 为直径,S 为导程作出楼梯内外两侧面圆柱螺旋线的投影。因为台阶的高度 $T=S/12$,所以将圆周和导程均 12 等分[图 8-8b)]。

(2)作出台阶的正面投影:因为楼梯右旋,所以垂直中心线右侧的各踢面可见,垂直中心线左侧的各踢面不可见[不可见轮廓线不画,图 8-8b)]。

(3)画楼梯底面的投影:根据给出的尺寸,将对应的两圆柱螺旋线下移 $S/12$,得出底面上两轮廓线的投影[图 8-8c)]。

(4)整理,加深[图 8-8d)]。

三、单叶回转双曲面

1. 单叶回转双曲面形成

一直母线绕与其交叉的直导线旋转一周,形成的曲面称为**单叶回转双曲面**(图 8-9)。母线上离轴最近的一点旋转形成的圆,称为**喉圆**。

2. 单叶回转双曲面的投影

在轴线垂直面上的投影由三个圆组成,两端点绕轴旋转形成的圆和喉圆;在轴线所平行面上的投影轮廓为各素线投影的包络线,该包络线为一双曲线。所以单叶回转双曲面也可看成是一双曲线绕一轴线旋转形成。

3. 单叶回转双曲面的作图(图 8-10)

步骤:(1)作出回转轴 MN 及直母线 AI 两面投影。

(2)作出轮廓线顶圆和底圆的两面投影。

(3)过圆心(轴线的积聚投影)作直母线投影的垂线得垂足,以垂足到圆心的距离为半径作圆得喉圆的投影。

(4)将顶圆和底圆 N 等分(图中为 24 等分),然后找出各分点的对应投影,依次连线得各素线的投影。

(5)作出各素线的包络线,即为所求曲面的投影。

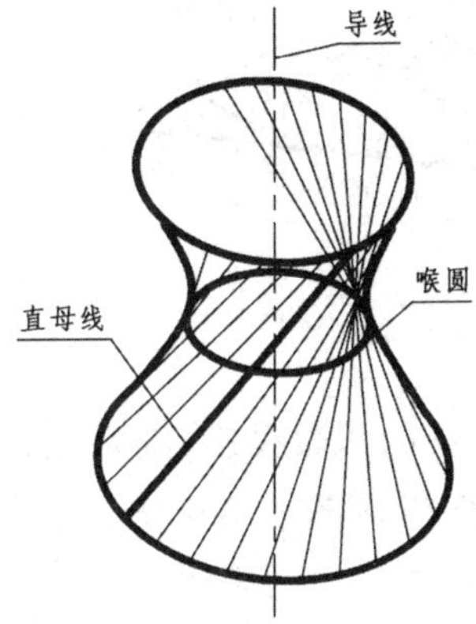

图 8-9　单叶回转双曲面

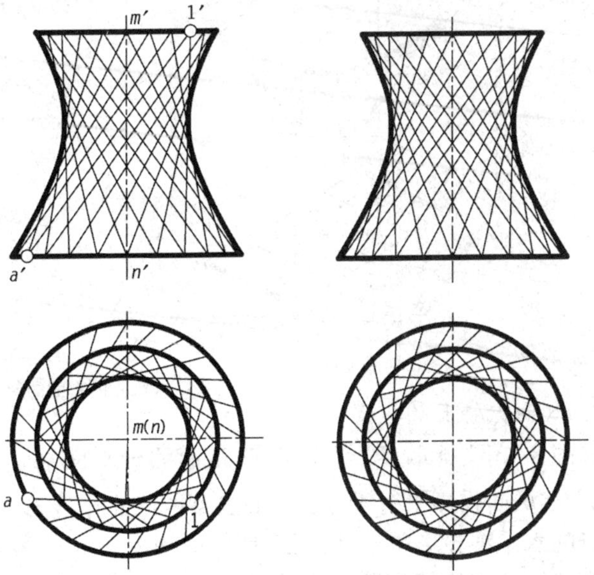

图 8-10　单叶回转双曲面的作图

图 8-11 为一对单叶回转双曲面。它们的轴线分别为 AB 及 CD,是交叉两直线。两曲面沿直线 EF 相切,即直线 EF 可看成是两曲面的共有素线。利用这一性质,在两曲面上制出的单叶双曲面齿轮,可传递交叉两轴间的动力。图 8-12 为采用单叶回转双曲面设计的电视塔架。

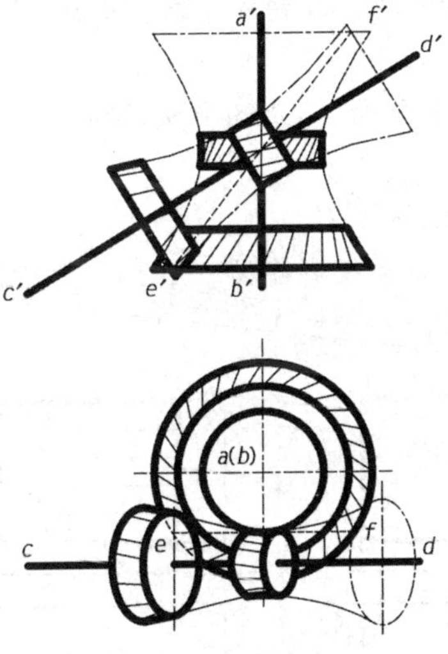

图 8-11　拥有共有素线的一对单叶回转双曲面

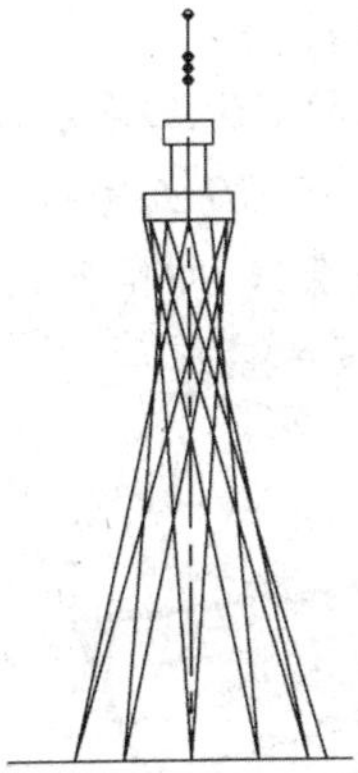

图 8-12　单叶回转双曲面设计的电视塔架

四、双曲抛物面

1. 双曲抛物面的形成

如图 8-13a)所示,一直母线 AC 以平行于 Q 平面的两条交叉直线 AB、CD 为导线,并且平

行另一导平面 P 而移动所生成的曲面称为**双曲抛物面**。双曲抛物面又称翘平面。

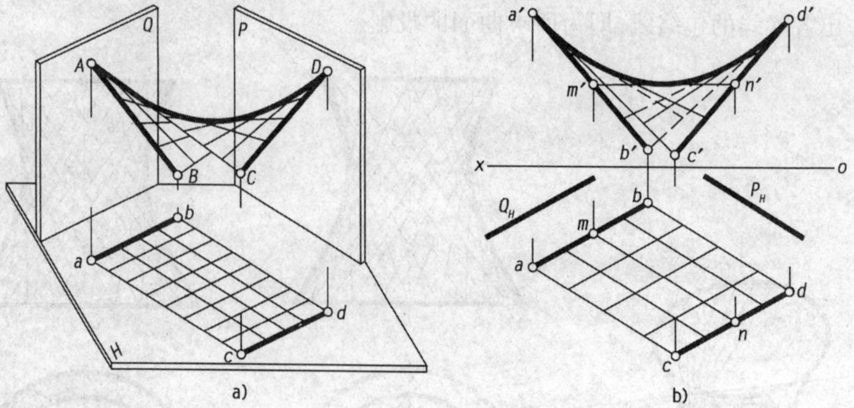

图 8-13　双曲抛物面的形成

2. 双曲抛物面的投影

如图 8-13b)所示，P_H 为垂直于 H 面的导平面，Q_H 为平面 Q 的积聚投影，则两交叉直线 AB、CD 的 H 面投影平行于 Q_H，曲面上素线的水平投影必平行于 P_H。图中 $mn//P_H$，由素线的两端点的水平线投影得出其正面投影，即图中 $m'n'$。各素线正面投影的包络线即为曲面的外形轮廓线。该包络线为抛物线，故此曲面以双曲抛物面命名。

3. 双曲抛物面的作图

步骤：(1)首先画出两交叉直线 AB、CD 的投影。

(2)作出若干素线(细实线)的投影，它们平行于导平面 P。

(3)最后作出与各素线正面投影相切的包络线。

(4)利用重影点判别重叠部分的可见性。

【例 8-4】　一护坡 $ABCD$[图 8-14a)]，AB 为铅垂线，CD 为侧平线，AD 和 BC 均为水平线，完成其投影。

分析：因为 AB、CD 两线异面，所以 $ABCD$ 面不是平面，而是翘平面，即是一双曲抛物面。

作图[图 8-14b)]：

(1)在 V 面上将 AB 五等分，过各分点作水平线，如 $1'2'$。

(2)在 H 面上将 CD 五等分，过各分点与 AB 的积聚投影连接。

(3)加深外轮廓线，即得所求投影。

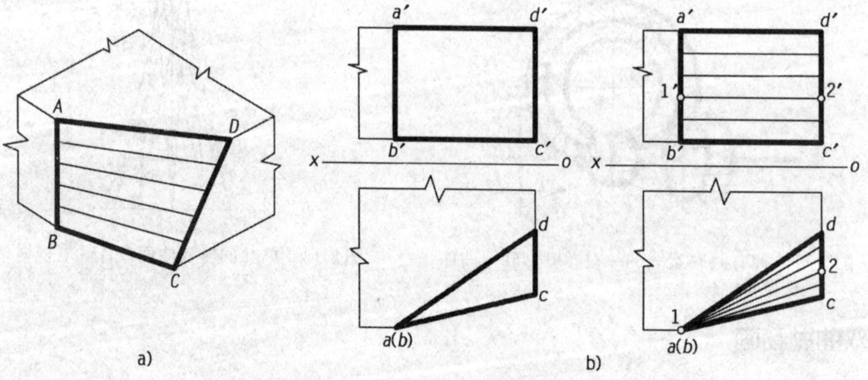

图 8-14　双曲抛物面的做法

第九章　基本立体及截交线

立体是由内、外表面确定的实体，分为形状简单的立体（基本立体）和形状复杂的立体（组合体）。

本章主要研究几种常见的基本立体的投影图及其表面取点的作图问题，并寻求这些立体与直线和平面相交的交点交线的求解的方法。

绘制立体的投影图时，立体表面上不可见位置的表面或轮廓线用虚线表示，可见的表面或轮廓线，用粗实线表示。

第一节　平　面　体

由平面围成的立体称**平面体**。平面体的表面由点、直线、平面等几何元素构成。因此，绘制平面体的投影时，实际就是绘制平面体表面各点、直线、平面的投影。常见的平面体有棱柱、棱锥和棱台等。

一、平面体投影

平面立体的投影，可归结为绘制其表面的交线（棱线）及各顶点（棱线的交点）的投影。在绘制立体的投影图时，应遵循“长对正、高平齐、宽相等”的投影规律。在三面投影图中，立体的投影到投影轴的距离仅反映空间立体到投影面的位置，而不影响投影图形的形状和大小。为使图形整洁，在绘制三面投影图时常省略投影轴的绘制，称为无轴作图法，即不绘出投影轴，但三面投影仍遵循投影规律。

1. 棱柱的投影

如图 9-1 所示一个五棱柱的三面投影图。

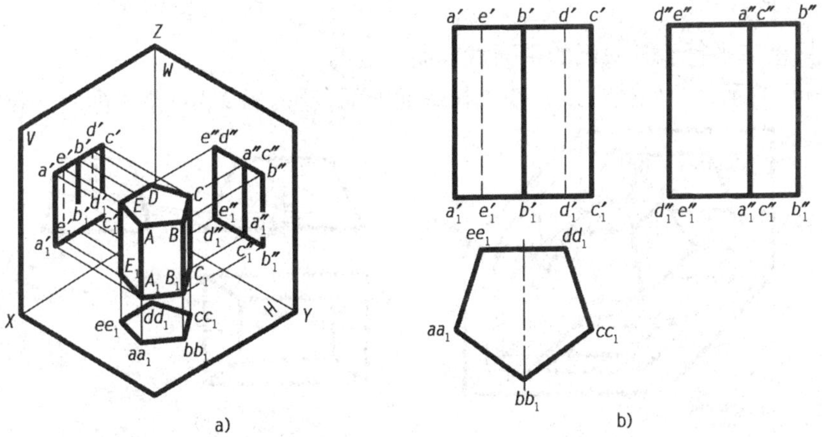

a)　　b)

图 9-1　五棱柱的投影

求解前，先分析其立体的特征。它的顶面和底面为水平面，五个侧棱面与 H 面垂直，五条棱线为铅垂线。画投影图时，先画顶面和底面的投影：因水平投影反映实形且两面重合为一个五边形，正面、侧面投影都积聚成水平方向的直线段；再画五条棱线的投影：水平投影积聚在五边形的五个顶点上，正面、侧面投影为反映棱柱高的直线段。画投影图时须分析投影的可见性。在正面投影中，棱线 EE_1、DD_1 被前面的侧棱面挡住为不可见，故画成虚线；在侧面投影图中，棱线 DD_1、CC_1 分别被棱线的 EE_1、AA_1 挡住，且投影重合，故不画出虚线。

2. 棱锥的投影

图 9-2a）表示一个三棱锥及其在三投影面上的投影，图 9-2b）是它的三面投影图。三棱锥的底面平行于 H 面，所以它的水平投影 abc 反映实形，作投影图时，先画底面的投影；后面的棱面 ΔSAC 为侧垂面，所以侧面投影 $a''b''c''$ 积聚成一段倾斜的线段，正面投影和水平投影都是三角形；左、右两个棱面都是一般位置平面，所以它们的三个投影都是三角形，它们的侧面投影 $s''a''b''$ 与 $s''b''c''$ 彼此重合。

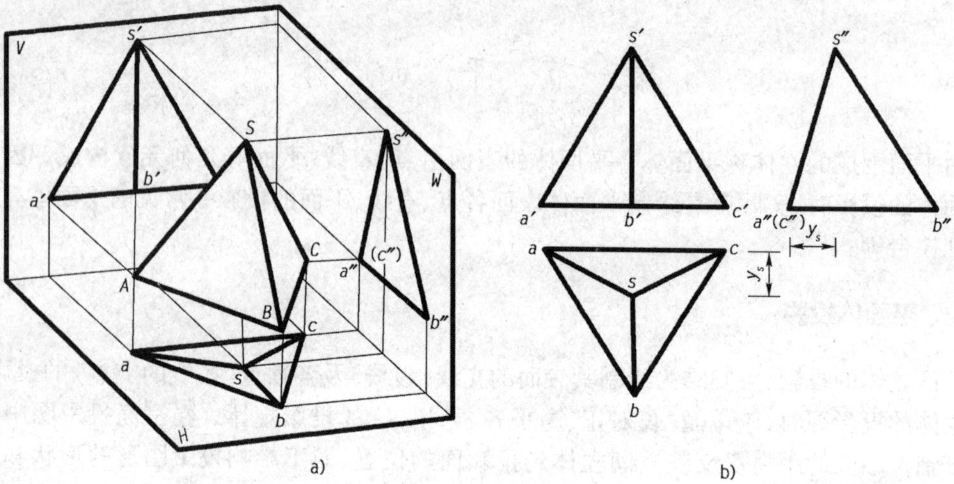

图 9-2　三棱柱的投影

必须注意：**要正确画出各点的相对位置，如 S 点和 A 点，它们的水平投影和侧面投影在 y 方向上的相对坐标应该相等**，见图 9-2b）。

3. 棱台的投影

棱台是棱锥被平行于其底面的平面截割而形成的。

如图 9-3a）所示一个四棱台及其在三投影面上的投影，图 9-3b）是它的三面投影图。

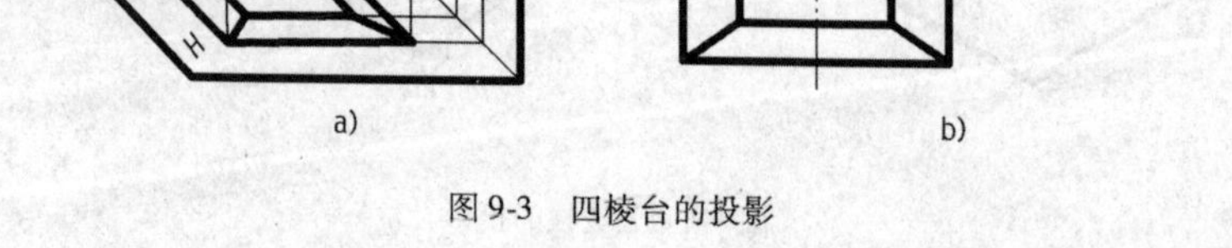

图 9-3　四棱台的投影

四棱台的上、下底面平行于 H 面，前、后两个棱面垂直于 W 面，左、右两个棱面垂直于 V 面，它的四条侧棱为一般位置直线。根据线、面的投影特点，即可分析出它们各自的三面投影。

如图 9-4 所示斜棱柱和斜棱锥的投影图。先画出棱柱的顶面、底面的投影和棱锥的底面、锥顶点的投影，然后将相应点的同面投影相连，并判别其可见性。在判别可见性时，立体投影图的最外侧轮廓线总是可见，画实线。在图 9-4a）中，正面投影图中 $b'b'_1$、$d'd'_1$ 的可见性，可从水平投影中直观判别。从水平投影图中可知，棱 DD_1 在最后面，从前向后投射时被前面的侧棱面挡住，故 $d'd'_1$ 画虚线。水平投影中 aa_1 和 d_1c_1 的可见性问题，可根据水平投影图中的重影点，在正面投影图中，判别出棱线 AA_1 在底边 D_1C_1 上面，因此 aa_1 画实线，d_1c_1 画虚线；棱线 CC_1、底边 B_1C_1 从上向下投射时被侧棱面和顶面遮挡，故它们的水平投影画虚线。对棱锥的可见性判别可类推。

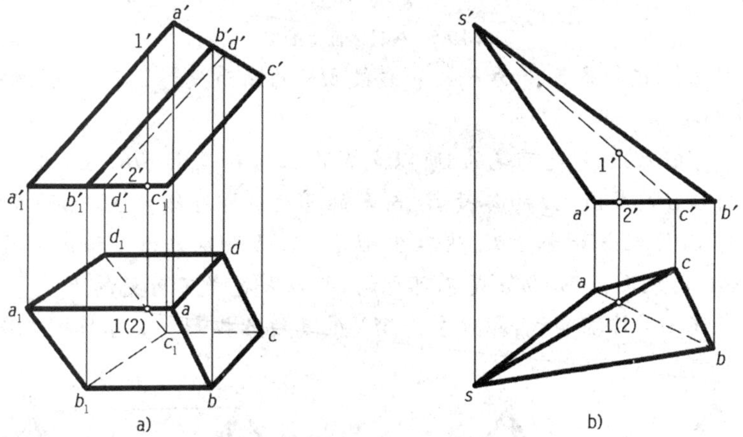

图 9-4　斜四棱柱和斜三棱锥的投影

二、平面体表面的点或线

平面体表面上的点和线位于平面体外表面的平面上，在平面体表面上确定点、线的方法与前面讲过的在平面内确定点、线的方法相同。

属于平面体表面上点（或线）的可见性，应根据点（或线）所在表面的可见性进行判定：凡是点（或线）所在表面的某一投影可见，则点（或线）的该投影也可见；反之，则不可见。

已知平面体表面上点（或线）的一个投影，求其他投影时，首先要根据已知投影的位置和可见性，判定该点（或线）在平面体的哪一个表面上，然后运用在平面上定点（或线）的方法，求该点（或线）其他投影。

【例 9-1】　已知三棱柱表面上点 A 的正面投影 a' 和点 B 的水平投影 b，求它们的其他两投影，如图 9-5a）所示。

分析：由于 a' 是可见的，所以点 A 在三棱柱的前左棱面上，而该三棱柱的各棱面都是铅垂面，其水平投影有积聚性，所以可直接求出点 A 的水平投影 a，然后再求出其侧面投影 a''；同样，b 为可见，说明点 B 位于三棱柱的上底面，上底面为水平面，其正面投影和侧面投影都有积聚性，所以由 b 可直接求出 b' 和 b''。属于立体表面的点的可见性，由点所在表面的可见性所确定。当点所在的表面投影积聚为线段时，则不需判别点在该投影中的可见性。

作图方法如图 9-5b）所示。

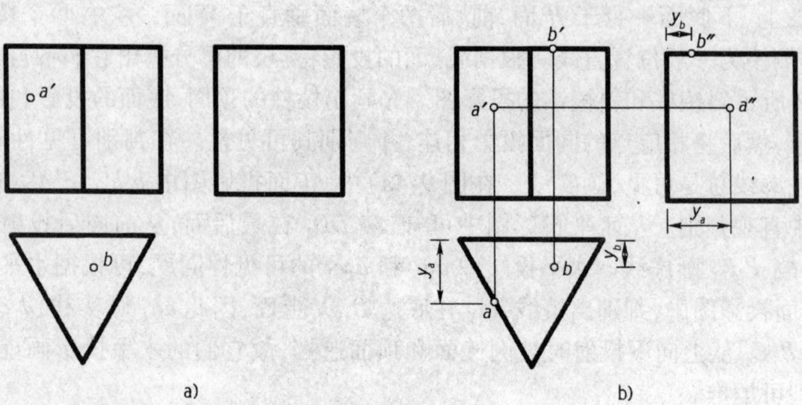

图 9-5　棱柱表面上的点

【例 9-2】 已知三棱锥表面上的点 K 和线段 MN 的正面投影 k' 和 $m'n'$，如图 9-6a）所示，求作它们的其他两投影。

分析：从图中可以看出，k' 是可见的，所以点 K 在三棱锥表面 SBC 上，过点 K 在 SBC 上任作一条辅助线，例如 SD，求出 SD 的各投影，点 K 的各投影即在线段 SD 的同面投影上。

作图：过 k' 作 $s'd'$，求出 sd 和 $s''d''$，然后在 sd 和 $s''d''$ 上分别作出 k 和 k''［图 9-6b）］。由于点及所在表面 SBC 的侧面投影 $s''b''c''$ 是不可见的，所以 k'' 也是不可见的。

同样，包含直线 MN 作辅助线，即可求出 MN 的其他各投影。具体作图见图 9-6b）。

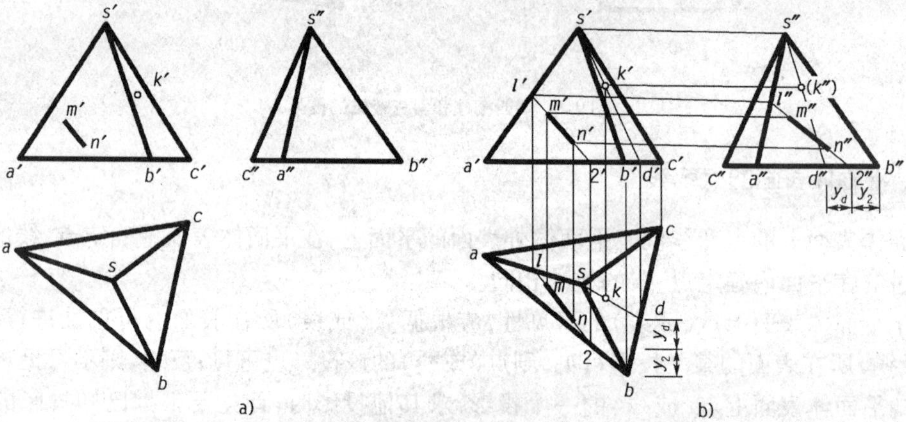

图 9-6　棱锥表面上的点和线

三、平面体的截交线

在求解工程上某些空间几何问题时，常常会碰到平面与立体相交的问题。当平面体被平面截切，产生截交线，如图 9-7 所示。截切立体的平面 P 称为**截平面**，截平面 P 与平面立体各表面的交线称为**截交线**。截交线是由那些既在截平面上又在立体表面上的点集合而成。求截交线实际上是求截平面和立体表面的共有点的问题。截交线所围成的图形称为**截面**或**断面**。截交线是一个封闭的平面多边形。求截交线，实际就是求出各棱面与截平面的交线；或者求各棱线与截平面的交点，并依次连接同一棱面上的两交点，然后按其可见与不可见用粗实线或虚线依次相连得到截交线。

平面与平面立体相交，其截交线形状是由直线段组成的多边形。多边形的顶点为平面立体上有关棱线（包括底面边线）与截平面的交点。其具体求法分为以下两种情况：

1. 特殊位置平面与平面立体相交

由于特殊位置平面的某些投影有积聚性，所以平面立体的棱线与其交点的投影，可直接利用积聚性求出。

2. 一般位置平面与平面立体相交

一般位置平面的各投影都没有积聚性，求平面立体上棱线与其交点，用一般位置直线与一般位置平面相交的方法求解，即用包含棱线作辅助平面的方法求出。

本节主要介绍第一种情况的作图。

【例 9-3】 如图 9-7 所示，求正垂面 P 与三棱锥的截交线。

分析：截平面 P 与三棱锥的三条棱线 SA、SB、SC 相交，可采用求棱线与截平面交点的方法，分别求出三条棱线与截平面的交点 I、II、III，连接起来即为截交线。

作图：截平面是正垂面，它的正面投影有积聚性，而交点是截平面与棱线的公有点，所以从正面投影可以直接得出三条棱线与截平面交点的正面投影 $1'$、$2'$、$3'$。由 $1'$、$2'$、$3'$ 可以求出交点的其他投影 1、2、3 和 $1''$、$2''$、$3''$。依次连接各点的同名投影，即得出截交线的各投影。具体作图见图 9-7（此处未画出侧面投影）。

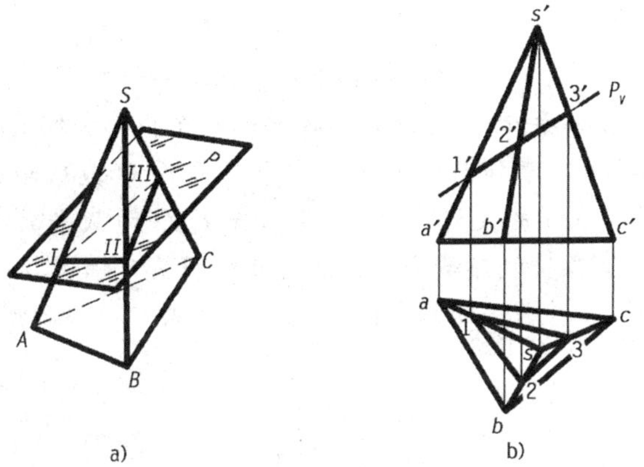

图 9-7　三棱锥的截交

判定可见性：因为截交线所在的三个棱面的水平投影是可见的，所以截交线的水平投影也是可见的；而棱面 SAC 和 SBC 的侧面投影是不可见的，所以截交线 $1''3''$ 和 $2''3''$ 也是不可见的。

【例 9-4】 如图 9-8a）所示，求四棱柱被截切后的三面投影图及截面的实形。

分析：截平面 P 与四棱柱的 4 个棱面及上底面相交，所以截交线是一个凸五边形。它的五个顶点分别是截平面与四棱柱三条棱线及上底面的两条边线的交点。由于平面 P 为正垂面，所以截交线的正面投影重合于 P_V。四棱柱的各棱面为铅垂面，它们与平面 P 交线的水平投影和各棱面的水平投影重合。截平面与棱柱上底面的交线为正垂线，其正面投影积聚为一点，水平投影反映实长。根据对正面投影和水平投影的分析，可知截交线的侧面投影是比实形缩小的五边形。

作图［图 9-8b）］：

（1）作出四棱柱未截切时的侧面投影。

（2）从正面投影可以直接得到 P 平面与 3 条棱线交点的投影 a'、b'、c'，从而求出其侧面投影 a''、b''、c''。

(3)根据 P 平面与棱柱上底面交线的正面投影 $d'e'$ 求出水平投影 de，再求出其侧面投影 $d''e''$。

(4)依次连接 a''、b''、c''、d''、e''，判定其可见性；擦去被切掉部分的线条。

(5)求截面实形。建立新投影面 H_1 平行于截平面 P，作出截交线在 H_1 面上的投影 $a_1b_1c_1d_1e_1$，即得所求的实形。图中没有画出新旧投影轴，而是以截面的前后对称轴线为基准进行作图的。例如，新投影 d_1 和 e_1 应位于过 $d'(e')$ 且垂直于 P_V 的直线上，离基准线的距离 y 则取自水平投影。

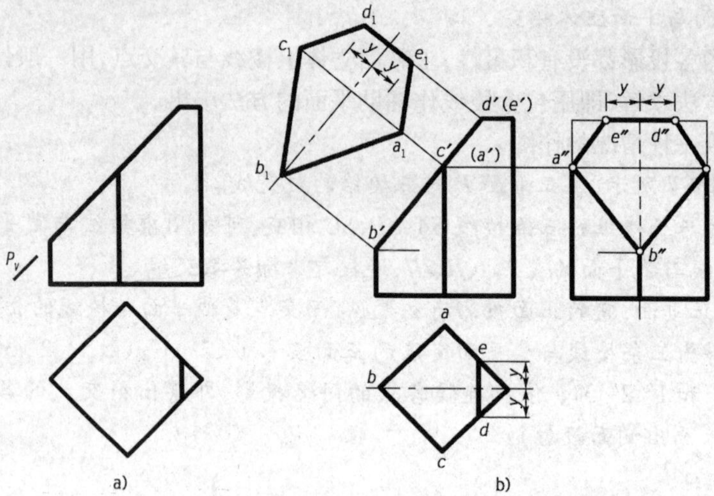

图 9-8　四棱柱的截交线

【例 9-5】　如图 9-9a)所示，画全有切口四棱锥的水平投影和侧面投影。

分析：四棱锥的切口，可以看作是由水平面 P 和正垂面 Q 截切而成的，因此，除了要分别求出 P、Q 两平面与四棱锥表面的交线之外，还要求出 P、Q 两截平面的交线。P、Q 两截平面的正面投影有积聚性，所有各棱线与截平面交点的正面投影可以直接得到，由此可求出它们的水平投影和侧面投影。P、Q 两截平面的交线与棱面的交点可用辅助线法求得。

作图[图 9-9b)]：

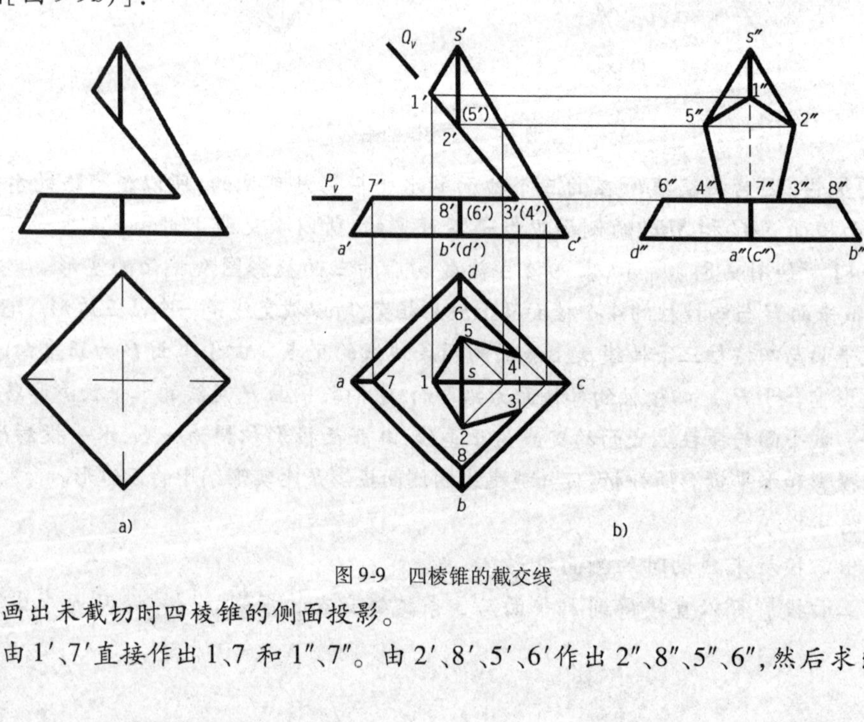

图 9-9　四棱锥的截交线

(1)画出未截切时四棱锥的侧面投影。

(2)由 1′、7′直接作出 1、7 和 1″、7″。由 2′、8′、5′、6′作出 2″、8″、5″、6″，然后求出 2、8、5、6

(也可以作辅助线先求水平投影)。

(3)过3′、4′作水平辅助线求出3、4,然后求出3″、4″。

(4)依次连接同一表面上的各点,水平投影及侧面投影分别为1-2-3-8-7-6-4-5-1和1″-2″-3″-8″-7″-6″-4″-5″-1″,两截面交线的水平投影3-4是不可见的,用虚线表示。

第二节　回　转　体

回转面是由直母线或曲母线绕一固定轴线回转而形成的曲面。**回转体**是指表面由回转面与平面或完全是回转面所形成的立体。如图9-10a)所示由平面曲线*ABEF*绕轴线*O*回转形成的曲线回转面。按旋转运动的特性,母线上任一点的旋转轨迹都是一个垂直于轴线的圆,称为**纬圆**,其半径等于该点到轴线的距离。其中比相邻两侧的纬圆都大的,称为**赤道圆**;比相邻两侧纬圆都小的,称为**喉圆**。

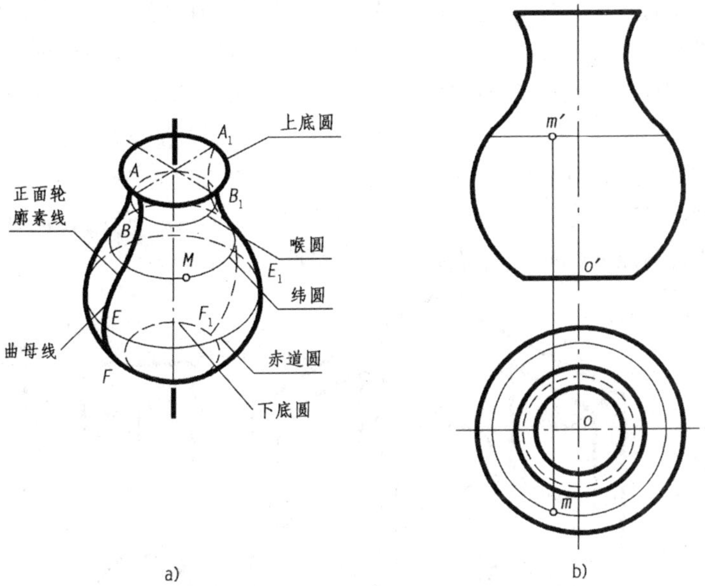

图9-10　回转面的形成及投影

工程中应用最广的回转体有圆柱、圆锥、圆球、圆环。本节讨论常见回转体的形成、基本性质、三面投影以及表面取点的基本作图问题。

图示回转体实质上就是绘制回转体的回转面和平面。在回转面上取点、线与在平面上取点、线的作图原理相同。欲取回转面上的点,必先过此点取该回转面上简单易画的圆或直线。由于母线(直线或曲线)上每一点的回转运动的轨迹是垂直于回转轴的一个圆,所以回转面的正截面(垂直于回转轴的截平面)与回转面相交得到的交线即为纬圆。这一基本性质是在回转面上取点作图的重要依据。欲取回转面上的线(直线、曲线),则必先取该回转面上能确定此线的若干个已知点,然后将其相连并判别可见性即可。

图9-10b)为上述曲线回转面的两面投影图。曲面轴线垂直于*H*面,该回转面上各纬圆在*H*面上的投影是反映实形的同心圆,圆心为轴线的水平投影*o*,其中赤道圆的*H*面投影是曲线回转面的*H*面投影的外形轮廓线,喉圆的投影是曲线回转面的*H*面投影的内轮廓线。这些纬圆的*V*面投影不必画出,特殊情况下,用细线标出其位置。回转面*V*面投影的轮廓线是回转面内平行于

V 面的两条素线的投影，反映曲母线的实形。它们在 H 面上的投影不必画出，其余素线在两投影面上都不画。回转面上纬圆的 V 面投影为与轴线 O 垂直的水平线段，长度等于各纬圆直径的实长。纬圆上点 M 的投影 m、m′，一定在该纬圆的同面投影上。画回转面的投影时，在轴线所平行的投影面上用细点划线画出轴线的投影；在轴线所垂直的投影面上，过轴线积聚为点的投影作两条互相垂直的细点划线，以确定回转面上纬圆投影的圆心，称为圆的中心线。

一、圆柱体及表面上的点和线

圆柱的表面是由圆柱面及顶、底两圆形平面构成。

1. 圆柱的投影

如图 9-11 所示圆柱的三面投影。由于圆柱的轴线为铅垂线，因此圆柱面的水平投影积聚为一圆。此圆也是顶面、底面的投影，画图时用垂直相交的点画线表示圆的中心（圆柱面轴线的积聚性投影）。圆柱面的正面及侧面投影均为矩形。矩形的上、下两边为圆柱顶面、底面的投影，长度等于圆柱的直径。图中的点画线表示圆柱轴线的投影。正面投影矩形的左、右两边 a′a′、b′b′分别为圆柱面正面转向线 AA、BB 的投影。它们把圆柱面分为前、后两半，前半个圆柱面在正面投影中为可见，后半个圆柱面在正面投影中为不可见。正面转向线的水平投影积聚在圆周上为最左、最右点 aa、bb，其侧面投影和中间点画线重合。侧面投影矩形的前、后两边 c″c″、d″d″是圆柱面侧面转向线 CC、DD 的投影。它们将圆柱面分为左、右两半，左半个圆柱面在侧面投影中为可见，右半个圆柱面在侧面投影中为不可见。侧面转向线的水平投影积聚在圆周的最前、最后两点 dd、cc，其正面投影和中间点画线重合。

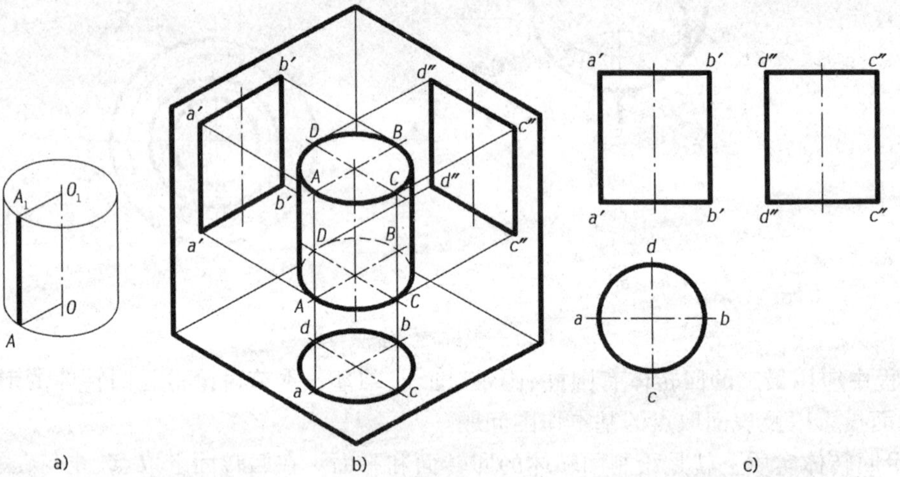

a)　　　　b)　　　　c)

图 9-11　圆柱面的投影

2. 圆柱面上的点

当圆柱轴线处于投影面垂直线的位置时，圆柱面在与其轴线垂直的投影面的投影积聚为圆。在圆柱面上确定点的投影，可以利用圆柱面该投影面上的积聚性进行作图。

【例 9-6】　已知点 A、B、C 为圆柱面上的点，根据图 9-12a）所给的投影，求它们的其余两投影。

分析：因为圆柱面的水平投影为有积聚性的圆，所以 A、B、C 三点的水平投影必落在该圆周上。根据所给投影的位置和可见性，可以判定点 A 在圆柱面的右前部分，点 B 在圆柱面的左后部分，点 C 在圆柱面的最后素线上。因此，点 A 的水平投影 a 应位于圆柱面水平投影的前半圆周上，点 B、C 的水平投影 b、c 则位于后半圆周上。

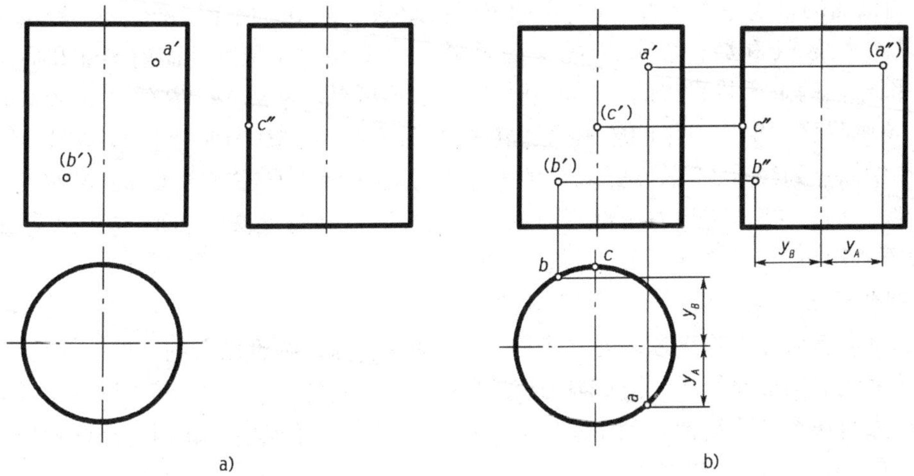

图 9-12　圆柱面上的点

作图[图 9-12b)]：

由 $a'b'$ 先作出 a、b，再利用点的三面投影关系分别作出 a''、b''。

因为点 C 在侧面投影的轮廓线上，可以由 c'' 分别直接作出 c' 和 c。

判定可见性：因为点 A 在圆柱面右半部，故 a'' 不可见；点 B 在左半部，故 b'' 为可见；C 在后半部，故 c' 为不可见。

圆柱表面上的线除顶面和底面及直素线外一般为曲线。若已知圆柱表面上的线的一投影求其他投影，可在线上取一系列点，分别求出它们的另两投影，依次光滑连接它们的同面投影即得圆柱表面上线的投影。

二、圆锥体及表面上的点和线

1. 圆锥面的形成及其投影

直母线绕与其相交的轴线回转而形成的曲面，称为**圆锥面**，如图 9-13a）所示。锥面所有的素线与轴线交于一点 S，称为**锥顶**。圆锥体表面是由圆锥面及底圆平面构成。

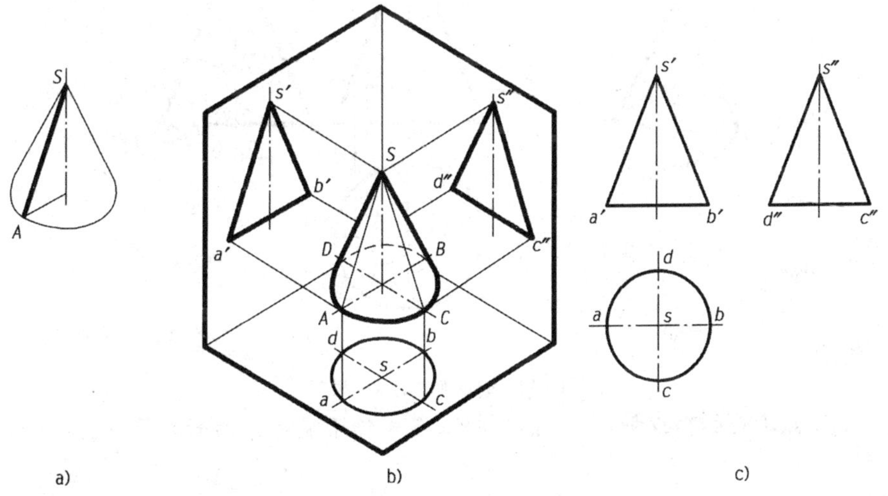

图 9-13　圆锥面的投影

当圆锥面的轴线垂直于 H 面时，它的三面投影如图9-13c）所示。圆锥面的正面投影轮廓线是其最左素线 SA 和最右素线 SB 的 V 面投影。素线 SA、SB 是圆锥面前半部和后半部的分界线，在圆锥面的 V 面投影中前半部可见。后半部不可见。素线 SA、SB 的 W 面投影在中间点划线上，不画投影。W 面投影的轮廓线是最前、最后素线 SC、SD 的 W 面投影，素线 SC、SD 的 V 面投影在中间点划线上，不画投影。素线 SC、SD 是圆锥面左半部和右半部的分界线，在 W 面投影中，圆锥面左半部可见，右半部不可见。H 面投影反映锥底圆的实形，素线投影重合在圆内，一般不必画出，整个锥面的 H 面投影全可见。

2. 圆锥面上的点

在圆锥面上取点的作图原理与在平面上取点相同，即过圆锥面上的点作一辅助线，点的投影必在辅助线的同面投影上，此称辅助线法。根据圆锥面的形成特点，其中以用素线和纬圆作为辅助线进行作图最为简便。利用素线和纬圆作为辅助线来确定回转面上点的投影的作图方法，分别称为辅助素线法和辅助纬圆法。

【例9-7】 已知圆锥面上点 A、B 的投影 a'、b，如图9-14a）所示，求作点 A、B 的其余两投影。

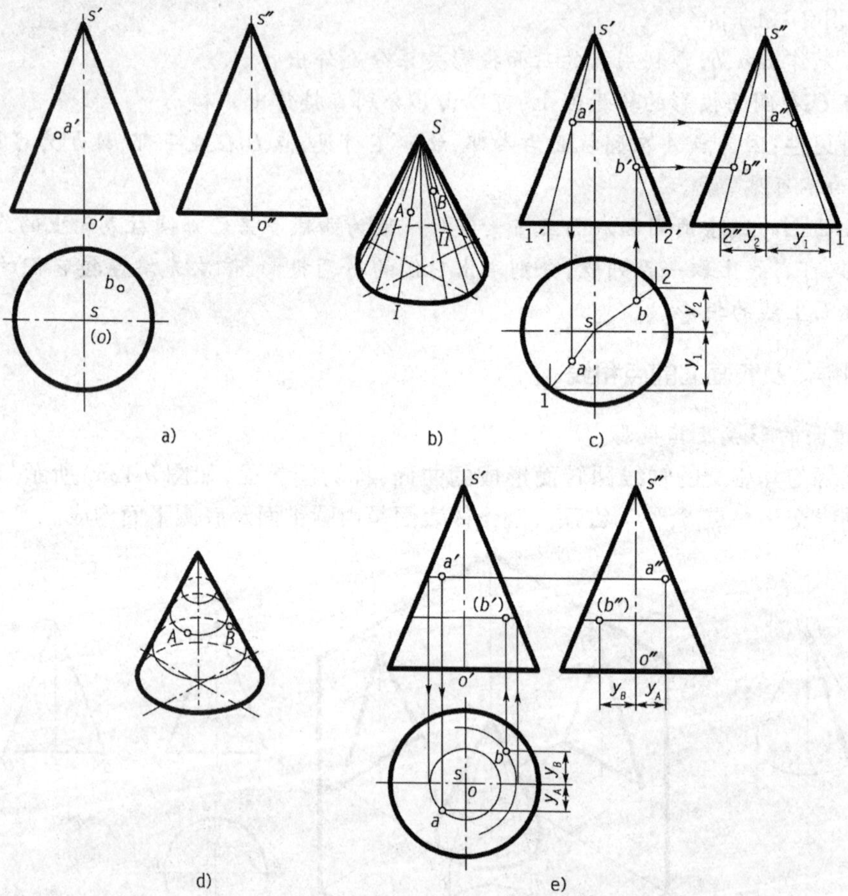

图9-14 圆锥面上的点的投影

分析：由点 A、B 的已知投影 a'、b 可以判定，点 A 位于前半锥面的左半部，点 B 位于后半锥面的右半部。

作图：

（1）辅助素线法：如图9-14b）所示，过点 A、B 分别作素线 SI、SII 为辅助线，利用直线上点的投影特性作出所求投影。

在投影图上作图，如图9-14c)所示，可先分别在 V 面、H 面投影上过点 A、B 的已知投影 a'、b 作素线 $S\text{I}$、$S\text{II}$ 的投影 $s'1'$、$s2$，再由此作出两素线的其余两投影 $s1$、$s''1''$、$s'2'$、$s''2''$，然后利用点的投影规律在 $s1$、$s''1''$ 上作出 a、a''；在 $s'2'$、$s''2''$上作出 b'、b''，即分别为所求点 A、B 的其余两投影。

(2)辅助纬圆法：如图9-14d)所示，圆锥面上过点 A、B 的回转纬圆的 V 面投影为垂直于轴线的水平线，H 面投影反映实形，纬圆直径为点 A、B 到轴线的距离。点 A、B 的投影在纬圆的同面投影上。

在投影图上作图的步骤见图9-14e)。先过点 A 的已知投影 a'，在圆锥面的 V 面投影和 W 面投影内作水平线与轮廓线相交，即为过点 A 的回转纬圆的 V 面投影和 W 面投影。由此确定纬圆的直径，并以此直径在 H 面上作底圆的同心圆，即为纬圆的 H 面投影。点 A 的 H 面投影 a 应在前半纬圆上，再由 a 确定 a''。由点 B 的投影 b 作其余两投影时，是先在圆锥面的 H 面投影上以轴的 H 投影 o 为圆心，ob 为半径画圆，即为点 B 的回转纬圆的 H 面投影，再由此作出纬圆的 V 面、W 面投影，以及点 B 的投影 b'、b''。

判定可见性：点 A 在圆锥面左半部，a''可见；点 B 在圆锥面右后部，b'、b''均不可见。

圆锥表面上的线除底面及素线外一般为曲线。若已知圆锥表面上的线的一投影求其他投影，可在线上取一系列点，分别求出它们的另两投影，依次光滑连接它们的同面投影即得圆锥表面上的线的投影。

三、圆球体及表面上的点和线

1. 圆球面的形成及其投影

由圆母线绕圆内一直径回转而形成的曲面，称为**圆球面**。圆球的表面是圆球面，如图9-15a)所示。图9-15b)为圆球面及其在三投影面上的投影。图9-15c)为该圆球面的三面

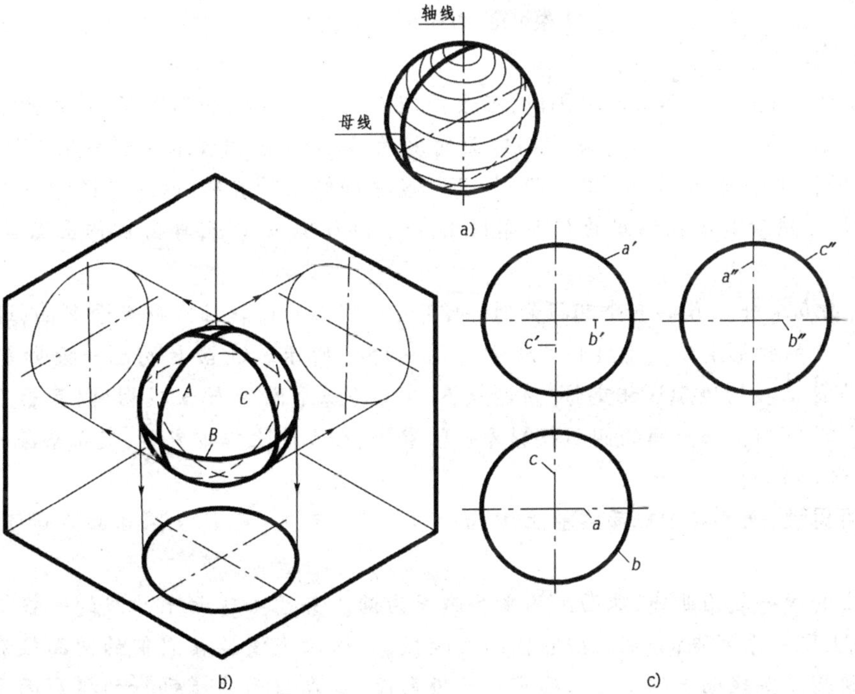

图9-15　球面的投影

投影图。圆球面的三面投影均为直径等于圆球面直径的圆，各投影的轮廓线是圆球面上平行于相应投影面的大圆的投影。各圆在其余两投影面上的投影均为直线，且和投影中圆的中心线重合。例如 V 面投影的轮廓线圆 A，其 H 面投影与水平中心线重合，W 面投影与竖直中心线重合，都不必画出；但应画出各投影图的中心线。平行于三投影面的大圆，分别把圆球面分为上、下半球，前、后半球，左、右半球，所以各投影的轮廓线是圆球面在该投影面上投影的可见与不可见的分界圆。

2. 圆球面上的点

由于圆球面是一种特殊的回转面，过球心的任意一直径都可作为回转轴，因此过其表面上一点可作无数个圆。求属于圆球面的点，可利用过该点并与各投影面平行的圆为辅助线，即辅助平行圆法。为作图简便，可以设圆球面的回转轴线垂直任一投影面，平行圆在该投影面上的投影即反映实形，其他两投影面均为平行于轴的直线。

【例 9-8】 根据图 9-16a）所给出的圆球面上点 A、B 的投影 a'、(b)，求作点 A、B 的其余两投影。

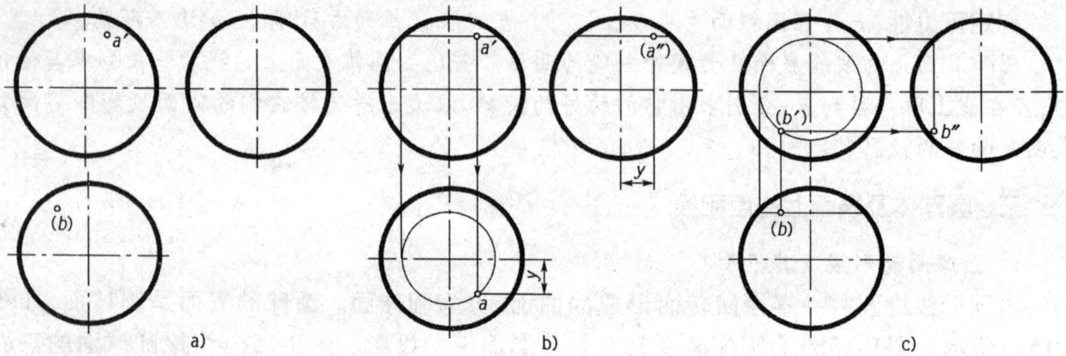

图 9-16　球面上的点的投影

作图：

（1）由 a' 求作点 A 的其余两投影时，可设圆球面的回转轴线垂直于 H 面，作图步骤如图 9-15b）所示。先过点 A 的已知投影 a' 在圆球面的 V 面、W 面投影内作水平线与轮廓线相交，即为过点 A 的纬圆（水平圆）的 V 面、W 面投影，其长度也即纬圆的直径，以此直径作出纬圆的 H 投影，反映实形。然后由 a' 在纬圆的前半部作出点 A 的 H 面投影 a，再由 a 作出点 A 的 W 面投影 a''。

（2）当由 b 求作点 B 的其余两投影时，也可设圆球面的回转轴线垂直于 V 面，过点 B 的正平圆在 V 面上的投影反映实形。作图步骤如图 9-15c）所示。过点 B 的已知投影 b，作水平线与圆球面的 H 面投影轮廓线相交，即为过点 B 的回转正平圆的 H 面投影，以其长度为直径作正平圆的 V 面投影。正平圆的侧面投影为一竖直线，由 b 向上作垂直线，交正平圆的下半部得 b'，由 b' 作出 b''。

判定可见性：点 A 在圆球面右前上方，a 可见，a'' 不可见；点 B 在圆球面左后下方，b' 不可见，b'' 可见。

球面上的线一般为曲线，球面上的平面曲线为圆。若已知球面上的线的一投影求其他投影，可在线上取一系列点，分别求出它们的另两投影，依次光滑连接它们的同面投影即得球面上的线的投影。若球面上的平面曲线平行于投影面，则在该曲线所平行的投影面上的投影反映成圆，其他两投影为平行于轴的直线。

四、圆环的投影及表面上的点

1. 圆环面的形成及其投影

由圆母线绕圆外且在同一平面内的一轴线回转所形成的曲面，称为**圆环面**，如图 9-17a）所示。靠近轴的半圆母线回转形成内环面，另一半圆母线回转形成外环面。在圆环面上任一位置的圆母线称为素线。

图 9-17b）为一轴线垂直于 H 面的圆环面的三面投影图。H 面投影轮廓线由赤道圆和喉圆的 H 面投影所组成，此外，还应用点划线画出圆的中心线和母线圆心的轨迹圆。圆环面上半部的水平投影可见，下半部的水平投影不可见。V 面、W 面的投影分别由两个平行于投影面的素线圆和圆环面最上和最下两个纬圆的 V 面、W 面投影所组成。由于内环面不可见，两素线的一部分应画成虚线。

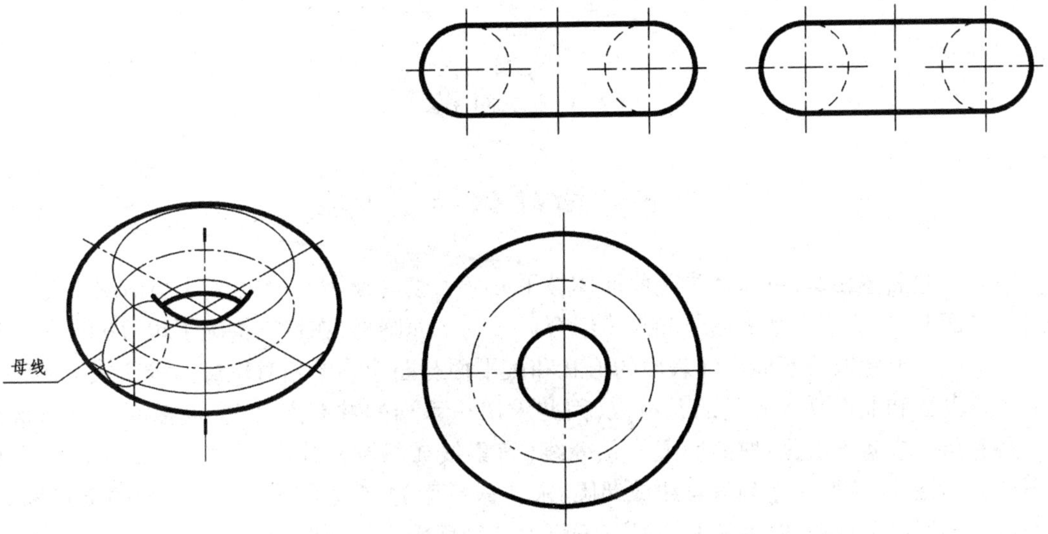

a)　　　　b)

图　9-17

2. 圆环面上的点

圆环面是回转面，母线绕轴旋转时母线上任意一点形成的轨迹都是圆。在圆环表面上取点是利用该轨迹圆作为辅助纬圆。

【例 9-9】　如图 9-18a）所示，已知圆环面上点 A、B 的投影 a'、b'，求作点 A、B 的另一投影。

分析：在圆环面上确定点的投影，只能应用辅助纬圆法。

由点 A、B 的已知投影 a'、b'，可以确定点 A 在外圆环面左前上部，点 B 在外环面右前下部。

作图［图 9-18b）、c）］：

由点 A 的 H 面投影 a 作其 V 面投影时，可以 o 为圆心、oa 为半径作纬圆的 H 面投影，纬圆的 V 面投影应在圆环面上半部；再由 a 作出 a'，a' 可见。由点 B 的 V 面投影 b' 作其 H 面投影时，先过 b' 作水平线与圆环面的 V 面投影轮廓线相交，得过点 B 的纬圆的 V 面投影，由此作出

纬圆的 H 面投影；再由 b' 作出 b，b 不可见。

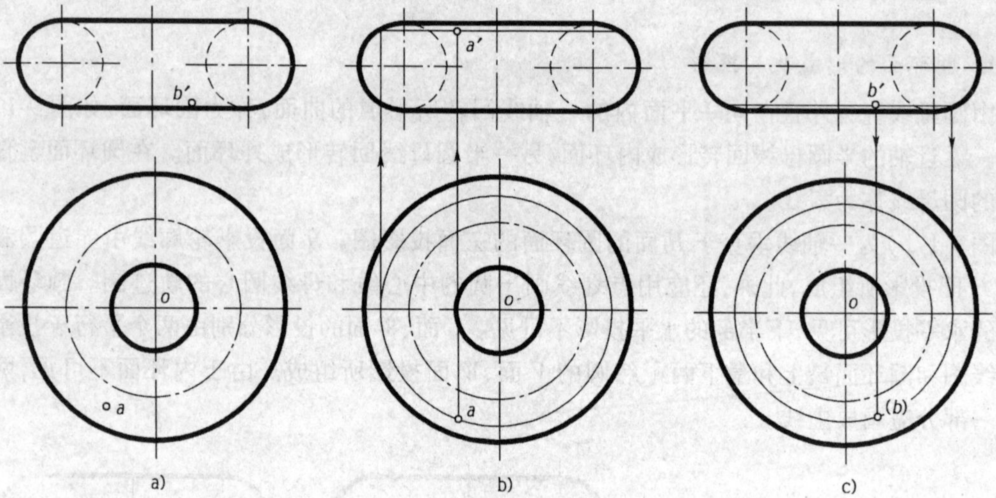

图 9-18　圆环面上的点

第三节　回转体的截交线

平面与曲面体相交，可以认为是曲面体被平面所截切。所得截交线在一般情况下是一条封闭的平面曲线，或是由平面曲线和直线组合而成的平面图形，在特殊情况下也可能是一多边形。截交线的形状取决于曲面体表面的形状和截平面与曲面体的相对位置。截交线上的每一点都是截平面和曲面立体表面的共有点，因此求出一系列的共有点，依次连接起来即得截交线。共有点的求解方法为：取曲面上一系列线（直素线或纬圆），求其与截平面的交点。一般根据曲面的性质，选取一系列直素线或纬圆，求与截平面的交点。当求出一系列的交点以后，依次连成光滑的平面曲线，并按其可见与不可见分别用粗实线和虚线画出。

1. 平面和圆柱相交

平面截切圆柱体时，根据截平面与圆柱轴线的相对位置不同，所得截交线有矩形、圆、椭圆三种形式，如表 9-1 所示。

圆柱体的截交线　　表 9-1

截平面位置	截交线形状	投影图
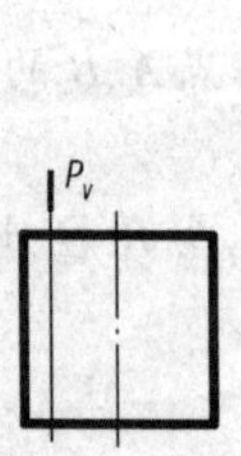 平行于轴线	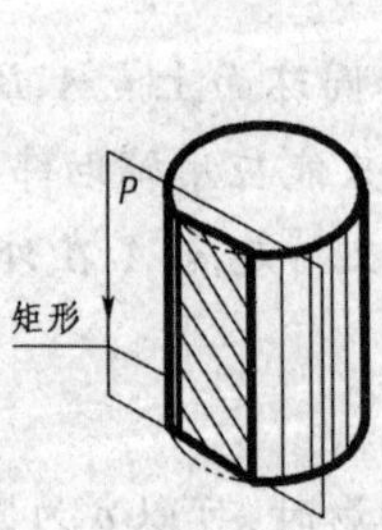	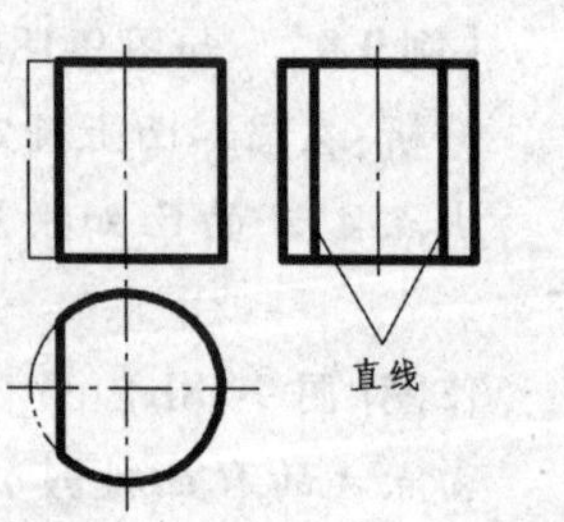

截平面位置	截交线形状	投 影 图
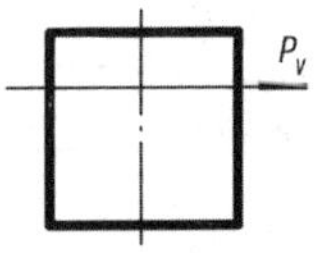 垂直于轴线	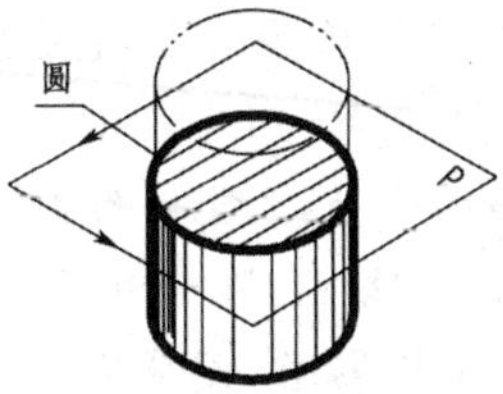	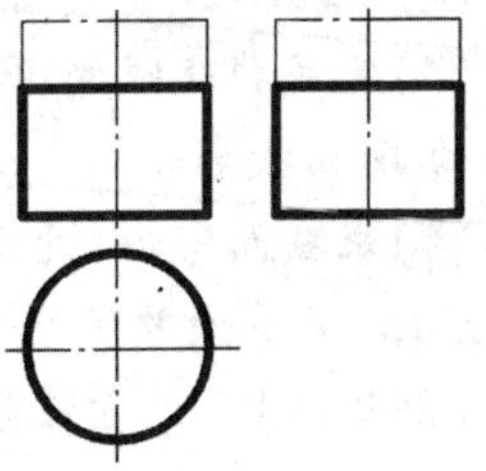
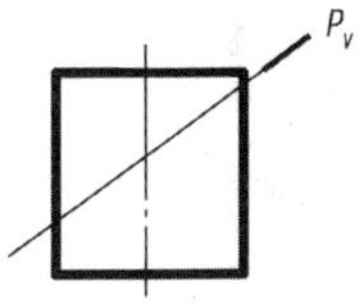 倾斜于轴线	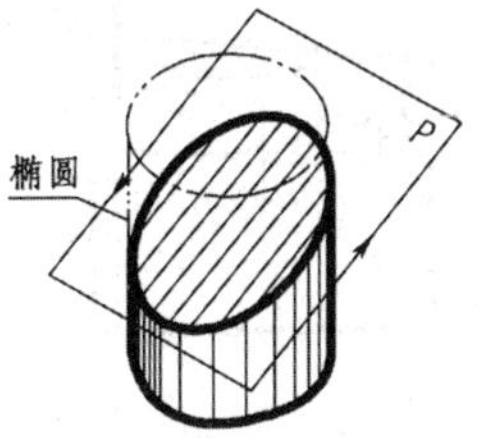	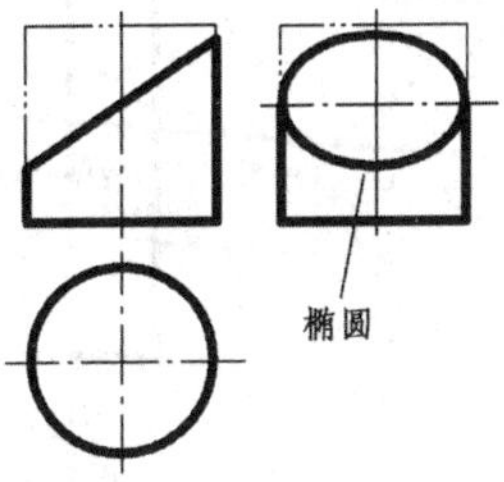

【例 9-10】 求图 9-19a)所示圆柱被正垂面 P 截切后的侧面投影及截面的实形。

分析：由于正垂面 P 倾斜于圆柱轴线，截交线是一椭圆，如表 9-1 所示第三种情况。截交线的 V 面投影应与截平面具有积聚性的 V 面投影重合，是一直线段；截交线的 H 面投影与圆柱面具有积聚性的 H 面投影重合，是一圆；截交线的 W 面投影仍是一椭圆。由于截平面与圆柱轴线的夹角小于 45°，椭圆长轴的投影仍为椭圆投影的长轴。

作图[图 9-19b)]：

(1)求特殊点：首先作出椭圆的长、短轴端点。P_V 与圆柱 V 面投影轮廓线的交点即为长轴端点 A、B 的 V 面投影 a'、b'，P_V 与圆柱 V 面投影轴线的交点 c'、d' 即为短轴端点 C、D 的 V 面投影。由此可以直接作出长、短轴端点的 W 面投影 a''、b''、c''、d''。它们也分别是截交线上的最高、最低和最前、最后点。c''、d''同时也是圆柱 W 面投影轮廓线上的点。

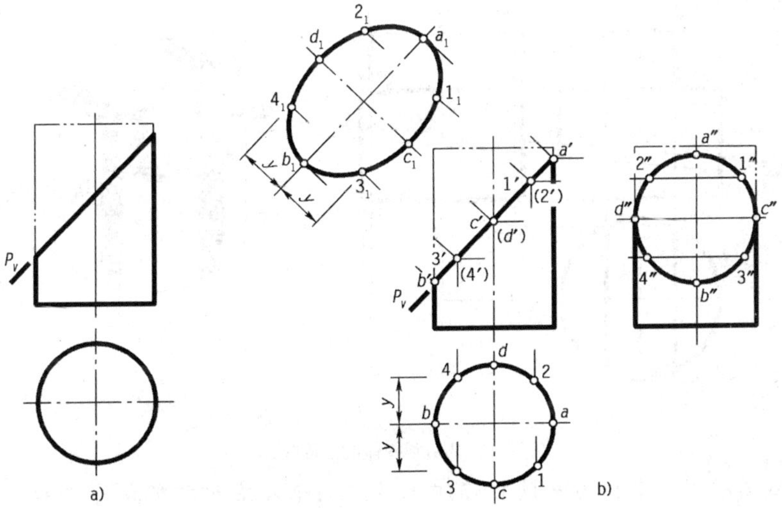

a) b)

图 9-19 圆柱的截切

(2)求中间点：为了使截交线的形状比较准确，需要作出截交线上一些中间点，如在截交线 V 面投影上取点 $1'$、$2'$，作出 I、II 的 H 面投影 1、2，再由 $1'$、$2'$、1、2 作出 $1''$、$2''$。用同样方法还可以作出 III、IV 等所需求的点的侧面投影。

(3)完成截交线的 W 面投影：用曲线板顺次平滑连接所求各点的 W 面投影，即得截交线椭圆的 W 面投影。

(4)求截面实形：设立辅助投影面平行于截平面 P，即作椭圆长轴平行于 P_V，作出 $ABCD$ 和 I-II-III-IV 等点的辅助投影，依次连接各点，即为截面的实形。

【例 9-11】 求被截圆柱体的三面投影图(图 9-20)。

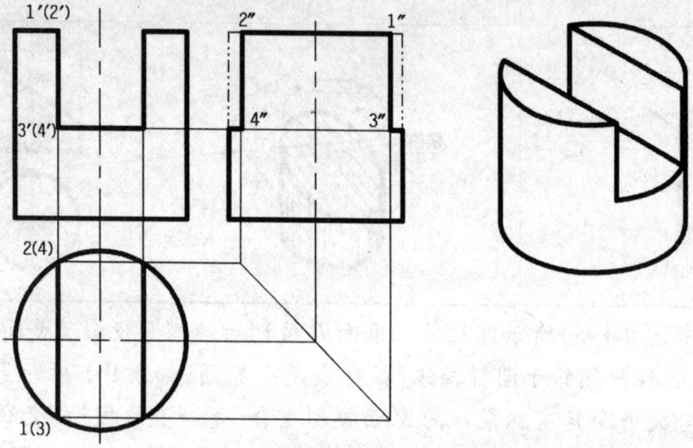

图 9-20 截切圆柱体的三面投影图

分析：被截圆柱体的形状为一圆柱体的上端被两个左右对称的侧平面和一水平面所截。圆柱与侧平面相交，其截交线两条铅垂线 13、24；圆柱与水平面相交，其截交线为两段圆弧。**注意，圆柱中间部分被切，前后转向轮廓线被部分切除，侧面投影上对应部分不再画出转向轮廓线的投影**。其他作图步骤从略。

【例 9-12】 求被截圆柱体的三面投影图(图 9-21)。

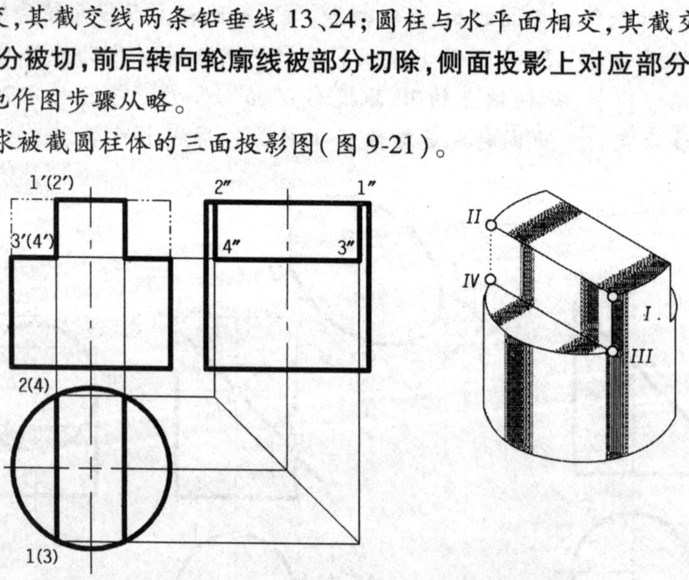

图 9-21 截切圆柱体的三面投影图

分析：被截圆柱体的形状为一圆柱体的上端被两个左右对称的侧平面和一水平面所截。圆柱与侧平面相交，其截交线两条铅垂线 13、24；圆柱与水平面相交，其截交线为两段圆弧。**注意，此题与前题的不同之处是圆柱两边部分被切，前后转向轮廓线仍然存在，侧面投影上对**

应部分仍需画出转向轮廓线的投影，但两段圆弧的投影未到最大轮廓线位置，其长度按投影关系对应画出。其他作图步骤从略。

2. 平面和圆锥相交

平面和圆锥相交时，由于平面与圆锥轴线的相对位置不同，其截交线有圆、椭圆、抛物线、双曲线、三角形五种形状，如表9-2所示。

圆锥的截交线 表9-2

截平面的位置	截交线的形状	投影图
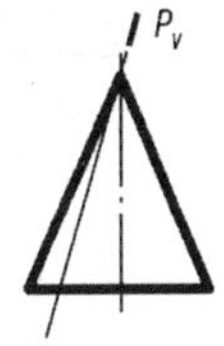 通过锥顶	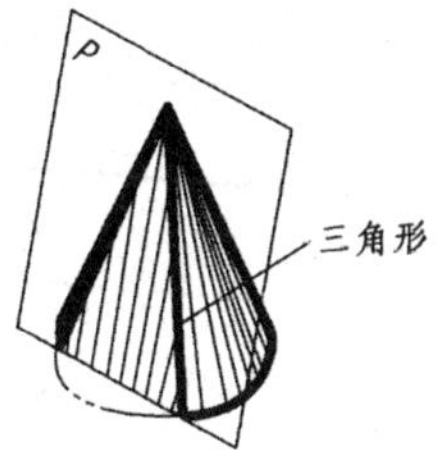	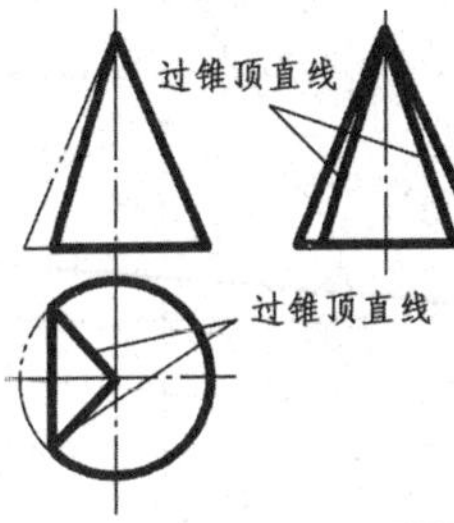
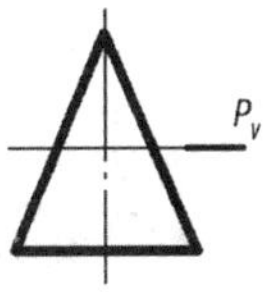 垂直轴线	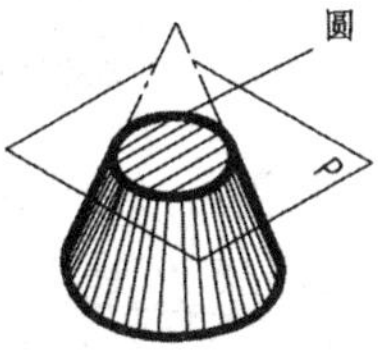	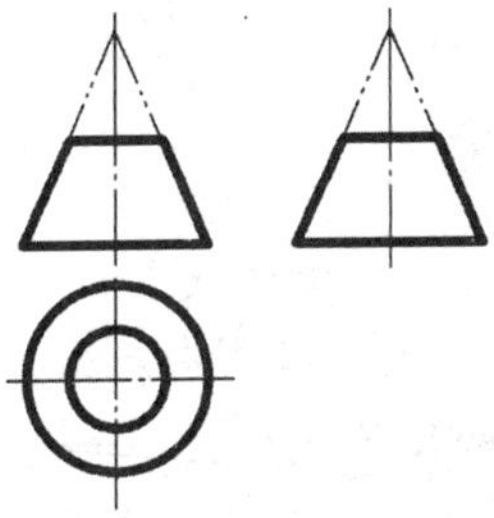
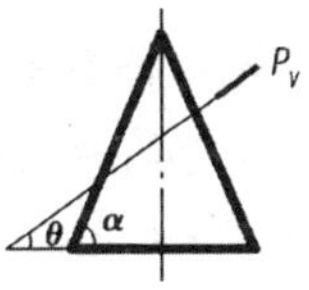 $\theta < \alpha$ 截平面与所有素线均相交	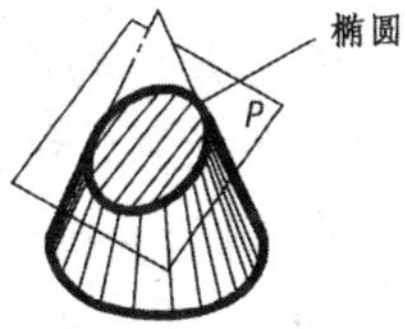	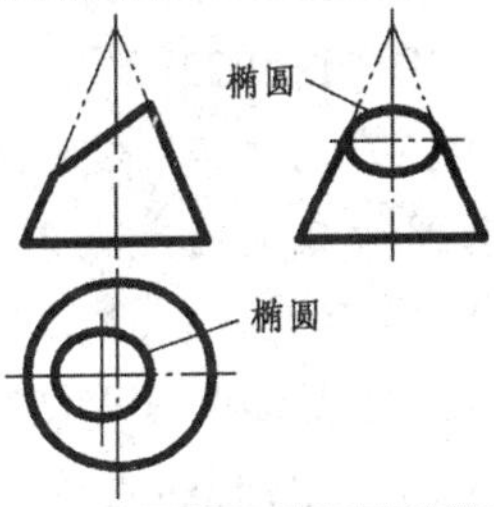
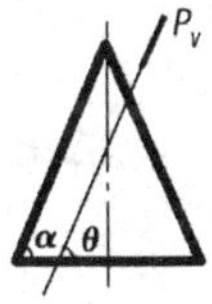 $\theta = \alpha$ 截平面平行于锥面上一条素线	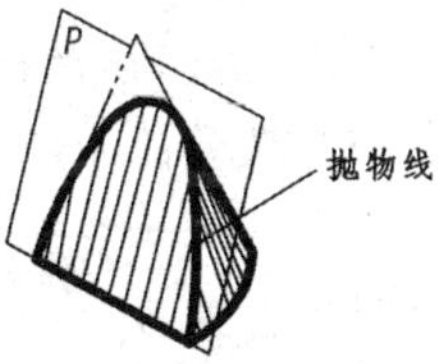	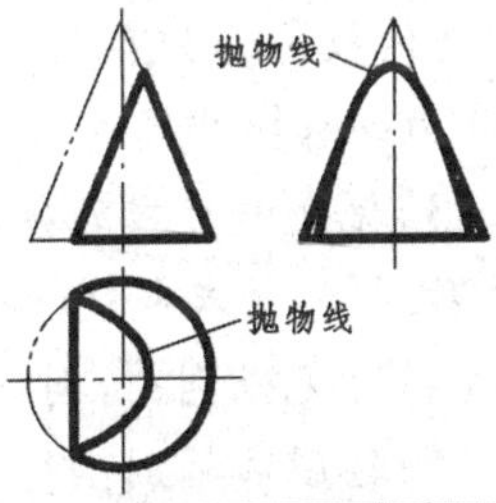
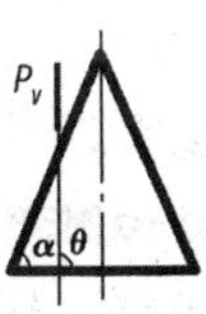 $\theta > \alpha$ 截平面平行于锥面上两条素线	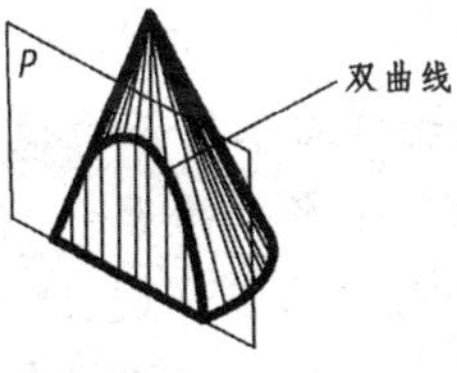	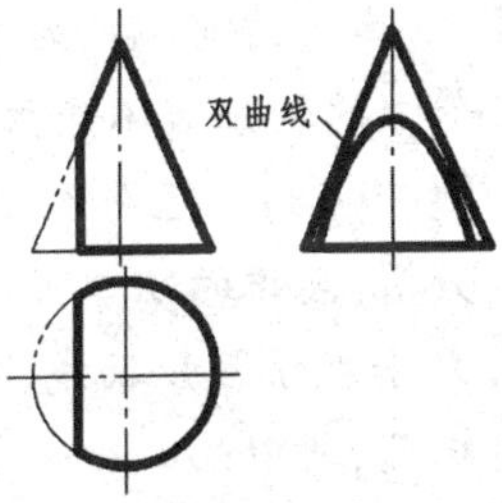

椭圆、抛物线、双曲线的投影，一般仍为椭圆、抛物线、双曲线。作图时，可以采用辅助素线法和辅助纬圆法，在圆锥面上确定若干点的投影，依次光滑连接各点的同面投影即可。

【例 9-13】 求如图 9-22a)所示的圆锥被正垂面截切后的水平和侧面投影。

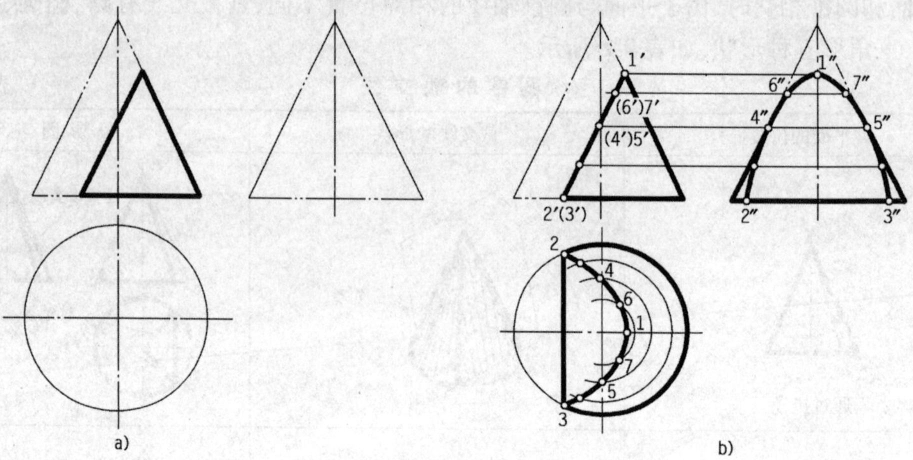

图 9-22 圆锥的截切

分析： 由于截平面平行于圆锥的一条素线，故其截交线为抛物线（如表 9-2 中所示第四种情况），V 面投影有积聚性，H 面、W 面投影仍为抛物线。截平面与圆锥底面的交线是一直线段，和抛物线组成一个封闭平面图形。截交线的 H 面、W 面投影可以根据已知的 V 面投影用在曲面上定点的方法求出。

作图［图 9-22b)］：

(1) 求特殊点：在 V 面投影中，截平面与最右轮廓线的交点 1′是抛物线最高点的 V 面投影，与圆锥底圆的交点 2′、3′是最低点的 V 面投影。根据 1′、2′、3′分别求出它们的 H 面投影 1、2、3 和 W 面投影 1″、2″、3″。5′、4′为圆锥的最前、最后素线（侧面投影轮廓线）上点的 V 面投影。由 4′、5′可直接求出 4″、5″，并进一步求出 4、5（用 y 值截得）。

(2) 求中间点：在截交线的 V 面投影上选取位置适当的点，然后过点在圆锥面上作辅助线求出其他投影。如在点 V 面投影 1′、5′(4′)之间选投影 7′、(6′)，过 7′、(6′)作纬圆的 V 面投影，并由此作出纬圆的 H 面、W 面投影及点 *VII*(*VI*)的同面投影 7(6)、7″、(6″)。

(3) 完成截交线的各面投影：求出一定数量的中间点后，依次光滑连接所求出的各点的同面投影，即为所求截交线的投影。

(4) 可见性判别：判别立体对应投影的可见性。

(5) 轮廓线判别：判别被截切移去的轮廓线，由于立体是圆锥被正垂面从左上部被截切后形成，立体上的前、后、右边的部分和左边的全部转向轮廓线及底圆的部分被截去，所以立体上对应部分的轮廓线不应画出。

【例 9-14】 已知图 9-23a)所示切口圆锥的正面投影，求作其他两面投影。

分析： 圆锥的切口可以看成是由一个水平面 P 和一个正垂面 R 相交截切圆锥形成的。水平面 P 垂直于圆锥轴线，与锥面的截交线为水平圆，正垂面 R 与圆锥轴线斜交，与锥面的截交线为椭圆，所以切口由一部分水平圆和一部分椭圆组成。根据切口的正面投影，水平圆部分可以直接作出，椭圆部分可以利用辅助线法来作图。

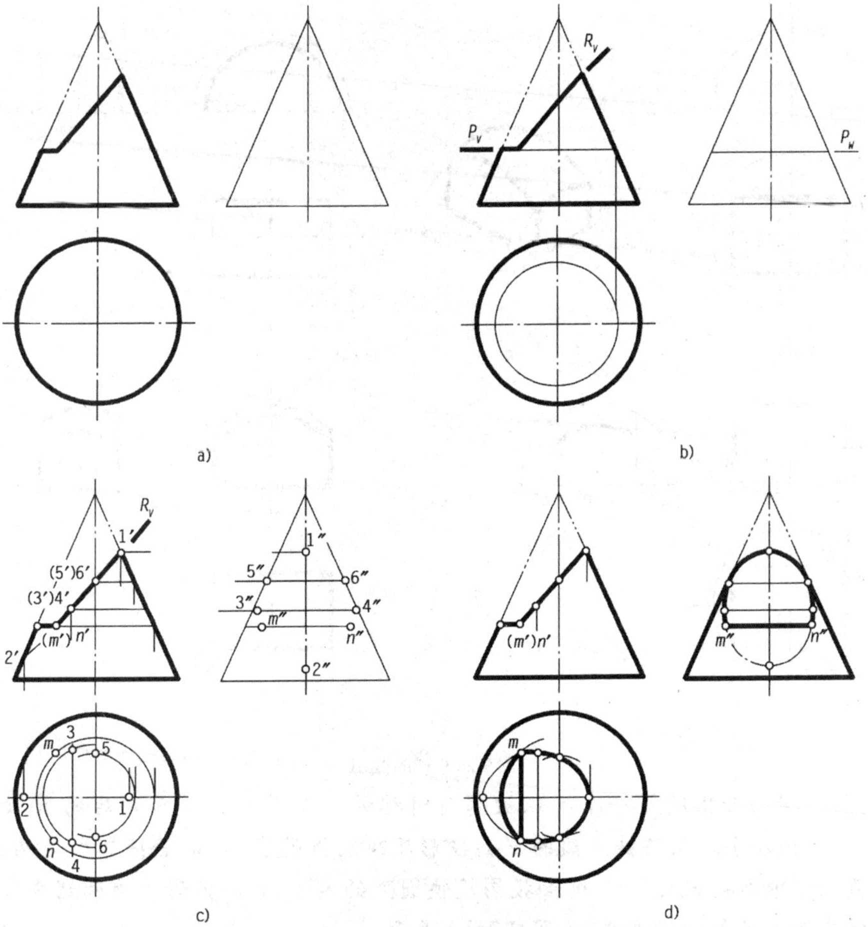

图 9-23　带切口的圆锥

作图：

(1)延长 P_V 与右侧轮廓线相交，并作 P_W 与圆锥面侧面投影相交，分别得截交线(水平圆的 V 面、W 面投影有积聚性)，以其长为直径在 H 面投影上作底面的同心圆，得截交线的 H 面投影，如图 9-23b)所示。

(2)延长 R_V 与左侧轮廓线相交，$1'$-$2'$ 为截交线椭圆的 V 面投影及长轴的实长，$3'$-$4'$ 其中点为短轴的投影，$5'$-$6'$ 为侧面轮廓线上点的 V 面投影，轮廓线上各点 I、II、V、VI 和 MN 的其余两面投影可以直接作出。点 III、IV 和其他中间点的另外两投影需利用辅助纬圆法或辅助素线法求作。依次连接各点的同面投影并加深侧面投影中 $5''$、$6''$ 以下的轮廓素线和底圆，即得带切口圆锥的水平和侧面投影，如图 9-23d)所示。

3. 平面和圆球相交

平面截切圆球时，无论截平面和球的相对位置如何，截交线的空间形状都是圆。根据截平面对投影面的相对位置，截交线圆的投影可以是圆、直线段或椭圆。当截平面平行于投影面时，截交线圆在该投影面上的投影反映真实形状；当截平面垂直于投影面时，截交线圆在该投影面上的投影为长度等于圆的直径的直线段；当截平面倾斜于投影面时，截交线圆在该投影面上的投影成为椭圆。

【例 9-15】　已知如图 9-24a)所示半球被截切后的 H 面投影，求作其余两投影。

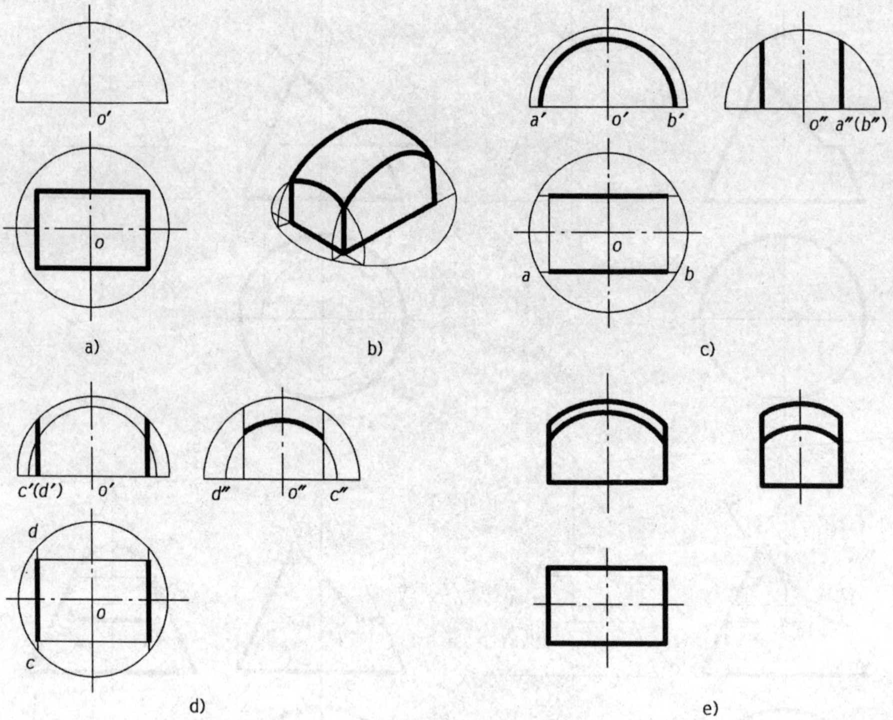

图 9-24　球的截切

分析：图 9-24a）给出的是一个半球被两对对称的投影面平行面截切后的 H 面投影。其中，一对正平面截切半球所得截交线的 V 面投影反映圆弧的实形，W 面投影成为两铅垂线；一对侧平面截切半球所得截交线的 W 面投影反映圆弧的实形，V 面投影成为两铅垂线。四个截平面的交线为四条等长的铅垂线，如图 9-24b）所示。

作图：

（1）在 H 面投影中延长长方形前后边，与半球的 H 面投影轮廓线相交，求得截交圆弧的直径 ab，在 V 面投影上以球心投影 o'' 为圆心，$a'b'$ 为直径作半圆。前后两半圆 W 面投影积聚为两竖直线段，如图 9-24c）所示。

（2）在 H 面投影中延长长方形左右两边，与半球的 H 面投影轮廓线相交，求得截交圆弧的直径 cd。在 W 面投影上以 o'' 为圆心，$c''d''$ 为直径作半圆，求出截交圆弧的 W 面投影。左右截交圆弧的 V 面投影为两段竖直线，如图 9-24d）所示。

（3）完成半球被截切后的 V 面和 W 面投影，如图 9-24e）所示。

第四节　直线与基本立体相交

直线与立体相交，是直线从立体一侧表面贯入，又从另一侧表面穿出，故其交点一般总是成对存在的，称为**直线贯穿点**。它是直线与立体表面的公有点。

求贯穿点的实质是求直线与平面或直钱与曲面的交点问题。关于求直线与平面交点的原理和方法在前面已经介绍过了，而求直线与曲面交点的原理和方法也类同。求交点时，主要根据立体表面（平面或曲面）的投影是否有积聚性，分为两类：对于投影有积聚性的表面，可直接利用积聚性求出；对于投影没有积聚性的表面，一般需采用辅助平面法来求出（图 9-25）：

(1)过直线 *AB* 作适当的辅助平面 *P*；

(2)求出平面 *P* 与立体表面的交线 *MN*；

(3)求出交线 *MN* 与直线 *AB* 的交点 *E*、*F*，即为贯穿点。

在求解时，辅助平面的选择，应使所作辅助面与立体表面的交线的投影为简单易求的直线或圆，以利于作图。所以，必须根据立体表面的性质或曲面的形成规律，来选取适当的辅助平面，如一般选投影面垂直面或过锥顶的平面等。

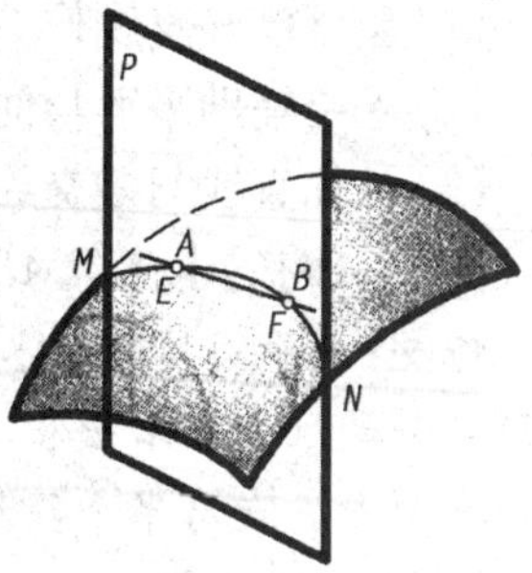

图 9-25 求直线与曲面的贯穿点

1. 直线与平面立体相交

【例 9-16】 求直线 *AB* 与三棱柱的贯穿点（图 9-26）。

作图：图示三棱柱各棱面都为铅垂面，利用其水平投影的积聚性，可直接求出直线 *AB* 与平面立体的贯穿点 *I* 和 *II*。

关于贯穿点可见性的判别，同样要视贯穿点所在表面的投影可见与否而定。即表面的投影为可见时，则位于该表面上的贯穿点的投影也为可见；反之，为不可见。在本例中，棱面 *DF* 的正面投影 $d'f'$ 为不可见，位于该面的贯穿点 *II* 的正面投影$(2')$也为不可见，由此可知$(2')3'$为不可见，用虚线画出。

由于立体为实体，穿入立体内的线段 *I*、*II* 就不复存在了，所以其投影不应画出；若为了清楚起见，也可用细实线相连。

【例 9-17】 求直线 *AB* 与三棱锥的贯穿点（图 9-27）。

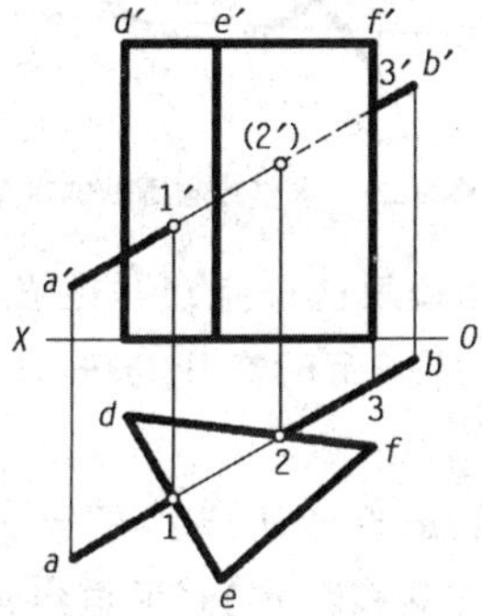

图 9-26 求直线与三棱柱的贯穿点

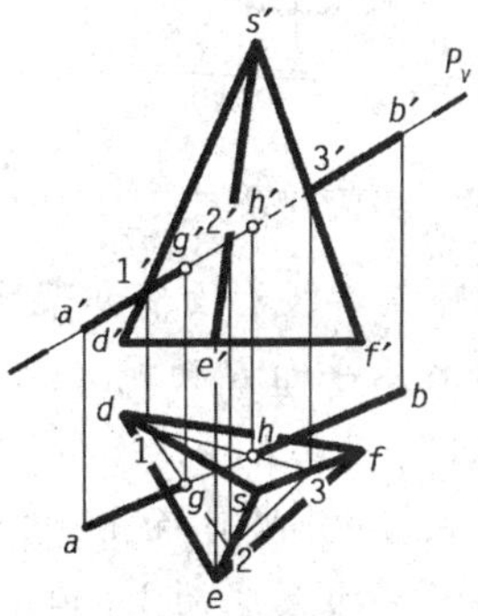

图 9-27 求直线与三棱锥的贯穿点

分析：图示三棱锥各棱面都为一般位置平面，它们的各个投影都没有积聚性，故采用包含直线 *AB* 作适当的辅助平面（正垂面或铅垂面）求贯穿点。

作图：

(1)过直线 *AB* 作正垂面 *P*（作铅垂面也可）。

(2)求出平面 *P* 与三棱锥的截交线 $\Delta I\ II\ III$。

(3)$\Delta I\ II\ III$ 与直线 *AB* 的交点 *G* 和 *H*，即为所求。

(4)可见性的判别：棱面 *SDE*、*SDF* 的水平投影 *sde*、*sdf* 均为可见，分别位于这二个棱面上的贯穿点的水平投影 *g*、*h* 也为可见，故 *ag*、*hb* 用粗实线画出。棱面 *SDF* 的正面投影 $s'd'f'$ 为不可见，位于该棱面上的贯穿点的正面投影(h')为不可见，故 $3'(h')$ 一段用虚线画出。

2. 直线与曲面立体相交

直线与曲面体的交点，也称为**贯穿点**。求贯穿点也是求直线和曲面体表面的共有点，一般根据曲面的形成规律选择适当的辅助平面来求解：

(1)包含已知直线作一辅助平面。

(2)求出辅助平面与曲面体的截交线。

(3)已知直线与截交线的交点,即为贯穿点。

【例 9-18】 求直线 AB 与圆柱的贯穿点(图 9-28)。

作图:由于圆柱面的水平投影积聚为一圆,所以直线 AB 上的贯穿点 $K(k,k')$ 和 $L(l、l')$ 可利用其积聚性直接求出。

贯穿点 L 在后半个圆柱面上,其正面投影 l' 为不可见,故线段 $l'1'$ 画成虚线。

【例 9-19】 求水平线 AB 与圆球的贯穿点(图 9-29)。

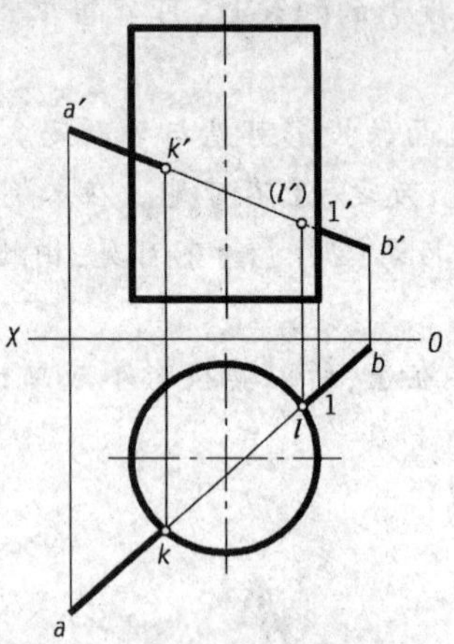

图 9-28 求直线与圆柱的贯穿点

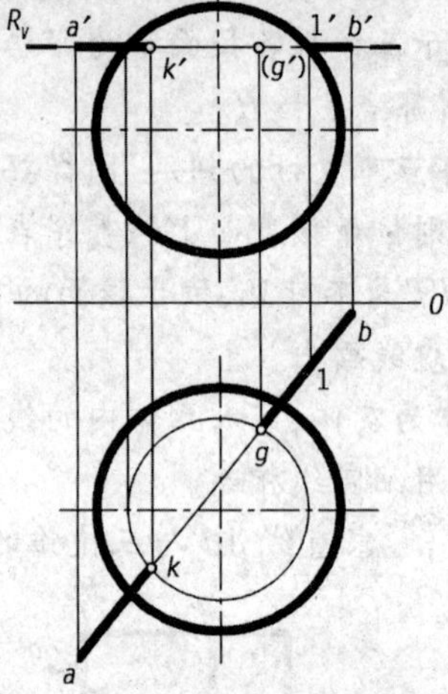

图 9-29 求直线与圆球的贯穿点

作图:由于圆球面各投影没有积聚性,为求贯穿点就必须包含直线作适当的辅助平面来实现。若过直线 AB 作水平面 R 为辅助面,辅助平面 R 与圆球面的交线为一平行水平投影面的圆,此圆与直线 AB 的交点 $K(k,k')$ 和 $G(g,g')$ 即为所求。

贯穿点 K、G 在上半个圆球面上,它们的水平投影 k、g 为可见,故 ak、gb 连线用粗实线画出;贯穿点 G 又在后半个圆球面上,其正面投影 g' 为不可见,故 $(g')1'$ 用虚线画出。

【例 9-20】 求直线 AB 与圆锥的贯穿点(图 9-30)。

分析:由于圆锥面的各投影没有积聚性,所以也应包含直线作适当的辅助平面。若过直线 AB 作正垂面,它与圆锥面的交线为椭圆;若过直线 AB 作铅垂面,它与锥面的交线为双曲线。这两种辅助平面所截得的交线都不利于求解。根据圆锥面属于直纹曲面的性质,故可以过直线 AB 并包含锥顶 S 作一般位置平面,它与锥面的交线为一对相交直素线 $SIII$、SIV,$SIII$、SIV 与 AB 的交点 K、G,即为所求。

作图[图 9-30b)]:

(1)作一般位置辅助平面 P。在直线 AB 上任取两点 $I(1,1')$ 和 $II(2,2')$,连 $SI(s1,s'1')$ 和 $SII(s2,s'2')$,求出 SI、SII 与水平投影面的交点(迹点)$M(m,m')$、$L(l,l')$,连 ml 即得平面 P 与 H 面的交线(迹线 P_H)。

(2)求出平面 P 与圆锥面的交线。圆锥面的底圆在 H 面,它与 MN 的交点为 III $(3,3')$ 和 IV $(4,4')$,将点 III、IV 与锥顶 S 相连,即得所求交线 $SIII(s3,s'3')$ 和 $SIV(s4,s'4')$。

(3)求出贯穿点。交线 $SIII$、SIV 与直线 AB 的交点 $K(k,k')$ 和 $G(g,g')$ 即为所求的贯

穿点。

(4)判别可见性。圆锥面的水平投影为可见,故 ak、gb 的画成实线;贯穿点 K、G 又都在前半个圆锥面上,故正面投影上的线段 $a'k'$、$g'b'$ 也画成实线。

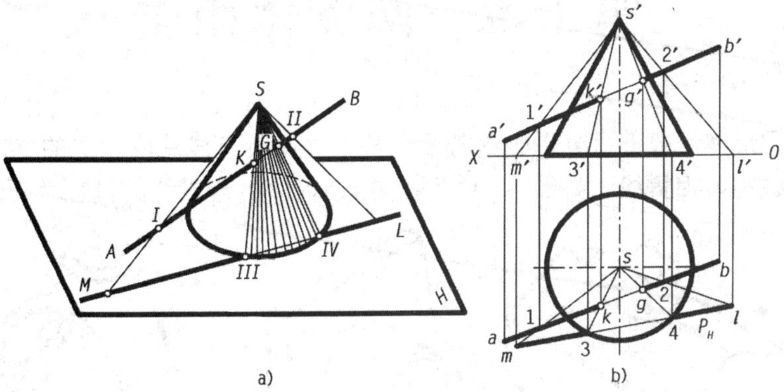

图 9-30　求直线与圆锥的贯穿点

第十章　两立体相交

复杂的工程形体一般都可分拆为由若干个基本立体所组成。两相交的立体称为**相贯体**，它们表面的交线称为**相贯线**。如图 10-1 所示，在设计图中，相贯线的投影必须画出。

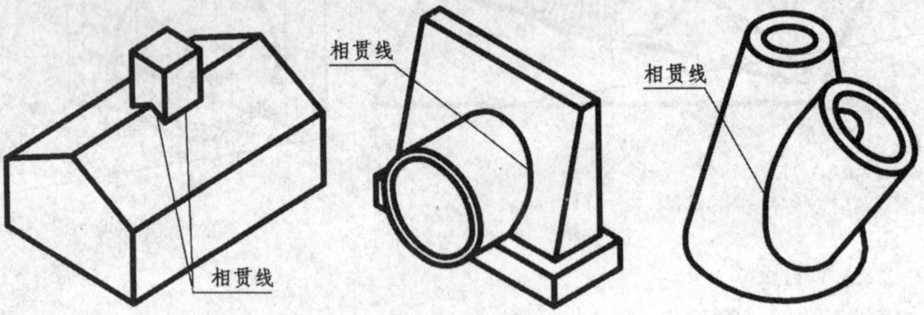

图　10-1

由于相贯线是两立体表面的交线，所以任何两立体的相贯线都要具有下列基本特性：

(1)相贯线是两立体表面的共有线。

(2)相贯线是两立体表面的分界线，所以各立体的棱线(或素线)终止于相贯线。

(3)由于立体具有一定的范围，所以相贯线一般是封闭的。

当一个立体全部贯穿另一个立体时，称为**全贯**，此时产生两组相贯线，如图 10-2a)所示；如果两立体都有部分棱线(或素线)贯穿另一立体，称为**互贯**，此时产生一组相贯线，如图 10-2b)所示。

图　10-2

立体相贯可分为两平面立体相贯、平面立体和曲面立体相贯、两曲面立体相贯三种。

第一节　两平面立体相交

两平面立体的相贯线是空间封闭的折线，折点在棱线上。所以，求相贯线即求一立体的棱线与另一立体表面的交点(贯穿点)。

求两平面立体相贯的一般步骤为：

(1)形体分析：读懂图，找出体的积聚投影，分析有几组交线，交线在投影图中的大致位置和形状。

(2)在体的积聚投影上标出各贯穿点。

(3)面上求点,得出各点的对应投影。

(4)依次连接各点。

(5)判别可见性,整理轮廓线,加深。

可见性的判别原则:交线同时位于两立体可见表面上时,是可见的;只要有一个表面不可见,面上的交线就为不可见。

【例 10-1】 已知形体的 V、W 面的投影[图 10-3a)],补画其 H 面的投影。

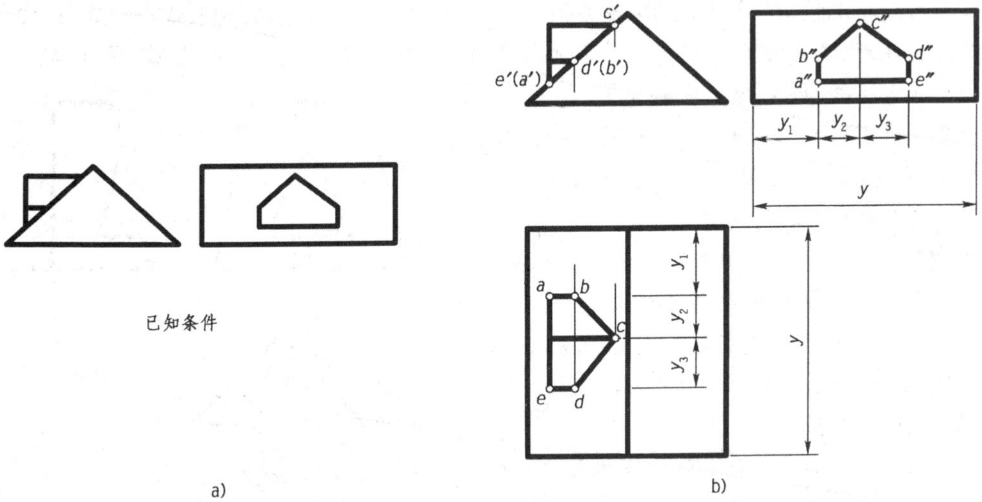

图 10-3

形体分析:投影反映的是三棱柱和五棱柱全贯,由于没贯通,所以产生一组交线。三棱柱的积聚投影在 V 面上,五棱柱的积聚投影在 W 面上,根据相贯线的特性,相贯线在 V、W 面上的投影一定在立体的积聚投影上。

作图[图 10-3b)]:

(1)补画两立体的 H 面投影。

(2)在 W 面五棱柱的积聚投影上标出各贯穿点,并在 V 面三棱柱的积聚投影上对应确定各贯穿点的投影;

(3)依次求出各点的 H 面投影,按顺序连线。

(4)判别可见性,并整理轮廓线,加深。

【例 10-2】 已知三棱柱和四棱台相交[图 10-4a)],完成其 H、W 面投影。

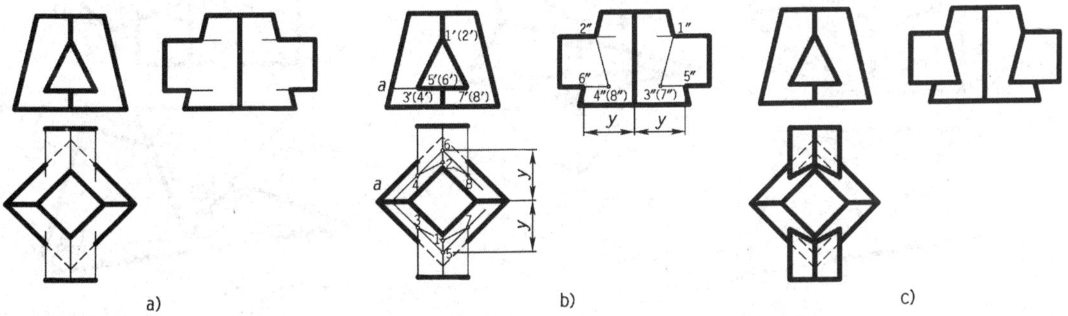

图 10-4

形体分析:投影反映的是三棱柱和四棱台全贯,前后贯通,所以产生两组交线。三棱柱在 V 面上有积聚投影,根据相贯线的特性,相贯线在 V 面上的投影一定在立体的积聚投影上;然后四棱台表面求点,求出相贯线的 H、W 两个面的投影。

作图:

(1)在 V 面三棱柱的积聚投影上标出各贯穿点的投影,由于是全贯,所以各投影对应着空间的两个点[图 10-4b)]。

(2)各贯穿点属于四棱台表面,求出其另两面投影:I、II、V、VI 点在前后两棱线上,棱线上求点即得各点的对应投影;III、IV、VII、VIII 在各侧面上,在 V 面上延长 III、V 作辅助线平行底面,该线与左侧棱线交于 A 点,过 A 的 H 面投影 a 作底面各边的平行线,对应得出各点的投影[图 10-4b)]。

(3)依次连线,得两组交线的投影。

(4)判别可见性,整理轮廓线,加深[图 10-4c)]。

思考:如果将三棱柱从四棱台中抽出,形体有什么变化?对应的投影有何改变?

【解答】形体由两立体相贯转变成四棱台被三平面穿孔。在投影图中,V 面的投影没变化,H、W 面上交线的位置没变化,变的是交线的虚实和轮廓线的虚实。另外,H、W 面上要补画出穿孔各平面的交线的投影,如图 10-5 所示。

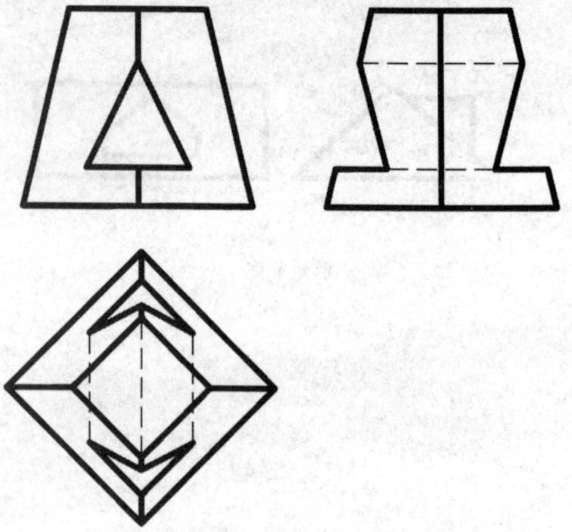

图 10-5

【例 10-3】 已知三棱柱和三棱锥相交(图 10-6),求相贯线,完成其 V、H 面投影。

形体分析:由已知条件读图知两形体属互贯,表面产生一组交线,三棱锥的 SA、SC 贯穿三棱柱,三棱柱的前棱线贯穿三棱锥。求出各棱线与各侧面的交点,即得相贯线上各贯穿点的投影,然后依次连线得相贯线的投影。

作图(图 10-7):

(1)求各贯穿点:在三棱锥的积聚投影(H 面投影)上标出各贯穿点的投影,共 6 个点。

(2)求出各点的 V 面投影:D、F 在棱线 SC 上,G、J 在棱 SA 上,棱线上求点即得各点的对应投

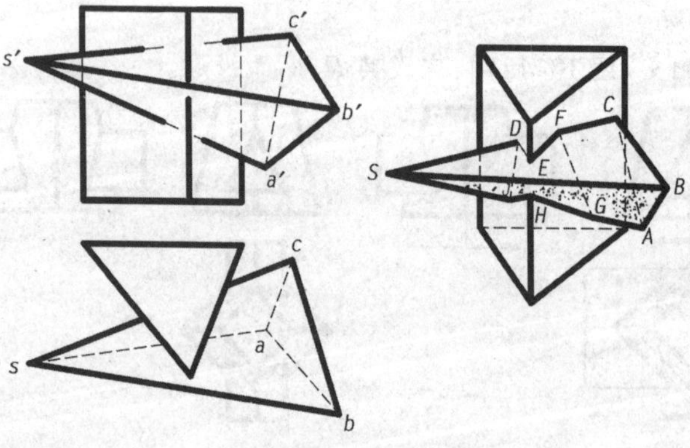

图 10-6

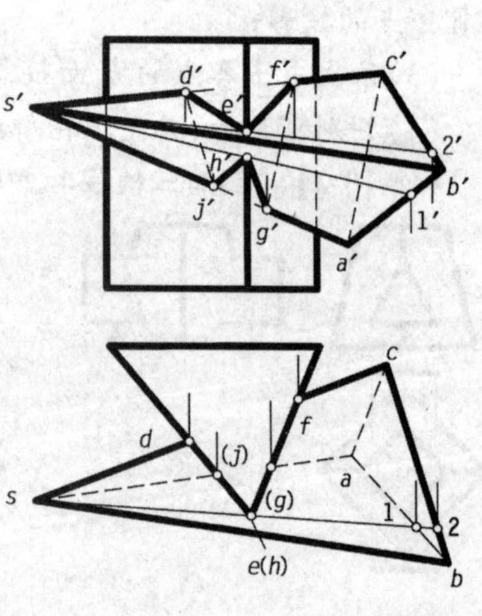

图 10-7

影。E、H 分别在侧棱面 SBC 和 SAB 上，在 H 面上连接 s、$e(h)$ 作辅助线与底面各边交于 I、II，求出 I、II 的 V 面投影，得辅助线 SI、SII 的 V 面投影，投影对应得各点的 V 面投影。

(3)依次连线：按实际连点顺序 D-E-F-G-H-J-D 连线，形成一空间封闭的折线。

(4)判别 V 面投影的可见性，整理轮廓线，贯入部分的棱线不画出，加深。

第二节　平面立体和曲面立体相交

平面立体与曲面立体相交，相贯线一般是由几段平面曲线或直线所组成。每一段平面曲线或直线，是平面立体上某一表面与曲面立体表面的截交线。两段曲线或直线的交点在平面立体的棱线上。所以，求平面立体和曲面立体的相贯线，即求平面与曲面立体相交的截交线以及平面立体的棱线与曲面立体的交点(贯穿点)。

求平面立体与曲面立体相贯的一般步骤为：

(1)形体分析：读懂图，找出体的积聚投影，分析有几段交线，各段交线的形状。

(2)在体的积聚投影上标出棱线与曲面立体的交点，并求出各交点的对应投影。

(3)求各截交线的投影：当截交线为直线时，可直接求得；当截交线为平面曲线时，先在体的积聚投影上标出特殊点，由轮廓线的对应投影得各特殊点的投影，曲面上求点得一般点。

(4)按顺序连接各点。

(5)判别可见性，整理轮廓线，加深。

【例 10-4】　已知四棱柱和圆锥相交[图 10-8a)]，求相贯线。

形体分析：两立体上下叠加，表面产生一组交线。四棱柱 H 面投影有积聚性，故相贯线的 H 面投影与棱柱的 H 面投影重合。棱柱的四个侧面与圆锥的轴线平行，所以四段截交线都是双曲线，位于前后面的在 V 面反映实形，位于左右面的在 W 面反映实形。该形体前后对称，左右对称。

作图[图 10-8b)]：

(1)补画两立体的 W 面投影，在 H 面四棱柱的积聚投影上标出棱线上各交点 I、II、III、IV，圆锥面上求点(作辅助线 SM)得出各点的另两面投影。

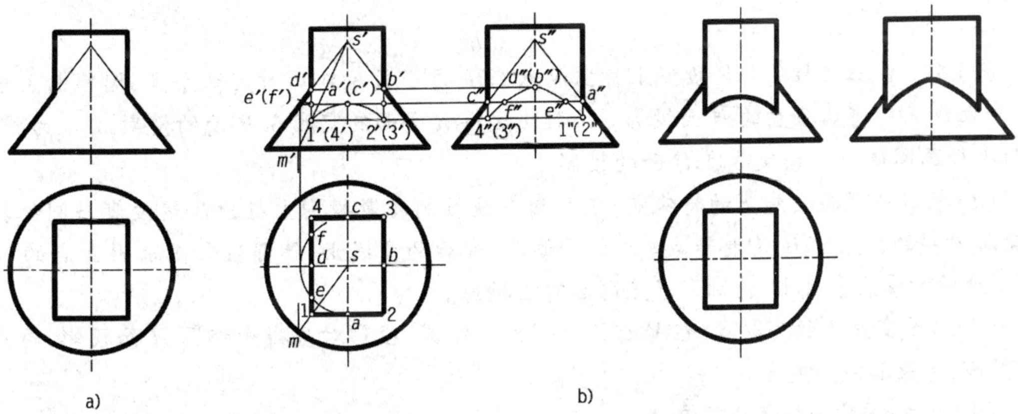

图　10-8

(2)求截交线上的特殊点：在 H 面四棱柱的积聚投影上标出积聚投影与圆锥中心线相交的各点 A、B、C、D，即得各线上的特殊点。A、C 位于最前、最后两素线上，B、D 位于最右、最左两素线上，轮廓线求点得各点的对应投影。

(3)求截交线上的一般点：在 H 面上过 a 作一纬圆，与四棱柱的左侧面交于 e、f；作出纬圆 V 面的积聚投影，依次得 e'、f'，投影对应得其 W 面投影。同理，可求其他一般点。

(4)依次连接各段交线。

(5)判别可见性，整理轮廓线，加深。

【例 10-5】 已知三棱柱和圆锥相交[图 10-9a)]，求相贯线。

形体分析：两立体为互贯，三棱柱前后贯穿圆锥，表面产生一组交线。三棱柱 V 面投影有积聚性，故相贯线的 V 面投影与棱柱的 V 面投影重合。棱柱的三个侧面与圆锥相交，下侧面 P 与圆锥的轴线垂直，交线为圆弧，H 面反映实形；延长右侧面 R，其过圆锥的顶点 S，故 R 平面与圆锥的交线为直线；左侧面 Q 与轴线相交，交线为部分椭圆。形体前后对称。

作图[图 10-9b)]：

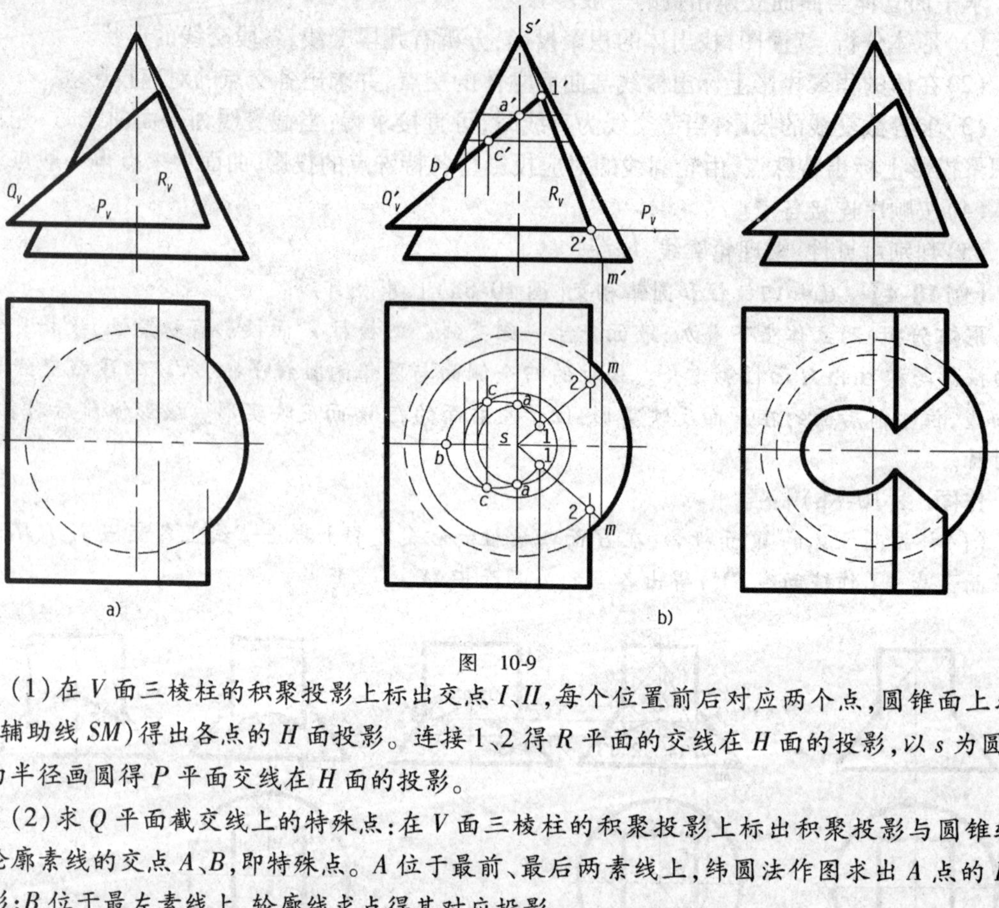

图 10-9

(1)在 V 面三棱柱的积聚投影上标出交点 I、II，每个位置前后对应两个点，圆锥面上求点(作辅助线 SM)得出各点的 H 面投影。连接 1、2 得 R 平面的交线在 H 面的投影，以 s 为圆心，s_2 为半径画圆得 P 平面交线在 H 面的投影。

(2)求 Q 平面截交线上的特殊点：在 V 面三棱柱的积聚投影上标出积聚投影与圆锥轴线和轮廓素线的交点 A、B，即特殊点。A 位于最前、最后两素线上，纬圆法作图求出 A 点的 H 面投影；B 位于最左素线上，轮廓线求点得其对应投影。

(3)求截交线上的一般点：在 V 面上过 c' 作一纬圆，投影对应得出纬圆 H 面投影，对应得 c。同理，可求其他一般点。

(4)连线：依次连接各点得交线。

(5)判别可见性，整理轮廓线，加深。

【思考】如果将三棱柱从圆锥中抽出，形体有什么变化？对应的投影有何改变？

【解答】形体由两立体相贯转变成圆锥被三平面截切。在投影图，V 面投影中三棱柱超出圆锥投影范围的部分没有了，H 面上交线的位置没变化，变的是交线的虚实和轮廓线的虚实。另外，H 面上要补画出穿孔各平面的交线的投影，如图 10-10 所示。

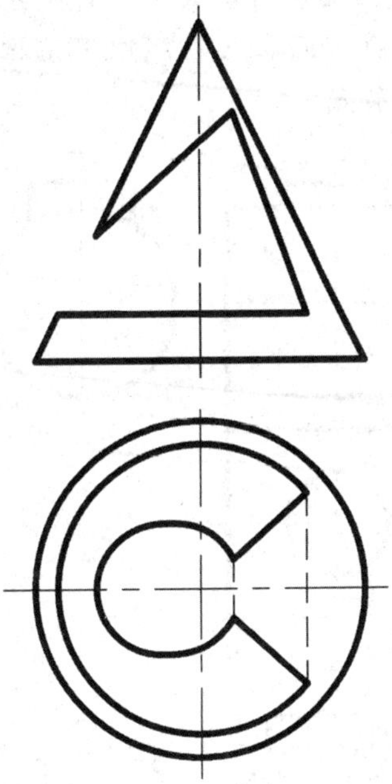

图 10-10

第三节　两曲面立体相交

两曲面立体相交，相贯线一般为封闭的空间曲线，特殊情况下则是平面曲线或直线。相贯线上的所有点均为两立体共有。所以，要求相贯线要先求一系列共有点，然后依次光滑连线，即得相贯线的投影。

求两曲面立体相贯的一般步骤为：

(1)形体分析：读懂图，找出体的积聚投影，分析有几组交线。

(2)求特殊点：各曲面轮廓线上的点以及相贯线最高、最低、最左、最右、最前、最后点。

(3)求适量的一般点。

(4)依次光滑连线。

(5)判别可见性，整理轮廓线，加深。

一、利用柱面的积聚投影求相贯线

相交两曲面，如果有一个曲面投影具有积聚性，则相贯线的投影必位于曲面的积聚投影上。相贯线的其余投影就可借助于作另一曲面上的辅助线(素线或纬圆)求出。

【例 10-6】　求出两圆柱表面的交线[图 10-11a)]。

形体分析：两圆柱直径不等，轴线正交，属全贯，但上下未贯通，表面产生一组交线，相贯线是一条前后左右对称的封闭的空间曲线；因小圆柱的水平投影与大圆柱的侧面投影有积聚性，所以相贯线的水平投影在小圆柱的积聚投影上，侧面投影积聚在大圆柱的上部，只需求相贯线的正面投影即可。

作图[图 10-11b)]:

(1)求特殊点:在 H 面圆柱的积聚投影上标出特殊点的投影 a、b、c、d,在 W 面圆柱的积聚投影上对应找出 a''、b''、c''、d''各点,对应求出各点的 V 面投影。

(2)求一般点:在 H 面上各特殊点间取点 1、2,取 Y 值相等得 W 面投影 1″、2″,对应求出其 V 面投影 1′、2′。同理可求其他一般点。

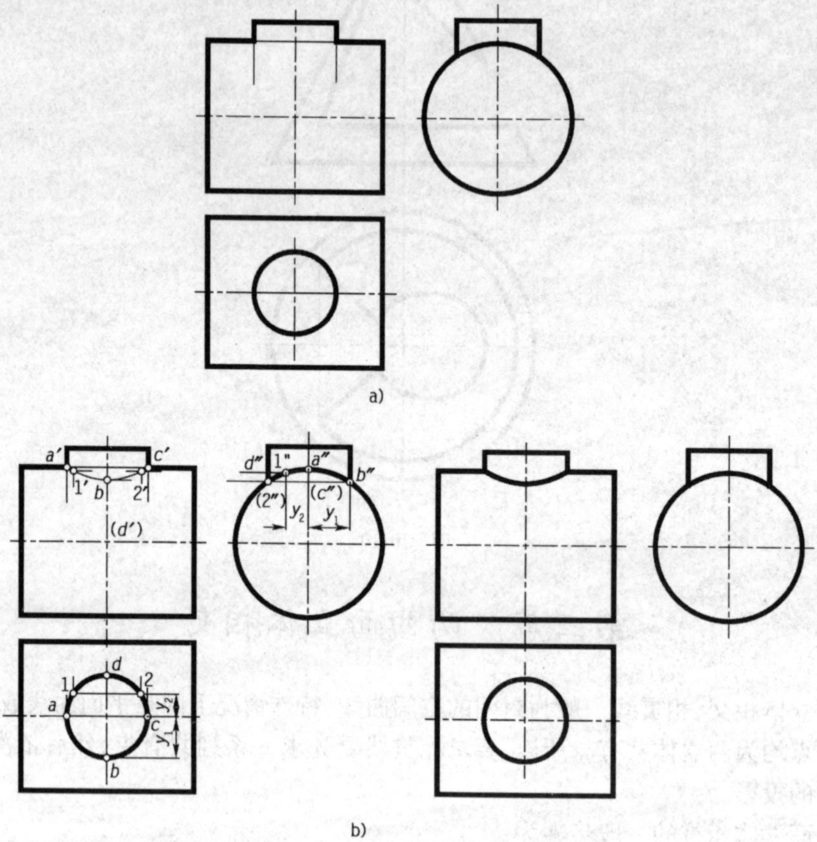

图 10-11

(3)依次光滑连接各点得交线。

(4)判别可见性,整理轮廓线,加深。

【思考】如果将小圆柱从上往下贯通大圆柱,并从大圆柱中抽出,形体有什么变化?对应的投影有何改变?

【解答】形体由两圆柱叠加相贯转变成大圆柱上钻一圆孔,它们的相贯线仍为两轴线正交的圆柱表面的交线,只是表面多了一组交线。在投影图中,H 面的投影没变化,其他两投影中,上部交线的投影没改变,以水平轴线对称,下部多了一条交线的投影,小圆柱的轮廓线取消。另外,要补画圆柱孔的轮廓线投影,因为穿孔在大圆柱的内部,所以孔轮廓线为虚线,如图10-12所示。

【例 10-7】 已知圆柱和圆锥的投影(图 10-13),求相贯线的三面投影。

形体分析:圆柱轴线垂直 H 面,在 H 面有积聚性,且所有素线均与圆锥面相交,故相贯线在整个圆柱的积聚投影上,我们只需求相贯线的 V、W 面投影即可。在相贯线的 H 面投影上任取一点,如 I 点,根据相贯线的共有性,I 点必在圆锥面上,然后过 I 点作锥面上的纬圆或素线,即可求出 I 点的其他投影。

作图：

(1)求特殊点：在 H 面圆柱的积聚投影上标出与各轴线相交的点 a、b、c、d、e、f，即得各特殊点的投影这些特殊点包括了所有轮廓线上的点以及最左(右)、最前(后)、最上(下)6 个极限位置上的点。锥面上求点(素线法或纬圆法)得出各点的 V、W 面投影[图 10-14a)]。

(2)求一般点：在 H 面上各特殊点间适量取点如 1、2，锥面上求点得对应投影[图 10-14b)]。

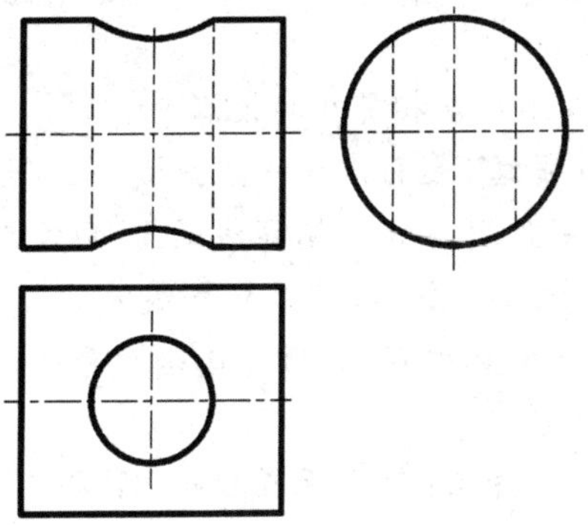

图 10-12

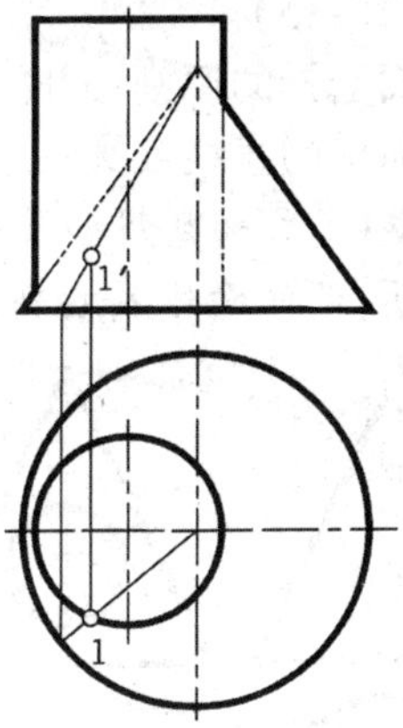

图 10-13

(3)依次光滑连接各点得交线。

(4)判别可见性，整理轮廓线，加深[图 10-14c)]。

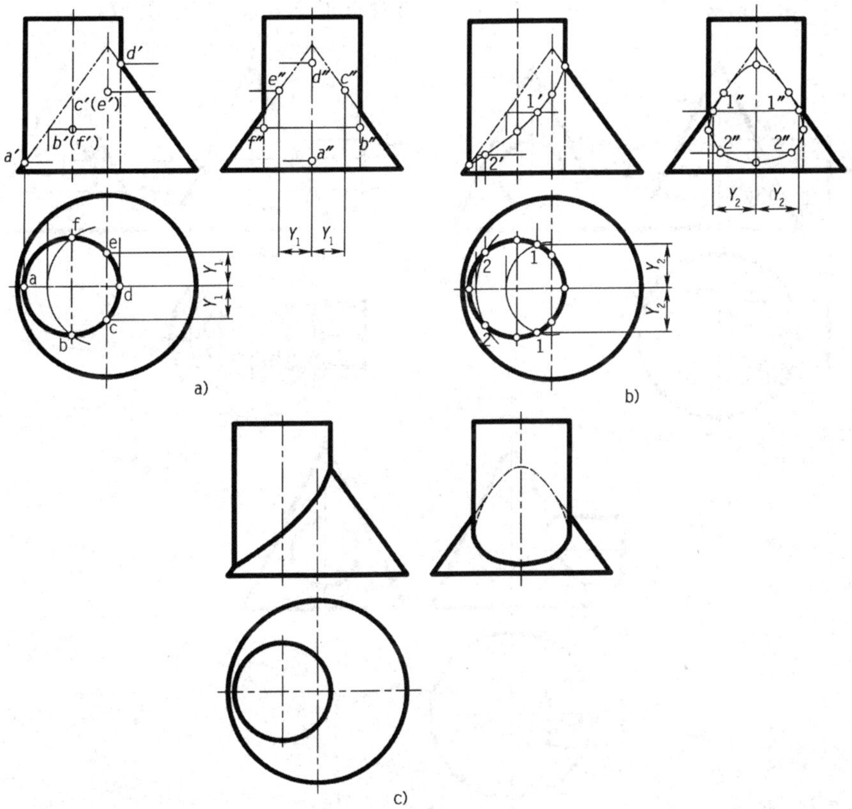

图 10-14

二、辅助平面法求相贯线

根据三面共点的原理，作辅助面分别与两曲面立体相交，得两截交线，两截交线的交点即为相贯线上的点。作一系列辅助平面可产生一系列交点，依次连线得到相贯线的投影（图10-15）。

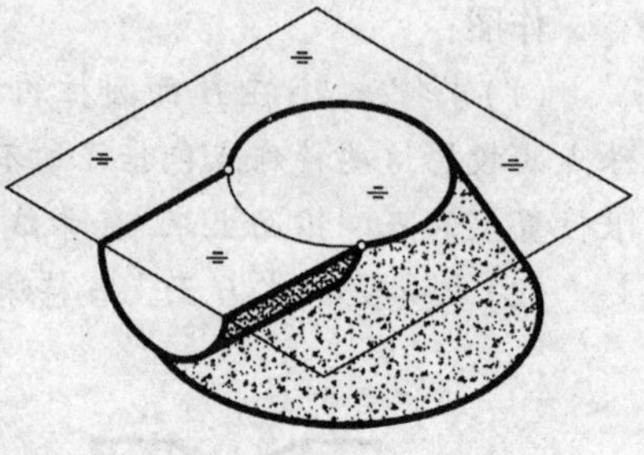

图 10-15

辅助平面选择的原则：同时与两曲面立体相交产生的截交线为最简单的直线或圆。

【例 10-8】 已知圆锥和圆柱的投影（图 10-16），求相贯线的投影。

形体分析：两曲面体左右叠加，为全贯，因没贯通，表面产生一组交线，相贯线是一条前后对称的封闭空间曲线。相贯线的 W 面投影重合在圆柱的 W 面积聚投影上，只需求相贯线的 H、V 面投影即可。因圆锥轴线垂直于 H 面，所以选辅助面平行于 H 面。

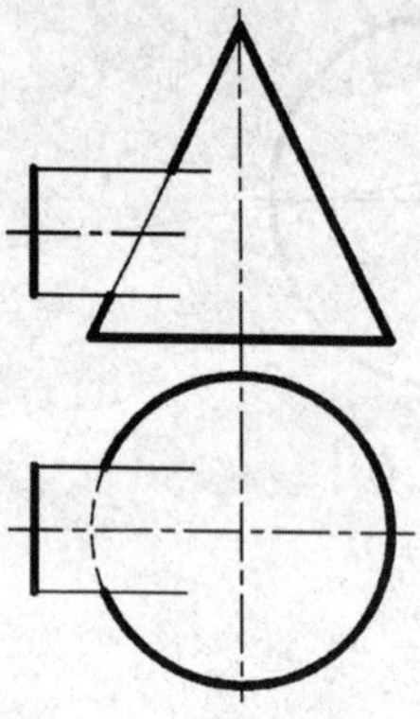

图 10-16

作图：

（1）求特殊点：在 W 面圆柱的积聚投影上标出特殊点的投影 a''、b''、c''、d''，其中 A、C 在圆锥的最左轮廓线上，对应求出其 V、H 面投影。过圆柱的轴线作水平辅助面 P，P 与圆柱交于最前、最后两素线，即对应 b''、d''两点。P 截圆锥为水平圆，作出水平圆的 H 面投影，与圆柱两素线相交得 b、d，投影对应求出 b'、d'［图10-17a)］；

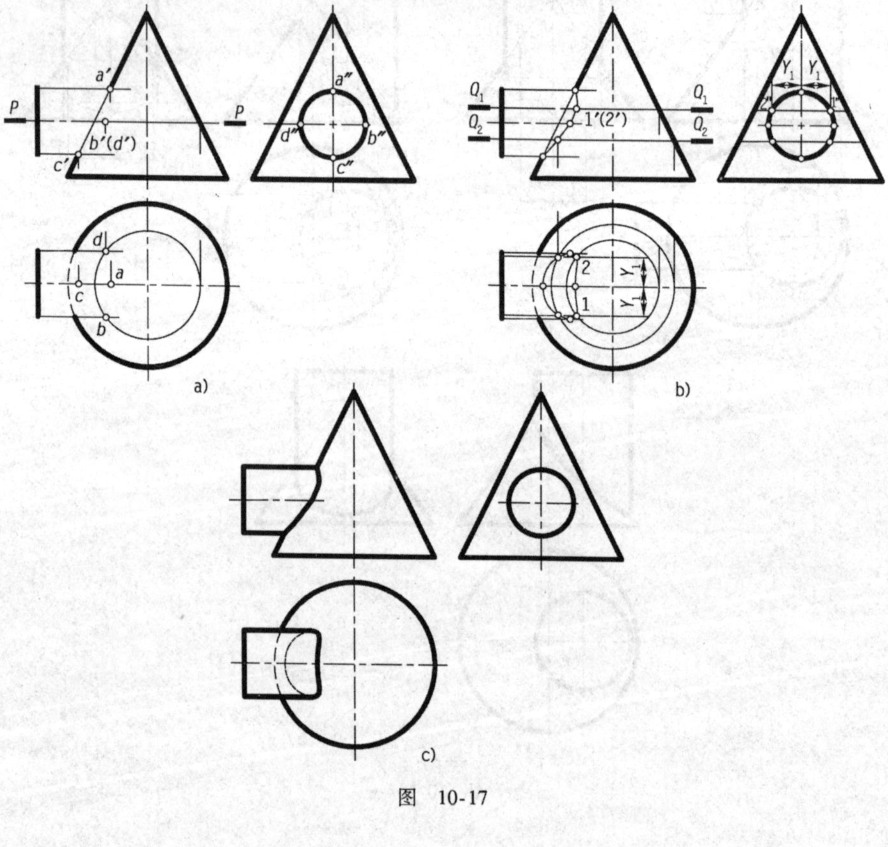

图 10-17

(2)求一般点：在特殊点间作水平面 Q，Q 截圆柱曲面为两条素线，两素线的位置由圆柱 W 面的积聚投影可得出，截圆锥为水平圆。分别作出它们的 H 面投影，得交点的投影 1、2，Y 值相等得 W 面投影 $1''$、$2''$，投影对应求出其 V 面投影 $1'$、$2'$。同理可求其他一般点[图 10-17b)]。

(3)依次光滑连接各点得交线。

(4)判别可见性，整理轮廓线，加深[图 10-17c)]。

三、相贯线的特殊情况

(1)当两个二次曲面相交，且公切于一球时，其相贯线为平面曲线(图 10-18)。如两直径相等的圆柱正交时，相贯线为两个等大的椭圆；当圆柱与圆锥同时外切于一球，相贯线为两大小相等的椭圆。

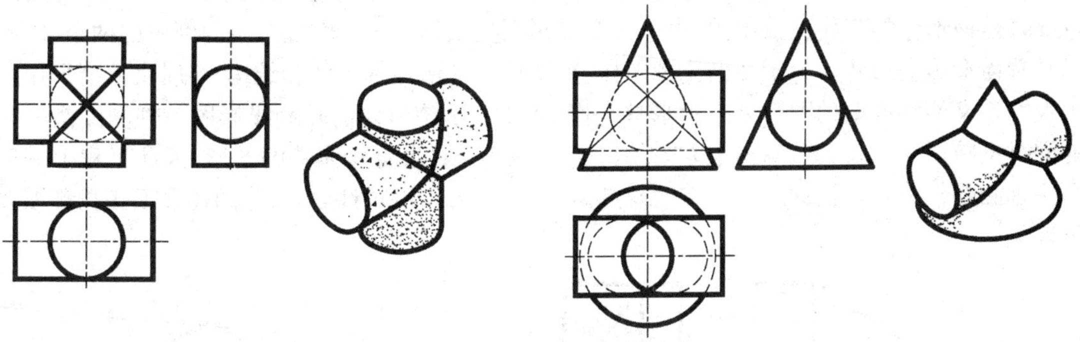

图 10-18

(2)当同轴的两回转体相交时，相贯线为圆(图 10-19)。

(3)当两柱面的轴线平行或两锥面的共锥顶时，相贯线为直素线(图 10-20)。

以上几种情况，由于投影表达容易，制作简单，故在工程上得到广泛应用。这些结构常用于管道的连接。

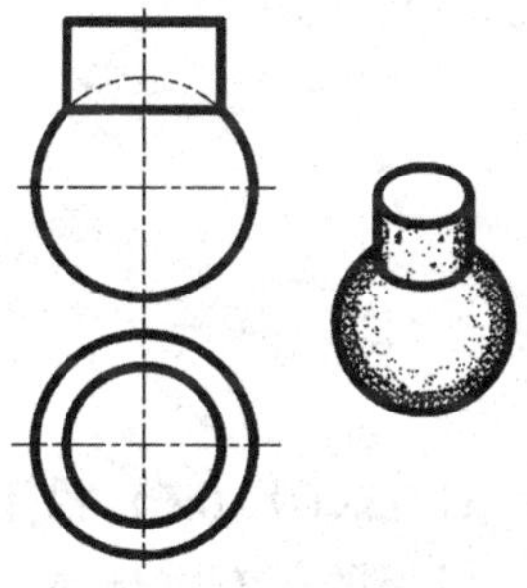

图 10-19

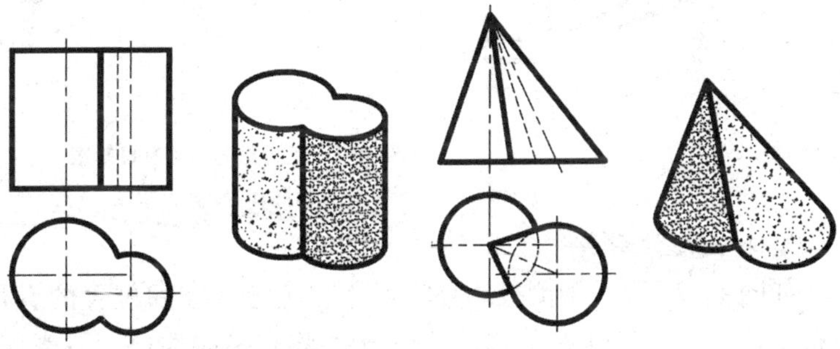

图 10-20

第十一章 轴测投影

第一节 概 述

正投影法在两个或多个投影面上表达形体的主要优点是作图简便和度量性好,所以在工程中被广泛应用;但缺点是直观性差,缺乏读图知识的人较难看懂。如图 11-1 所示形体,图 11-1a)是该形体的三面正投影图,由于每个投影只反映形体长、宽、高三个向度中的两个,因此不易看懂形体的形状。为了帮助读懂图样,更快地了解形体的形状和结构,有时也需要采用直观性好且又能够度量的图形来表达形体。图 11-1b)是该形体的轴测投影图。轴测图是一种能同时反映形体的长、宽、高三个方向的尺度,形象生动、富有立体感的图形,因此工程上一般采用轴测图作为一种辅助图样。它的缺点是表达不全面,度量性较差,作图比多面正投影图要复杂。

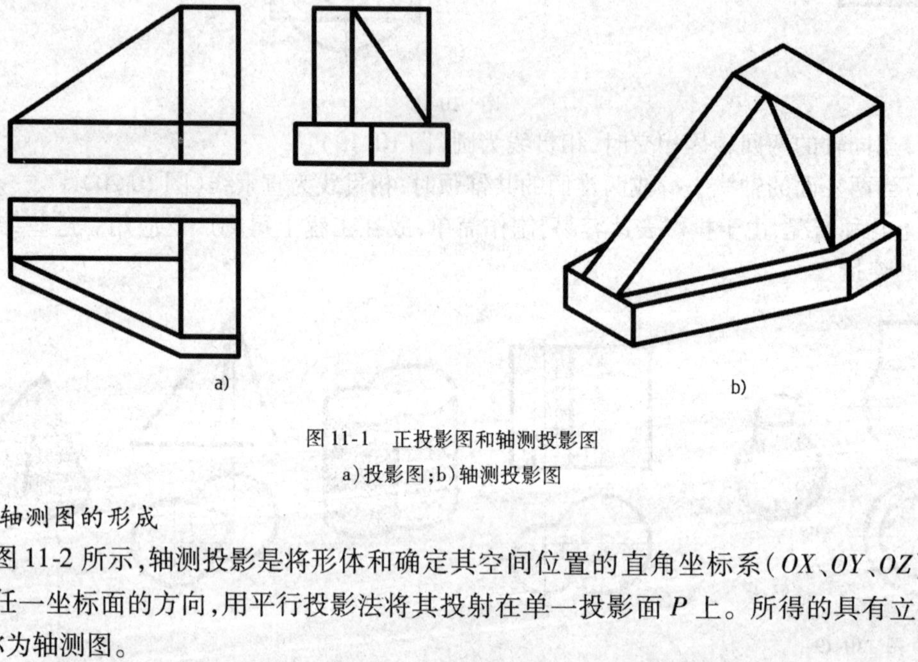

图 11-1 正投影图和轴测投影图

a)投影图;b)轴测投影图

1. 轴测图的形成

如图 11-2 所示,轴测投影是将形体和确定其空间位置的直角坐标系(OX、OY、OZ),沿不平行于任一坐标面的方向,用平行投影法将其投射在单一投影面 P 上。所得的具有立体感的图形,称为轴测图。

为了使画出的图形具有较好的直观性,在选取投影方向 S 时,必须避免三个坐标轴中的任何一个的投影成为一点,即要求没有积聚性,选择不与任一坐标轴或坐标面平行的投影方向即可满足。

2. 轴测图的投影特性

由于轴测图是用平行投影法得到的,因此具有下列投影特性:

(1)若两直线平行,则其轴测投影仍互相平行。

(2)两平行线段或同一直线上的两线段之比值,在轴测图上保持不变。

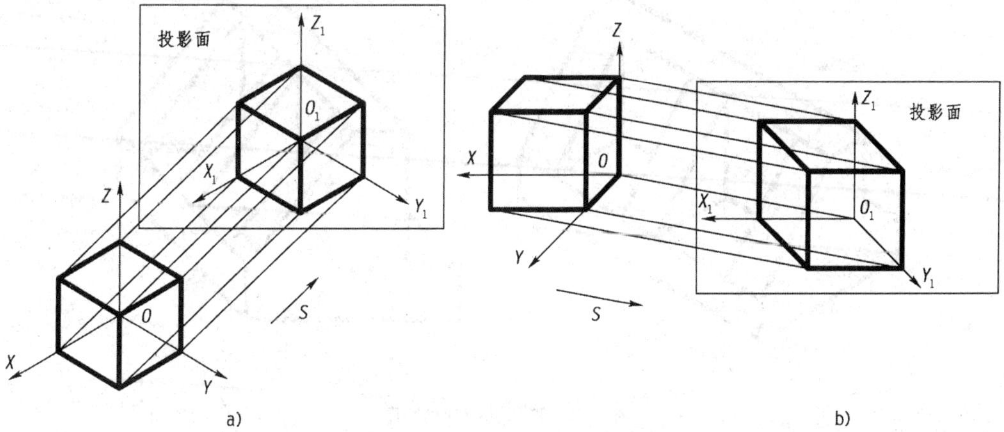

图 11-2　轴测投影的形成

a)正轴测;b)斜轴测

(3)形体上平行于轴测投影面的直线和平面在轴测图上反映实长和实形。

3. 轴间角和轴向变形系数

在轴测投影中,投影面 P 称为**轴测投影面**,空间坐标轴 OX、OY、OZ 的轴测投影 O_1X_1,O_1Y_1,O_1Z_1 称为**轴测轴**,轴测轴之间的夹角 $\angle X_1O_1Y_1$、$\angle X_1O_1Z_1$ 和 $\angle Y_1O_1Z_1$ 称为**轴间角**。

轴测轴上单位长度与相应直角坐标轴上的单位长度之比值称为**轴向变形系数**。如图 11-3 所示,在空间坐标轴 OX、OY、OZ 上分别取 A、B、C 三点,使 $OA = OB = OC = L$,它们的轴测投影长度分别为 L_X、L_Y、L_Z,则:OX 轴向变形系数 $p = L_X/L$;OY 轴向变形系数 $q = L_Y/L$;OZ 轴向变形系数 $r = L_Z/L$。知道了这些系数,就可在轴测图上量出与轴线平行的线段的尺寸。"轴测"二字即由此而来。

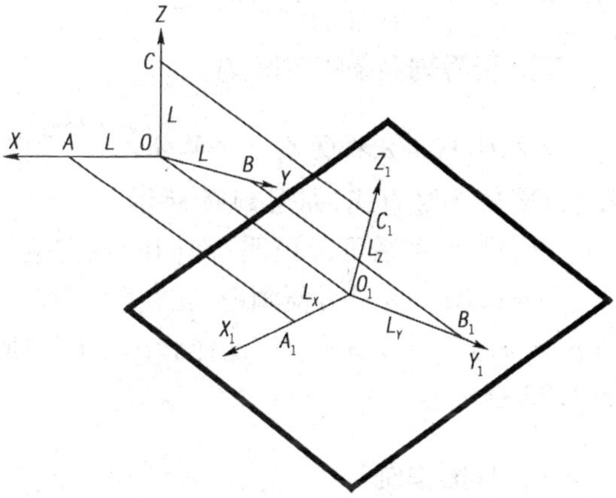

图 11-3　轴测轴

4. 轴测图的分类

由于投影方向对轴测投影面 P 所成的角度不同,轴测图可分为以下两类。

(1)正轴测图:投影方向 S 垂直于轴测投影面,如图 11-2a)所示。

(2)斜轴测图:投影方向 S 倾斜于轴测投影面,如图 11-2b)所示。

根据轴向变形系数的不同,这两类轴测图又可以分为以下三种。

(1)正(或斜)等轴测图:$p = q = r$。

(2)正(或斜)二等轴测图:$p = r \neq q$。

(3)正(或斜)轴测图:$p \neq q \neq r$。

为了使图形具有较好的直观性和作图简便,工程上多采用正等轴测图(简称正等测)和斜二测轴测图(简称斜二测)等形式。

如图 11-4 所示为同一形体分别用正等测和斜二测画出的图形。

图 11-4　形体的两种轴测图

a)正等测;b)斜二测

第二节　正等轴测图

一、正等轴测图的形成

改变形体和投影面的相对位置,使形体的正面、顶面和侧面与投影面都处于倾斜位置,用正投影法作出形体的投影,如图 11-2a)所示。

二、正等轴测图的轴间角

$\angle X_1O_1Y_1=\angle X_1O_1Z_1=\angle Y_1O_1Z_1=120°$,绘图时一般取 OZ 轴为竖直线,如图 11-5 所示。

根据几何关系可以证明:它们的轴向变形系数为 $p=q=r\approx0.82$。为了方便画图,在实际作图时,用简化系数 $p=q=r=1$ 来代替,这样画出来的图形将是原物的 1.22 倍。

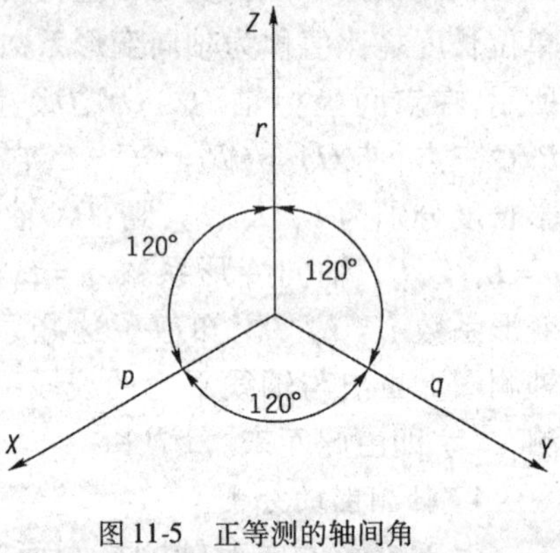

图 11-5　正等测的轴间角

三、作图举例

1. 坐标法

按照“轴测”原理,根据立体表面各顶点的坐标值,找出它们的轴测投影,并依次连接成立体的轴测图。

【例 11-1】　画三棱锥的正等轴测图。

先选定坐标原点和坐标轴。为使作图方便,把棱锥底面放在 XOY 平面内,坐标原点选在棱锥底的点 C 处,AC 与 X 轴重合,如图 11-6a)所示。然后画出轴测轴,作出底面的轴测投影。具体做法是:根据底面 A、B、C 三点的坐标找出它们的轴测投影 A_1、B_1、C_1,连线后就得到底面的轴测投影;再根据顶点 S 的坐标作出它的轴测投影 S_1,如图 11-6b)所示。分别连接 S_1、A_1,S_1、B_1 和 S_1、C_1,即完成三棱锥的轴测投影,如图 11-6c)所示。最后描深,注意轴测图上的虚线一般省略不画,如图 11-6d)所示。

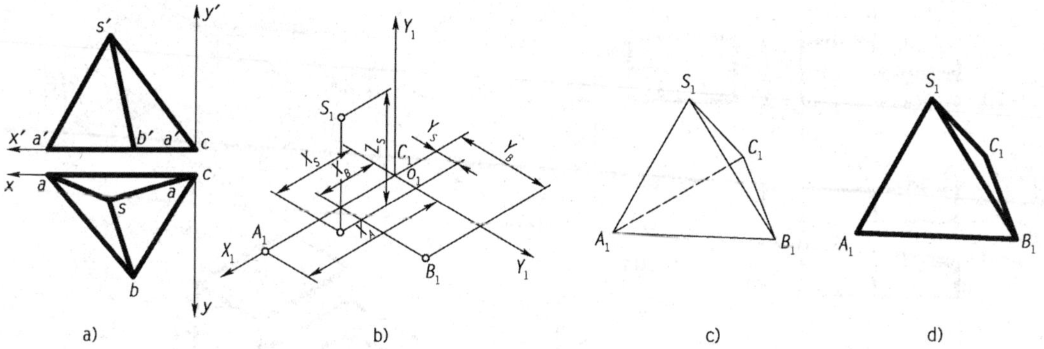

图 11-6　用坐标法画三棱锥的正等轴测图

2. 端面法

对于柱类立体,一般先画出能反映柱体形状特征的一个可见端面,然后画出可见的棱线和底面的投影,完成立体的轴测图。

【例 11-2】　画正六棱柱的正等轴测图。

先选取坐标面为顶面,顶面中点为坐标原点,如图 11-7a)所示。然后,画出轴测轴,作出顶面的轴测投影。在顶面的六条边中,与 X 轴平行的两条边可以直接量取实长;其他四条边由于与坐标轴不平行,在轴测图上的变形系数与轴不同,不能直接量取实长,必须确定其端点后才能画出,如图 11-7b)所示。再根据六棱柱的高度 h 画出可见棱线的投影,如图 11-7c)所示。最后画出可见底边并描深全图,如图 11-7d)所示。

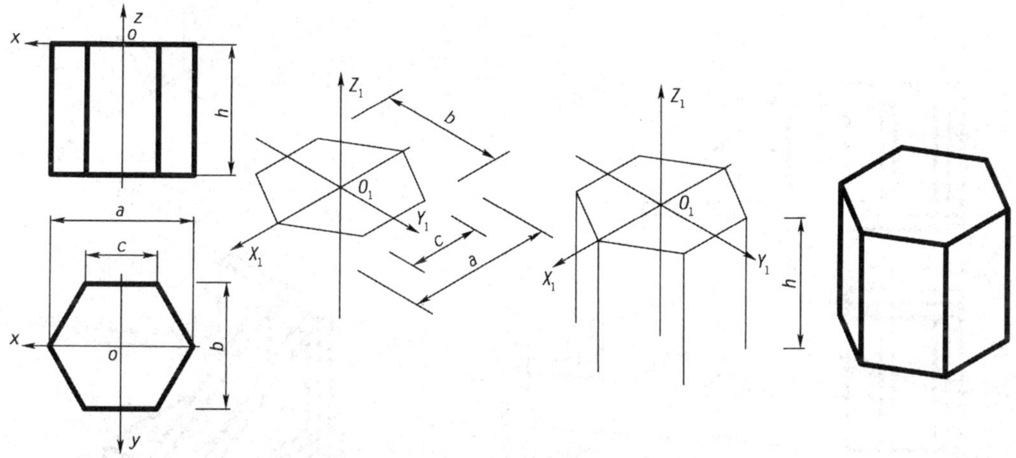

图 11-7　用端面法画正等轴测图

3. 切割法

对于可以从基本体切割而成的立体,先把基本体的轴测图画出,然后按分析的方法一块一块地切去,最后得出立体的轴测图。如图 11-8 所示的形体,先根据尺寸 a、b、c 画出长方体的轴测图[图 11-8b)],然后根据尺寸 d 及 e 切去左上角的一块长方体[图 11-8c)],再根据尺寸 f 及 g 在立体的左端切去另一长方体[图 11-8d)],擦去多余的图线,即得到立体的轴测图[图 11-8e)]。

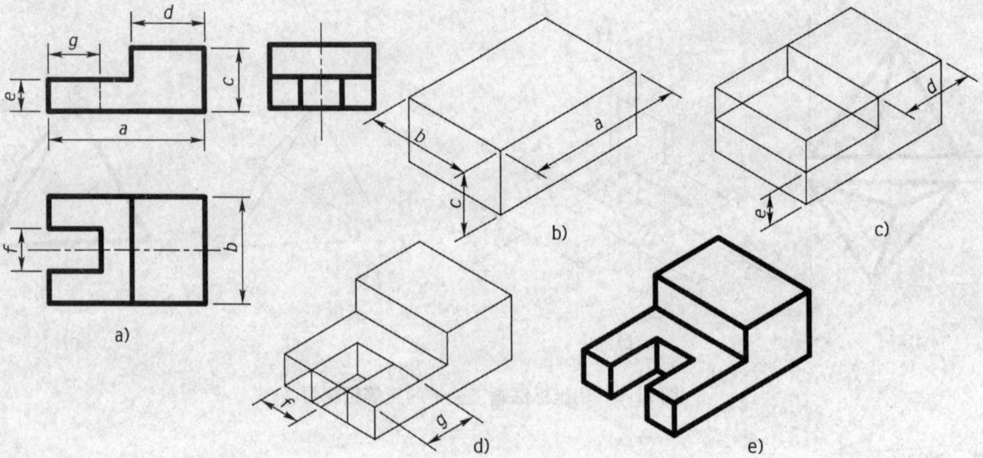

图 11-8　用切割法画立体的正等轴测图

4. 叠加法

用分析方法,将形体分解为几个简单的基本体,将各基本体的轴测图按相对位置关系堆叠起来,最后得到形体的形状。

【例 11-3】　已知形体的两面视图,画正等轴测图。

如图 11-9 所示的形体,用分析方法可分解为底板 *I*、长方形竖板 *II* 及三棱角形筋板 *III* 等三部分。根据尺寸分别画出各部分的形状,再根据其相对位置组合成一个整体。

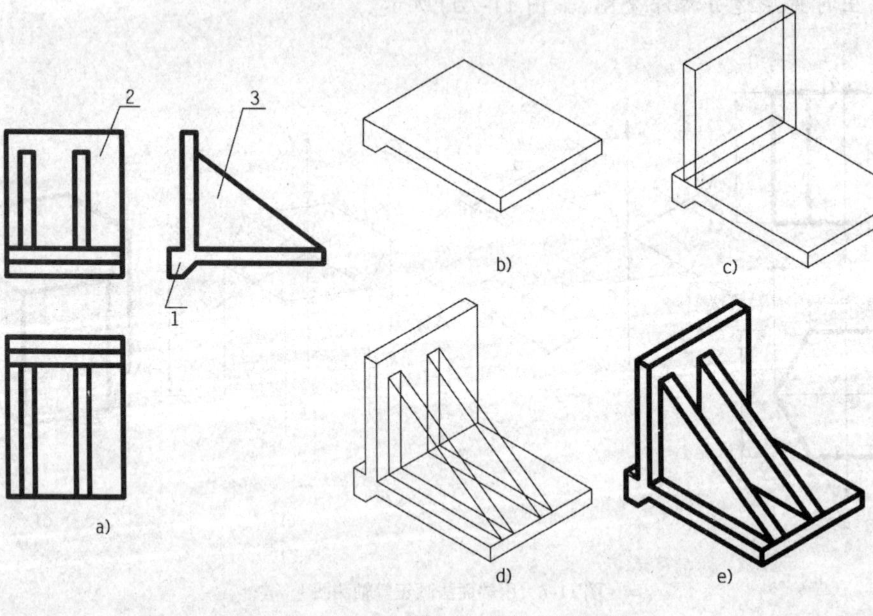

图 11-9　用叠加法画立体的正等轴测图

四、回转体的正等轴测图画法

1. 平行于各个坐标面的椭圆的画法

从正等轴测图的形成知道,各坐标面对轴测投影面都是倾斜的,因此平行于坐标面的圆的正等轴测投影是椭圆。由图 11-10 可知:以立方体的三个不可见的平面为坐标面时,在其余三个平面内的正等轴测图。

为了画图的方便，一般用四段圆弧连接的方法来代替椭圆，即椭圆的近似画法。下面介绍平行于各个投影面的圆的轴测投影的画法。如图 11-11 所示以平行于水平面的圆的正等轴测图的画法。

首先在正投影图上定出坐标轴和原点的位置［图 11-11a)］；然后画出轴测轴，画出圆的外切正方形的轴测投影——菱形 $E_1H_1F_1G_1$［图 11-11b)］；过菱形 G_1、H_1 点连各边中点 A、B、C、D，两两相交的交点 1、2 即为小圆弧的圆心，以 $1A_1$ 或 $2B_1$ 为半径作圆弧 A_1D_1 和 B_1C_1；G_1、H_1 为大圆弧的圆心，以 G_1A_1 为半径作圆弧 A_1B_1 和 C_1D_1，则完成了作图［图 11-11c)］。这种方法也叫菱形四心法。

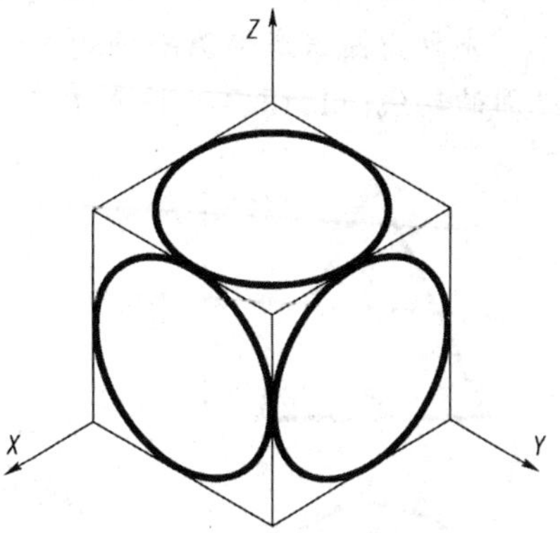

图 11-10　平行于坐标面圆的正等轴测图

平行于正平面的圆的正等轴测图及平行于侧平面的圆的正等轴测图的画法同前面所述一样，不同的地方就是圆的外切正方形的方向有了改变，请读者自行分析。

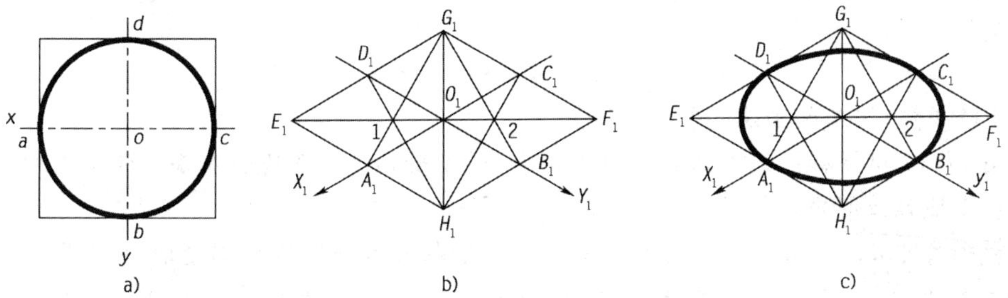

图 11-11　用四心法画椭圆

2. 回转体的轴测图及其画法

在掌握了圆的正等轴测投影的画法后，便可以画圆柱、圆锥等回转体的正等轴测图。

【例 11-4】　画出圆柱的正等轴测图(图 11-12)。

圆柱的上、下底圆相同，先画出圆柱顶部圆的轴测图，用移心法画出底部圆的轴测图［图 11-12b)］，作两个椭圆的公切线图［11-12c)］，并将看不见的线和作图线擦去，即得圆柱的轴测图［图 11-12d)］。

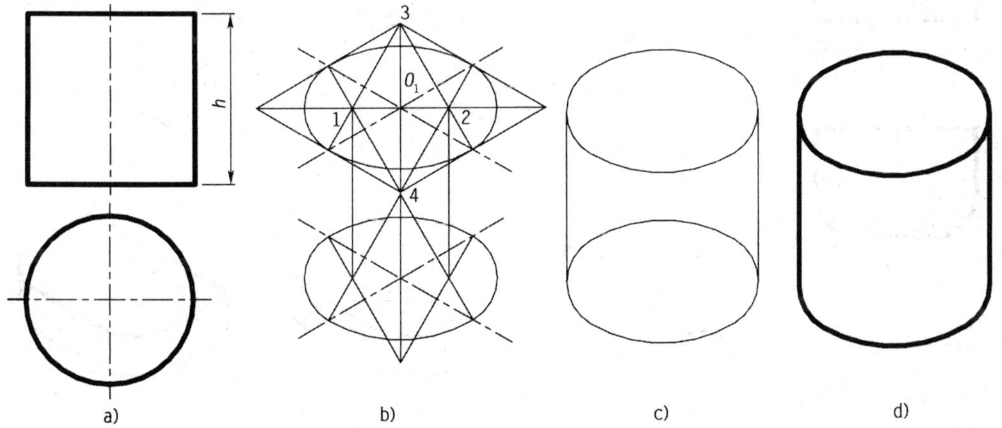

图 11-12　圆柱的正等轴测图

【例 11-5】 画出圆锥的正等轴测图(图 11-13)。

先画出圆锥底部圆的轴测图[图 11-13b)],根据圆锥的高度 h 定出圆锥的锥顶,过锥顶作椭圆的切线[11-13c)],将看不见的线擦去,即得圆锥的轴测图[图 11-13d)]。

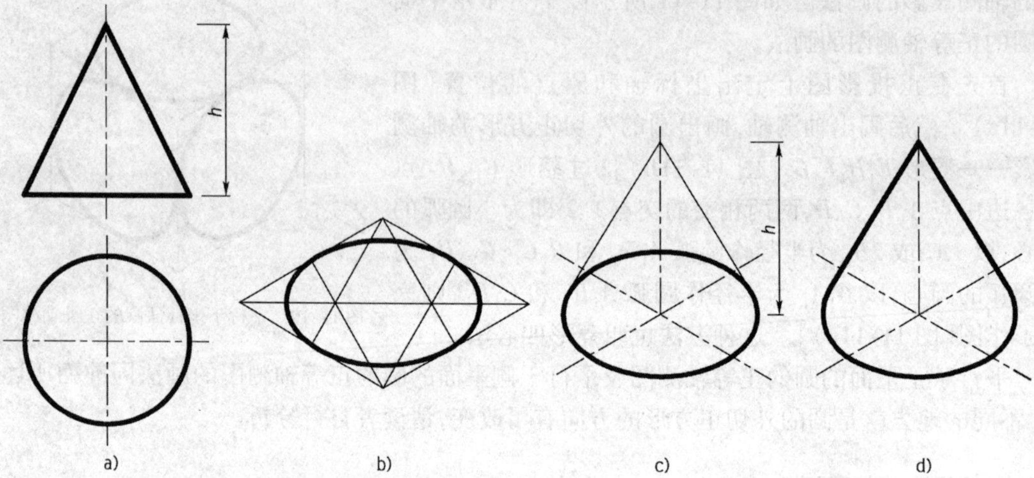

图 11-13 圆锥的正等轴测图

【例 11-6】 圆角的画法(图 11-14)。

从图 11-11 所示椭圆的近似画法中可以看出:菱形相邻两条边的中垂线的交点就是圆心,由此可以近似作出圆角。

先根据尺寸 a、b 和 h 画出长方体的轴测图,并由角顶沿两边分别量取半径 R,得 A_1、B_1、C_1、D_1 四点[图 11-14b)]。然后过 A_1 和 B_1,C_1 和 D_1 分别作直线垂直于圆角的两边,两两的交点 E_1 和 F_1 即为圆弧(用来代替椭圆弧)的圆心[图 11-14c)]。再以 E_1 为圆心,E_1A_1 为半径,作出如图 11-14d)所示大圆弧;以 F_1 为圆心,F_1C_1 为半径,作出如图 11-14d)所示小圆弧。因为形体有一高度 h,形体底面的圆角也要画出。如图 11-14e)所示,将 E_1 和 F_1 沿 Z_1 轴方向分别往下移 h,得底部圆弧的圆心;分别以 E_1A_1 和 F_1C_1 为半径,作出底部两圆弧,并在小圆弧处作两圆弧的公切线。最后将看不见的线和作图线擦去,即得如图 11-14f)所示的结果。

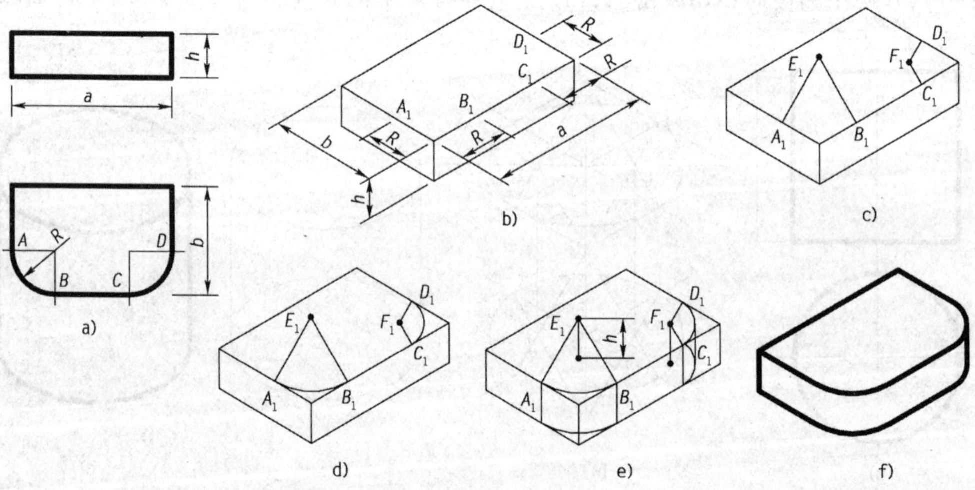

图 11-14 圆角的轴测图

【例 11-7】 画出桥墩模型的正等轴测图(图 11-15)。

如图 11-15 所示的桥墩模型,由基础和墩身两部分组成。首先画出基础部分的正等轴测图[图 11-15a)];然后画墩身部分的正等轴测图,并将两部分的轴测图按相对位置关系堆叠起来[图 11-15c)、d)];最后得到形体的形状[图 11-15e)]。

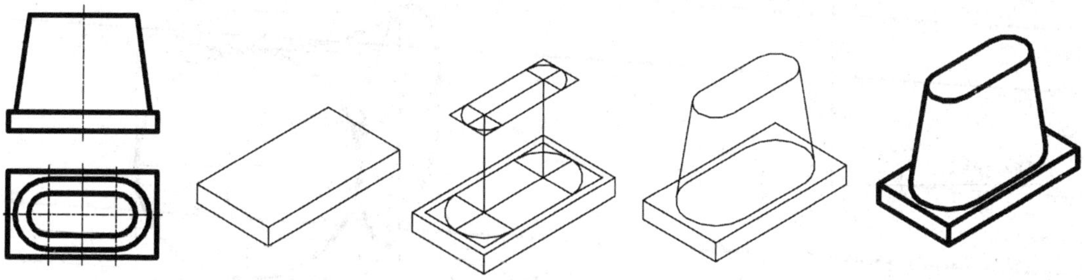

图 11-15 桥墩模型的正等轴测图

第三节 斜二等轴测图

一、斜轴测图的形成、轴向变形系数和轴间角

不改变形体与投影面的相对位置(使 XOZ 坐标面平行于轴测投影面),而投射线方向与轴测投影面倾斜,也能得到具有立体感的轴测图,如图 11-2b)所示。这样,不论投射方向如何,轴测轴 O_1X_1、O_1Z_1 之间的轴间角总是 90°,X 和 Z 的轴向变形系数总是 1。当所选择的斜投影方向使 O_1Y_1 与 O_1X_1 轴的夹角为 135°,并使 Y 轴的轴向变形系数为 $q=0.5$ 时,这种轴测图就称为斜二等轴测图,简称斜二测。

斜二测轴间角 $\angle X_1O_1Z_1 = 90°$、$\angle X_1O_1Y_1 = \angle Y_1O_1Z_1 = 135°$,如图 11-16 所示。

斜二轴测图的最大优点就是形体上凡平行于轴测投影面的平面投影后都反映实形。这对在适当情况下画形体的轴测图是很方便的。

二、圆的简便斜轴测画法(平行于各坐标面的圆的画法)

(1)平行于 XOZ 面的圆仍为圆,反映实形。

(2)平行于 XOY 面的圆为椭圆,长轴对 O_1X_1 轴偏转 7°,长轴≈1.06d,短轴≈0.33d。

(3)平行于 YOZ 面的圆与平行于 H 面的圆的椭圆形状相同,长轴对 O_1Z_1 轴偏转 7°,如图 11-17 所示。

由于两个椭圆的作图相当繁,所以当形体这两个方向上有圆时,一般不用斜二轴测图,而采用正等轴测图。

三、作图举例

【例 11-8】 画出涵洞的斜二等轴测图。

先按 X_1 和 Z_1 轴的轴向和 $p=r=1$ 照搬图 11-18a)中的正面投影,并按 Y_1 轴方向量取 1/2 长度[图 11-18b)];然后将涵洞正面投影按 Y_1 方向往后移 1/2 长度后再照搬一次,如图11-18c)

所示；再将 Y_1 方向对应各点连线，并将看不见的线和作图线擦去［图 11-18d)］；最后加深图线，得出涵洞的斜二等轴测图［图 11-18e)］。

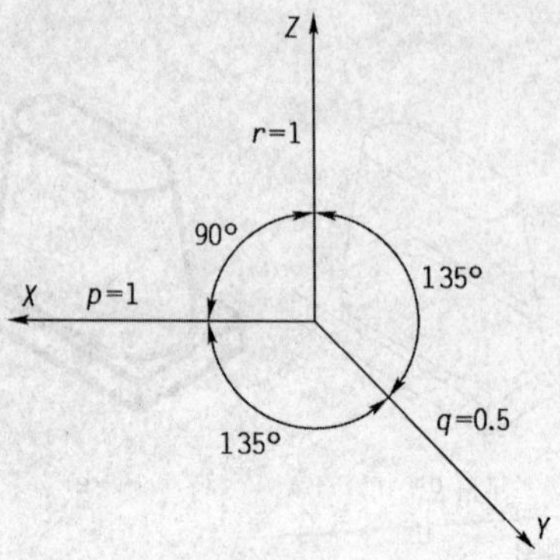

图 11-16　斜二测的轴间角

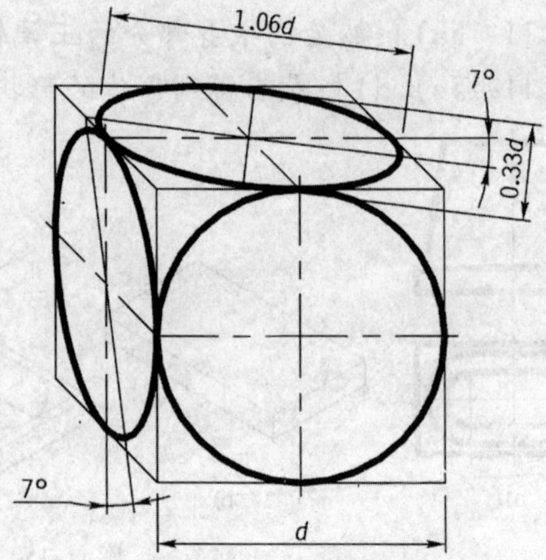

图 11-17　平行于坐标面圆的斜二测投影

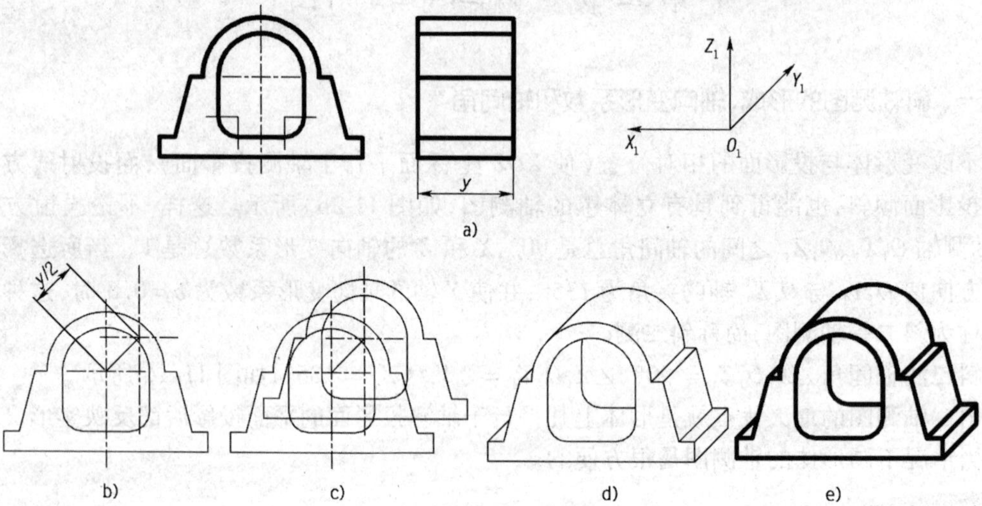

图 11-18　涵洞的斜二等轴测图

第十二章 组合体的视图画法

第一节 组合体视图的画法

一、概述

由若干个基本形体组合而成的形体称之为**组合体**。

组合体在形状上与一般工程构件相近，为了便于分析形状和探讨画图特点，在此将忽略其上的复杂的工艺结构，仅把它作为一种抽象化的模型。

本节重点讲述用形体分析法绘制组合体三视图的方法。

二、组合体的形体分析

任何形状复杂的立体，都可以看成是由几个基本形体通过一定的方式组合而成。因此，在画图前应分析立体是由哪几个基本形体、通过何种组合方式进行组合的。

常见的组合方式三种：叠加、切割及综合，如图 12-1、图 12-2、图 12-3 所示。前两者是最基

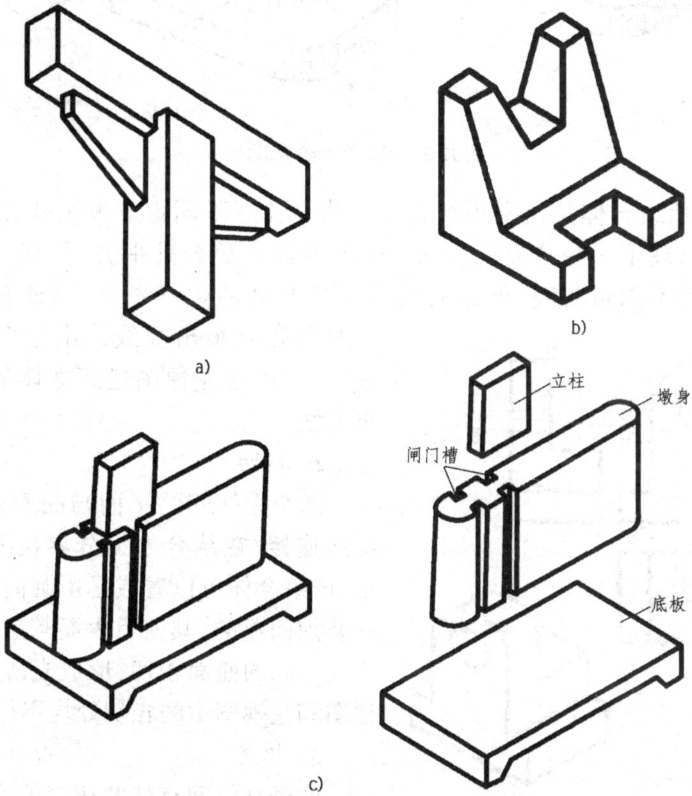

图 12-1 组合体

a）叠加型；b）切割型；c）综合型

本的组合方式，但最常用的是切割与叠加的综合运用。所谓**叠加**是指把几个基本形体在空间按一定的相对位置（上下、左右、前后）结合在一起；**切割**则是用数个不同的截面将基本形体进行挖切。

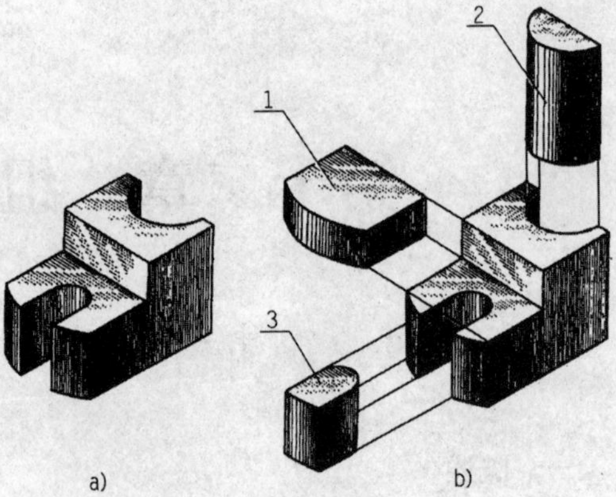

图 12-2　组合体的组合形式

无论是哪种方式构成的组合体，其上各部分间的表面连接关系都可能出现叠合、相切、相交等三种情况。

1. 叠合

两个立体的某部分以平面的方式相互连接即叠合。两部分叠合时，在某个方向叠合处的边不重合，出现一些分界线，这些线条在画图时必须画出；若叠合时叠合处的边重合，则相邻两表面平齐形成同一个表面即共面，无线可画。

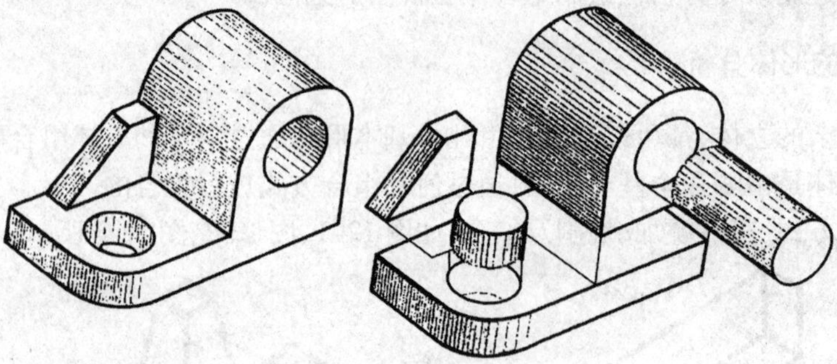

图 12-3　组合体的组合形式

如图 12-4 所示组合体是由圆头组合柱及两个长度不同矩形板块叠加而成的，三个立体的上下叠合处出现了一些分界线。三立体的前面在叠合处平齐，形成了同一平面。在主视图上的叠合处不画粗实线，但其后面有一叠合处的边不重合，因此在主视图上的这一叠合处应画出虚线。由于两矩形板块长度不一，所以在左视图这两立体的叠合处应画出粗实线。

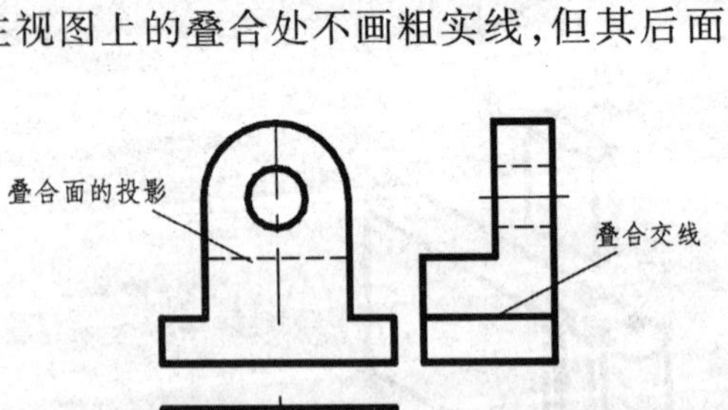

图 12-4　组合体部分表面叠合

2. 相切

两个立体间的平面与曲面或曲面与曲面光滑地连接，在结合处无分界棱线。如图 12-5 所示，该组合体可以看成是由圆筒与圆头组合柱左右叠加而成的，其前后表面都是平面分别与两个半径不同的曲面相切，形成光滑表面，因此，在主视图和左视图中的相切处均不得画线。

3. 相交

两个立体间有彼此相交的表面，在结合处有相贯线存在，必须画出，如图 12-6 所示。

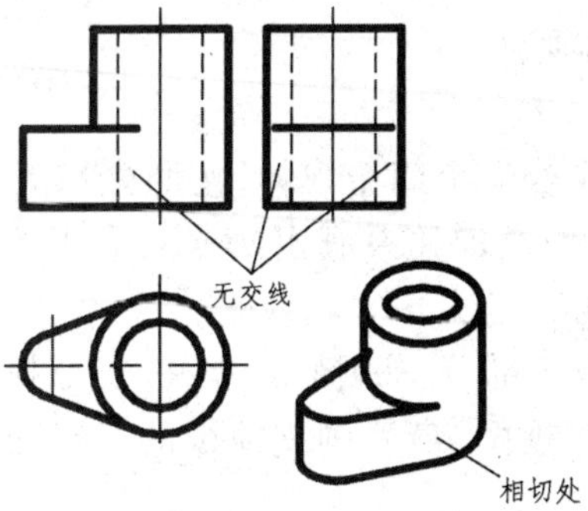

图 12-5　组合体部分表面相切

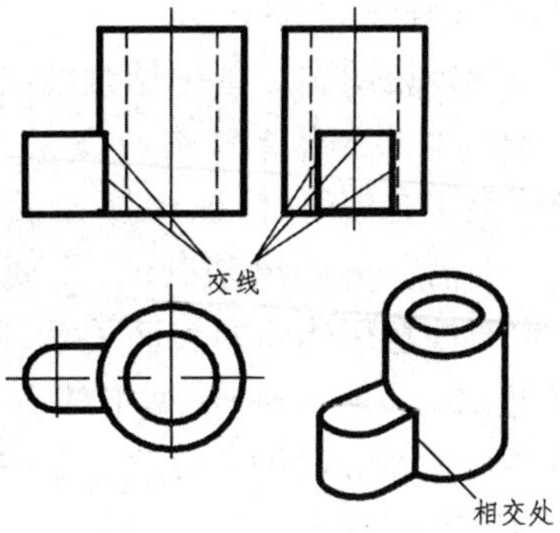

图 12-6　组合体部分表面相交

三、视图选择

选择原则：用尽可能少的视图把组合体完整、清晰地表达出来。

这种选择将会涉及到立体的放置位置、主视图投影的方向、视图的数量等三方面的问题。

1. 确定立体的放置位置

一般情况下，应让组合体处于自然稳定的状态。工程上的构件通常按其工作位置放置，以便阅读图样和施工，例如桥墩、桥台、箱体、桩等。有些构件则要按其制造加工时的位置安放，例如轴、管等细长杆类构件就是按加工位置将轴线水平放置，以利于生产和测量。

2. 选择主视图的投影方向

在组合体的安放位置确定之后，应让其上的各主要表面尽可能地平行于基本投影面，使得到的投影能反映出组合体的结构特征以及各部分的组合关系、形状和相对位置。为合理地利用图纸，组合体的长度方向应平行于正立投影面；为了图形清晰及看图方便，应尽量地减少其他视图中的虚线。

除上述之外，还应考虑工程图的表达习惯，水利工程图中一般将上游布置在图纸的左方；桥梁图中一般在主视图上，将 U 形桥台的翼墙面对读者；建筑工程图中一般将房屋的正面投影作为主视图。

3. 确定视图的数量

一般情况下，用三个视图表达一个组合体。但这不是绝对的，结构简单的组合体也可以用两个视图来表示；如果加注尺寸，有的组合体可以减少一个视图。用最少的视图就能全面、清晰地表达组合体各部分的形状及相对位置，这是作为工程技术人员应必备的条件。

四、用形体分析法绘制组合体三视图

绘制组合体的视图时，应在对组合体进行形体分析的基础上，先画出构成组合体最基本的形体的视图，再用叠加、切割等组合方式逐步完成组合体视图。其一般步骤如下：

(1)先画出形体的对称中心线、主要回转面的轴线、圆的中心线及主要端面线。

(2)按叠加、切割等组合方式分步画图。对于所有的组成部分而言，应先画大的形体，后画小的细节；对于单个部分，应先画其外部轮廓，后画内部结构。

(3)画图时，各视图应同时进行。一般先画出各部分形体特征最多的那个视图，然后再向其他视图作投影。

(4)检查、加深。画完所有的视图后，应对照立体检查各图是否有漏线或多线并改正。在加深时，应先圆弧后直线。

下面分别说明叠加型和切割型组合体三视图的具体画法。

1. 叠加型组合体三视图的画法

画这类组合体时，依据形体分析法将组合体拆分成若干个简单形体，按照叠加关系（上下、左右、前后），先画出基础的、主要的形体三视图，再按叠加关系画出次要的形体三视图。这时一定要注意形体间的表面关系，不可多画线，也不能漏掉线条。

如图12-7a）所示桥墩，据形体分析法将桥墩拆分成三部分——横梁、立柱、支撑板，按照叠加关系可先画横梁的三视图[12-7b）]，再画立柱的三视图，最后画支撑板的三视图，如图12-7c）、d）所示。

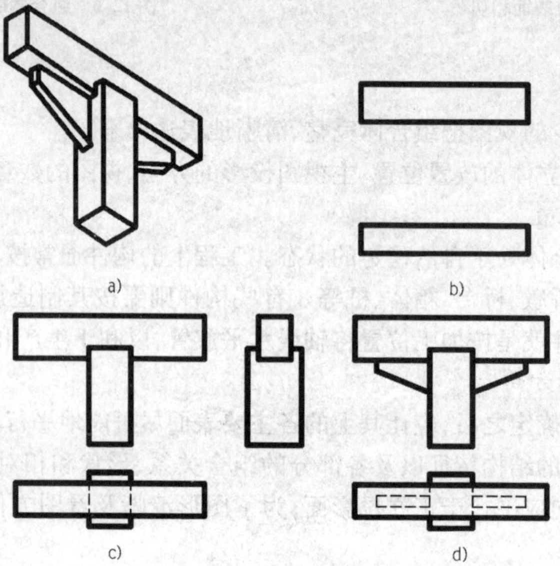

图12-7　叠加型组合体三视图（一）

再如图12-8a）所示梁板结构物体，据形体分析法将梁板结构物体拆分成两部分——梁板、横隔板，按照叠加关系可先画梁板的三视图[12-8b）]，再画横隔板的三视图[12-8c）]。

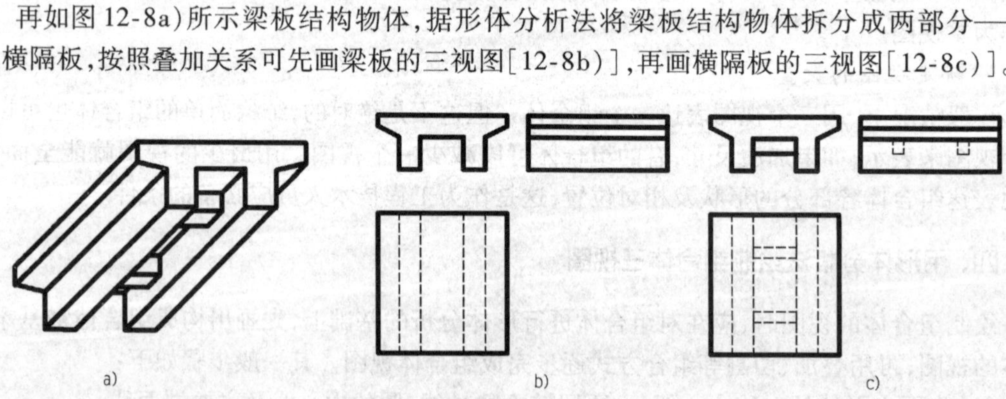

图12-8　叠加型组合体三视图（二）

2. 切割型组合体三视图的画法

绘制这类组合体视图时，应按下列步骤进行：

（1）画出切割前完整的基本形体的投影。画出左端为一段圆柱面的长方体的三视图。先画其特征投影——俯视图，再画其他投影，如图12-9a）所示。

(2)画出切割后立体的整体特征投影图。在长方体左上方切去一小块类似于主体的长方体。先画被切立体的特征投影——主视图(其“┘”形的特征就显现出来了),再画其他投影,如图12-9c)所示。

(3)画出右端的半圆柱孔的三视图。先画投影为圆的视图,再画其他投影,如图12-9d)所示。

(4)画出左端马蹄形槽的三视图。先画俯视图,再画其他投影,如图12-9e)所示。

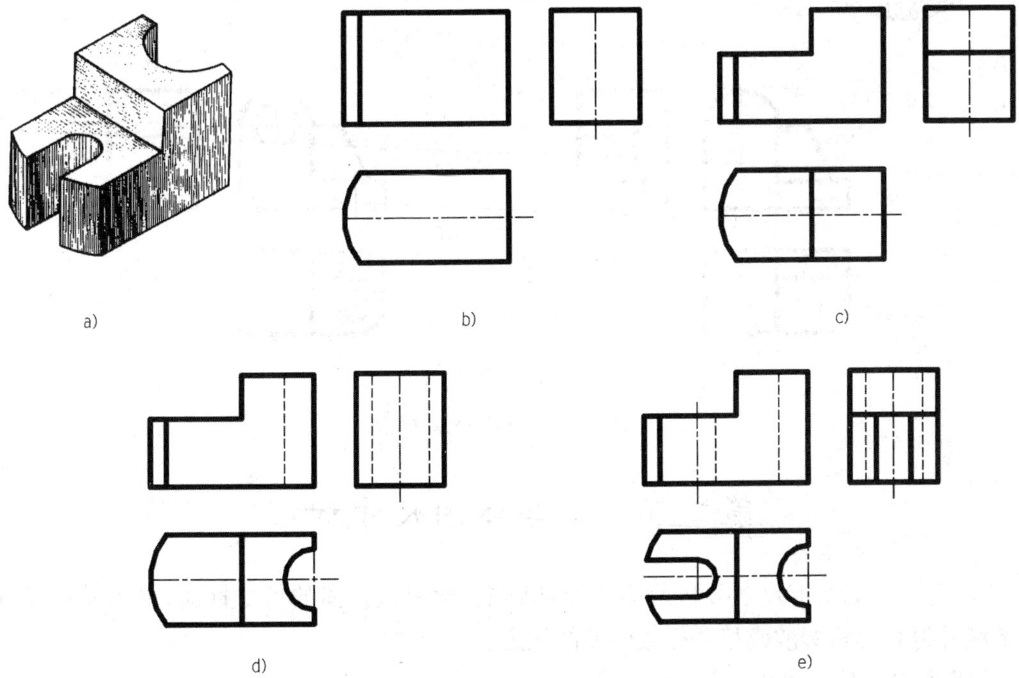

图12-9 切割型组合体三视图

3. 综合型组合体的画法

画这类组合体三视图时,应综合上述两种组合体的画法。依据形体分析法将组合体拆分成若干个简单形体,并分别画出它们的三视图;按叠加关系先画各简单形体的特征投影的外形,后画各形体上的细节部分。遇到较复杂的结构可采用线面分析法解决。现以12-10a)图示轴承座为例,说明其作图步骤。

分析:这是一个由三个形体——底板、座身、支撑板组成的组合体。在底板的左前方倒了一个圆角,并钻了一同心圆孔;座身是一个带有通孔的半圆组合柱,它叠加在底板的上方与底版右靠齐,前后面都平齐;截面为梯形的支撑板,紧贴着座身立在底板的上方,其后方与底板共面。

作图:

(1)画出底板的三视图。先画俯视图,再画其他视图,如图12-10b)所示。

(2)画出座身的三个视图。先画投影为圆的视图,再画其他视图,如图12-10c)所示。

(3)画出支撑板的三个视图。先画反映形状特征的主视图,再画其他的视图,如图12-10d)所示。

(4)最后分别画出底板和座身的孔,如图12-10e)所示。

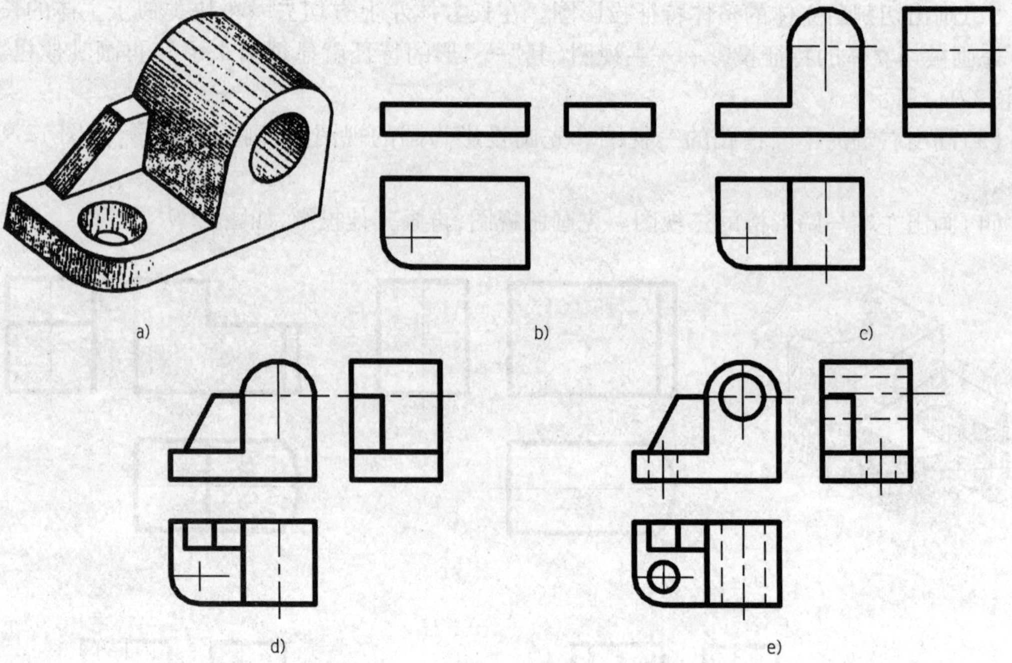

图 12-10　综合型组合体三视图

第二节　组合体的尺寸标注

在学习了平面图形尺寸分析及标注的基础上，学习组合体的尺寸标注，要求做到尺寸完整、清晰并符合国家标准或相关行业标准的规定。

1. 基本形体的尺寸标注

组合体是由若干基本形体组合而成的，为了掌握组合体的尺寸标注，就必须先学会基本形体的尺寸标注方法。

标注基本形体的尺寸时，应按照基本形体的形状特征进行标注，一般要注出长、宽、高三个方向的尺寸。有些形体只需标注两个尺寸，特殊的只需标注一个尺寸，例如球体只要注其球面直径 $S\Phi$ 即可。如图 12-11 中所示几种常见基本形体的尺寸标注。

(1)柱体需标注其底面形状尺寸和两底面之间的高度尺寸。

(2)锥体需标注其底面形状尺寸和锥顶与底面之间的高度尺寸。

(3)台体需分别标注其顶面、底面形状尺寸和顶面与底面之间的高度尺寸。

应注意的问题：

(1)正六棱柱正六边形的对角距与对边距有固定的几何关系，所以在标注时只要标注两者中的一个即可(如图中的尺寸 18 或 20.76)。

(2)平面立体顶(底)面形状尺寸要标注在反映其实形的特征投影图上；回转体中柱、锥、环的直径通常标注在其投影为非圆的视图上，半径应注在其投影为圆的视图上。

2. 切割型组合体的尺寸标注

标注切割型组合体的尺寸时，应先分析该切割体的原始形体是何种形体，它是如何被切割的。在此基础上，先标出原始形体(即基本形体)的定形尺寸，再将截平面的定位尺寸标出。

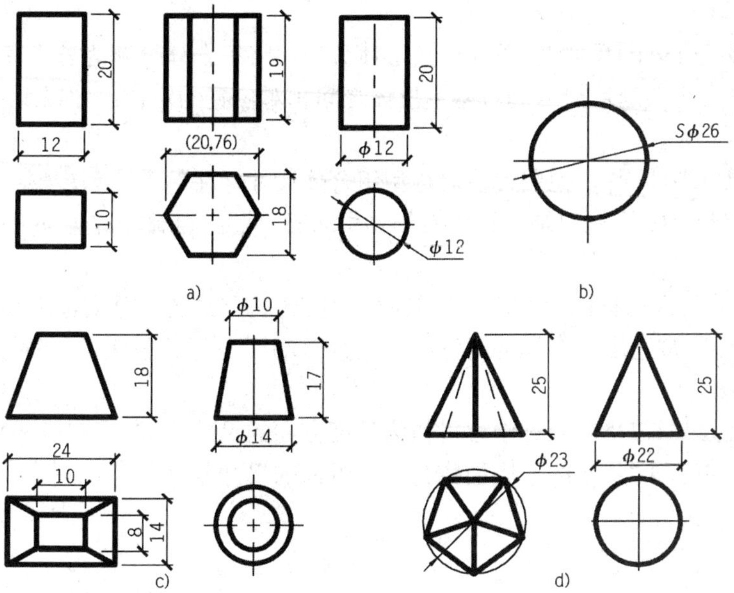

图 12-11　基本形体的尺寸标注

【例 12-1】　标注图示 12-12 组合体尺寸。

该组合体的原始形状是一个水平截面为等腰梯形的四棱柱，如图 12-12a）所示，四棱柱的左上角被一个正垂面所截。

四棱柱的定形尺寸如图 a）所示，截平面的定位尺寸如图 b）中所示的 6 和 4。该组合体的形体大小由这六个尺寸就完全确定了。

【例 12-2】　标注图示 12-13 组合体尺寸。

该组合体的原始形状是一半球体，如图 12-13a）所示。半球体的中间被一个水平面和两侧平面所截，形成一个缺口。

半球体的定形尺寸只有一个 SR8，如图 12-13a）所示；水平截面的定位尺寸只需注出平面至半球体底面的距离 5，两侧平截面只需注出两平面间距离尺寸 4，如图 12-13b）中所示。

上述图中的 *X* 尺寸、*Y* 尺寸均由截切位置尺寸而确定，因而在图中不必标出。

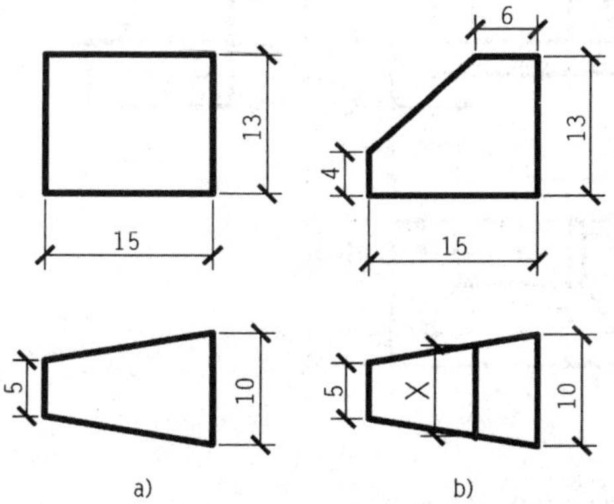

图 12-12　切割型组合体尺寸标注（一）

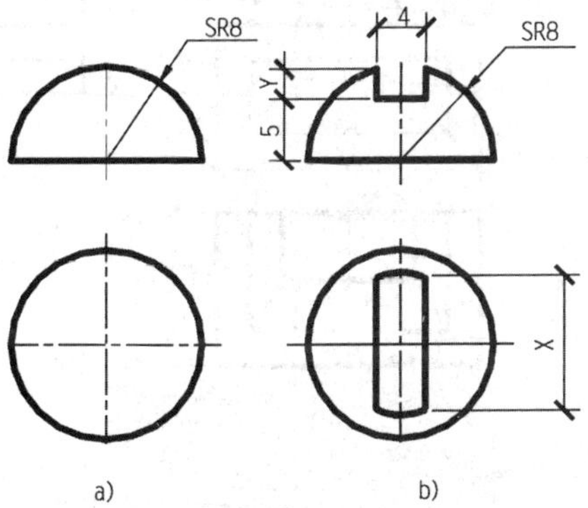

图 12-13　切割型组合体尺寸标注（二）

3. 叠加(综合)型组合体的尺寸标注

在标注这种组合体的尺寸时,首先应按形体分析法将组合体分解为若干基本形体,再注出确定各基本形体大小的定形尺寸和各基本形体之间相对位置的定位尺寸以及组合体长、宽、高三个方向的总体尺寸。

下面以涵洞口端墙为例,说明标注对称型组合体尺寸标注的方法和步骤:

(1)按形体分析法,涵洞口端墙可以看作是由缘石、墙身、基础三个基本部分组成的,如图12-14a)。

(2)选定尺寸基准。标注尺寸时,必须在长、宽、高三个方向上分别选定尺寸基准,作为标注尺寸的出发点,通常选用组合体的对称中心、底面、端面等面积较大的平面或轴线作为尺寸的基准。

涵洞口端墙为左右对称,对称中心可作为长度方向的尺寸基准,涵洞口端墙的后端面可作为宽度方向的尺寸基准,基础的下底面作为高度方向的尺寸基准。

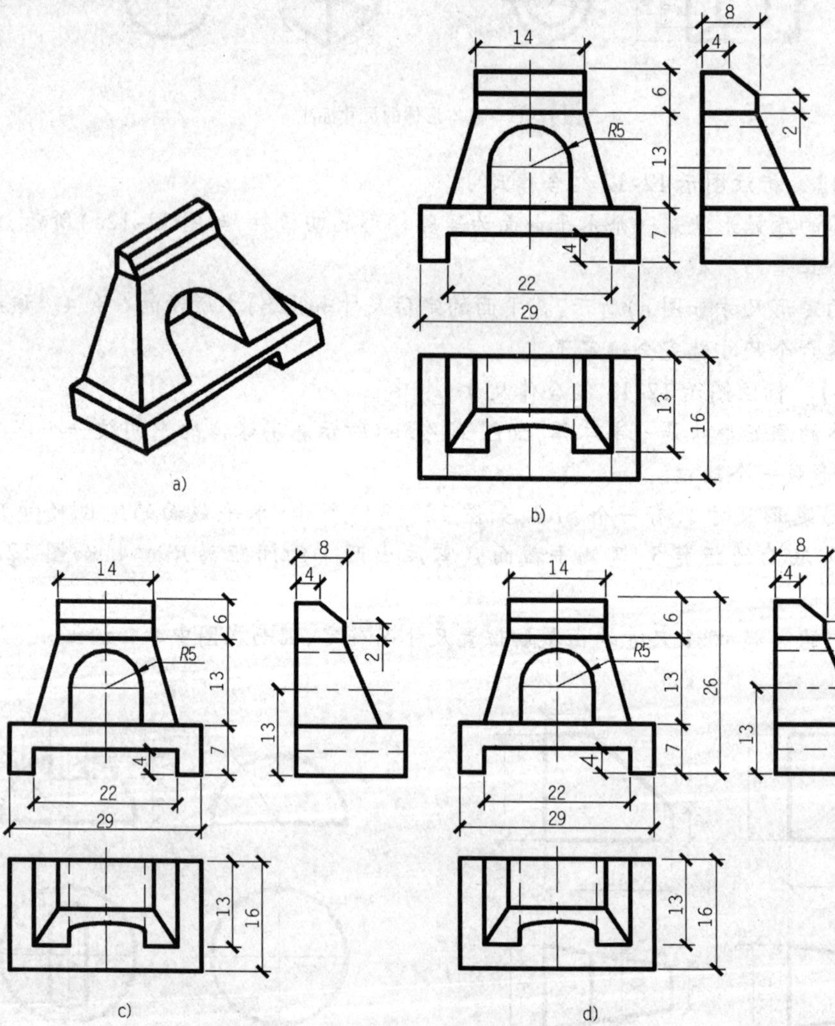

图12-14　涵洞面墙尺寸标注

(3)按画图顺次标出各部分的定形尺寸，不得遗漏任一尺寸，也不能多标一个尺寸，重复的尺寸不标出，如图12-14b）。

按各部分相对位置标注它们的定位尺寸。由于涵洞口端墙的左右对称性，使得其长度方向的定位尺寸可以省略不注。宽度方向的定位尺寸恰好与墙身、缘石本身的宽度尺寸重合。高度方向的定位尺寸只需标出半圆孔轴线到基础的下底面的距离——中心高，如图12-14c）所示。

(4)注出总体尺寸。涵洞口端墙总长、总宽分别为其底板的长度、宽度尺寸。总高尺寸是三个基本部分高度尺寸的总和，如图12-14中d）所示。

如果组合体形体不对称，尺寸标注的方法略有不同。

组合体尺寸标注时，不但要考虑所标注的尺寸是否完整，还应注意是否注得清晰。因此，以下几点值得重视：

(1)为了看图方便，尺寸应尽可能地标注在形体特征最明显的视图上；而且同一形体的尺寸应尽量集中在一个或两个视图上，避免在虚线上标注尺寸。

(2)尺寸应尽量标注在视图的轮廓线之外，与两视图有关的尺寸最好注在两视图之间。

(3)同一基准上平行排列的尺寸，应让小尺寸标注在靠近视图的位置上，大尺寸则包围在小尺寸的外面，即"内小外大"；尽量不让尺寸线、尺寸界线相交，如图12-14b）中所示长度尺寸22和29。

(4)同一方向上串联的尺寸应排在一条直线上，不要错开，如图12-14b）所示高度尺寸7、13和6。

(5)为了避免漏标和施工时计算，应尽可能封闭标注，注成尺寸链，即连续标注的各段尺寸之和等于它们的总尺寸。

第三节　组合体读图

读图和画图是学习本课程的两个重要环节。读图是画图的逆过程，画图是由"物"到"图"，而读图是由"图"到"物"，两者之间的关系紧密。在画图的过程中也包含了对读图的能力培养，但它们各自又有不同的特点和规律。

一、读组合体投影图的基本知识

视图可以看作是由一些线框组成的，而线框又是由图线组成的。因此，识别视图中的线框和图线的空间几何意义是读图的基础。下面以如图12-15所示组合体为例进行说明。

1. 视图中的封闭线框

视图中的封闭线框可以表示：

(1)形体上不同位置的面或基本立体。要确定表示的是"面"还是"体"，则需要看其与相邻视图之间的对应关系。若线框对应直线，表示平面，如图中的1、2、3、4所示；若线框对应曲线，表示曲面，如图中的5所示；若线框对应线框，则表示立体或一般位置平面。

(2)平面与曲面相切的结合面。线框对应直线与圆弧相切，如图中的6所示。

(3)一个孔，如图中的7、8所示（圆曲线对应虚线框）。

2. 视图中的线

视图中的线可以表示：

(1)有积聚性的平面或曲面的投影,如图中的 a、b 所示。

(2)面与面的交线,如图中的 c 所示。

(3)曲面的转向线,如图中的 d、e 所示。

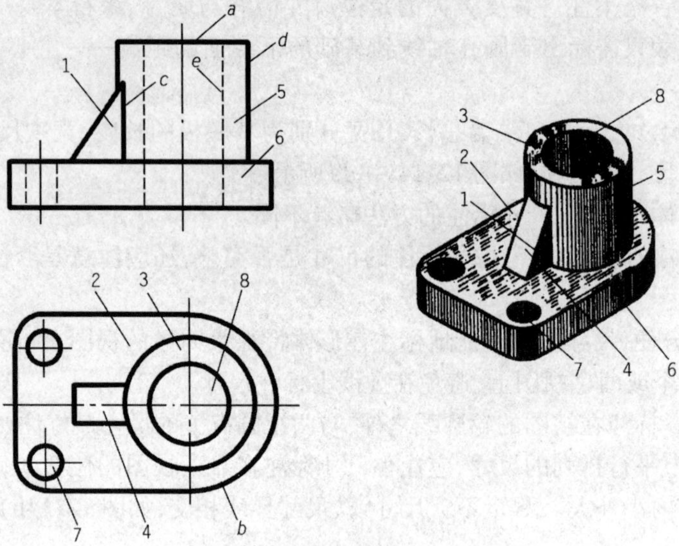

图 12-15 线框和图线的空间几何意义

视图中的线表示的是"线"还是"面",则需要根据其与相邻视图之间的对应关系才能确定。若表示直线,对应的是点或是直线;若表示为面;则对应线框。

3. 视图中相邻线框

一般表示形体上两个相交的表面或了两个相互错开的表面,如图 12-15 中线框 1 与 5 表示两个表面相交,线框 1 与 6、线框 5 与 6、线框 3 与 4 表示两个表面相互错开。

4. 视图中的大线框包围着小线框

小线框在一般情况下,可表示为凸面、凹面或者孔,如图中线框 2 包围着线框 3、线框 2 包围着线框 4,3、4 即表示凸面,线框 3 包围着线框 8、线框 2 包围着线框 7,8、7 即表示孔。

二、读图的基本要领

1. 应用"三等"关系分清形体的相对位置

读图时,需要对视图中各线框所表达的形体各部分的相对位置作出判断。由于不同线框代表不同的面,所以它们在视图中所处的上下、左右、前后的相对位置,可以通过这些线框在其他视图的对应投影确定。通常所采用的方法是利用视图间的"三等"关系,并借助于绘图工具,把视图中各线框的对应关系分离出来,再想象出各线框所表达的形状以及相互之间的位置。

2. 找出反映组合体各部分形体的特征投影图

由于组合体各组成部分的形状特征不一定集中在某一个方向上,因而反映各部分的特征形状线框也不一定都集中在某一个视图内。所以,在读图时应该学会从各视图中找出反映各部分特征的线框,以此作为基础,想象出该部分的形状。

例如图 12-15 中的组合体是由半圆与矩形组合板块、空心圆柱和三角板块三部分叠加而成。主视图反映了该组合体的形状特征,也反映了由线框 1 和 4 所表示的三角板块的形状特征,这部分形体的特征形状线框为线框 1;组合板块是由线框 2、6、7 所表示的,它的特征形状线框是俯视图上的线框2;在俯视图上还反映了空心圆柱的形状特征,它的特征形状线框是线框3和8。

3. 把几个视图按投影关系联系起来进行分析

我们知道,点的一个投影不能确定点的空间位置,同样,仅凭一个视图也不能唯一表达出组合体的结构形状。例如在图12-16中,主视图相同,实际上它却可以反映出5个或更多的组合体;又如图12-17所示,主、俯视图都相同,但也表示了5个不同形状的组合体。所以,读图时必须把几个视图配合起来进行分析,才能想象出正确的立体形状。

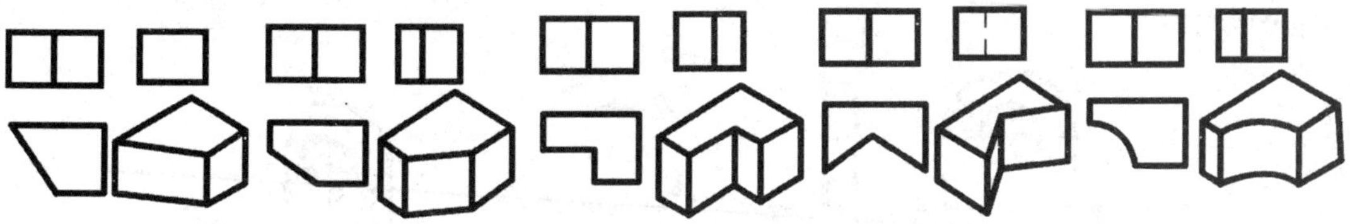

图12-16　一个视图不能确定形体

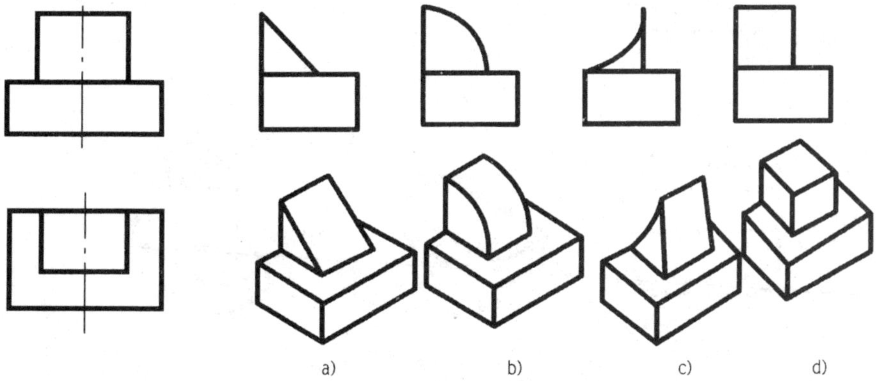

图12-17　对应两个视图可能表达多个形体

三、读图的方法和步骤

读图时,首先根据已知视图识别该组合体的组成方式,分清是叠加、综合,还是切割,然后针对不同情况采取相应的方法。

1. 叠加(综合)型组合体

(1)分析视图——划分线框

从主视图入手,将视图按线框划分为若干部分之后,依据"三等"关系,划出这几部分的其他投影。

在划分线框时,最关键的是要弄清线框与基本体之间的对应关系:是一个线框表示一个基本体,还是几个线框联合起来表示一个基本体。如果遇到线框相连并构成简单的外形(如矩形、梯形、三角形等),此时这些线框应划为同一部分,而不应再细分。

(2)分部分想立体

根据各线框的投影,想象出各部分的具体形状。一般先从主要的、大的线框开始,然后再看小的线框及细节部分。当遇到一个线框包围着另一线框时,形体非凸即凹。

(3)综合想象整体

在读懂每部分形体的基础上,根据组合体的三视图,进一步研究他们的相对位置(前后、上下、左右)和连接关系(叠合、相切、相交),在思维中把各个形体逐步归拢形成一个整体。

【例 12-3】 根据图 12-18a)想象出组合体的形状

分析:从已知视图中得知,主视图是由三个实线框组成,其中有两个线框是属于线框包围着线框的情形。可将这两个线框合并为一,对照俯视图,小线框表示为一个孔,大线框表示为一个半圆头组合板块,如图 12-18b)所示;主视图中的另一个实线框所表达的形体是一个倒了两个圆角的矩形板块,如图 12-18c)所示。因此,图 12-18a)所示的组合体是一个由两个形体上下叠加的综合型组合体,半圆头组合板块在圆角矩形板块的上方、左右居中、背面平齐,如图 12-18d)所示。

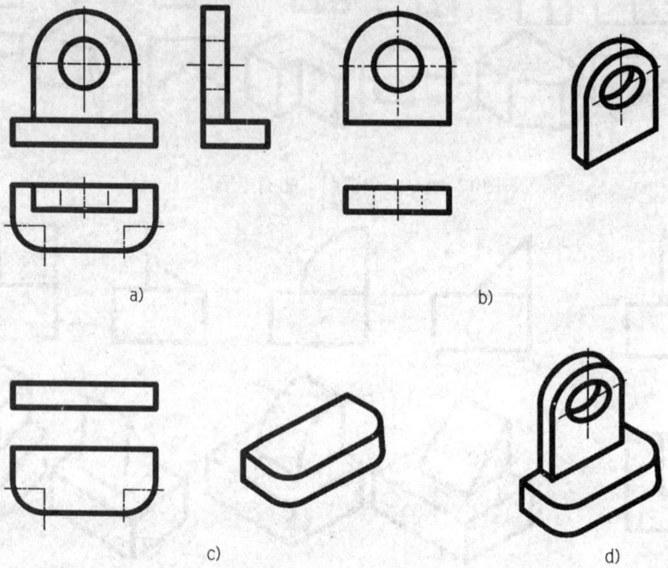

图 12-18 组合体读图示例(一)

2. 切割型组合体

(1)根据一组已知视图的外形轮廓,运用形体分析法粗略地想象该组合体的原始形体。

(2)想象被切割的部分。如果被切割的部分形成孔槽结构,可以很容易地得出结论;但当被切割的部分形状比较复杂时,这部分的视图则要采用线、面分析法,逐个分析组成这部分的每一个线面的形状和空间位置,从而得出这部分的空间形状。

(3)把前面两步所得出的结论进行综合整理,就可以得出该组合体的空间形状了。

【例 12-4】 根据图 12-19a)想象出组合体的形状。

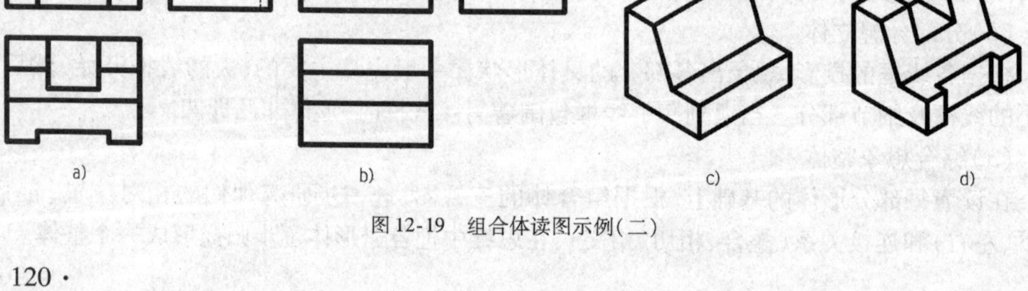

图 12-19 组合体读图示例(二)

分析：已知的三视图中，主、俯视图的外形轮廓均为“凹”字形，左视图又只有一个实线框，所以，该组合体为一个切割型组合体。其原始形体是一以左视图实线框为截面图形的侧垂棱柱，如图 12-19b)、c)所示。在棱柱的上方和前方两处各割切出了一个前后、上下贯通的矩形凹槽，如图 12-19d)所示。

四、根据已知两视图补画第三视图

为了强化读图能力，培养空间想象力，通常用“二补三”的方法作为读图的训练手段。其作图的步骤为：

(1)先看懂已知两面视图，想象出组合体的空间形状。

(2)把组合体分为几部分，逐个画出它们的第三视图。一般先画主体、大的，后画小的、细节的；先画外形，再画内形。

(3)在画每一部分时，都应对判别视图的线、线框的可见性作出正确的判断。

(4)正确处理两部分相接处图线的变化，应有整体观念。当两形体相加或挖切时，其表面的过渡关系是：两形体表面不平齐，过渡处应有分界线；两形体表面平齐，接触处无界线；两形体表面相切，相切处无界线；两形体表面相交，相交处有交线；

【例 12-5】 补画如图 12-20a)所示组合体的俯视图。

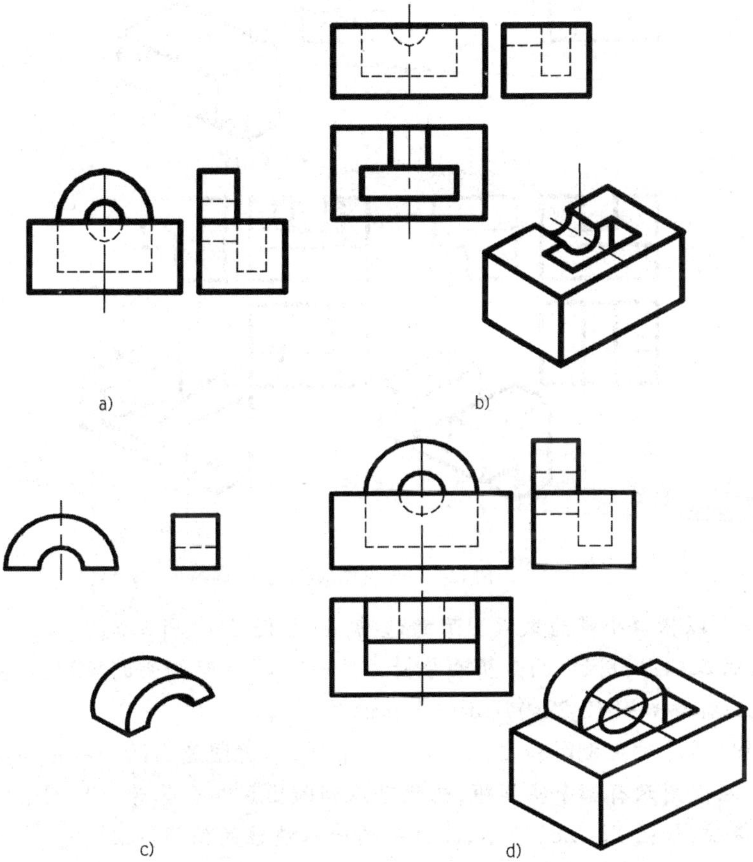

图 12-20　补视图示例(一)

分析及补图:从已知两视图中,我们可以看到:主视图是由三个实线框组成,其中有两个线框是属于线框包围着线框的情形;左视图只有两个实线框,所以可将主视图中的两半圆线框合并为一。因此,图12-20a)所示的组合体是一个上下叠加的综合型的组合体。组合体下方为一箱体。组合体的另一部分是半个空心圆柱,如图12-20c)所示。

半圆柱,它叠加在箱体上方,左右居中,后面平齐,其大小与箱体上的某些结构尺寸一致。叠加后的投影如图12-20d)所示。该组合体的主体是一个挖有凹槽的箱体(从两个视图中的虚线可以作出判断),画图时,应先画出箱体的外形轮廓——矩形,再画凹槽的投影——矩形;最后画半圆通槽的投影——矩形,如图12-20b)所示。

【例12-6】 补画如图12-21a)所示组合体的主视图。

分析及补图:在已知两视图中,俯视图中有三个相邻的线框并且构成一矩形,左视图中只有一个实线框,由此可以断定这是一个切割型的组合体。其原始形体是一个截面形状如左视图所示的侧垂棱柱,补画出棱柱的主视图。在棱柱中部的上方切了一个前后贯通的槽,并且前大后小呈"八"字形。为了避免出错,在补画这部分视图时分两步进行:

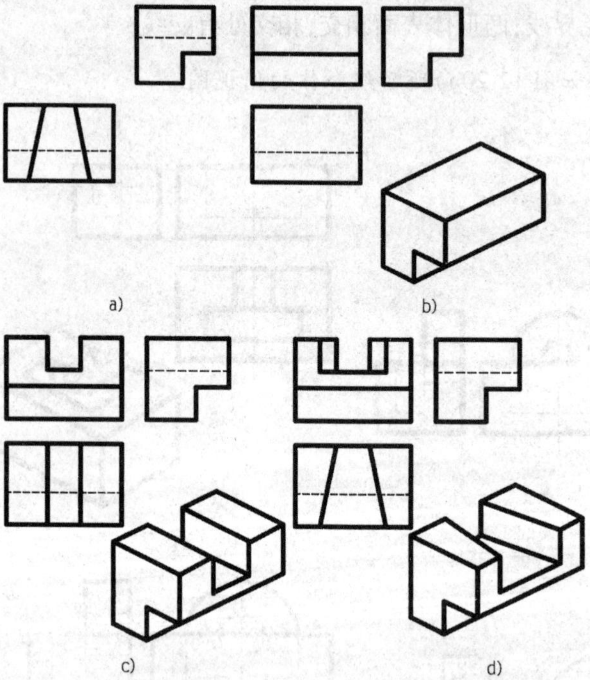

图12-21 补视图示例(二)

(1)先切一个以槽口小端为截面图形的通槽,如图12-21c)所示。

(2)在(1)的基础上,用线、面分析法分析并画出"八"字两侧面的投影,如图12-21d)。

【例12-7】 补画如图12-22a)所示组合体的俯视图。

分析及补图:通过对主视图和左视图可以观察到,主视图是由两个线框组成的外形轮廓为不完整的矩形,左视图只有一个实线框,就此可以判断出该组合体为一切割形组合体。其原始形体为侧垂八棱柱,如图12-22b)所示,故可先画出八棱柱的俯视图。

在八棱柱中部的上方是一个用三个平面切割出倒梯形槽。因为其中有两个是斜面(正垂面),所以视图比较复杂,应用线面分析法一个面一个面的补出。先补画出槽底水平面的视图——矩形,如图 12-22c)所示;再补一正垂面(槽侧面)的视图——梯形。另一正垂面亦然。物体的俯视图如图 12-22d)所示。

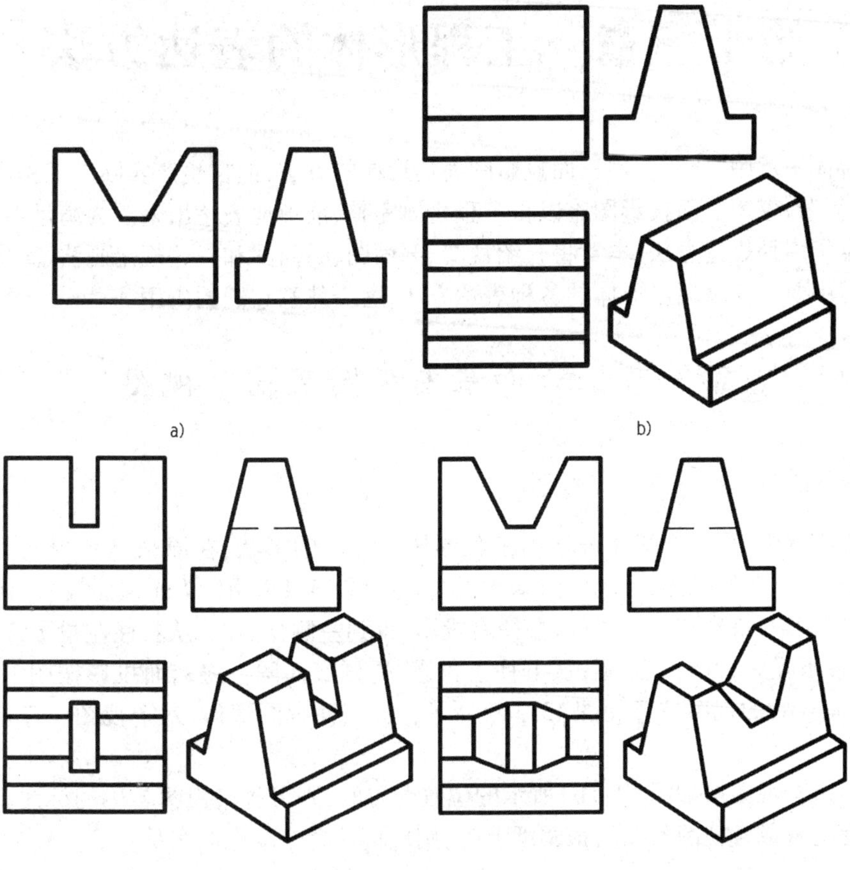

a)　　b)

c)　　d)

图 12-22　补视图示例(三)

第十三章　工程形体的表达方法

在组合体一章中，介绍了用三面投影图表达形体的方法，但在生产实际中工程构件的形状多样、结构复杂，仅用三面投影图难以将工程物体完整、清晰地表达出来。为满足生产需要，制图标准规定了多种表达方法，本章将介绍视图、剖面图、断面图和一些规定画法、简化画法。在本章的学习中要切实掌握好形体的各种表达方法，逐步熟悉它们的应用。

第一节　六面基本视图及辅助视图

一、基本视图

在工程实际中，为了清楚地表达出工程形体各方向的形状，在原来已有的三个视图基础上，再增加三个方向的视图，形成六面基本视图。如图 13-1 所示，从前往后投影，得到正立面图；从后往前投影，得到背立面图；从左往右投影，得到左侧立面图；从右往左投影，得到右侧立面图；从上往下投影，得到平面图；从下往上投影，得到底面图。将六面投影按图 13-1a）所示方法展开，展开后的视图位置如图 13-1b）所示。如三面视图那样，六个视图中存在着一定的投影关系。

一般当六个视图按如图 13-1b）所示的位置配置时，则可省略视图名称的标注。当视图不能按此位置配置或各视图不在同张图纸上时，则应标注各个视图的名称。

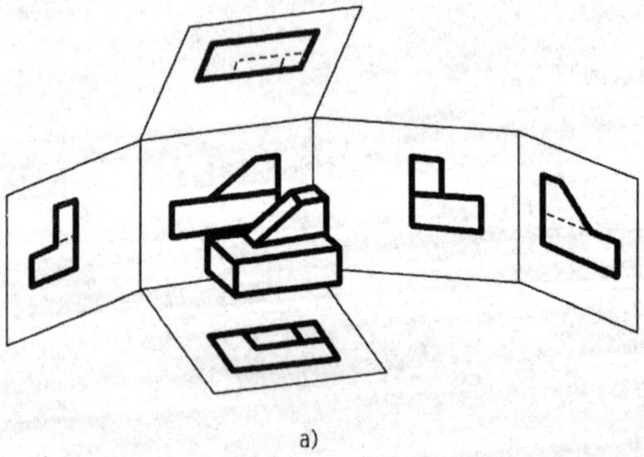

a)

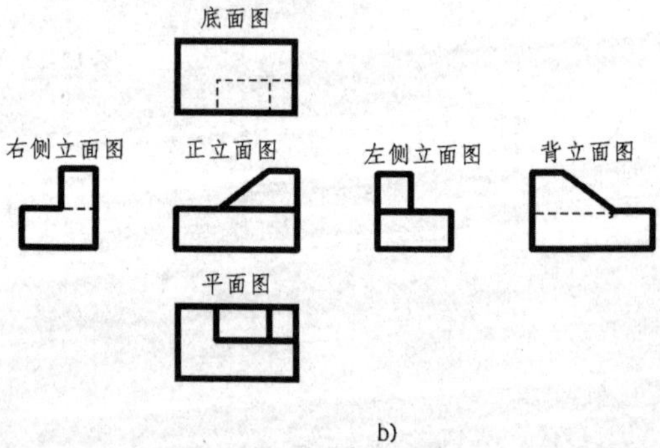

b)

图 13-1　基本视图

a）基本视图的形成；b）投影图的配置

二、局部视图

当形体在某个方向的部分形状需要表达，又没有必要将整个基本视图完整画出，这时可只将形体的局部向基本投影面投影，得到的视图称为局部视图。它是基本视图的一部分。如图 13-2 中的 *A* 向视图及 *B* 向视图采用了局部视图的画法。局部视图的范围用波浪线表示，如 *B* 向视图，在土木工程中经常用折断线表示。注意，当形体的局部轮廓独立时不画波浪线，如

13-2 图中的 A 向局部视图。

画局部视图时，必须在视图上方标注视图的名称"×向"，在相应的视图附近用箭头指明投影方向。

局部视图一般按投影关系配置，必要时也可配置在其他地方。

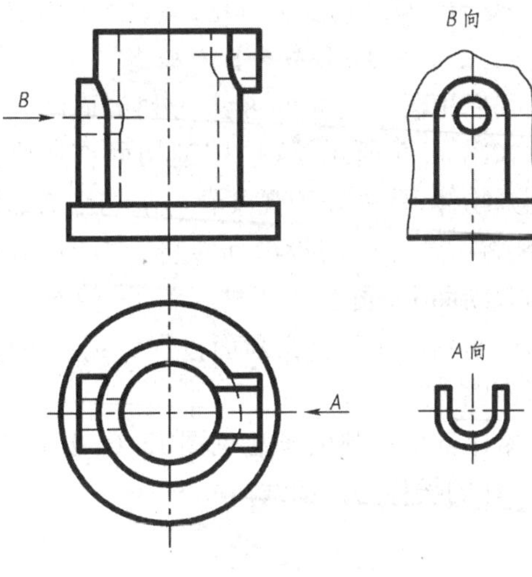

图 13-2 形体的局部视图

三、斜视图

当形体的某些表面倾斜于基本投影面时，在基本投影面上的投影就不能反映这部分的真实形状。为此采用换面法，增设一个平行于构件倾斜表面的辅助投影面，在该投影面上倾斜部分的投影反映实形，称为斜视图。斜视图的标注方法与局部视图相同。

斜视图一般按投影关系配置，必要时也可平移到其他地方，在不致引起误解时允许将图形旋转，其标注形式为"×向旋转"，如图 13-3 所示。

四、镜像视图

某些工程体当用直接正投影法绘制不易表达清楚时，可采用镜像正投影法绘制，但应在图名后注写镜像二字，如图 13-4 所示。

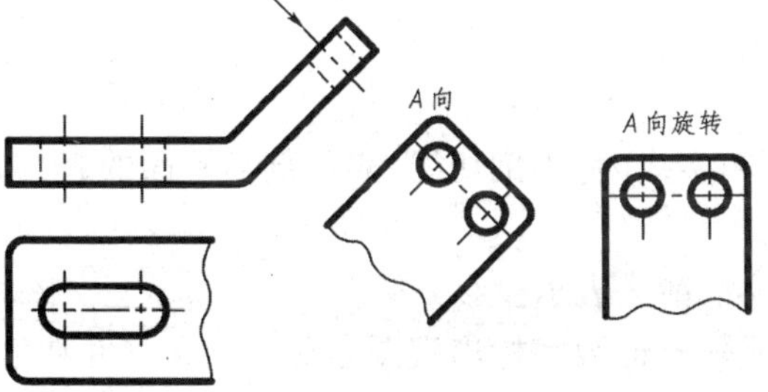

图 13-3 形体的斜视图

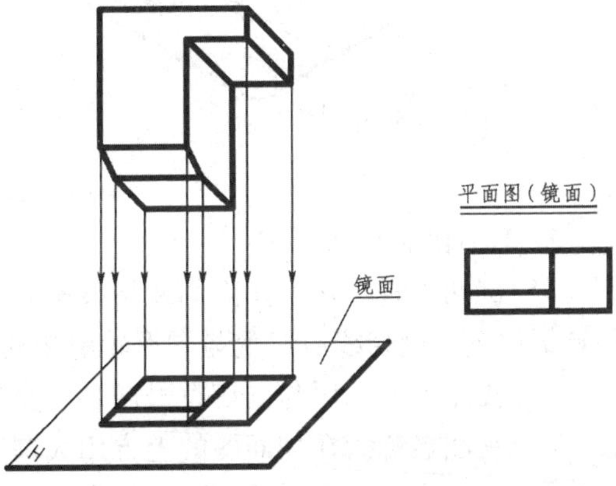

图 13-4 镜像视图

第二节 剖面图和断面图

一、基本概念

基本视图和辅助视图在表达形体内部和后部等不可见结构时，用虚线画出。如图 13-5 所示。当形体结构复杂，层次增多时，虚线也随之增多，虚线与实线互相重叠或交织，层次不清，给读图和标注尺寸带来困难，因此在实际工程中采用剖面图和断面图来表达形体的内部及不可见结构，使不可见结构变为可见，使虚线变为实线。

1. 剖面图、断面图的基本概念

我们用假想剖切的方法得到剖面图和断面图。如图 13-5 所示，假想用剖切面在适当的位置剖开物体，移去处于观察者与剖切平面之间的部分，将剩余部分向投影面投影，在所得到的视图的截断面上，画上剖面材料符号，这样的视图称为剖面图。而只将截断面投影得到的图形，称为断面图。

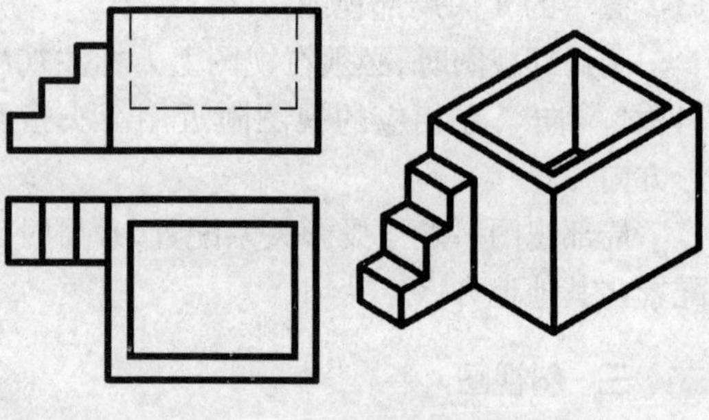

图 13-5　工程形体的视图

常用剖面材料的画法见图 13-6，当不指明材料时，用相互平行、间距相等的 45°细实线画出，这样的线称为剖面线。

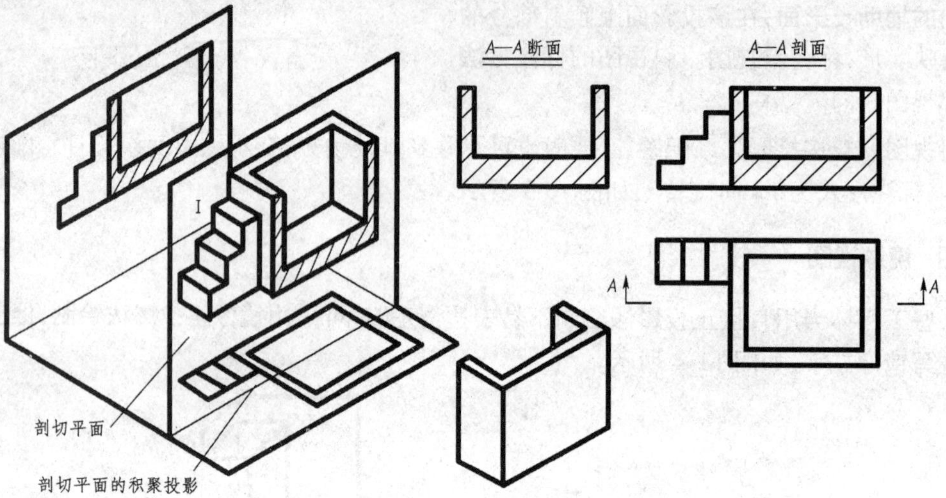

图 13-6　剖面图的概念

2. 剖面图的标注

(1)剖切位置。在剖切面的积聚投影处，用短粗实线(称为剖切线)表示剖切平面的起、迄和转折位置。剖切线应避免与图形轮廓相交。

(2)投影方向。用与剖切符号两端相交的细实线箭头表示投影方向。

(3)视图名称。在剖面图的上方用大写字母或阿拉伯数字标出视图名称“×-×”，并在剖切符号的两边注上相同字母或数字。同时有几个剖视图时，则其名称应按字母或数字顺序排列，不得重复。

剖面图一般都要标注。但当视图按投影关系配置，中间没有其他图形隔开时，可以省略箭头。当剖切平面与形体的对称平面重合，且剖面图按投影关系配置，中间没有其他图形隔开时，可以省略标注。

3. 画剖面图应注意的问题

(1)剖切是假想的，除剖面图要剖开画上孔洞、槽等内部结构外，其余视图应按没有剖切完整画出，如图 13-6 所示，其平面图完整画出。

(2)剖切平面一般要过形体的对称平面或轴线，且平行剖面图所在的投影面，必要时也可用投影面垂直面或柱面作剖切面。

(3)在剖面图上,对于已经表示清楚的结构,其虚线省略不画。

(4)同一物体的各剖面图的剖面材料符号必须一致,且 45°斜线方向一致,间距相同。

(5)剖面图中的可见轮廓线分为两部分,一部分为截断面的投影,一部分为剖切平面后面物体可见结构的投影。后者的图线很容易漏画,要注意防止。

二、剖面图的种类及适用条件

1. 按剖切范围分类,剖面图可分为全剖、半剖、局部剖三类。

(1)全剖面图

用剖切面完全剖开物体,得到的剖面图称为全剖面图,如图 13-7 所示。全剖面图主要用于内形复杂、外形简单且在剖面图的投影方向没有对称平面的物体。

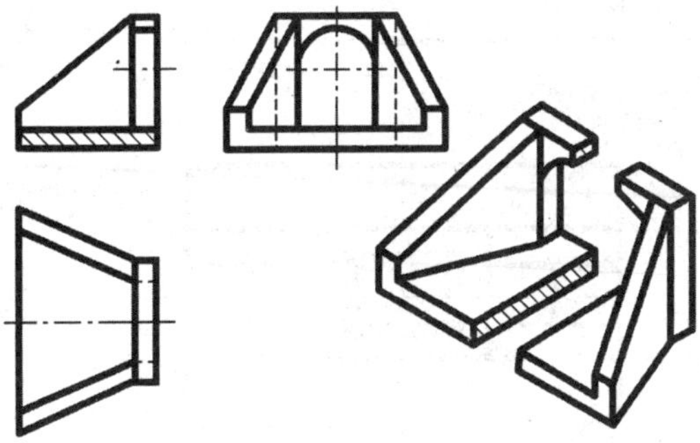

图 13-7　工程形体的全剖面图

(2)半剖面图

当物体具有对称平面时,在垂直于对称平面的投影面上的投影,以对称中心线(点画线)为界,一半画外形视图,一般画剖面图,这样合成的图形称半剖面图,如图 13-8 所示。

半剖面图主要用于内、外形状都比较复杂、需要表达,且具有对称平面的物体。图 13-9 为独立基础的视图,由于基础在前后、左右都具有对称平面,所以,它的立面图、侧面图采用半剖面图。各剖切平面过对称平面,所以省略了标注。

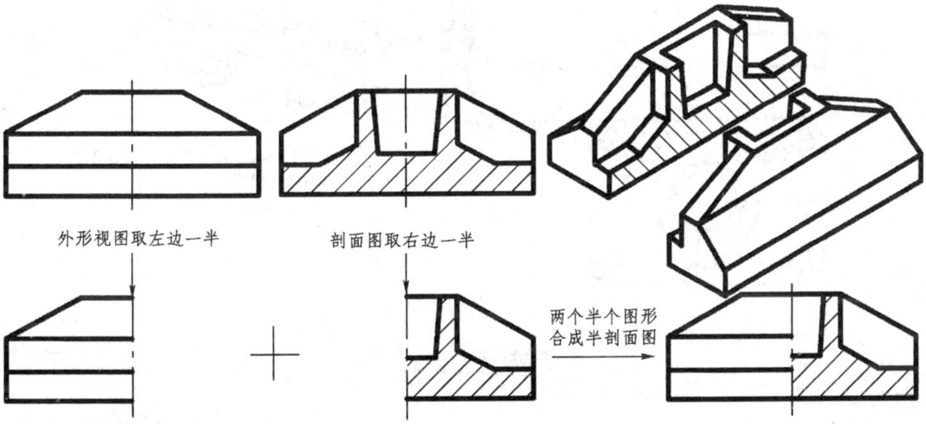

图 13-8　半剖面图的形成

注意:①剖面图与外形视图以点画线为分界线,若物体在对称平面处有轮廓线,则不能采用半剖面图。习惯把外形视图画在视图的左边或上边,如图 13-10 所示。②由于半剖面图表达的物体内、外结构形状都是对称的;所以,对在外形视图中已表达清楚的结构,在剖面图中不再画虚线;反之也一样。③半剖面图的剖切方法同于全剖面图,所以,标注方法也与全剖面图完全相同。

(3)局部剖面图

用剖切面剖开物体的一部分,投影所得到的视图称局部剖面图。局部剖面图的剖切范围用波浪线表示。由于局部剖面图的剖切位置明显,所以一般不标注,如图 13-11 所示。

局部剖面图的剖切位置、剖切范围可根据需要决定,且不需要物体有对称平面,应用灵活。一般用于物体上只有局部内形需表达,而不必采用或不宜采用全剖面图的情况。

表示剖切范围的波浪线是假想的材料断裂线,它不应穿过视图的孔洞,或超出视图的轮廓线,也不能用其他图线代替或是其他图线的延长线。

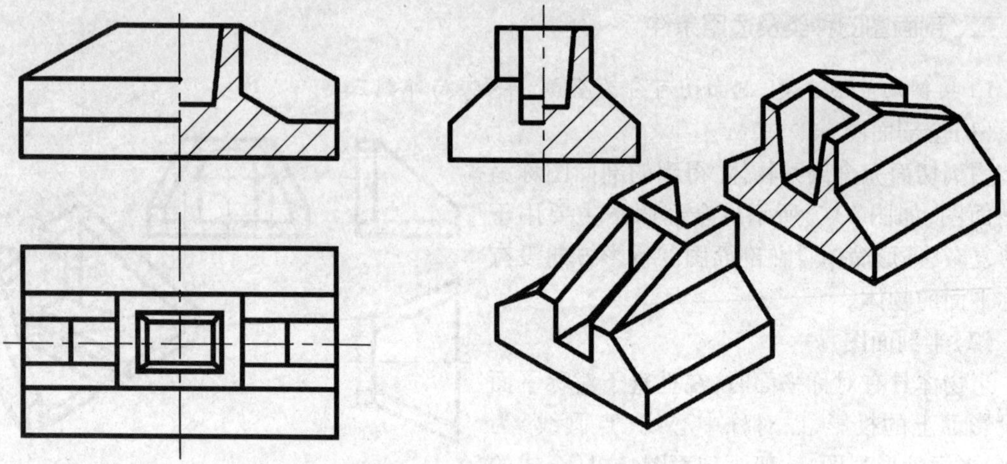

图 13-9　独立基础的半剖面图

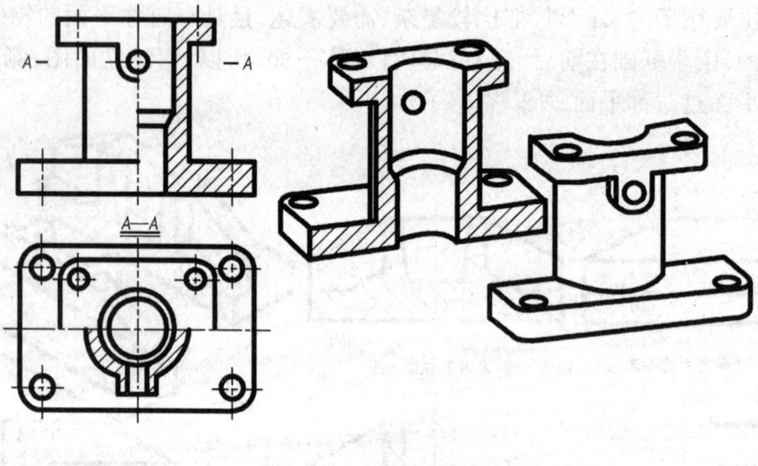

图 13-10　机件的半剖面图

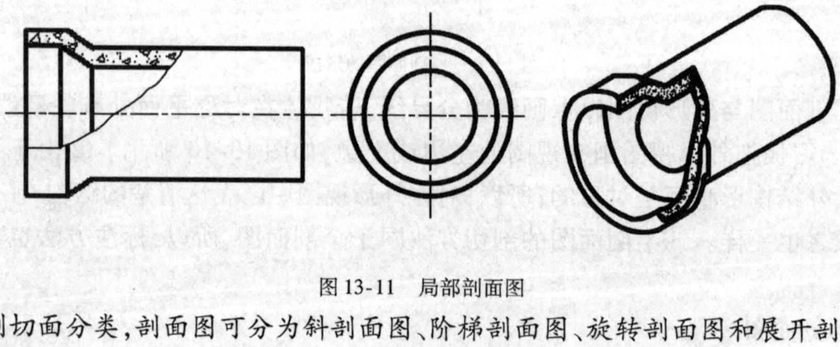

图 13-11　局部剖面图

2. 按剖切面分类,剖面图可分为斜剖面图、阶梯剖面图、旋转剖面图和展开剖面图等。

(1)斜剖面图

用不平行于任何基本投影面的剖切平面剖开物体所得到的剖面图,称斜剖面图。

画斜剖面图时，在不致引起误解的情况下，允许将图形旋转，标注形式为“×-×旋转”，如图13-12斜剖面图。

(2)阶梯剖面图

用两个以上相互平行的剖切平面剖开物体所得到的剖面图，称阶梯剖面图。如图13-13所示，物体的水平及铅垂圆柱孔轴线不在同一正平面内，正立面图采用了两个剖切平面的阶梯剖面图。

阶梯剖面图必须标注视图名称、剖切位置。在剖切面的起讫和转折处用相同的字母标出。但当转折处位置有限，又不致引起误解时，允许省略字母。

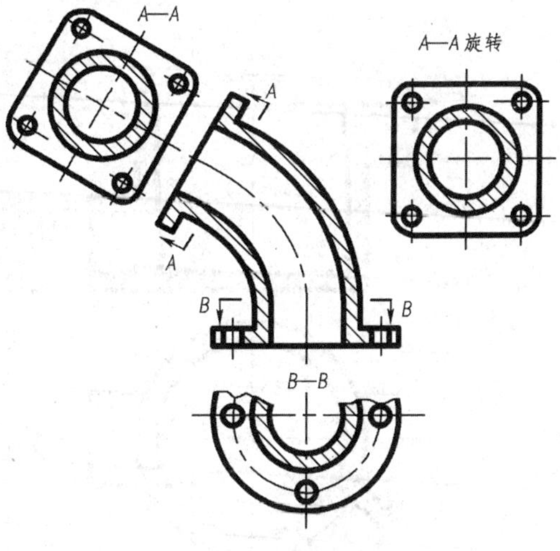

图13-12 斜剖面图

两剖切平面剖切范围的选择不应剖出不完整结构(如剖出部分孔洞等)，但两结构如有公共对称平面，则可将转折选在对称平面处，如图13-14所示。注意，剖切位置线转折处不能与图上的轮廓线重合。由于剖切是假象的，所以规定阶梯剖面图上不画出剖切平面转折处的投影。

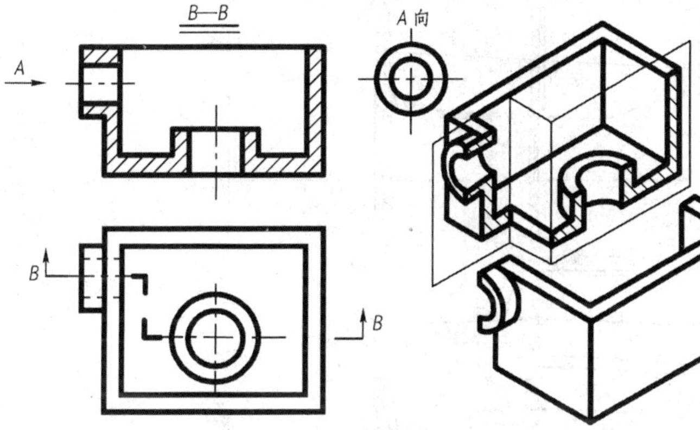

图13-13 阶梯剖面图

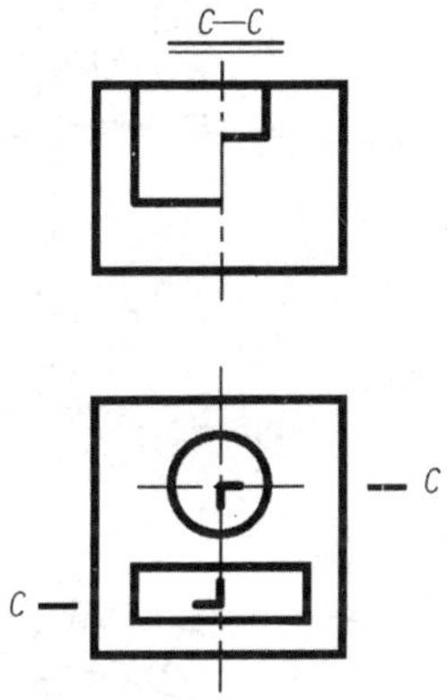

图13-14 具有公共对称平面结构的阶梯剖面图

(3)旋转剖面图

用两个相交的剖切平面(两剖切平面垂直同一投影面)剖开物体，并将不平行选定投影面的剖切平面及它所剖切到的结构旋转到平行于选定投影面的位置，再进行投影，这样得到的剖面图称旋转剖面图。旋转剖面图只适用于具有公共回转轴的结构，如图13-15所示。物体剖开后，将左侧的矩形槽旋转到剖切平面平行于正立投影面的位置后再进行投影。

旋转剖面图必须标注剖切位置，投影方向，在它的起讫和转折处，标注相同字母。与阶梯剖面图一样，转折处的字母也可省略。

(4)展开剖面图

有些工程构造物的某部分中线是弯曲的，比如弯桥、道路的拐弯处。为了在立面图上把这部分表达清楚，采用过中线、垂直于地面的柱面剖开工程体，并将其展开(拉直)后再进行投影。图13-16为一弯桥，其立面图采用的是展开半剖面图。

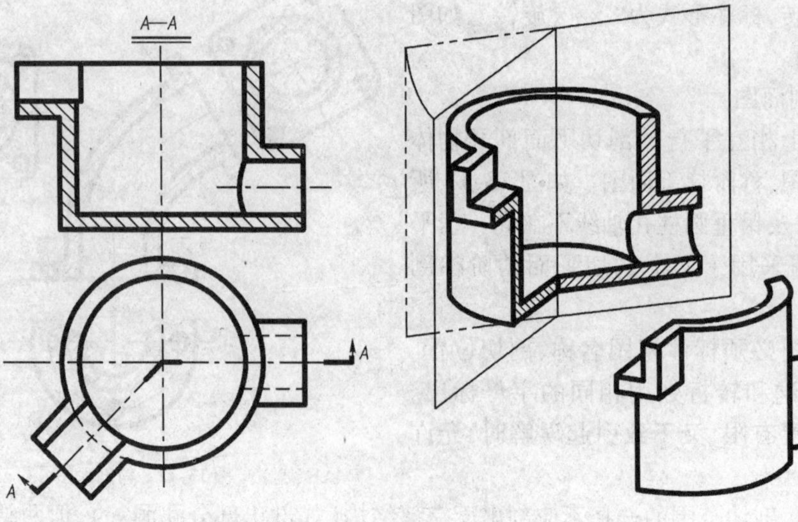

图 13-15　旋转剖面图

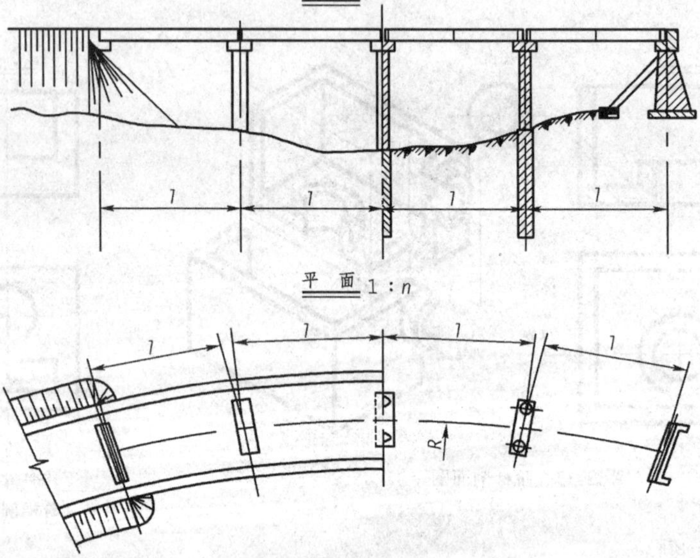

图 13-16　弯桥的展开半剖面图

三、剖面图的尺寸标注

采用了剖面图以后的尺寸标注方法、原则同组合体的尺寸标注，但由于采用剖面图以后，外形和内形基本是分开用视图表达，半剖面图的表达更具有它的独特性。所以，剖面图的尺寸标注（图 13-17），也有不同于组合体尺寸标注的地方：

（1）形体内形尺寸和外形尺寸分开标注于不同的位置。

（2）半剖面图中，某些对称结构只画出了一半轮廓，这时，尺寸线标注长度必须略超过对称中心线，尺寸起止符号仅在尺寸线一端画出。

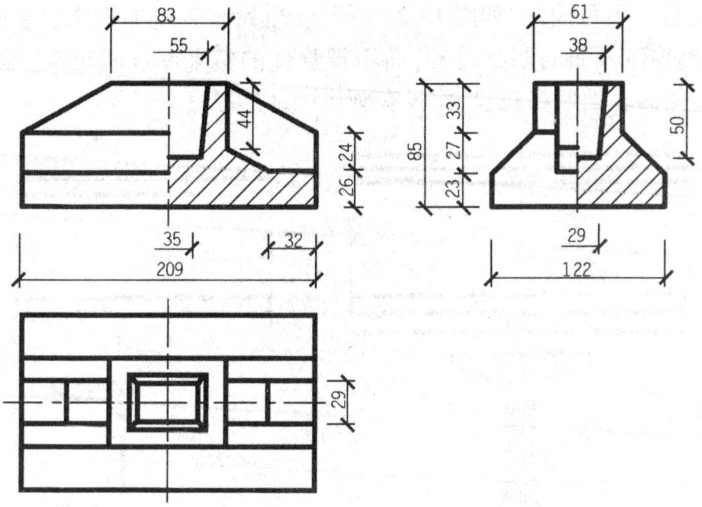

图 13-17　剖面图的尺寸表注(尺寸单位:cm)

四、断面图

断面图表达的是物体某处的截断面形状,主要用于整体或局部为长条状的物体。按断面图配置的位置不同,分为移出断面、重合断面两种。

1. 移出断面

移出断面画在视图图形之外,并应尽量配置在剖切位置的延长线上。必要时也可配置在其他适当的位置,并根据需要允许将主要轮廓线倾斜的断面图旋转。

图 13-18 所示梁的 *A—A*、*B—B* 断面图按投影关系配置;图 13-19 所示的断面图配置在剖切位置的延长线上。13-19a)为对称结构的断面图剖切位置用点划线表示,不需标注投影方向、名称。13-19b)图为不对称结构的断面,标注省略了名称。

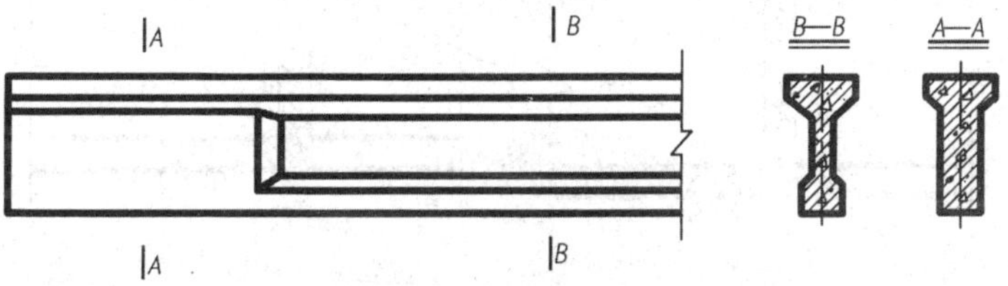

图 13-18　移出断面图

移出断面的标注:

(1)剖切位置、名称的标注同于剖面图,投影方向则以拉丁字母(或数字)注写在剖切线的那一侧来表示。如图 13-18 所示,字母 *A*、*B* 标注在剖切线的右方,表示 *A—A*、*B—B* 两断面图是从左往右投影得到的。

(2)断面图配置在剖切位置的延长线上,可省略名称;当图形同时又对称时,剖切位置用细点画线表示,如图 13-19a)所示。当图形不对称时,需标注投影方向,如图 13-19b)所示。

(3)对称的断面图画在视图轮廓的中断处时,可不标注,如图 13-20 所示。

2. 重合断面图

画在视图轮廓内的断面图称为重合断面图,如图 13-21a)所示。

重合断面的轮廓用细实线画出,当重合断面的轮廓线与视图轮廓线重叠时,按视图轮廓线画出(即按粗实线画),不可间断,如图 13-21 所示。当只需表达工程体的表面装饰花纹时,在重合断面中仅画出物体表面的凹凸轮廓,而不把物体的整个厚度画出来。如图 13-21c)中的断面图,只画出墙体的表面凹凸花纹,而没有画出墙体的厚度

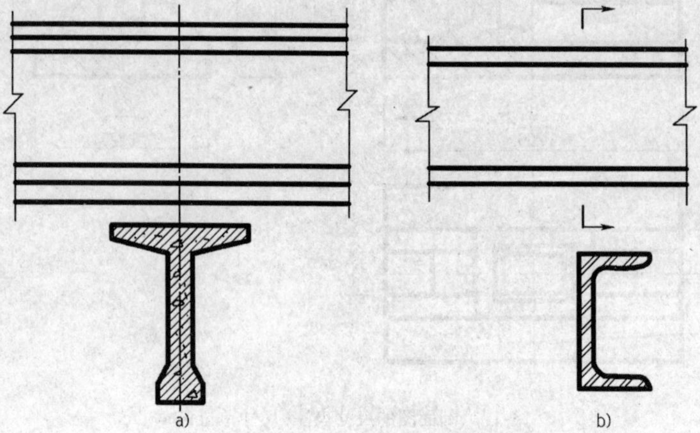

图 13-19　置于剖切位置延长线上的移出断面图

a)对称的断面图;b)不对称的断面图

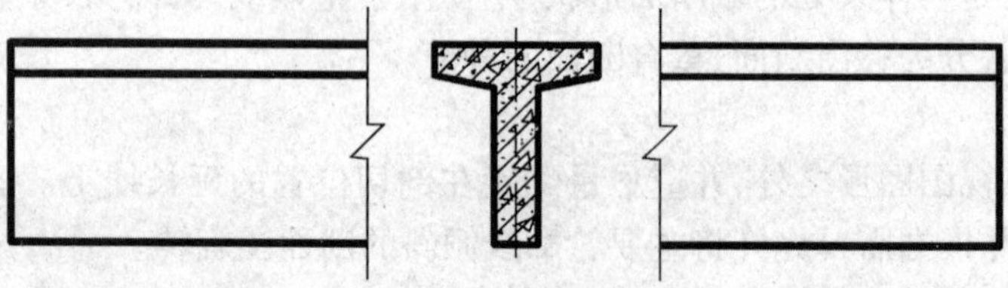

图 13-20　中断断面

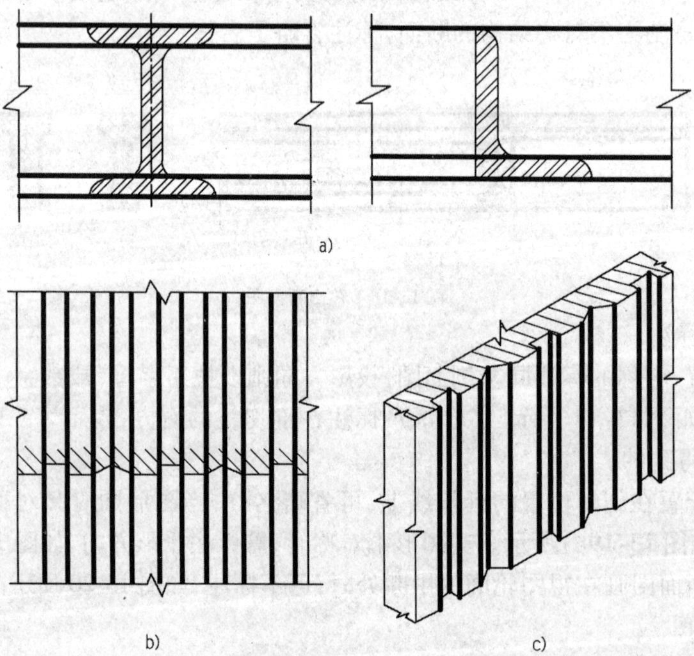

图 13-21　重合断面图

第三节　工程形体的剖面图

工程形体视图读图的基本方法与组合体的读图方法基本一致，仍然是形体分析法和线面分析法，但工程形体的形状结构比组合体复杂，所采用的表达方法也更复杂和多样化，读图要综合运用各种视图、剖面图、断面图和一些针对工程形体特点的规定画法和简化画法（本章第四节中有叙述）方面的知识、概念，读图难度更大。在读图过程中，注意掌握工程体的形状特点和对应的表达方法的应用以及读图的思维方法和步骤。

【例 13-1】 图 13-22 是一工程形体的一组视图。该形体前后对称，右边为箱体结构，左边前中后位置有三块加劲板。正立面图采用全剖，反映空腔的形状及隔墙上方孔的形状位置。剖切位置从箱体前面的空腔剖开，因为对称平面处是一块实心板，所以剖切平面未过形体的对称平面。虚线反映位于后面的不可见板，此板的正立面图是它的特征视图，如果不画，依靠其他两面视图难以反映其真实形状。左侧立面图由于物体有对称平面，故采用半剖。平面图采用了局部剖，以反映隔墙上的方孔。

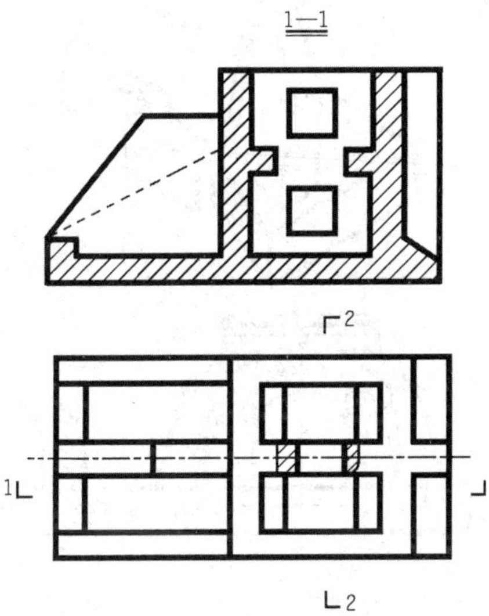

图 13-22　工程形体的表达方案

【例 13-2】 涵洞进出水口表达方案。如图 13-23 所示，洞口部分由八字墙、端墙及基础部分组成。形体前后对称，立面图采用沿对称平面剖切的全剖，它反映了洞身、基础、端墙八字墙之间的位置关系和形状。平面图采用半剖，反映洞身、基础、端墙八字墙的外形和水平方向的相互位置关系。左立面图显示了端墙、八字墙的形状和在立面的相互位置关系。*D*—*D* 断面图表达了洞身及基础的构造。为了清楚地表达基础部分的形状及标注尺寸，采用了底面图；基础以上已在其他视图表达清楚，为了更好地表达基础形状，此处没有画出其他不可见部分的虚线投影。此外，八字墙的结构较复杂，所以采用了两个断面图 *B*—*B* 和 *C*—*C*，一方面表达八字墙的结构形状及与基础的关系，另一方面便于施工放线。

【例 13-3】 读图13-24滤池。该滤池是由浑水渠、池体、滤水槽、排水渠及洗水槽五部分组成。图13-24是滤池的一组视图。正立面图为局部剖面图。剖切范围用波浪线表示，未剖切部分表示了滤池下部滤水槽的外形。图中由平面图与正立面图对照看，剖到了浑水渠及渠底的进水圆孔，池体及滤水槽左壁的穿墙圆孔，洗水槽（三条的中间一条），排水渠及渠底的圆孔等。

左侧立面图为1-1全剖面图，用两个平行的侧平面作剖切平面，剖到了浑水渠、池体，洗水槽，显示了渠底、渠壁、滤水槽、池壁的厚度，内空大小以及水池左壁上的矩形进水孔的形状与位置；水池右壁上的五边形冲洗排水孔等。

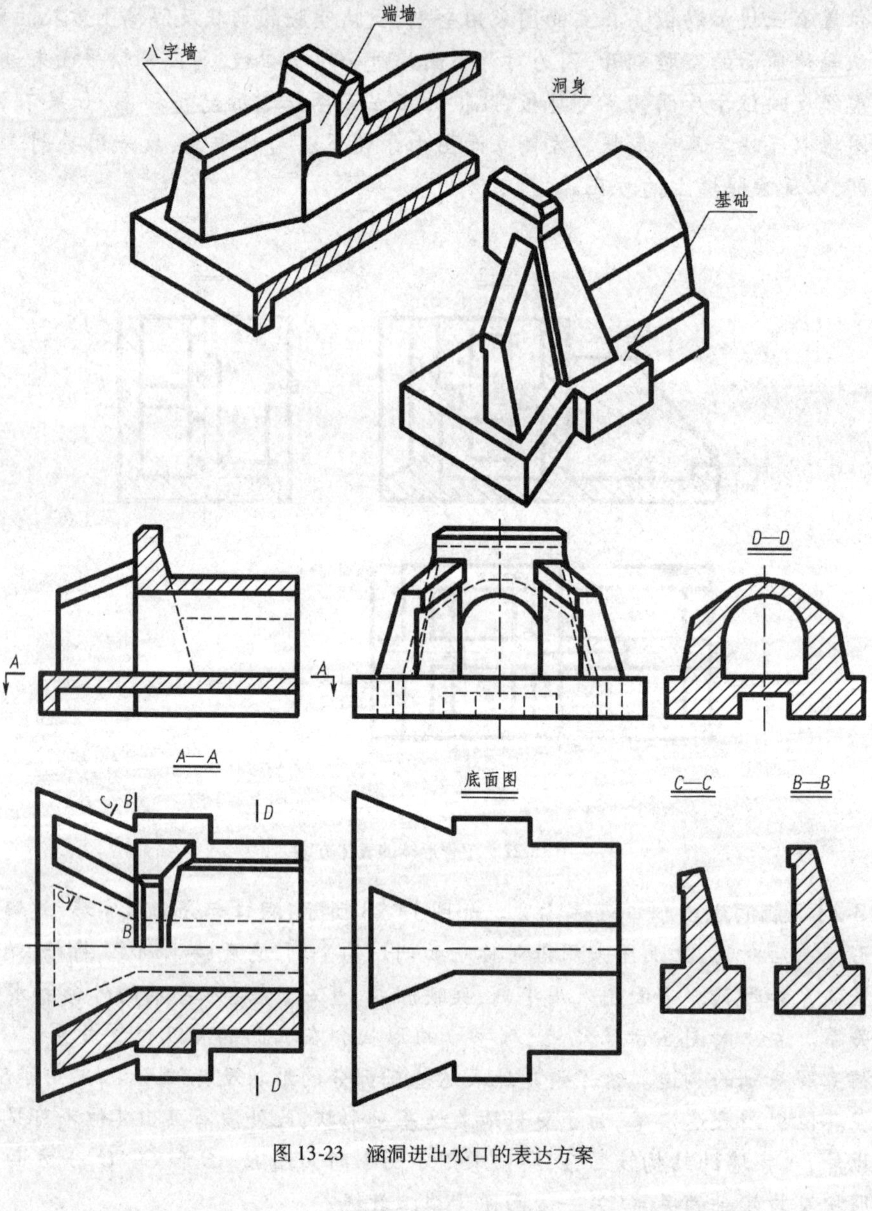

图13-23　涵洞进出水口的表达方案

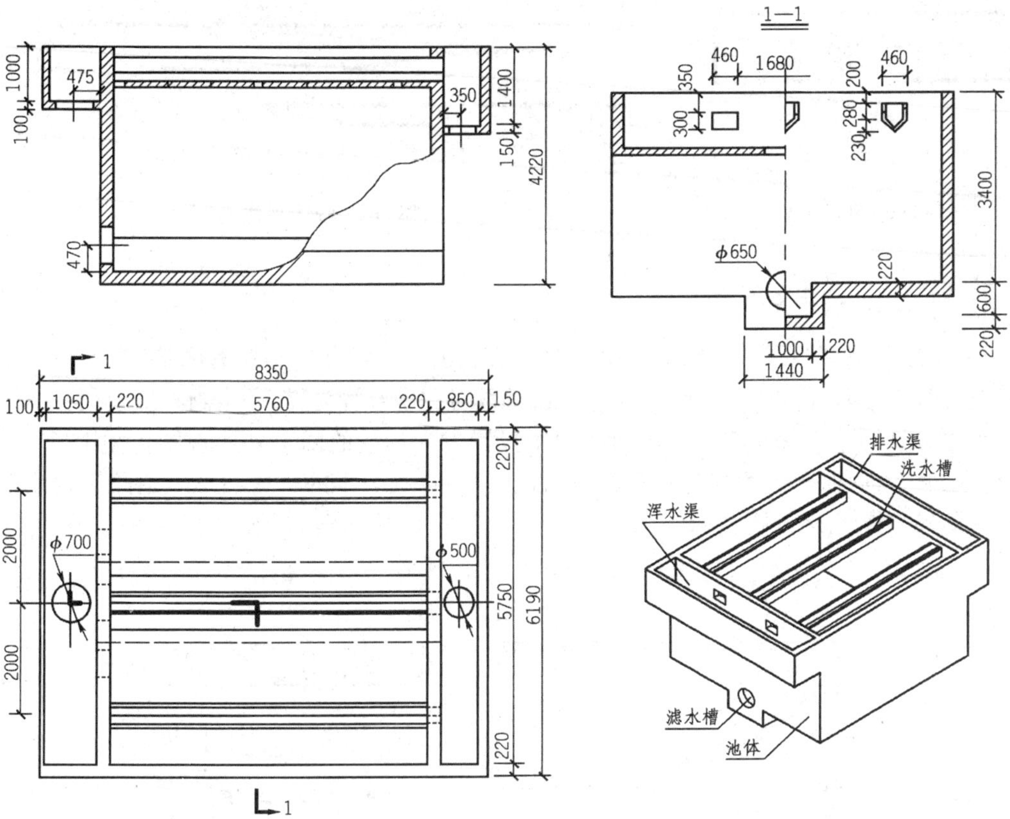

图 13-24　滤池(尺寸单位:mm)

第四节　简化画法和规定画法

在工程实际中,为了使表达更清晰及在清晰的前提下作图更简便,除了上述的各种表达方法外,还采用了一些规定画法和简便画法。

一、形体的断裂线画法、断开画法及连接画法

当只需要表达形体的某一部分时,为了简化作图,将不需要表达的部分假想断开不画,一般用折断线或波浪线表示假想的断裂线,折断线超出轮廓线约 2 ~ 3mm。波浪线不能超出轮廓线。有的断裂线画法与材料和形状有关,如图 13-25 所示。

当形体较长,且在长度方向断面形状无变化或按一定规律变化时,将形体中间断开缩短画出,两条折断线应等长,且成对地布置,间距为 4 ~ 5mm,如图 13-26 所示。

较长的图形允许分成两部分绘制,用折断线和大写拉丁字母表示相连,如图 13-27所示。

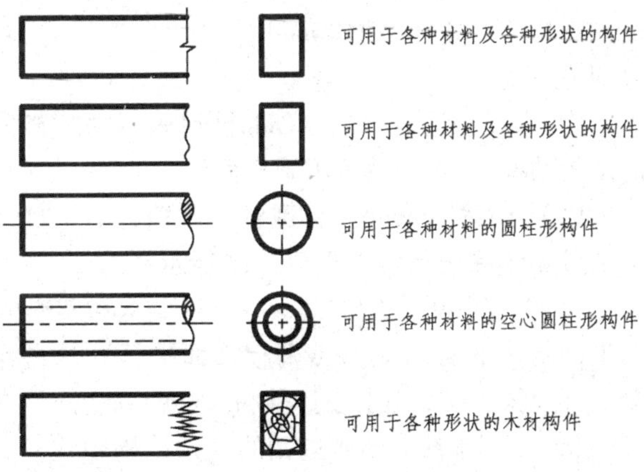

图 13-25　断裂线画法

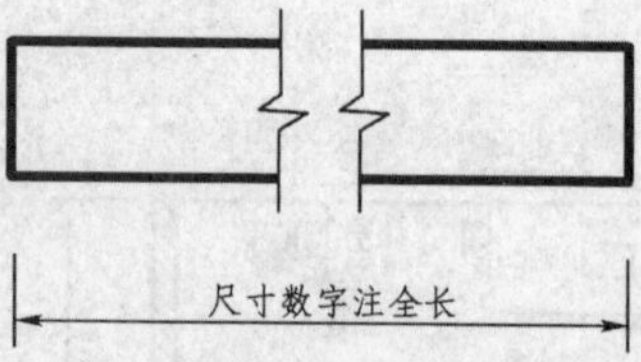

图 13-26　断开画法

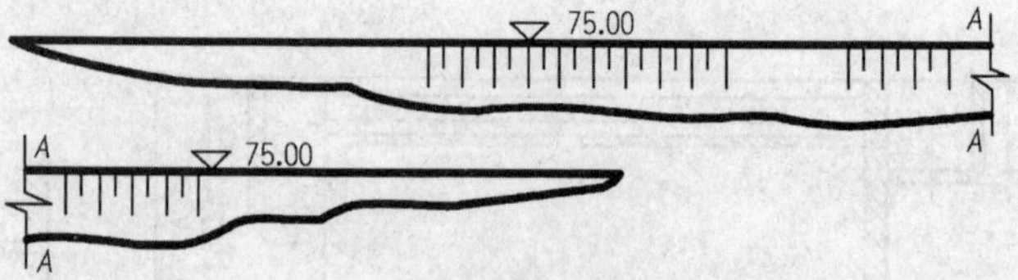

图 13-27　连接画法

二、对称图形的简化画法

对称图形可采用绘制一半或 1/4 图形的方法表示。在对称中心线的两端，可标注对称符号，见图 13-28 对称图形的简化画法(一)。也可以对称中心线为界，一半画外形视图一半画断面图；也可分别画两个不同的 1/2 断面或两个投影方向相反的两个外形视图。图 13-29 为重力式桥台，其台前图、台后图即为左立面图、右立面图各画一半的合成图形。道路工程制图规定，除整体布置图外，在图形的图名前应标注"1/2"或"1/4"字样，如图 13-23 所示。

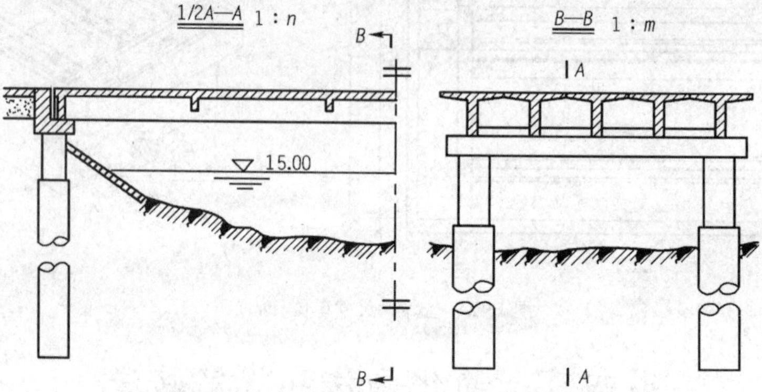

图 13-28　对称图形的简化画法(一)

三、剖面、断面的画法规定

(1)对较大面积的断面，可只在一处或几处画出材料，而不用画满整个断面。如图 13-29 所示。

(2)如果断面图内有轮廓线与基本轴线成 45°，则将剖面线改画成 30°或 60°；而当断面图形在图样上的宽度小于 2mm 时，可用涂黑代替剖面线，但相邻剖面之间必须留有间隙，如图 13-30a)所示。

(3)两个以上构件的相邻断面可画不同倾斜方向或不同间隔的剖面线。在满足图形表达清楚的情况下，断面也可不画剖面线。

(4)当工程形体被土体或锥坡遮挡看不见时，可看作将土体或锥坡移开，被遮挡的工程形体以可见轮廓线画出，如图 13-28 所示。

(5)对于构件上的加劲板等薄壁结构和实心的轴、杆、梁等长条形构件，如果纵向剖切(剖切平面与其轴线、中心线或薄板板面平行)，这些结构都按不剖处理，用粗实线将它与邻接部分隔开。图 13-31 为实心杆件和薄壁的剖切。

(6)当用虚线表示被遮挡的复杂结构图线时，应仅绘制主要结构或离视图较近的不可见图线。

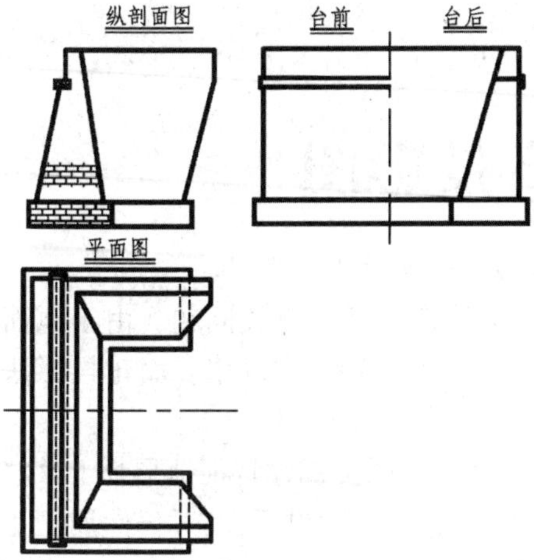

图 13-29　对称图形的简化画法(二)

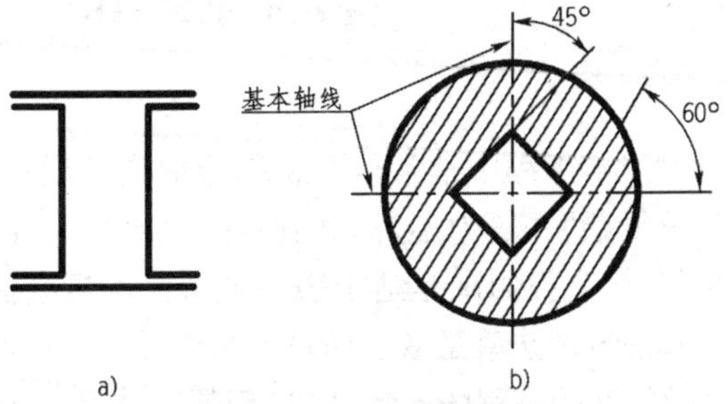

图 13-30　剖面线的特殊情况

a)涂黑代替剖面线;b)有轮廓线呈 45° 时剖面线画法

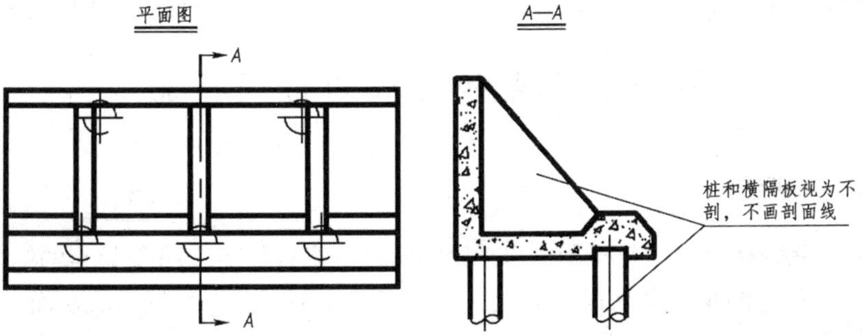

图 13-31　实心杆件和薄壁的剖切

第十四章　标高投影图

在土木工程中常常需要绘制地形图，以便于在图纸上描述和解决有关问题。由于地面的形状很复杂，一般为不规则的曲面，且水平尺寸与高度尺寸相差很大，难以用多面正投影法表达清楚，标高投影法是适于表示地形面和复杂曲面的一种投影方法。

标高投影法就是取三面正投影中的水平投影图；在水平投影图上加注特征地形物上某些特殊点、线、面的高程的方法，以高程数字代替立面图的作用。它是一种单面投影，仍然属于正投影，高程数字称为高程或标高，高程以米为单位，在图上无需注明。在土木工程图上一般采用与测量相一致的标准海平面作为高程基准面，目前，我国采用的是“1985 国家高程基准”。为了根据标高投影确定物体的形状和大小，在标高投影图上必须注明绘图比例或画出图示比例尺。

第一节　点和直线的标高投影

一、点的标高投影

在点的水平投影旁，标注出该点距离水平投影面 H 的高程数字，即得到该点的标高投影。选择水平投影面 H 作为基准面，设其高程为零，当一点高于 H 面时，高程为正；低于 H 面时，高程为负；H 面上的点的高程为零。如图 14-1 所示，设空间三个点 A、B、C，其水平投影为 a、b、c，在各点水平投影对应字母的右下角标上各点距离水平面的高程数字 4、0、-2，这些数字称为各点的高程。

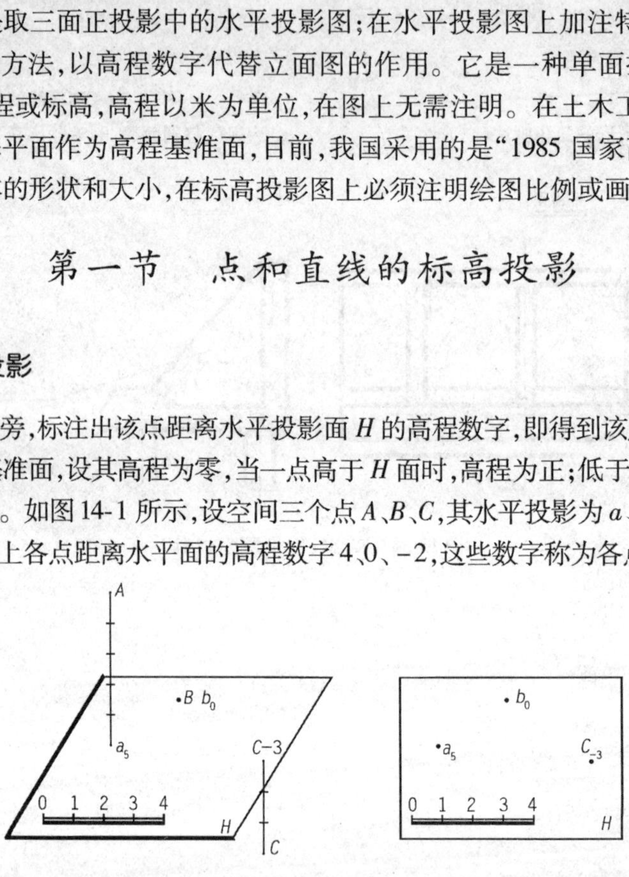

图 14-1　点的标高投影

二、直线的标高投影

1. 直线的表示法

(1)两点确定直线，即通过直线上两点的标高投影确定直线，如图 14-2 示直线 AB 和 CD，它们的标高投影分别为 a_2b_4 和 c_2d_6，其中 CD 为铅垂线。

(2)直线上一点的标高投影及直线的坡度和方向。如图 14-2 所示，过 E 点的直线，由 e_2 可确定 E 点的空间位置，在包含过 E 点这条直线的铅垂面内，按着 H 面投影上箭头所指出的下降方向(一般箭头指向下坡)，根据坡度 $i=1$ 就可以唯一地确定这条直线的空间位置。

(3)水平线因平行于 H 面，水平线上所有点的高程都相同，所以水平线称为等高线。等高线只要画出它的 H 面投影并注明其高程数，也就可以唯一地确定该等高线的空间位置。如图

14-2 所示直线 FG。

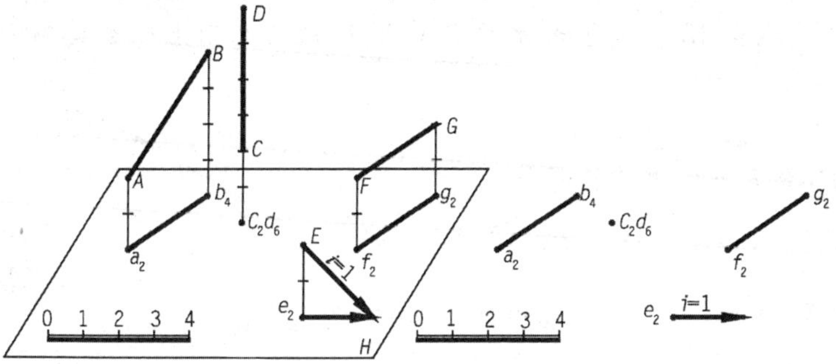

图 14-2 直线的标高投影

2. 直线的实长及确定整数高程点

在标高投影中求直线的实长，仍然采用正投影中的直角三角形法。如图 14-3 所示，以直线的标高投影为一直角边；直线两端点的高程差为另一直角边，作直角三角形，该直角三角形的斜边为直线的实长，α 角为直线对基准面 H 的倾角。

在实际工作中常遇到直线的两端点的高程数字并非整数，需要在直线的投影上定出各整数高程点，这些整数高程点称为刻度。如图 14-4 所示，已知直线 AB 的高程投影 $a_{3.5}b_{6.7}$，求直线 AB 上的整数高程点，作图方法是在高程投影 $a_{3.5}b_{6.7}$ 的一侧作五条任意等距与 $a_{3.5}b_{6.7}$ 平行的平行直线，令最下一条为 3 个单位，令最上一条为 7 个单位，分别过 $a_{3.5}$ 和 $b_{6.7}$ 作 $a_{3.5}b_{6.7}$ 的垂线，在垂线上分别按其高程数字 3.5 和 6.7 定出 A、B 两点。连接 AB，AB 与各平行线的交点 IV、V、VI 即为直线上的整数高程点。再把它们返回到直线的高程投影 $a_{3.5}b_{6.7}$ 上，即得直线上的各整数高程点的投影。如各平行线间距采用单位长度，还可以同时求出直线 AB 的实长和直线对基准面 H 的 α 倾角。

3. 直线的坡度和平距

如图 14-3 所示，直线上任意两点之间的高度差和它们的水平距离（水平投影长度）之比称为直线的坡度，用符号 i 表示。

$$i=\frac{\text{高度差}}{\text{水平距离}}=\frac{H}{L}\tan\alpha$$

上式表示两点间的水平距离为 1 个单位（m）时两点的高度差即等于坡度。

当两点间的高度差为 1 个单位（m）时两点间的水平距离称为平距，用符号 l 表示。

$$l=\frac{\text{水平距离}}{\text{高度差}}=\frac{L}{H}\cot\alpha$$

由此可见，平距是坡度的倒数，坡度大则平距小，坡度小则平距大。

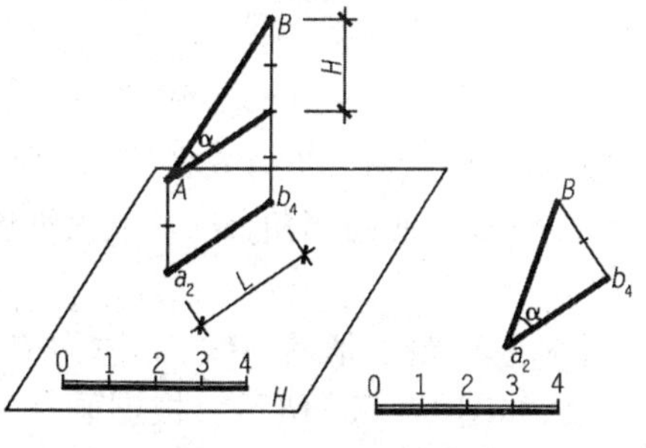

图 14-3 直线的实长及倾角

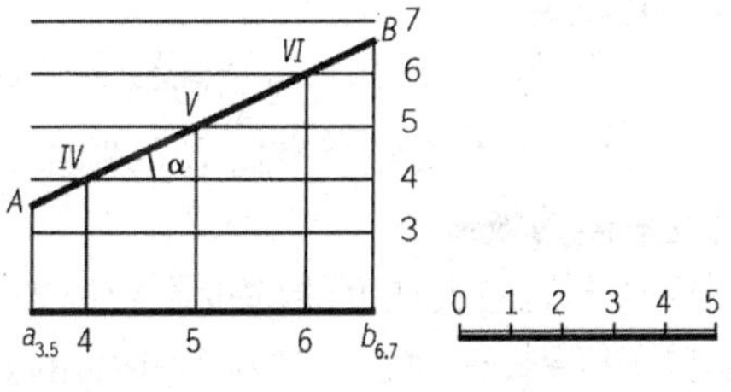

图 14-4 直线的整数高程点

【例 14-1】 求图 14-5 所示直线 AB 的坡度与平距，并定出该直线上高程为 4.3 的 C 点。

解：应先求出直线段 AB 的高差和水平距离 H、L，然后利用上述公式确定直线的坡度与平距。

$H=7.3-3.3=4$

$L=8$（注：按比例尺在图上量取得到）

$i=\frac{H}{L}=\frac{4}{8}=\frac{1}{2}$　　　　$l=\frac{1}{i}=2$

$H_{AC}=7.3-4.3=3$　　　　$L_{AC}=H_{AC}\div i=6$

在图上按比例尺量取 $L_{AC}=6$ 即得 C 点。

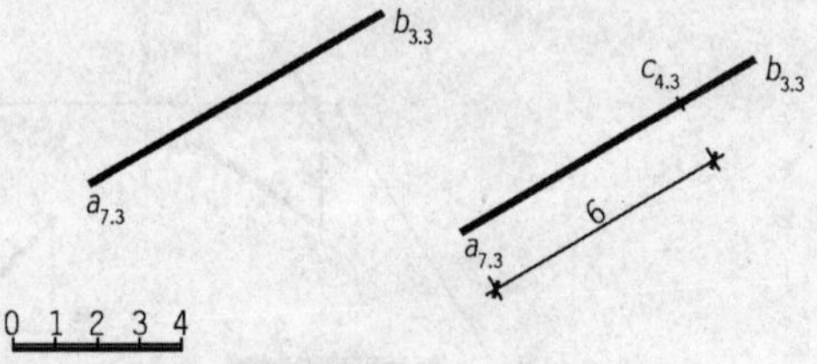

图 14-5　直线的坡度和平距

第二节　平面的标高投影

一、平面的等高线和坡度比例尺

1. 等高线

平面上的水平线称为等高线，在实际应用中常取平面上整数高程的水平线为等高线。并把平面与基准面（H 面）的交线作为高程为零的等高线。

图 14-6 表示平面上等高线的高程投影。平面上的等高线具有以下特性：

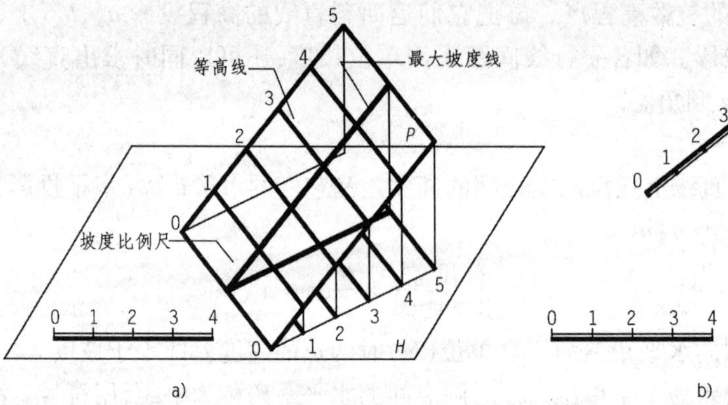

图 14-6　平面的等高线和坡度比例尺

（1）等高线是直线；

（2）等高线互相平行；

（3）等高线平距相等。

2. 坡度比例尺

如图 14-6a）所示，平面上与等高线垂直的直线称为最大坡度线（即第五章中对 H 面的最大斜度线）。最大坡度线对基准面 H 的倾角，即表示平面对基准面的倾角（α）。最大坡度线的坡度就代表平面的坡度。

将平面 P 上的最大坡度线的投影附以整数高程，并画成一粗一细的双线，标注为 P_i，使与一般直线有所区别，这种表示法称为平面的坡度比例尺，如图 14-6b）所示。根据画法几何中直角投影定理，标高投影中平面上的坡度比例尺与等高线垂直。坡度比例尺上的刻度间距就是等高线的平距。

二、平面的常用表示法

1. 几何元素表示平面与正投影相同,具有以下五种表示方法:

(1)不在同一直线上的三个点;

(2)一条直线和直线外一点;

(3)相交两直线;

(4)平行两直线;

(5)任意的平面图形。

2. 坡度比例尺表示平面

如图 14-7 所示,根据平面上的坡度比例尺与等高线垂直的关系,在标高投影中平面的坡度比例尺的位置和方向一旦确定,平面的位置和方向随之而定,平面上的等高线也相应确定。

3. 一条等高线和平面的坡度表示平面

根据平面上的一条等高线可以确定平面的最大坡度线的方向,即平面的方向。由于平面的坡度已知,则平面的位置和方向就确定了。如要求平面上的等高线,先利用坡度得等高线的平距,然后作已知等高线的垂线,按图中比例在垂线上截取平距,过这些点作已知等高线的平行线即为所求等高线,如图 14-7 所示。

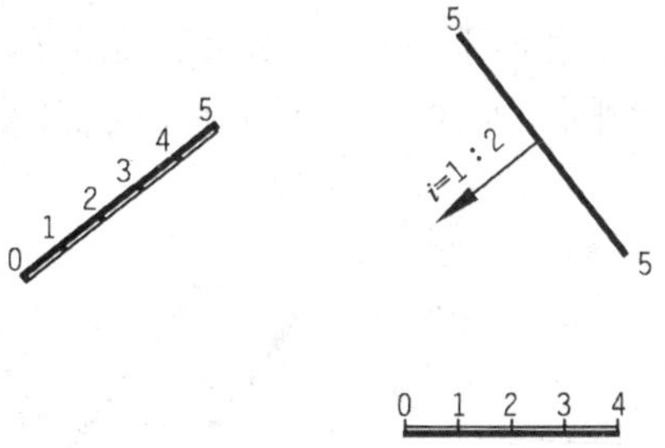

图 14-7 坡度比例尺和等高线表示平面

4. 一条非等高线和平面的坡度表示平面

过一条直线可以作无数个平面,然而在平面的坡度和倾斜方向确定后,包含该直线的平面就唯一确定。如图 14-8a)所示,图中的箭头只是表示平面大致向直线的某一侧倾斜,并不表示平面的准确坡度方向,因此,将它画成带箭头的虚线。

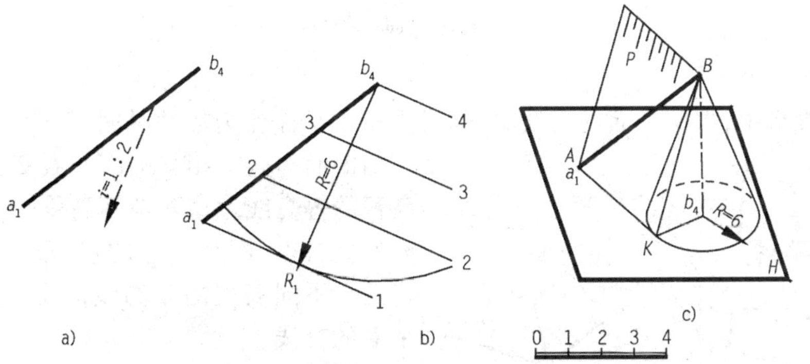

图 14-8 一条非等高线和平面的坡度表示平面

如图 14-8b)所示,该平面上高程为 1 的等高线必通过点 a_1,且与 b_4 的水平距离 $L=H/i=6$。以 b_4 为圆心,$R=6$m 为半径画圆弧,过点 a_1 作直线与圆弧相切,切点为 k_1,直线 a_1k_1 即为此平面上高程为 1 的等高线。立体图如图 14-8c)所示,以 B 为锥顶,作一素线坡度为 $i=1:2$ 的正圆锥,此圆锥与高程为 1 的水平面交于一圆,圆的半径为 6,过点 B 包含直线 AB 作一平面与此圆锥相切,切线 BK 为圆锥的一条素线,也是所作平面上的一条坡度线。直线 AK 就是该平面上高程为 1 的等高线。

【例 14-2】 如图 14-9 示，已知 $a_2b_4c_7$ 三点确定一平面 P，求平面的等高线、坡度比例尺和平面对基准面的倾角 α。

解：先求 a_2c_7 上高程为 4 的标高点 d_4，连接 bd 即为平面上高程为 4 的等高线，过 c_7 作等高线的垂线，就是平面上的最大坡度线。在最大坡度线上按平距（等高线的平距）划分刻度即为坡度比例尺，以平距为一直角边，对应的高差为另一直角边，构成直角三角形，直角三角形高差直角边的顶角即为平面对基准面的倾角 α。

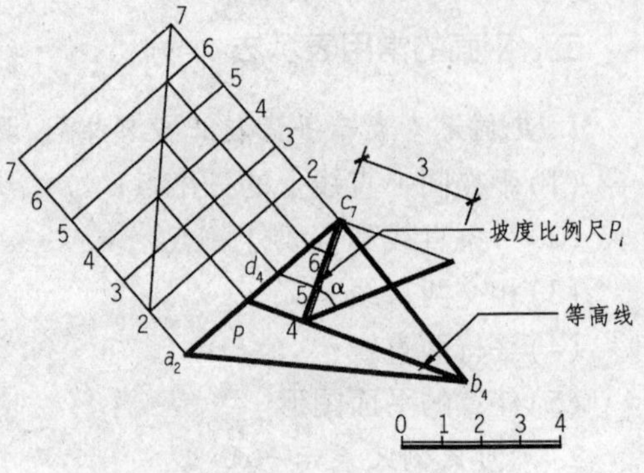

图 14-9　平面的等高线和坡度比例尺

三、两平面的相对位置

1. 两平面平行

若两平面平行，则两平面的等高线平行、平距相等，如图 14-10a）所示，两平面的坡度比例尺平行、平距相等，且标高数字的增减方向相同，如图 14-10b）所示。

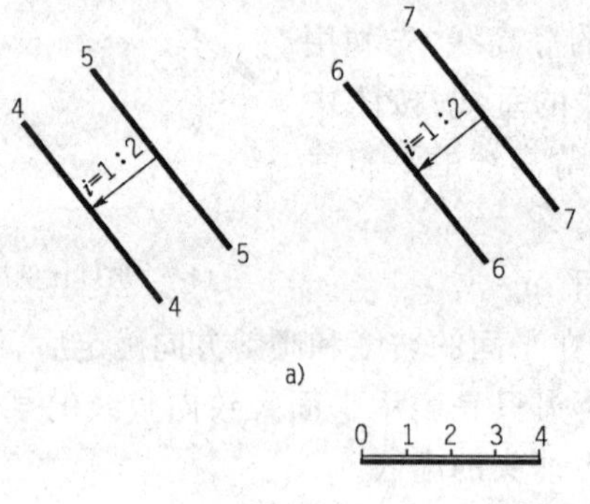

图 14-10　两平面平行

2. 两平面相交

在标高投影中，求两平面的交线时，通常采用水平面作为辅助平面，如图 14-11 所示，水平辅助面与两个相交平面的截交线是两条相同高程的等高线。这两条等高线的交点就是两平面的共有点，即交线上的点，重复上述过程，求得两个不同高程的等高线的交点，连线即为两平面的交线。

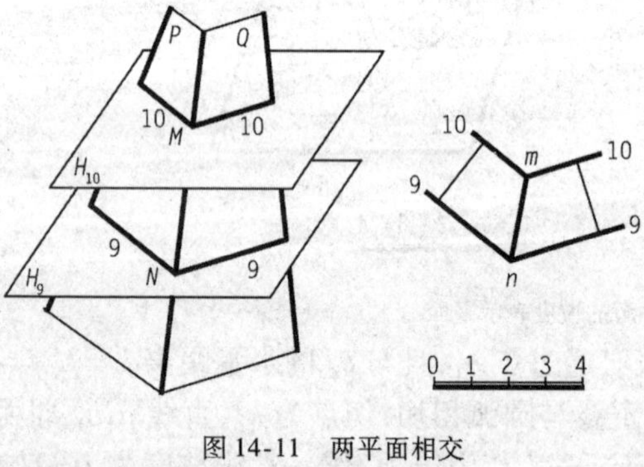

图 14-11　两平面相交

实际工程中，把建筑物上相邻两坡面的交线称为坡面交线，坡面与地面的交线称为坡脚线（填方）或开挖线（挖方）。

【例 14-3】 在高程为零的地面上挖一基坑，基坑底高程为 −2m，基坑底的大小、形状和各坡面的坡度如图 14-12 示，求开挖线和坡面交线。

解：开挖线：地面高程为零，因此，开挖线就是个坡面上高程为零的等高线。它们分别与相应的基坑底边线平行，其水平距离由 $L=H/i$ 求得：

$L1=L2=2/1=2$

$L3=2/(1/2)=4$

$L4=2/(1/1.5)=3$

坡面交线：相邻两坡面上高程相同的两等高线的交点就是两坡面的共有点，分别连接相应的两个共有点，即得到四条坡面交线。

示坡线：在高处等高线上用一系列长短线表示平面倾斜方向，这些长短线称为示坡线，示坡线的方向规定与面上的等高线垂直，长线一端指向下坡方向，即与最大坡度线方向一致。

【例 14-4】 如图 14-13 示，已知一斜坡路堤 $a_0b_0c_2d_2$，求斜坡路堤的坡面线和坡脚线。

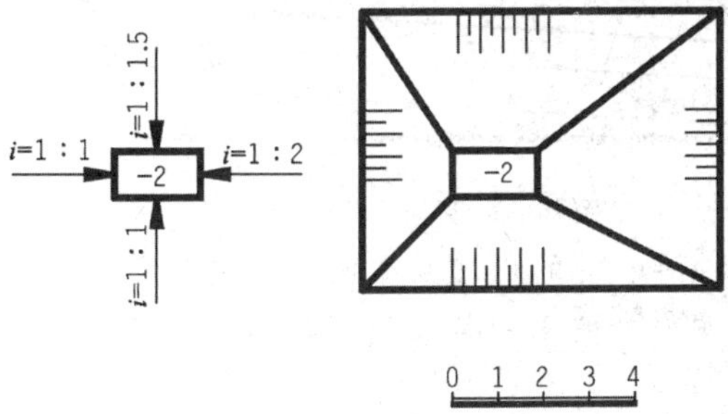

图 14-12　场地开挖线和坡面交线

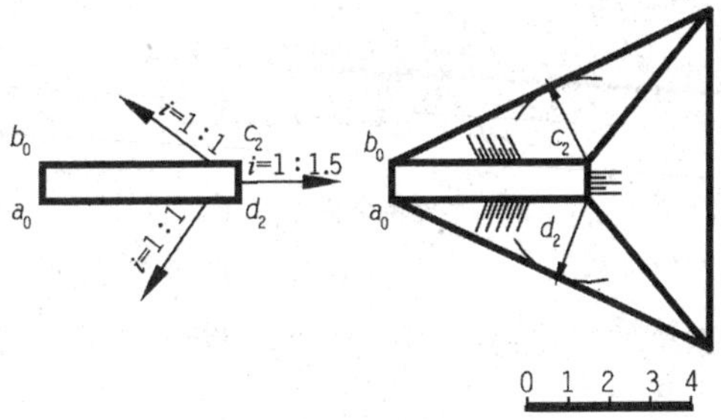

图 14-13　斜坡开挖线和坡面交线

解：坡脚线：坡脚线即为各坡面上高程为零的等高线，过 CD 坡面的坡脚线与 c_2d_2 平行，水平距离 $L1=H/i=2/(1/1.5)=3\text{m}$

过 BC 坡面和过 AD 坡面的坡脚线求法与图 14-8b）相同，分别以 c_2、d_2 为圆心，$L2=H/i=2/(1/1)=2\text{m}$ 为半径画圆弧，再过 a_0、b_0 分别作两圆弧的切线，即为斜坡路堤两侧的坡脚线。

坡面交线：与例 3 相同。

示坡线：画出各坡面的示坡线，其中斜坡路堤两侧坡面的示坡线垂直于相应的坡脚线。

第三节　曲面的标高投影

一、曲面的表示法

在标高投影中，曲面的标高投影就是用一系列的水平面与曲面相截，画出水平面与曲面的截交线的标高投影表示曲面的标高投影。

如图 14-14 示正圆锥，当正圆锥的轴线为铅垂线时，锥面上所有素线的坡度都相等。正圆锥面上的等高线都是圆，当所取的水平面的高差相等时，其水平投影是半径差相等的同心圆。在这些同心圆上注明高程数值，就是锥面的标高投影，其中锥顶的高程必须注明，否则分不清是圆锥还是圆台。高程数字的字头规定朝向高处，正圆锥和倒圆锥都是如此。

二、同坡曲面

表面上任何地方的坡度都相同的曲面称为同坡曲面。如图 14-15 所示，以一条空间曲线为导线，一个正圆锥的顶点沿该曲导线运动，在运动过程中，正圆锥顶角不变，即坡面坡度不变，轴线始终垂直水平面，则所有这些正圆锥的包络面就是同坡曲面。从同坡曲面的形成过程可以看出，同坡曲面上的等高线和圆锥面上的等高线一定相切。切点在同坡曲面与圆锥面的切线上。同坡曲面上的等高线就是利用这种关系作出来的。

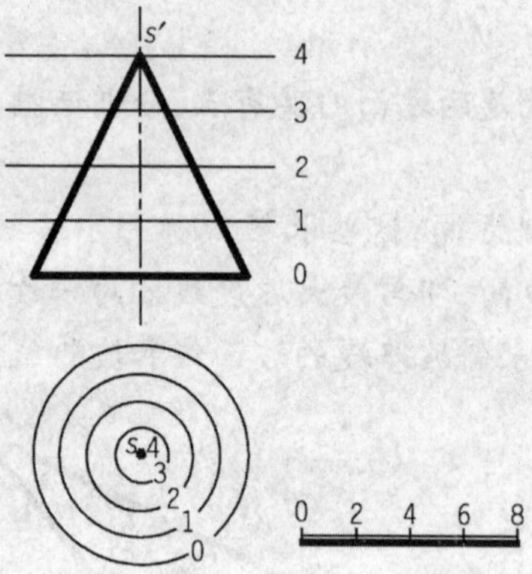

图 14-14　正圆锥的标高投影

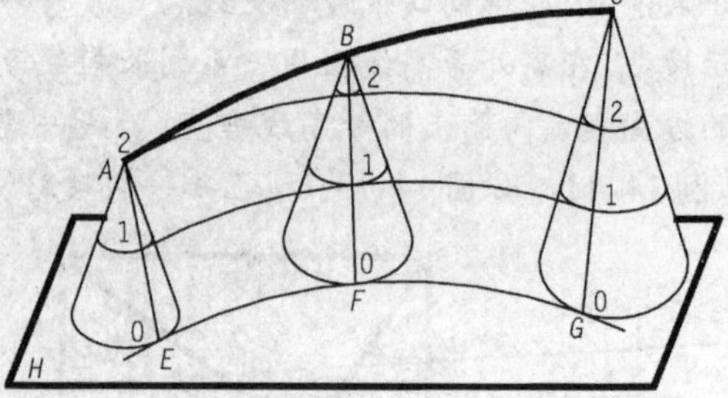

图 14-15　同坡曲面的形成

【例 14-5】　求图 14-16a)所示弯坡道 $a_0b_1c_2d_3e_3f_2g_1h_0$ 的内外坡面范围及坡面交线，弯坡连接路堤，地面高程为零，要求坡度为 1:1，求出弯坡内外坡面的整数高程等高线、坡脚线及坡面交线。

解：由于要求统一的坡度，弯坡道的内外坡面为同坡曲面。

内侧坡面：分别以 b_1、c_2、d_3 为锥顶，作出坡度为 1:1 的正圆锥，画出这些圆锥面上高程为 0、1、2 的等高线——水平圆，作公切于这些同高程水平圆的曲线，所画曲线即为同坡曲面的等高线。

外侧坡面：作图过程与内侧坡面相同。

坡面交线：同坡曲面上与路堤高程数值相等的等高线的交点为坡面交线上的点，连接各点即得内外坡面的交线，如图 14-16b)示，0 高程等高线即为坡脚线。

图 14-16　求同坡曲面的整数等高线和坡脚线及坡面交线

三、地形面

地形面的标高投影表示方法与曲面相同，仍然是用等高线表示，如图 14-17 所示，用一组高差相等的水平面截割地形面，得到一组高程不同的等高线，注明每条等高线的高程，即得到地形面的标高投影，这种图称为地形图。地形图上等高线的高程数字的字头规定朝向上坡方向，相邻等高线之间的高差称为等高距，土木工程地形图上相邻等高线的高差一般为20m，一般地形图中每隔四根画得较粗并注有高程数字的等高线称为计曲线，在地形图上需注明画图比例。常见的有山丘、山谷、马鞍形等地形。由于地形面是不规则的曲面，因此，地形等高线是不规则的曲线。地形面上的等高线具有如下特性：

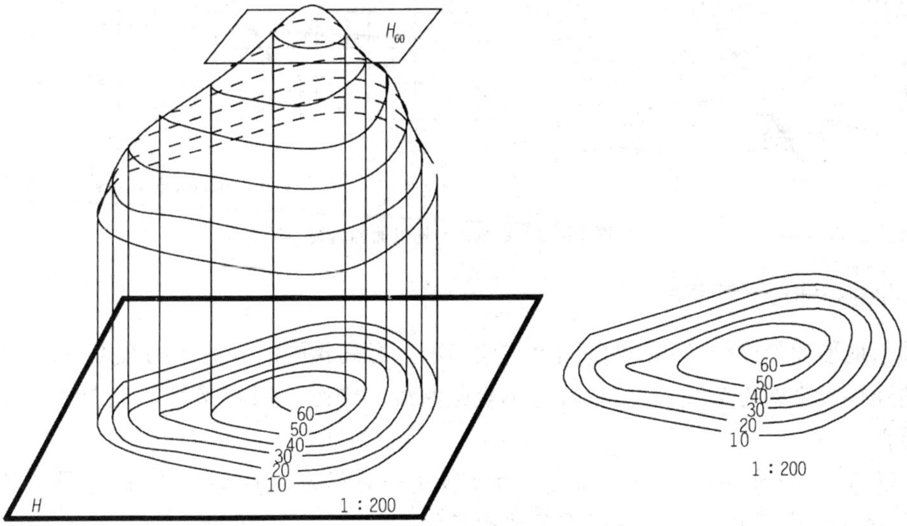

图 14-17　地形面的表示法

(1)等高线一般是封闭曲线；

(2)除悬崖绝壁的地方外，等高线一般不相交；

(3)等高线愈密表示地势愈陡；反之地势愈平坦。

第四节　平面、曲面与地形面的交线

一、平面与地形面的交线

平面与地形面的交线就是求平面上与地形面上高程相同的等高线的交点，将这些交点平顺地连接起来即得交线，交线一般为不规则曲线。

铅垂面与地形面相交的交线，就是用铅垂面剖切地形面，所得到的剖面形状称为地形剖面图，如图14-18a)所示，作图方法如下：

(1)过I-I作铅垂面，它与地形面上各等高线的交点分别为 a、b、c、d、…，然后按等高距及地形图的比例画一组高程数字不等的水平线，如图14-18b)所示，水平线间距为等高距，在最下边的一条直线上，按如图14-18b)示中 a、b、c、d、…各点的水平距离画出点 a_1、b_1、c_1、d_1、…。

(2)自点 a_1、b_1、c_1、d_1、…，作铅垂线，与相应的水平线相交于 A、B、C、D、…。

(3)光滑连接 A、B、C、D、…，并根据地质情况画上相应的剖面材料符号。注意 G、H 两点需按地形趋势连成曲线，而不应直接连成直线。

求平面与地形面的交线，由于地面的等高线已知，只需根据平面的坡度画出平面上对应高程的等高线，平面上与地形面上高程相同的等高线的交点即为交线上的点，得到这一系列的点后光滑连接即得交线。

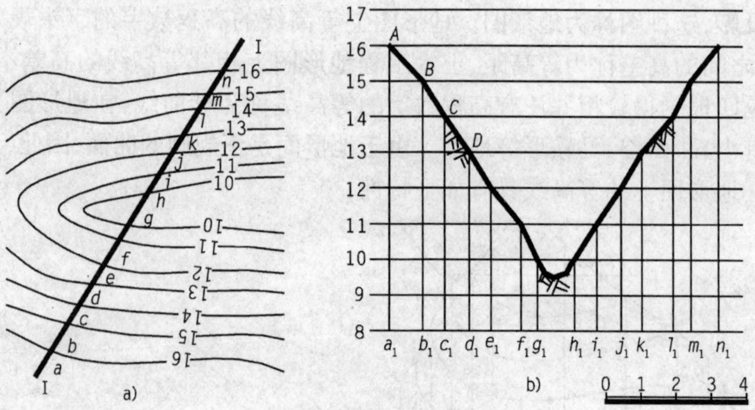

图 14-18　铅垂面与地形面的交线

二、曲面与地形面的交线

曲面与地形面的交线，就是求曲面上与地形面上标高相同的等高线的交点，将这些交点依次平顺地连接起来即得交线，交线一般为不规则曲线。作图方法跟平面与地形面的交线的作图方法类似。

【例 14-6】　如图 14-19a)所示，在坡面上修建一高程为 25m 的水平场地，场地填方坡度为 1:1.5，挖方坡度为 1:1，求填挖范围及坡面交线。

解：(1)由于水平场地的高程为 25m，故高于 25m 的一边需挖方，低于 25m 的一边需填方。水平场地的四条边(含圆弧)就是各坡面上高程为 25m 的等高线。根据各坡面的坡度(填方坡度为 1:1.5，挖方坡度为 1:1)算出相应的平距，作出各坡面对应的等高线，注意填方坡面作坡面上小于 25m 的等高线。挖方坡面作坡面上大于 25m 的等高线，其中部分挖方为圆台坡面，等高线为相应的同心圆。

(2)各坡面上与地面上高程数字相等的等高线的交点即为对应坡脚线或开挖线上的点，光滑连接即得各坡面的坡脚线或开挖线，由于下部填方各坡面都是平面，相邻坡面的交线为直

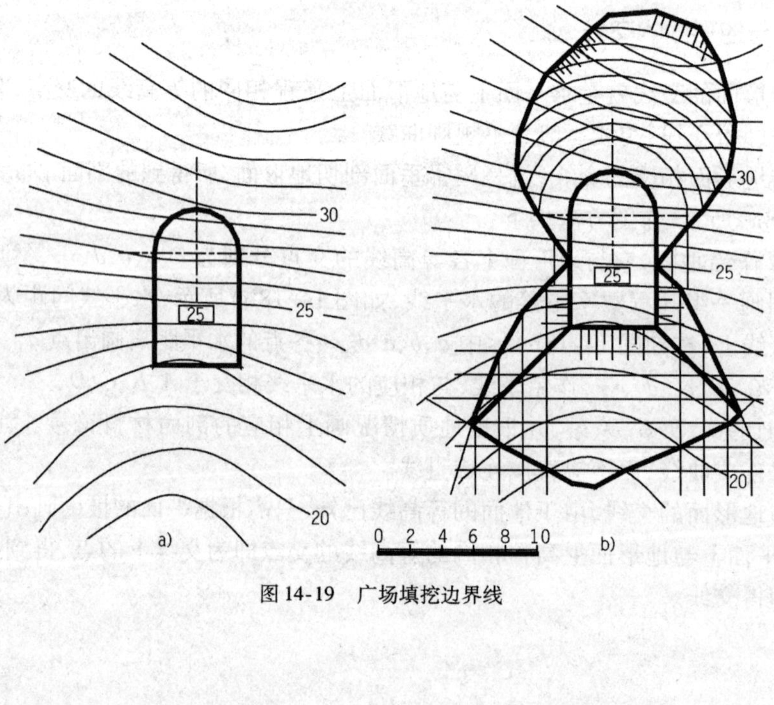

图 14-19　广场填挖边界线

线，连接即得坡面交线。

（3）各坡面的高处注明示坡线，结果如图 14-19b）所示。

【例 14-7】 如图 14-20 所示，在地形面上修筑一段弯曲道路，路面高程 20m，路两侧的边坡为填方坡度 1∶1.5，挖方坡度 1∶1，求填挖边界线。

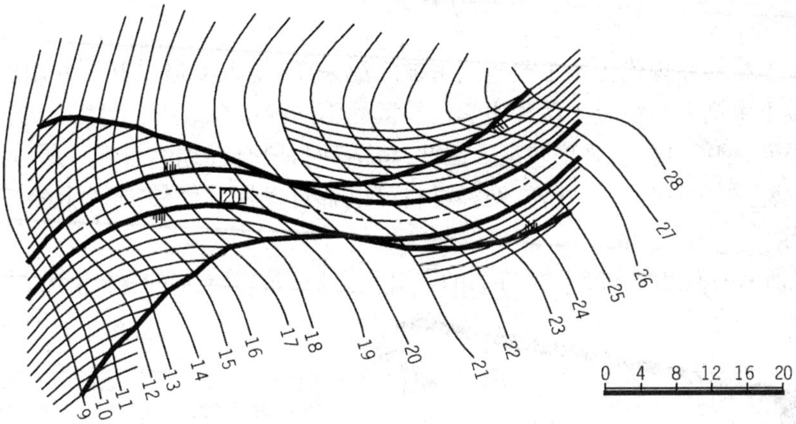

图 14-20 曲面与地形面的填挖边界线

解：（1）确定填挖分界点，地形面上与路面高程相等的点为填挖分界点，即路面两侧的路缘曲线与地形面上高程为 20m 的交点 a、b，路线经过的地形走向为左低右高，以 a、b 两点为分界点，左侧部分地面比路面高程低，为填方；右侧高，为挖方。

（2）各坡面为同坡曲面，路面两侧的路缘曲线即是高程为 20m 的等高线，由于路面高程为 20m，即为平坡，无论是填方还是挖方，各坡面的等高线与路缘曲线都是平行的，根据各坡面的坡度（填方坡度为 1∶1.5，挖方坡度为 1∶1）算出相应的平距，作出各坡面对应的等高线，注意填方坡面作坡面上小于 20m 的等高线。挖方坡面作坡面上大于 20m 的等高线。

（3）连接坡面上各等高线与地形面上同高程的等高线的交点，即为填挖边界线。

第十五章　钢筋混凝土结构图

钢筋混凝土材料在现代土木工程建造中被广泛采用，是人类最早开发利用的复合材料之一。钢筋混凝土由钢筋和混凝土两种力学性能截然不同的材料组成。混凝土的抗压强度较高而抗拉强度很低，钢筋的抗拉强度较高。因此，将两种材料合理地结合在一起，使混凝土主要承受压力，钢筋主要承受拉力。这样，两种材料可以各自发挥其优势，成为具有良好工作性能的构件或结构。

图 15-1a）所示一根混凝土简支梁，在力的作用下发生变形，简支梁的受力情况如图15-1b）所示。

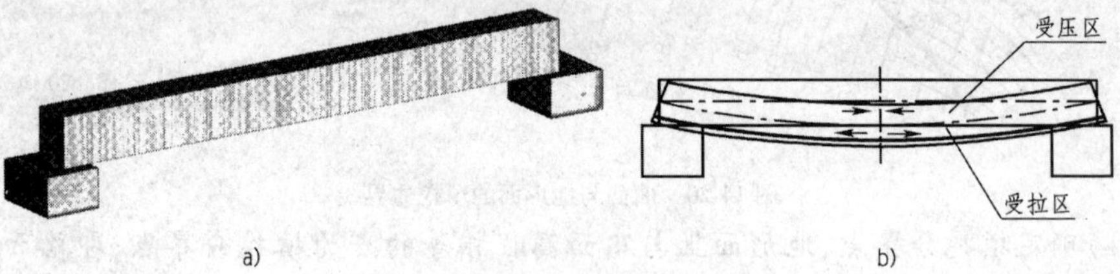

图 15-1　混凝土简支梁及其受力

a）混凝土简支梁；b）梁的受力情况

图 15-2a）和图 15-2b）所示为两根截面尺寸、跨度、混凝土强度等级皆相同的简支梁。一根为素混凝土梁，另一根则在梁的受拉区配有适量的钢筋。由试验可知：素混凝土梁由于混凝土抗拉能力低，当荷载作用不大时，拉区混凝土开裂后梁被迅速拉断，这时受压区混凝土抗压能力并没有得到充分利用。而配有钢筋的梁，在荷载作用下，受拉区混凝土虽仍将开裂，但开裂后因钢筋可以代替开裂的混凝土承受拉力，因而梁可以继续增加荷载，直到钢筋达到屈服强度、受压区混凝土被压碎才会破坏，这样不仅承载能力有很大的提高，而且破坏以前是有预兆的。可以看出：在构件中钢筋虽然不能有效地控制裂缝的出现，但可以有效地控制裂缝的发展，大大改善了梁的受力性能。

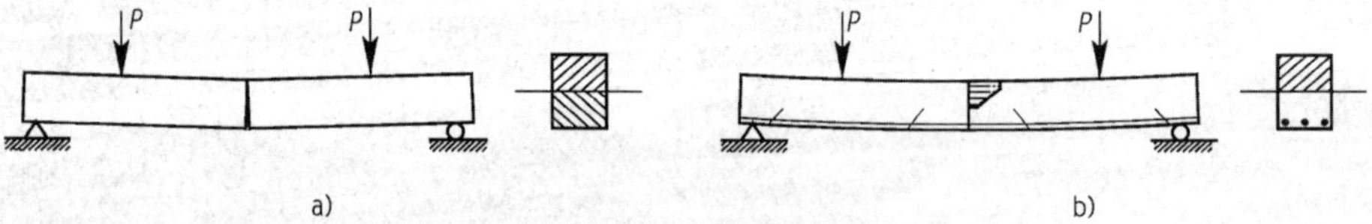

图 15-2　素混凝土梁与钢筋混凝土梁比较

a）素混凝土梁；b）钢筋混凝土简支梁

钢筋混凝土结构的优点很多，除了能合理地利用钢筋和混凝土两种材料的特性外，还有如下优点：

（1）可模性好：新拌和的混凝土是可塑的，可根据需要设计制成各种形状和尺寸的结构或构件。

（2）整体性好：现浇钢筋混凝土结构的整体性较好，设计合理时具有良好的抗震、抗爆和抗振动的性能。

（3）耐久性好：钢筋混凝土结构具有很好的耐久性。正常使用条件下不需要经常性的保养和维修。

(4)耐火性好:钢筋混凝土结构与钢结构相比具有较好的耐火性。

(5)易于就地取材:钢筋混凝土结构所用比重较大的沙、石材料易于就地取材,且可有效利用矿渣、粉煤灰等工业废渣有利于保护环境。

钢筋和混凝土这两种材料,虽然力学性质不同,但能有效地共同工作,主要原因是:

(1)钢筋与混凝土之间有可靠的黏结力,能牢固地形成整体,受力后能保持变形一致,不产生相对滑移。

(2)钢筋和混凝土的温度线膨胀系数大致相同。钢筋为 1.2×10^{-5},混凝土为 $(1.0-1.5)\times10^{-5}$,这样,当温度变化时,不致产生较大的温度应力而破坏两者之间的黏结。

(3)钢筋外表面有一定厚度的混凝土保护层,可以防止钢筋锈蚀,从而保证了钢筋混凝土构件的耐久性。

为了将钢筋混凝土结构表达清楚,需要画出钢筋结构图又称钢筋布置图,简称结构图或钢筋图。它是钢筋断料、加工、绑扎、焊接和检验的重要依据。它包括钢筋布置图、钢筋编号、尺寸、规格、根数、钢筋成型图和钢筋数量表及技术说明。

第一节　钢筋和混凝土的基本知识

1. 混凝土的强度

混凝土是由水泥、石、沙、水按一定的配比混合拌和后,把它灌入定形的模具内,经振捣密实和养护固结后形成的人工石材结构物。

混凝土构件的抗压能力高、抗拉能力低(抗压强度的1/8～1/2)。其强度用其抗压强度表示:即为水泥标号(抗压强度单位:MPa),例如,C10、C15、C20、…,共14个等级。

2. 钢筋的种类与形式

钢筋混凝土结构中常用钢筋的种类、形式及应用详见表15-1。钢筋的品种即钢筋材料的等级,其品种代号由钢筋直径符号 ϕ 变化而来。钢筋按其外形不同,又可分为光面钢筋和带肋钢筋。带肋钢筋常见的有:螺纹钢筋、人字纹钢筋和月牙纹钢筋。光面钢筋直径为8～20mm,与混凝土的黏结强度较低;带肋钢筋直径一般不小于10mm,因其外表有花纹可以提高钢筋与混凝土之间的黏结强度。

钢筋的种类、形式及应用　　表15-1

种　类	形式特征		应　用
	级别	表面形式及特征	
热轧钢筋	HPB235级	由普通Q235碳素钢经热轧而成的光圆钢,塑性好,强度低	HPB235级钢筋主要用于中小型钢筋混凝土构件中的受力钢筋及各种构件的箍筋和构造钢筋;称I级钢筋。 HRB335级钢筋主要用于大中型钢筋混凝土构件的主筋及预应力构件中的非预应力钢筋;称II级钢筋。 HRB400级钢筋将作为主导钢筋用作非预应力钢筋;称III级钢筋。 RRB400级钢筋一般经冷拉后作预应力钢筋;称III级冷拉钢筋。
	HRB335级	主要是由20MnSi低合金钢经热轧而成的螺纹形和月牙纹钢筋,强度较高,塑性和焊接性能都比较好	
	HRB400级	由20MnSiV、20MnSiNb、20MnTi低合金钢筋热轧而成的月牙纹钢筋,强度高且与混凝土的黏结性能好	
	RRB400级	代表钢种有20MnSi等,强度高,塑性和可焊性较差	

续上表

种　类	形式特征	应　用
冷拉钢筋	由热轧钢筋冷拉而成,级别与形状同相应的热轧钢筋,但屈服强度有所提高,塑性下降	冷拉 HPB235 级用作非预应力钢筋; 冷拉 HRB335 级、HRB400 级、RRB400 级钢筋主要用作预应力钢筋。 公称直径:6～12mm
冷轧带肋钢筋	以低碳钢或低合金钢的热轧光圆盘条为母材,经冷轧减径后,在其表面轧成具有月牙横肋的钢筋	CRB550 级一般用作非预应力钢筋,公称直径:4～12mm; CRB650 级、CRB800 级、CRB970 级和 CRB1170 级用作预应力筋,公称直径范围为 4mm、5mm、6mm,均以盘条供货
热处理钢筋	将普通中碳低合金钢热轧成螺纹钢筋,经淬火和回火调质热处理制成	公称直径有 6mm、8mm、10mm 三种规格,用作预应力钢筋
消除应力钢丝	包括光面钢丝、螺旋肋钢丝、三面刻痕钢丝	公称直径 4～9mm,常用作预应力筋
钢绞线	将钢丝进行螺旋绞合,再进行回火处理而得	公称直径有 9mm、12mm、15mm 三种规格,用作预应力钢筋

其中,HRB 为热轧带肋钢筋,H、R、B 分别为热轧(Hot rolled)、带肋(Ribbed)、钢筋(Bars)三个词的英文首位字母。HPB 指热轧光圆钢筋,RRB 指余热处理钢筋。235、335、400 为强度值。普通钢筋的抗拉强度设计值 f_y 及抗压强度设计值 $f_y{}'$应按表 15-2 采用。

普通钢筋的种类、符号和强度设计值　　表 15-2

种　类		符　号	f_y	$f_y{}'$
热轧钢筋	HPB235	ϕ	210	210
	HRB335	$\underline{\phi}$	300	300
	HRB400	Φ	360	360
	RRB400	Φ_R	360	360

注:单位为 MPa

3. 按钢筋作用分类

根据钢筋在钢筋混凝土结构中的作用(如图 15-3 所示),可分为:

(1)受力钢筋(主筋):布置在钢筋混凝土结构的受拉区域,用来承受构件的拉应力。

(2)箍筋(钢箍):固定受力钢筋的位置,并承受构件的剪应力。

(3)结构钢筋:又分架立钢筋和分布钢筋,架立钢筋在钢筋混凝土梁中与受力钢筋和箍筋一起构成钢筋骨架,用来固定钢筋位置,分布钢筋在钢筋混凝土板和深梁中与受力钢筋一起构成钢筋网片,用以固定受力钢筋位置,同时可使荷载均匀地分布给受力钢筋,并防止混凝土收缩和温度变化出现的裂缝。

(4)其他钢筋:构件因施工安装需要而配制的钢筋,如腰筋、预埋锚固筋、吊环等。

4. 钢筋的弯钩和弯起

当 HPB235 级钢筋配置在构件的受拉区域时,为了增加它与混凝土的黏结力,在钢筋的端部一般做成 180°弯钩。但当它用做板的支座负筋时,也可以是 90°的弯钩。90°的弯钩一般在梁柱的端部用的比较多。当 HPB235 钢筋配置在轴心受压构件中时可不作弯钩,HRB335、HRB400 级钢筋一般不作弯钩。HPB 级钢筋端部弯钩一般有 45°、90°、180°三种,钢筋下料时钢筋的实际长度一般用经验公式计算,上述三种弯钩要比端点长出 4.9d、3.5d、6.25d,如图 15-4 所示。如果仅考虑 HPB235 级钢筋的弯钩,钢筋下料长度的计算公式为:

钢筋下料长度 = 构件设计长度 − 保护层厚度 + 钢筋弯钩增加长度

在工程实际中有时为了节省钢材或抵抗构件所承受的剪应力需要将部分受力钢筋在梁内向上弯起。但如果仅仅考虑抵抗构件所承受的剪应力时，不建议将受力构件弯起。如图 15-5 所示构件在荷载作用下，在梁的两端是其上部承受拉应力，而在跨中则是梁体下部承受拉应力，在此情况下为了有效地利用钢筋，通常在梁中靠近两端将部分受力钢筋弯起，从而达到节省钢材的目的。

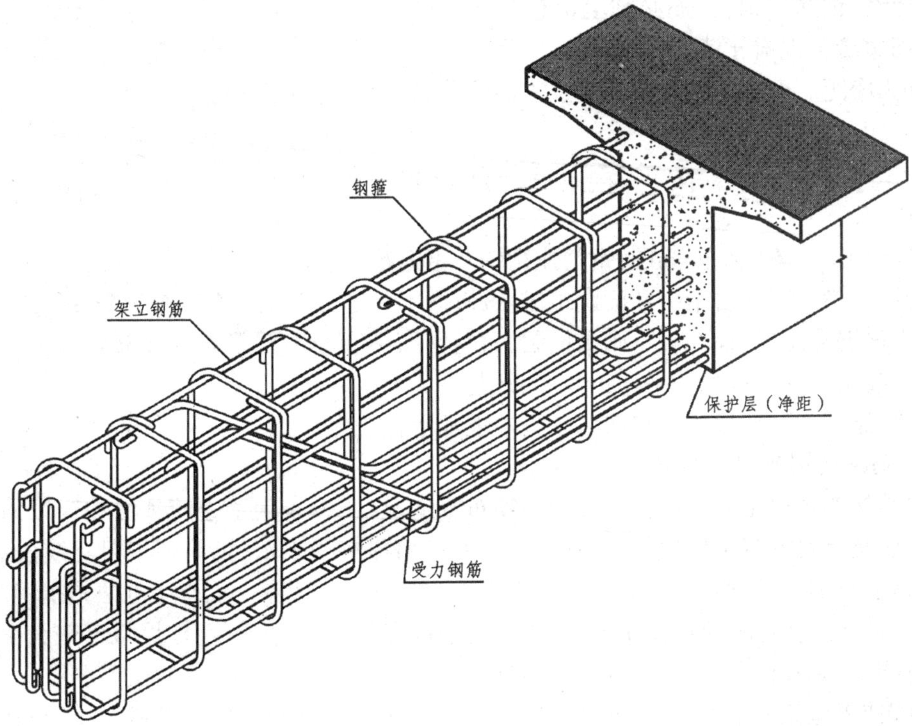

图 15-3　钢筋混凝土梁钢筋配置立体图

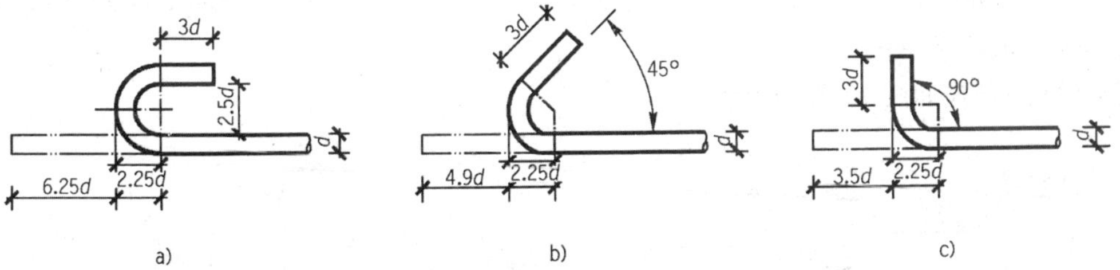

图 15-4　钢筋的弯钩

a）半圆形弯钩；b）斜弯钩；c）直角形弯钩

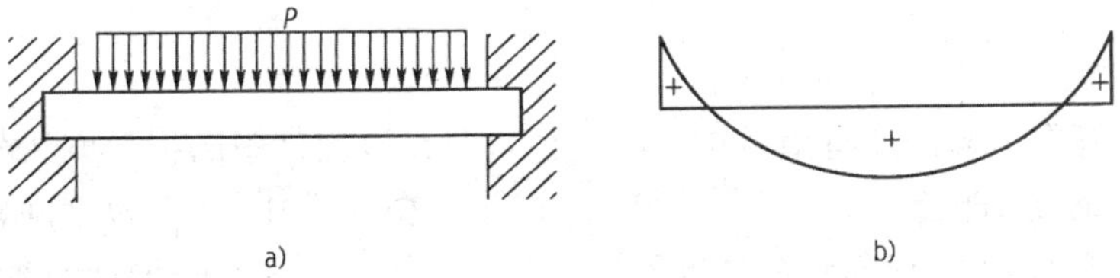

图 15-5　构件的受力情况

a）构件受力情况；b）构件内力分布

由于钢筋弯起，这时弧长比两切线之和要短，计算钢筋下料长度时应减去折减数值（具体的折减数值可查阅相关的技术规范）。如果考虑钢筋的弯钩和弯起，钢筋下料长度的计算公式应为：

钢筋下料长度＝直段长度＋斜弯长度（图 15-6）－弯起调整值＋钢筋弯钩增加长度

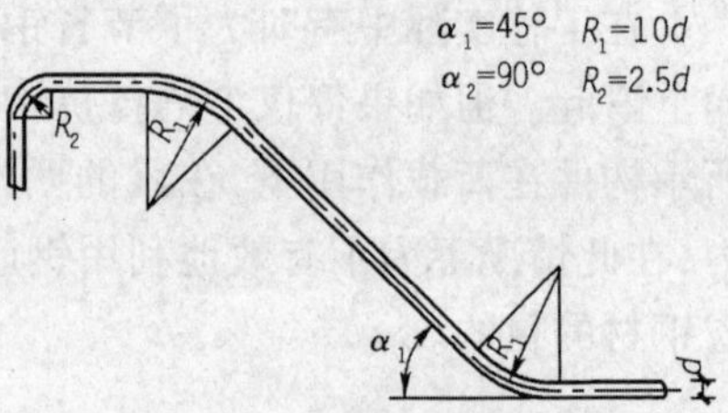

图 15-6　钢筋的弯起

5. 钢筋的保护层

为了防止钢筋锈蚀，钢筋必须全部包裹在混凝土中，因此，钢筋边缘至混凝土表面应留有一定距离的保护层，此距离称为净距。而钢筋轴心至混凝土表面的距离则称为保护层厚度。

第二节　钢筋结构图的内容

钢筋结构图一般包括配筋图、钢筋成型图及钢筋数量表。

配筋图由投影图和若干个断面图组成，投影图不一定三个投影图都画出来，而是根据需要来决定，钢筋混凝土梁、柱一般不画平面图，只用立面图和断面图来表示各部分钢筋的布置情况，钢筋混凝土板则一般只画平面图和断面图。

钢筋成型图和钢筋数量表在实际工程中也常常合二为一。

1. 钢筋结构图的图示特点

钢筋结构图主要是表达构件内部的钢筋布置情况，所以采用了透明画法和夸张画法。所谓透明画法是指将混凝土看做是透明体，结构外形用细实线表示，钢筋则用粗实线表示，在断面图中，钢筋被剖切后，用小黑圆点表示，不表示钢筋直径的大小。而夸张画法是指钢筋弯钩、间距较小时，不严格地按照比例来画，以避免线条重叠，可适当地放大尺寸，以清楚为度。

2. 钢筋的标注方法

钢筋（或钢丝束）的说明应给出钢筋的数量、符号、直径、间距、编号及所在位置，其说明应沿钢筋的长度标注或标注在有关钢筋的引出线上（一般如注出数量，可不注间距，如注出间距，就可不注数量。简单的构件，钢筋可不编号）。钢筋直径以 mm 为单位，其余尺寸以 cm 为单位，图中无须注出单位。

具体标注方式如图 15-7a）所示：

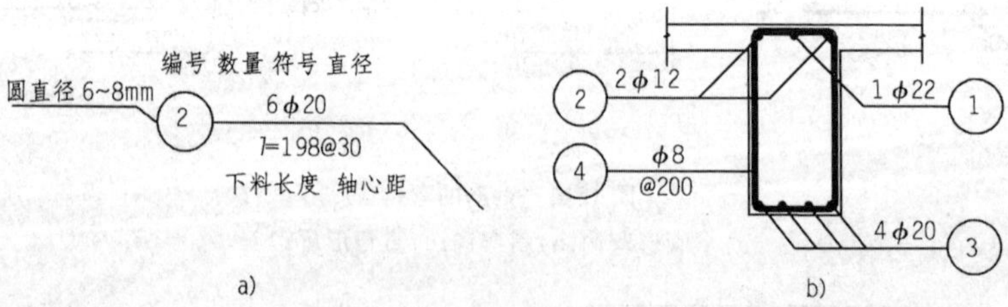

图 15-7　钢筋标注示意图

与钢筋符号写在一起的还有该号钢筋的直径以及在该构件中的根数或间距。例如④号钢筋是 HPB235 级钢筋，直径是 8mm，每 200mm 放置一根。其中“@”为等间距符号，②号是 HPB235 级钢筋，其直径是 12mm 的钢筋 2 根，①为 1 根 HRB335 级钢筋直径是 22mm，如图 15-7b）所示。

如图 15-8 所示钢筋混凝土 T 形梁的钢筋结构图：

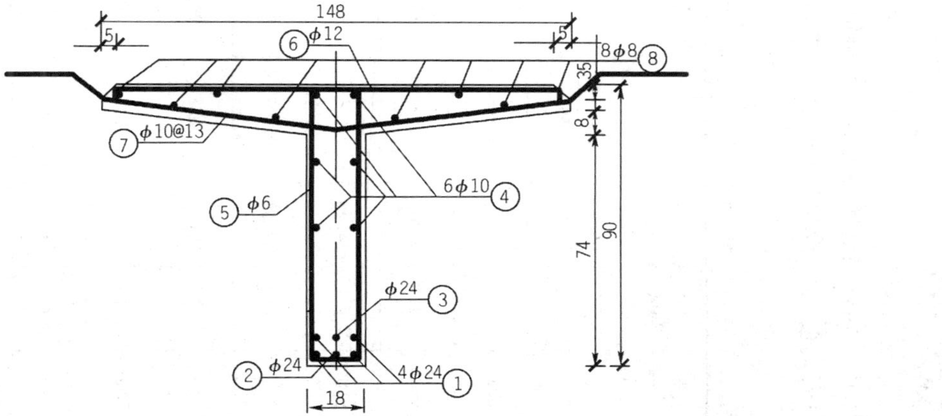

大梁横向钢筋图 1:20

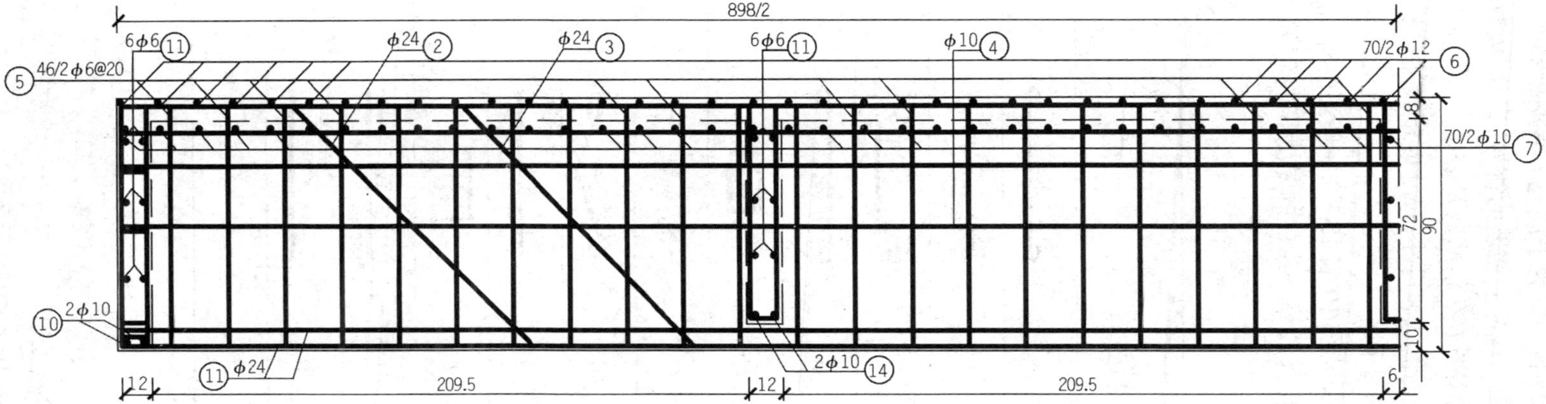

大梁纵向钢筋图 1:20

图 15-8 钢筋混凝土 T 形梁钢筋结构图

3. 钢筋成型图

在钢筋结构图中为了能充分表明钢筋的形状以便于配料和施工,还必须画出每种钢筋加工成型图,图上应注明钢筋的符号、直径、根数、弯曲尺寸和下料长度等。有时为了节省图幅,可把钢筋成型图放在钢筋数量表中。不同直径、不同长度、不同形状的钢筋分类表示,并表明加工成型后的形状和尺寸,尺寸应逐段注出长度。以便于配料与施工。

4. 钢筋数量表

在钢筋结构图中(表 15-3),一般还附有钢筋数量表,内容包括钢筋的编号、直径、每根长度、根数、总长及重量等。其目的是为了将钢筋长度转换成钢筋的计价单位(重量)。如表 15-3 所示。

T 形梁钢筋表 表 15-3

构件部位	编号	形　式	直径 (mm)	长度 (mm)	根数	总长 (m)	单长重 (kg/m)	净重 (kg)
梁　腹	①		ϕ24	924	4	36.96	3.551	131.24
	②	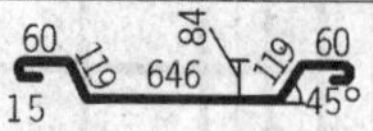	ϕ24	994	1	9.94	3.551	35.30
	③	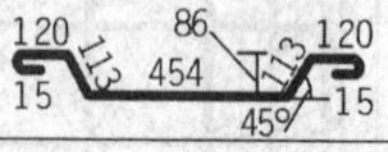	ϕ24	990	1	9.90	3.551	35.15
	④		ϕ10	908	6	54.48	0.617	33.61
	⑤		ϕ6	212	46	97.52	0.222	21.65
翼缘板	⑥		ϕ12	156	70	109.2	0.888	96.97
	⑦		ϕ10	256	70	179.2	0.617	110.57
	⑧		ϕ8	894	8	71.52	0.395	28.25
横隔板	⑨		ϕ6	180 (200)	30 20	54 40	0.222	20.87
	⑩		ϕ10	170	10	17	0.617	10.49
	⑪		ϕ6	170	30	51	0.222	11.32
混凝土:3.74m³							合计　535.42kg	

第三节　钢筋混凝土构件图

1. 结构布置图

表示结构中各构件(承重构件、支撑、连系构件)的总体布置。如基础平面布置图、柱网平面布置图、连系梁或梁立面布置图。

2. 构件详图

表示各构件的形状、大小、材料、构造。如基础、柱、梁等构件的详图。

3. 节点详图

表示构件的细部节点、构件间连接接点等的详细构造。如屋架节点详图表示屋架与柱、屋面板等构件的连接情况。

常见钢筋混凝土构件图:条形基础和独立基础图结构,简支梁和悬臂梁及连续梁结构图,预制板和现浇板结构图,钢筋混凝土柱结构图。

第十六章　道路路线工程图

道路按照行政管辖范围及其功能特点可分为公路（位于城郊及城市以外的道路）和城市道路两大主要类型。它是建筑在地面上供人行走和车辆行驶的狭长带状工程构造物。

道路路线是指道路沿长度方向的行车道中心线，其线形由于受地形地貌及地质条件的限制，在平面上由直线段和曲线段两部分组成；在纵面上有平坡又有上、下坡。因此，道路路线工程图的图示方法与一般工程图不同，它以地形图作为平面图，纵向展开断面图作为立面图，横断面作为侧面图，并且大都各自画在单独的图纸上，以此来表达路线的空间位置、线形和尺寸。

第一节　公路路线工程图

公路路线工程图主要是由路线平面图、路线纵断面图和路基横断面图组成。这些图是用来说明路线的平面位置、线形状况、沿线的地形和地貌、纵断面坡度和高程、路基宽度和边坡、路面结构等情况。

一、路线平面图

路线平面图是设计文件中的主要内容之一，是用来表示路线的平面位置、走向、平面线形以及沿线两侧人工构造物、工程设施的布置等情况。

（一）路线平面图的表示方法

1. 关于道路路线的表示

为了全面且清晰地反映图样，可根据地形起伏情况，选用适当的绘图比例。国家部颁标准规定在山岭地区采用1∶2 000的比例；丘陵和平原地区采用1∶5 000的比例。因此，在平面图上路线的宽度只能沿路线中心以一条粗实线的形式表示。

在路线平面图上还应绘制坐标网或指北针，用来表示地区的方位和路线的走向；除此之外，指北针还能在拼接图纸时作为核对之用。

由于路线具有狭长且形状不规则的特点，一张图纸不可能把整条线路清晰地表现出来，因而需要将其分段绘制在多张图纸上；在每张图纸的右上角应绘制角标或注明第 X 张共 X 张，以标明本张图纸的序号和图纸的总张数。在最后一张图的右下角应绘制标题栏。

路线的分段应设置在其直线部分的整数里程桩号处。断开的图纸两端应用细点划线画出垂直于路线的接图线，拼接图时应以相邻两图中的路线中心线为准；并将接图线重合。其时，指北针的指向须一致，如图16-1所示。

2. 关于地物的表示

路线经过的村镇、水域应标出地名，沿线路两侧的工程设施及农林作物等均用图例表示，其中桥涵等建筑物除画出图例外，还应标出该建筑物所在位置的里程桩号；农林作物的生长方向应与正北向一致。常用图例见表 16-1。

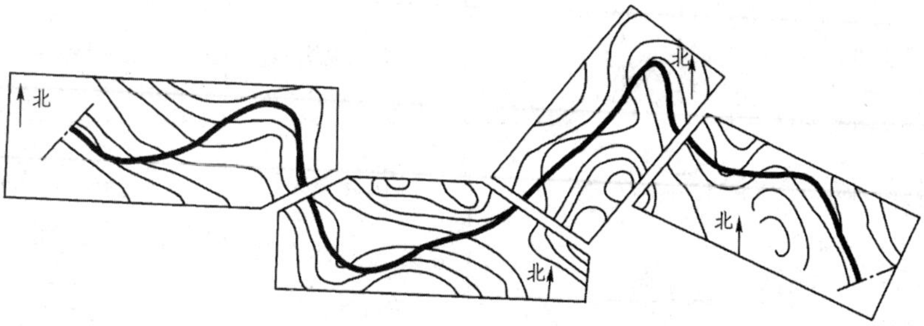

图 16-1　路线图幅拼接示意图

常见图例表　　表 16-1

名　称	符　号	名　称	符　号
旱地	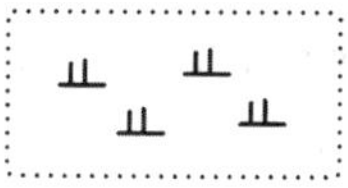	树林	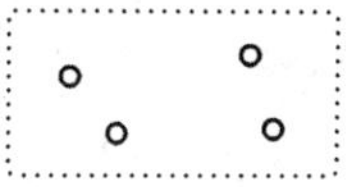
稻田		竹林	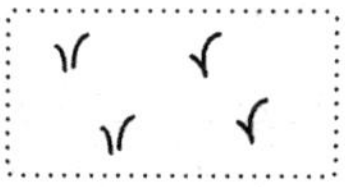
菜地	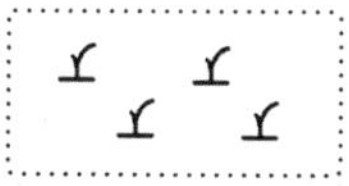	海岸线及沙滩	
经济作物地		土堆	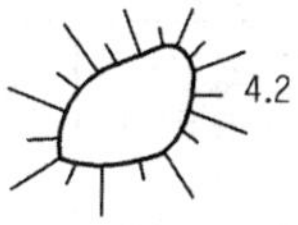
花圃	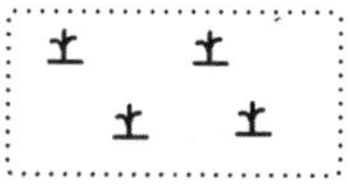	坑穴	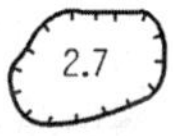
草地	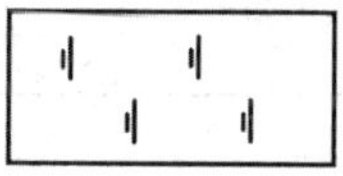	房屋	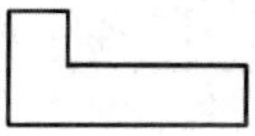
坟地	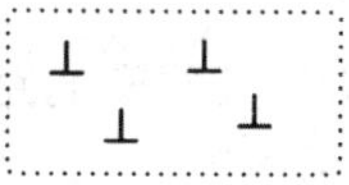	围墙	
经济林	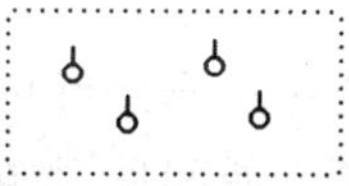	井	
建筑红线		高压电线	

续上表

名　称	符　号	名　称	符　号
平面上涵洞或通道	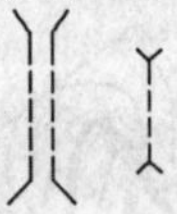	低压电线	
平面上桥梁(大、中桥按实际长度绘)	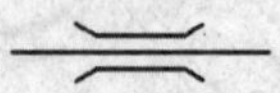	高压电线架	
平面上互通式立交(按采用形式绘)		变电室(所)	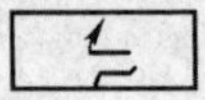
排水沟		地面管道	
急流槽		地下管道	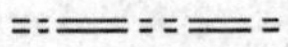
挡土墙		河流	
铁路		池塘	
原有公路及行道树	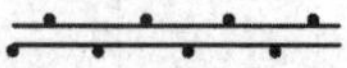	鱼塘	
乡道、大车道		水库	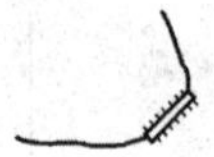
小路		堤	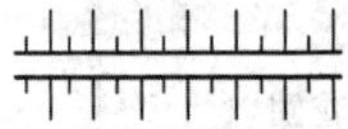
电讯线		排水边沟	

(二)路线平面图的内容及画法

示出地形、地物、路线位置及桩号、平曲线主要桩位与其他交通路线的关系以及县级以上境界等,标出水准点、导线点及坐标网或指北针图式,示出特大、大、中桥、隧道路线交叉位置等。图中列出平曲线要素表。

(1)地形。在图中用等高线表示地形的起伏,每两条等高线间的高差为一整数。等高线越密,表明地势越陡;等高线越稀,则地势越平坦。为了方便起见,每隔四条线就画一条较粗的等高线——计曲线,并只在这条线上标注高程。在图16-2中每两条等高线间的高差为10m。

(2)地物。图中还要绘出沿线的桥、房屋、农田、林地小溪、河流等。

(3)路线的走向。图16-2所表示的线路是从K2+000 ~ K3+430m由北偏东方向开始沿

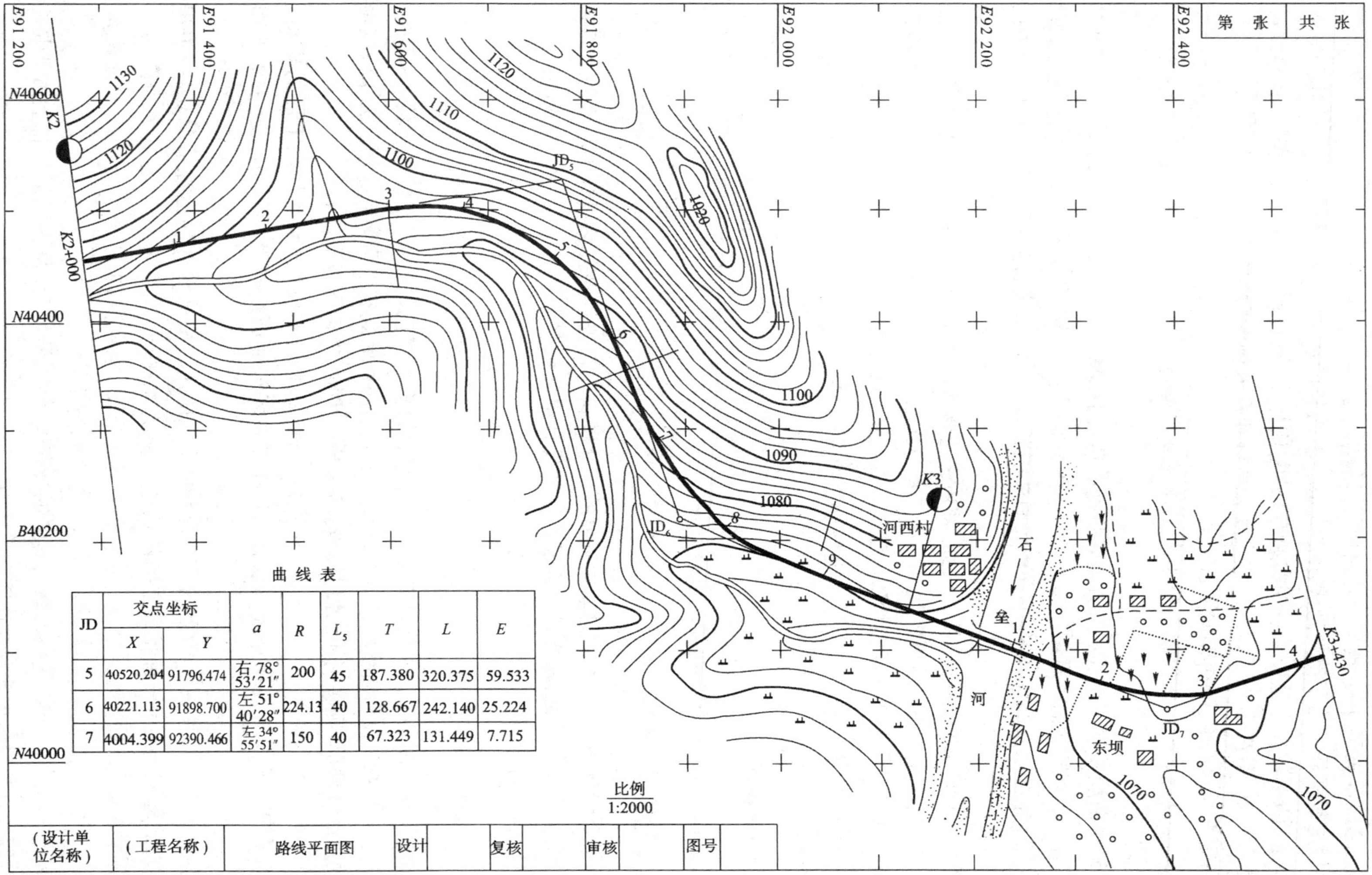

曲线表

JD	交点坐标 X	交点坐标 Y	a	R	L_s	T	L	E
5	40520.204	91796.474	右 78° 53′21″	200	45	187.380	320.375	59.533
6	40221.113	91898.700	左 51° 40′28″	224.13	40	128.667	242.140	25.224
7	4004.399	92390.466	左 34° 55′51″	150	40	67.323	131.449	7.715

图 16-2 公路路线平面图

一条山涧小溪向南延伸，在 K2 +400m 转向西偏南行，行至 700m 处又转回向南东方向前进，经河西村，跨过石垒河，在穿越了一片菜地后继续向东。

(4)里程桩号。为了清楚地表示路线每一段的长度和路线的总长，图中从路线的起点到终点沿前进方向（规定里程从左到右递增）的左侧标出公里桩，用符号“○”表示；在路线的右侧标出百米桩，用符号“｜”表示。在书写公里桩和百米桩的数字时，按道路制图标准规定，数字写在短细线的端部，字头朝向图纸上方。

(5)水准点。沿线路每隔一定距离都要设置水准点，以作为附近路线上测定路线中心桩的高差之用。

(6)平曲线要素。路线水平方向转折处的弯转曲线称为平曲线。在平面图中用交角点编号来表示，每个交角点处都有一段平曲线。在平面图中应列出平曲线的要素：交点编号（JD）、交点位置、偏角（α）、圆曲线半径（R）、缓和曲线长度（L_s）、切线长度（T）、曲线总长度（L）、外距（E）等。

图中要标注交角点编号 $JD\ X$，由此可知这是第 X 号交点，公路沿路线前进方向在此处要转弯，这个转弯是由直线、曲线、缓和曲线三部分组成的 ，因此，在图上还应标出缓和曲线的起点（ZH—直缓）、圆曲线的起点（HY—缓圆）、曲线的中点（QZ—曲中）、圆曲线的终点（YH—圆缓）、缓和曲线的终点（HZ—缓直）等曲线要素点。在图 16-3 所示这段线路中共有三处交角点 。

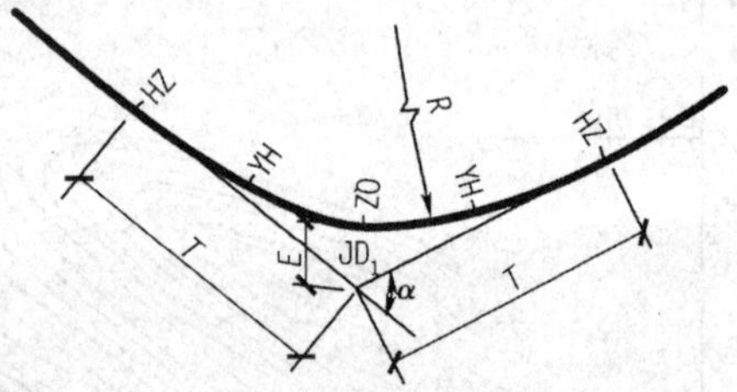

图 16-3　平曲线要素

（三）资料表

在平面图中都会附有曲线元素表。

二、路线纵断面图

在公路设计中，纵断面图是非常重要的设计资料。它表示沿公路设计中心线的地面起伏与设计高程之间的关系，地质状况以及路线的设计纵坡和竖曲线。如果把它与平面图结合起来，就能反映出公路路线的空间线形及位置。

（一）表示方法

路线纵断面图是沿公路设计中心线用假想的铅垂面将其进行剖切展开而得到的断面图。由于公路是由直线段和曲线段组成的，因而，相应的剖切面既有平面又有柱面。为了清晰地表达路线纵断面情况，则将剖切面展开（或拉延）成一平面，然后再投影而获得。

路线纵断面图由两部分组成，画在直角坐标系内的图样部分和坐标系下面的资料栏。在坐标系中水平方向表示路线的长度，竖直方向表示地面线与路面设计线及主要地物的高程。

绘图比例的选择在水平方向上与路线平面图相同，根据地区的地理情况在1∶2 000 ~ 1∶5 000的范围内变化，而竖直方向的比例一般为水平方向的 10 倍。这是因为路面与地面的高度差比路线长度小得多，为了清晰地显示出竖直方向的坡度变化情况而采取的措施。

与路线平面图一样，路线的纵断面图也会有很多张，所以，在每张图纸的右上角都要注明该图纸的序号和整条道路纵断面图的总张数。

在资料栏中，要列表说明沿线的地质状况、坡度、高程、里程及相对应的平曲线等内容。

（二）路线纵断面图的内容及画法

1. 图样部分

16-4 图中所示的是一段从 K16 +400.00 到 K17 +100.00 的道路纵断面图。图中水平方向比例尺为 1∶2 000，竖直方向的比例尺为 1∶200。图右上角的序号栏里的数字说明，整条道路共有 29 张纵断面图，本图是第 21 张。

（1）地面线。将测量所得的路线中各中心桩的高程按比例画在相应的里程桩位置，而后用细实线依次将各点连接。图中不规则的细折线就是表示沿设计中心线处的纵向原始地面线。

（2）设计线。根据地形按公路等级以及技术标准设计的一条曲线。其上对应于地面线上各点处的高程表示路基边缘的设计高程。图中贯穿地面线的粗实线就是该路段的纵坡设计线。在对地面线与设计线的相对位置进行比较之后，就可确定填挖地段和填挖高度了。

（3）竖曲线。在设计线纵坡变更处，需设置圆弧竖曲线来连接两相邻纵坡。竖曲线符号分两种，凸形曲线（ ┌┴┐ ）和凹形曲线（ └┬┘ ）。竖曲线符号的左右两端铅垂线表示竖曲线的起点和终点位置；中点表示两纵坡线的交点——变坡点。过变坡点的铅垂线应对准相应的里程桩，其左侧旁的数字为变坡点的高程。其余参数的意义与平曲线类似。图中 K16 +660.00桩号处为一凹形曲线，其半径 R 为 1 000m，切线长 T 为 19.19m，外距长 E 为 18m，变坡点的高程为 125.6m。

（4）水准点。沿线设置的水准点都应以其邻近的里程桩为依据，标出其位置及编号。在这段路中有一个编号为 BM_{22} 的水准点，位于 K16 +570.00 桩号的左侧 15m 的房角处，水准点的高程为 133.255m。

（5）人工构造物。在设计线的上方或下方用符号、数据来表明路线上的桥、涵、立体交叉和通道等人工构造物的名称、规格和里程。图中分别标出了 4 处盖板涵的位置和规格。

2. 资料表部分

自下而上与图样对应列出平曲线示意图、里程桩号、地面高程、设计高程、填挖方高差、坡度以及地质状况等。

（1）地质状况。标出沿线的地质情况。图中第一栏已说明线路的地质为黏土加泥质页岩。

（2）坡度/坡长。栏中的每一个分格表示一段坡度，格的对角线倾斜方向表示坡度方向，斜线/表示上坡；斜线\表示下坡。各个分格线均是变坡点的位置，它应与相应竖曲线符号的中心线对齐。但本图中的这一项标在了设计线处，设计线上方的百分数为坡度值，设计线下方的数字为坡长。

（3）填挖高度。这一栏的数据是各点桩号的地面高程与设计高程的差值，正值为挖土；负值为填土。

（4）设计高程。这一栏填写对应桩号处的设计高程数值。

（5）地面高程。这一栏填写对应桩号处的地面高程数值。

（6）里程桩号。填写各中心桩号处的里程。

（7）直线及平曲线。表示该路段的平面线形。栏中符号“/JD_{93} R=200 L_s=30\”表明在第 93 号交角点处，沿路线前进方向右转弯，且带有长度 L_S =30m 的缓和曲线；符号“\JD_{94} R=400/”表明在第 94 号交角点处，沿路线前进方向左转，带有 R =400 的圆曲线弯道。

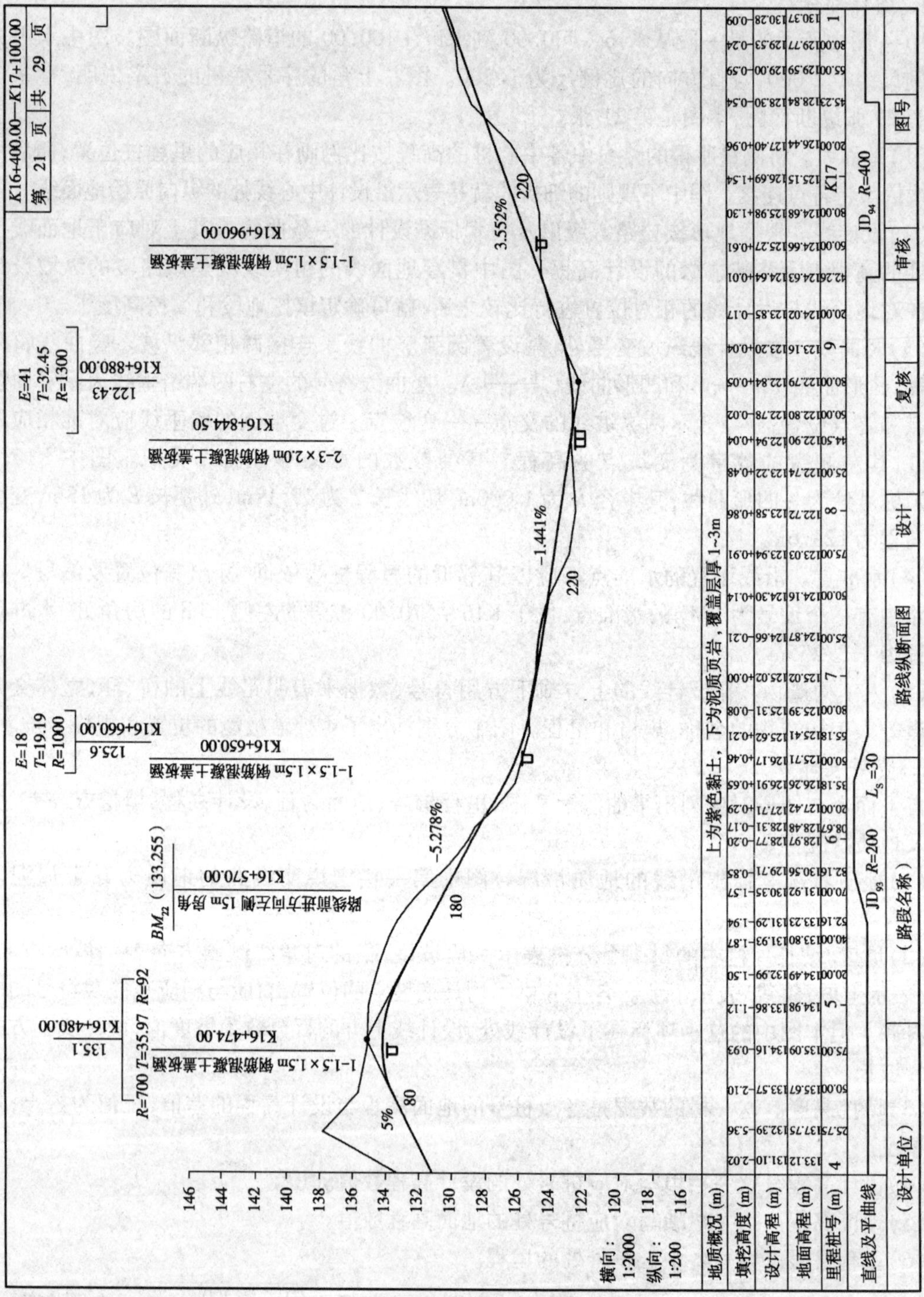

K16+400.00—K17+100.00
第 21 页 共 29 页
横向：1:2000
纵向：1:200
地质概况 (m)
填挖高度 (m)
设计高程 (m)
地面高程 (m)
里程桩号 (m)
直线及平曲线
上为紫色黏土，下为泥质页岩，覆盖层厚 1~3m
1-1.5×1.5m 钢筋混凝土盖板涵
K16+474.00
K16+480.00
135.1
R=700 T=35.97 R=92
路线前进方向左侧 15m 房角
K16+570.00
BM_{22}（133.255）
1-1.5×1.5m 钢筋混凝土盖板涵
K16+650.00
E=18
T=19.19
R=1000
125.6
K16+660.00
2-3×2.0m 钢筋混凝土盖板涵
K16+844.50
E=41
T=32.45
R=1300
122.43
K16+880.00
1-1.5×1.5m 钢筋混凝土盖板涵
K16+960.00
5%
80
-5.278%
180
-1.441%
220
3.552%
220
JD_{93} R=200
L_s=30
JD_{94} R=400
K17
（设计单位）
（路段名称）
路线纵断面图
设计
复核
审核
图号

图 16-4 路线纵断面图

三、路基横断面图

路基横断面图主要用于表示路基的断面形状、填挖高度和填挖边坡坡度等情况，工程上依此作为计算填挖土石方量以及路基施工的依据。

（一）路基横断面图的表示方法

路基横断面图是在路线中心桩处假想地用一系列垂直于路线中心线的剖切平面，将设计的路基及其地面同时剖切后而获得的断面图。

图中不仅要画出路基横断面的设计线（用粗实线绘制），而且还须画出原始地面线（用细实线绘制）。绘图比例1∶50～1∶200。

路基横断面图有三种基本形式，如图16-5所示

填方路基——路堤，如图16-5a）所示；

挖方路基——路堑，如图16-5b）所示；

半填半挖路基是前两种路基的综合，如图16-5c）所示。

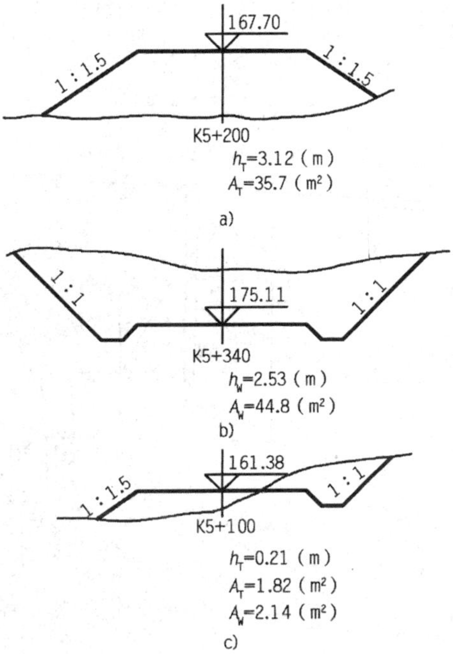

图16-5　路线横断面图的基本形式

图16-6所示的是半填半挖路基的实例，图中的细实线为原地形线，填方部分的台阶是因原地面坡度陡于1∶5，为防止地基沉降而挖掘的，粗实线为设计地形路基横断面。

路线的横断面图也会有很多张，与路线纵断面图一样，在每张图纸的右上角都要注明该图纸的序号和整条道路横断面图的总张数。

（二）路基横断面图的内容

一组路基横断面图包括若干个图形及其数据，图下注有该断面的里程桩号、中心线处的填、挖方高度及填、挖方面积，如图16-5所示。各路基横断面图按里程桩号自下而上，从左至右，整齐地排列在图纸内，如图16-7所示。

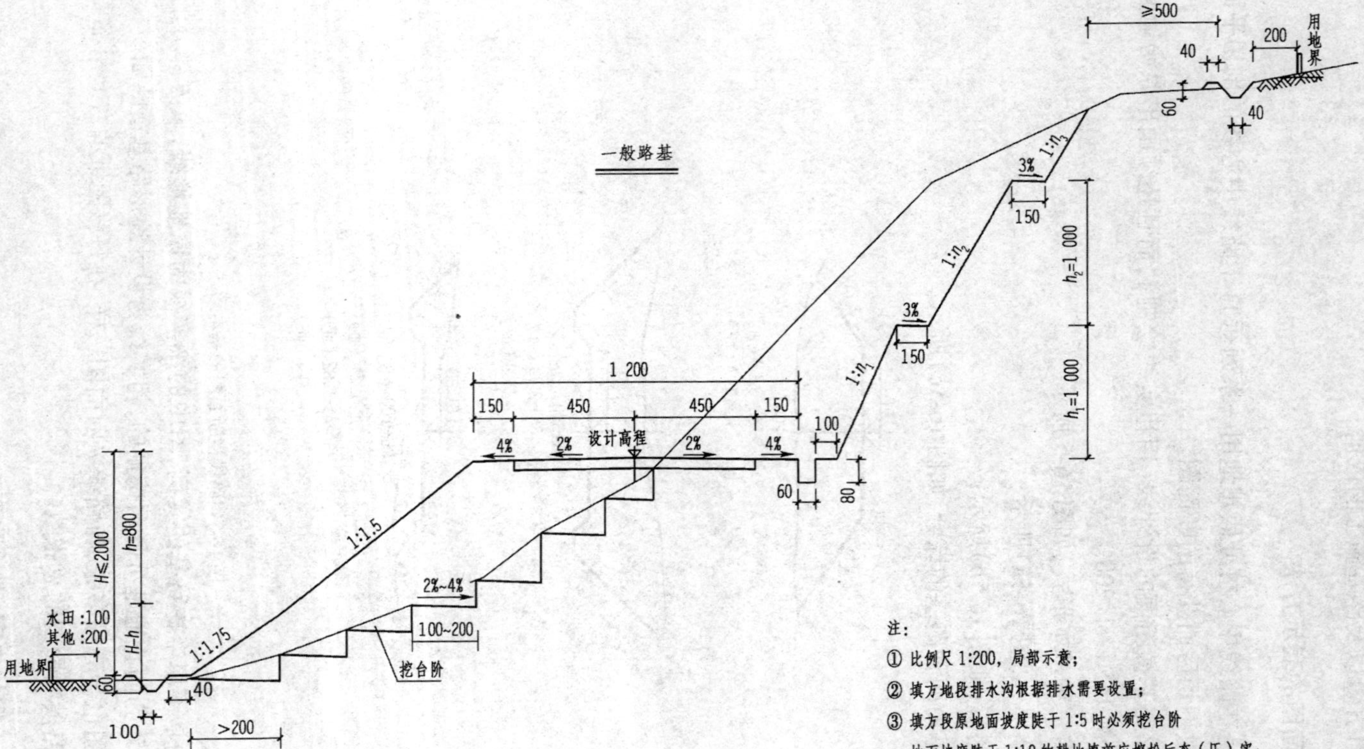

注：

① 比例尺 1:200，局部示意；

② 填方地段排水沟根据排水需要设置；

③ 填方段原地面坡度陡于 1:5 时必须挖台阶

地面坡度陡于 1:10 的耕地填前应挖松后夯（压）实；

④ 城镇地段边沟盖板。

图 16-6 半填半挖路基断面图(尺寸单位:cm)

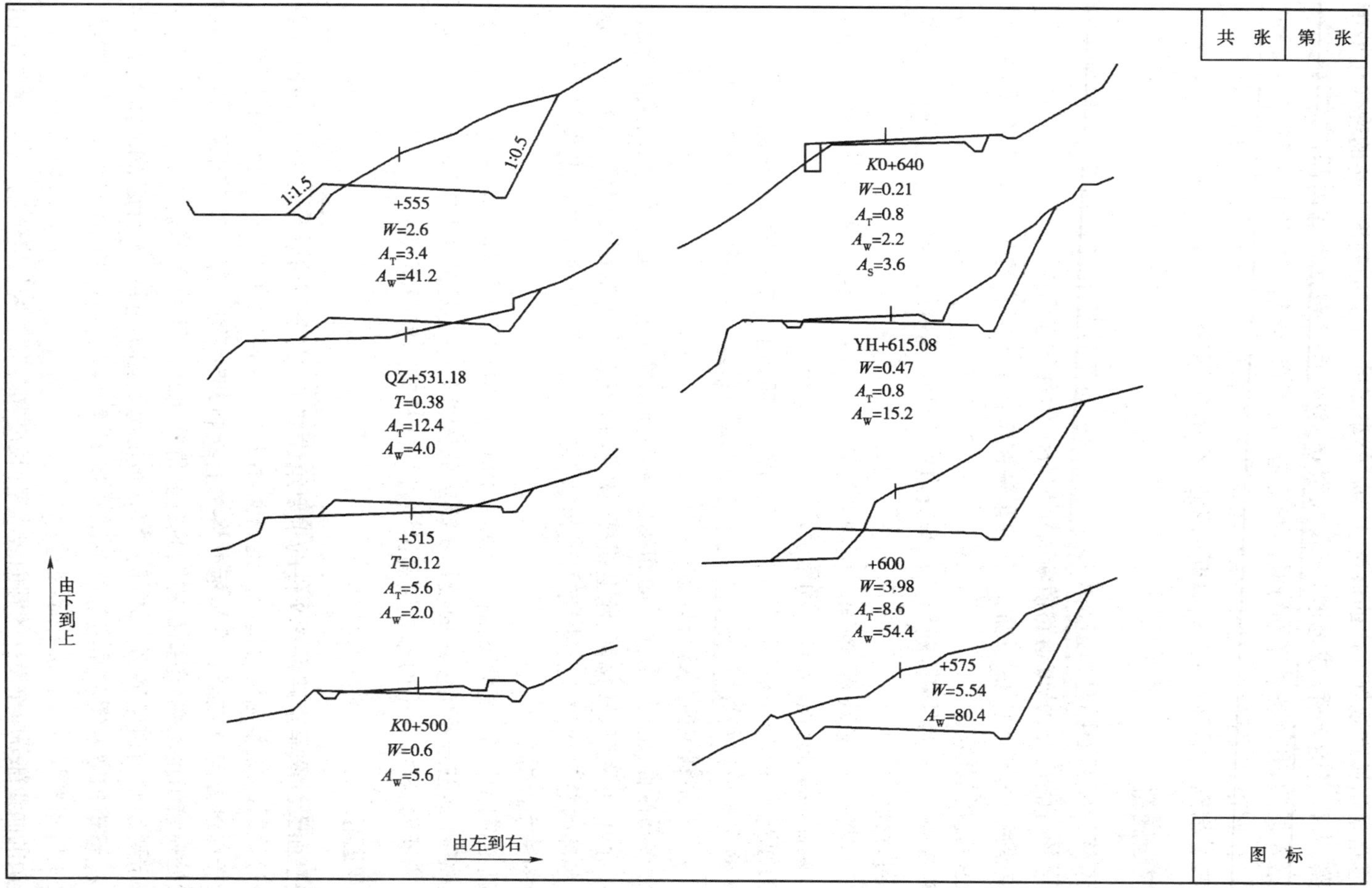
共 张
第 张
1:1.5
1:0.5
+555
W=2.6
A_T=3.4
A_W=41.2
QZ+531.18
T=0.38
A_T=12.4
A_W=4.0
+515
T=0.12
A_T=5.6
A_W=2.0
K0+500
W=0.6
A_W=5.6
K0+640
W=0.21
A_T=0.8
A_W=2.2
A_S=3.6
YH+615.08
W=0.47
A_T=0.8
A_W=15.2
+600
W=3.98
A_T=8.6
A_W=54.4
+575
W=5.54
A_W=80.4
由下到上
由左到右
图 标

图 16-7 路线横断面图

第二节　城市道路

城市道路是指城市规划区内的道路、广场、停车场等，在交通高度发达的现代化城市里，还包括高架路，人行过街天桥（或地道）以及大型立交桥，但不包括街巷内部街道。它的组成远比一般公路要复杂，有供各种车辆行驶的车行道、人行道、分割车行道和人行道的分隔带及绿化带。所以在城市道路路线设计中，横断面设计是主要的部分，一般放在平面设计和纵断面设计之前进行。横断面图见图 16-8，纵断面图见图 16-9，平面图见图 16-10。

一、横断面图

城市道路的横断面图是指道路中线上各点的法向断面图，由横断面设计线和地面线组成。根据车行道的分隔情况，城市道路横断面可划分为四种基本形式：

(1)单幅路——"一块板"断面。各种车辆在车行道上混合行驶，机动车在中间行驶，非机动车在车道两侧行驶。

(2)双幅路——"两块板"断面。在车行道中心用分隔带或分隔墩将道路分为两幅，上、下行车辆分向行驶。

(3)三幅路——"三块板"断面。用两条分隔带将道路分成三幅，中间一幅为双向行驶的机动车道，两侧为单向行驶的非机动车道。

(4)四幅路——"四块板"断面。在"三幅路"的基础上，再在中间的机动车道增设一条中央分隔带，使车辆分向行驶。

横断面图的绘制包括两部分内容：

(1)标准横断面图。绘出横断面布置及各部分尺寸。如街道宽度、红线宽度、建筑界线、车行道、人行道、分隔带、绿化带、地上线杆、树木、地下管线的位置及埋深等，并在其上标注横断面组成各部的总尺寸和分尺寸、横坡坡度、边坡断面尺寸、边坡坡度以及植树、栽杆、地下管道与中线的关系尺寸。

(2)施工横断面图。绘图比例一般为 1∶100～1∶200。绘制道路中线每个桩位的横断面地面线，标注各断面桩号及由纵断面设计所确定的该桩号中心处的填挖高度。按填挖高程及设计的标准横断面，再结合平面布置绘制出该桩号处相应的横断面图。

二、平面图

道路平面设计图是道路设计文件的重要组成部分，它全面清晰地反映了道路平面位置和道路所经过地区的地形地貌等情况。通常采用 1∶500～1∶1 000 的比例尺绘制。

路线按前进方向从左至右在坐标方格网上绘制，路线图一般会有若干张，因此，在每张图纸的拼接处要绘出接图线，还要在图纸的右上角标明共 *X* 张第 *X* 张。

在图上要绘制出道路平面主要部分的分布情况。如车行道、人行道、绿化带、分隔带、主要路口、广场、弯道加宽及缓和曲线等的范围及其布置情况，标注其与中线或控制地物的主要关系尺寸及主要布置尺寸或轮廓控制尺寸。

车行道的曲线部分应按设计的圆曲线半径、长度和缓和曲线长度绘制。在图纸的空白处注明平曲线要素及主要点里程桩号等。除此之外，还应用规定的符号绘制三角点、导线点、水准点等。

各类建筑物、构筑物及其主要附属设施应按规定表示。道路交叉路口应注明各条道路的走向。

对于上述构造物当其构造比较简单而不需另行绘制图纸时，可酌情标注高程。

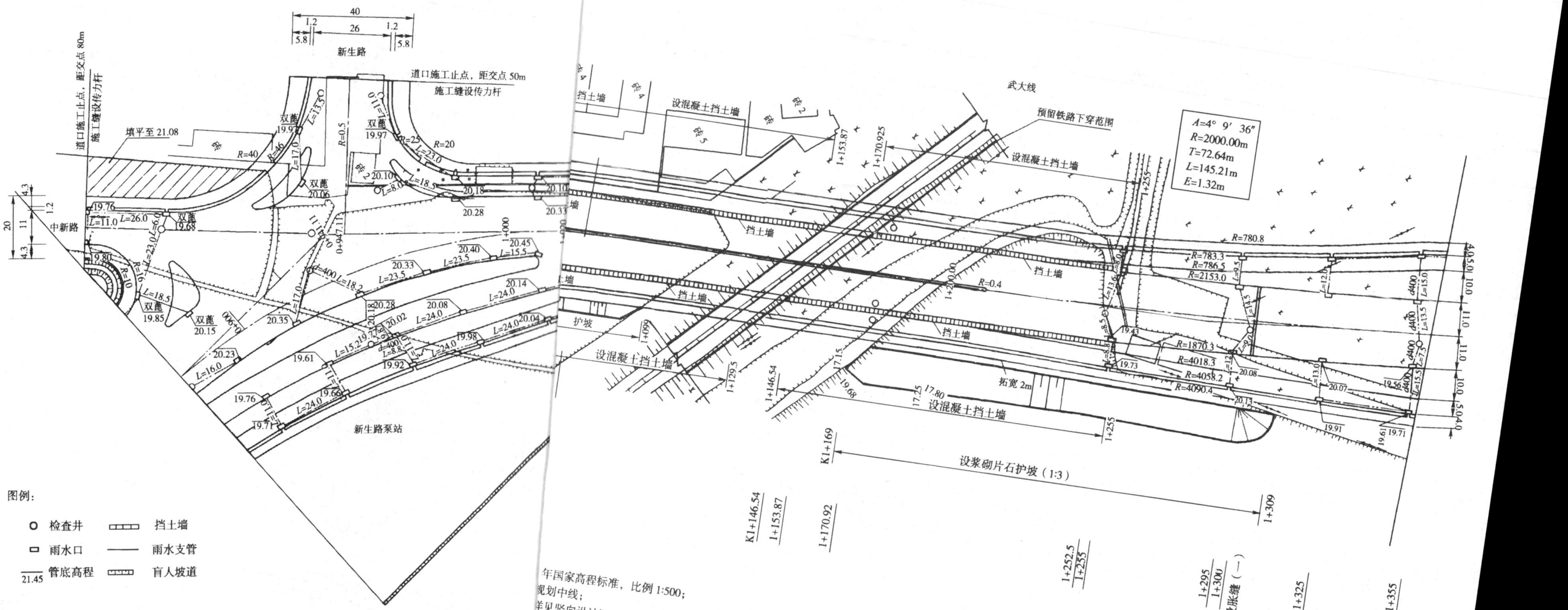

年国家高程标准，比例 1:500；
规划中线；
详见竖向设计图，路段中对称的
图，雨水支管除注明均采用 D300
疑土路边为准；
设计方同意；
放，在雨水口处将人行道花坛用

16-10 某城市道路平面图

城市道路横断面布置基本形式

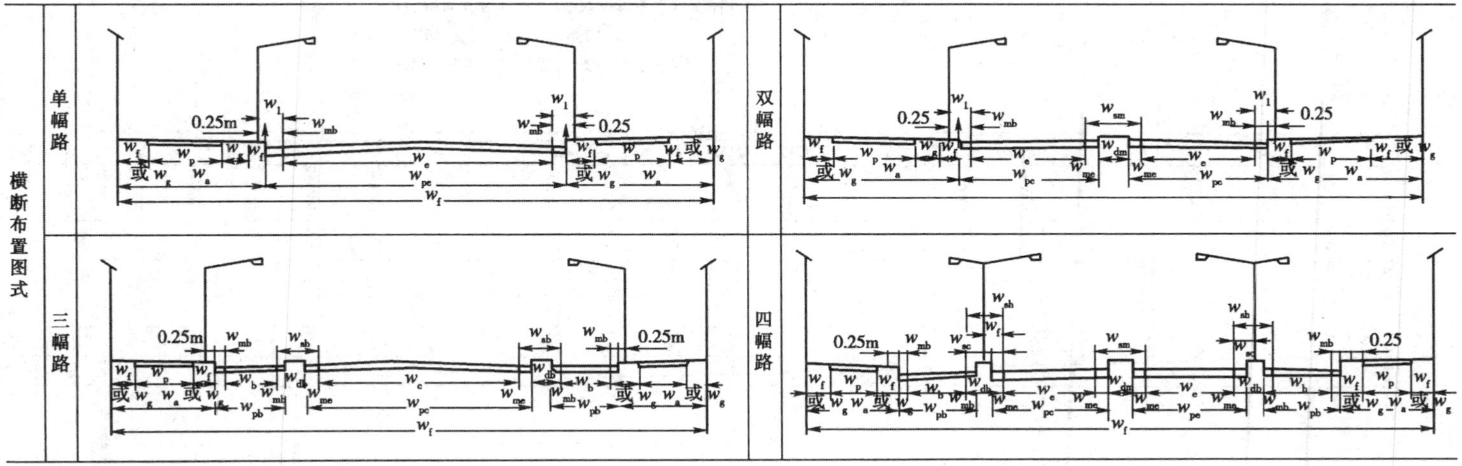

图中：

w_r——红线宽度（m）；

w_e——机动车车行道宽度或机动车与非机动车混合行驶的车行道宽度（m）；

w_b——非机动车车道宽度（m）；

w_{pe}——机动车道路面宽度或机动车与非机动车混合行驶的路面宽度（m）；

w_{pb}——非机动车道路面宽度（m）；

w_{me}——机动车道路缘带宽度（m）；

w_{mb}——非机动车道路缘带宽度（m）；

w_l——侧向净宽（m）；

w_{dm}——中间分隔带宽度（m）；

w_{sm}——中间分车带宽度（m）；

w_{db}——两侧分隔带宽度（m）；

w_{sb}——两侧分车带宽度（m）；

w_a——路侧带宽度（m）；

w_p——人行道宽度（m）；

w_g——绿化带宽度（m）；

w_f——设施带宽度（m）；

w_s——路肩宽度（m）；

w_{sh}——硬路肩宽度（m）；

w_{sp}——保护性路肩宽度（m）

图 16-8　城市道路横断面的基本形式

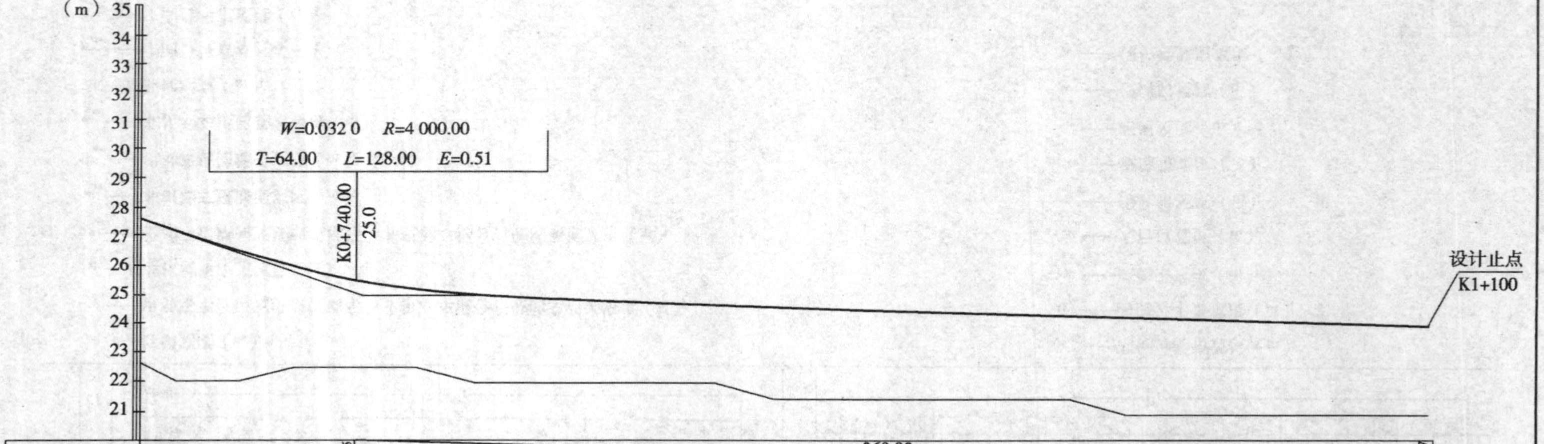

桩号	地面高程 (m)	路面设计高程 (m)	路面设计高程比原地面高程 高	路面设计高程比原地面高程 低
K0+680.00	22.00	27.15	5.15	
0+700.00	22.00	26.52	4.52	
0+720.00	22.50	25.99	3.49	
0+740.00	22.50	25.56	3.06	
0+760.00	22.50	25.23	2.73	
0+780.00	22.00	25.00	3.00	
0+800.00	22.00	24.87	2.87	
0+820.00	22.00	24.81	2.81	
0+840.00	22.00	24.75	2.75	
0+860.00	22.00	24.69	2.69	
0+880.00	21.50	24.63	3.13	
0+900.00	21.50	24.57	3.07	
0+920.00	21.50	24.51	3.01	
0+940.00	21.50	24.45	2.95	
0+960.00	21.50	24.39	2.89	
0+980.00	21.50	24.33	2.83	
1+000.00	21.00	24.27	3.27	
1+020.00	21.00	24.21	3.21	
1+040.00	21.00	24.15	3.15	
1+060.00	21.00	24.09	3.09	
1+080.00	21.00	24.03	3.03	
K1+100.00	21.00	23.97	2.97	

坡度及距离：160.00　−3.50%　25.05　360.00　−0.30%　23.97

平曲线：a_L=27°　15′　8″　R=1 000.00　T=242.41　L=475.64　E=28.96

注：

① 本图尺寸均以 m 计，高程为黄海系统；

② 比例 横向 1:1 000　竖向 1:100；

③ 原地面高程是在 1:1 000 地形图上点绘高程。

图 16-9　城市道路纵断面图

三、纵断面图

从道路中心竖直剖切再沿道路里程展开的立面投影图。在其上有两条曲线:道路纵断面设计线和道路纵断面地面线。设计线是由直线和竖曲线组成的具有规则形状的几何线形;而地面线则是按中线上各桩号的地面高程绘制的一条不规则的折线。

纵断面图是绘制在直角坐标系上的,通常在表示桩号的横坐标处用 1:500~1:1 000 比例;表示高程的纵坐标处用 1:50~1:100 比例。

城市道路纵断面图与公路路线纵断面图在形式上相同,也是由两部分内容组成,位于坐标系内的图样和位于图样下的资料栏。图样部分除了绘出纵坡设计线和地面线外,还注明了竖曲线及其要素;沿线桥涵及人工构造物的位置类型尺寸水准点编号和高程等。

资料栏自下而上分别填写:直线及平曲线略图、里程桩号、地面高程、设计高程、填挖高度、坡度/坡长、地质概况、设计排水沟沟地线及其坡度/坡长、高程、流水方向等有关内容。

第三节　道路立体交叉

一种利用跨线构造物使道路在不同高程相互交叉的交通疏导方式——道路立体交叉,它常常被设置在城市或高速公路等交通繁忙的路口,是道路交通的一个重要组成部分。

一、立体交叉的类型

根据交通功能和匝道分布,立体交叉可分为分离式和互通式两种类型。

分离式:交叉口处设隧道或跨线桥一座,上、下道路在空间上完全分离,彼此间无匝道连接,车辆不能转换行驶方向的立交方式,它是由跨线构造物和坡道两部分组成,如图 16-11 所示。

互通式:除设有跨线构造物外,还设有匝道连接上、下道路,相交道路上车辆可通过匝道相互转向运行的立体交叉形式,它由五部分组成(图 16-12):

(1)跨线桥:相交道路相互跨越,实现交通流分离的构造物;

(2)主线:相交道路的直行车道;

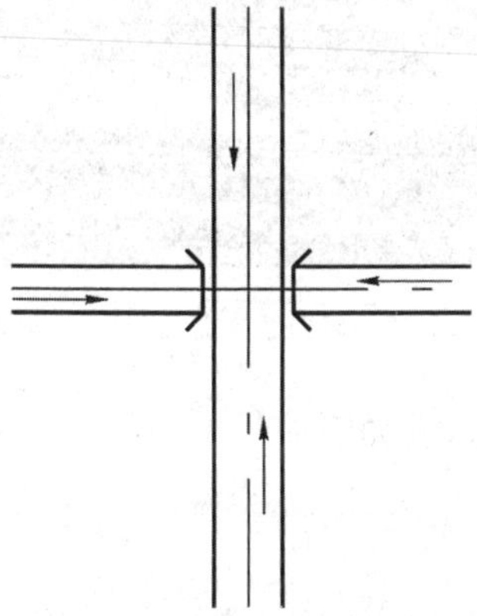

图 16-11　分离式立体交叉

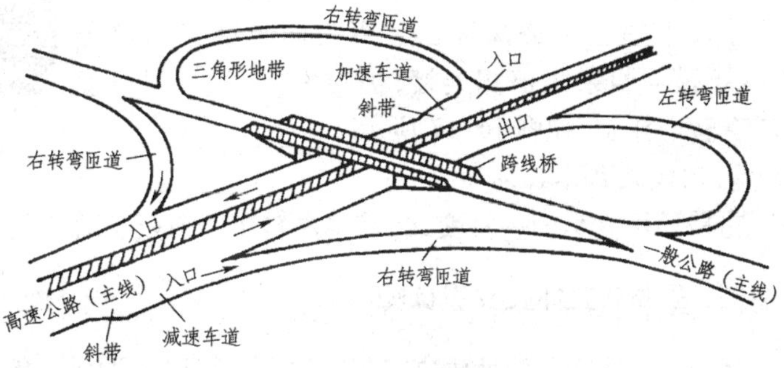

图 16-12　互通式立体交叉

(3)匝道:用以连接上、下两条相交道路的供转弯车辆转向使用的连接道路;

(4)引道:主线与跨线桥相接的桥头路段;

(5)坡道:立交桥下低于现场地面高程的路段。

鉴于互通式立体交叉上的车辆可以相互转道的优点,在城市道路及高等级公路出入口处常设置这种立交形式。互通式立体交叉按其平面形状又可分为:

1. 苜蓿叶形立体交叉

在交叉点四周设有环行左转匝道和直接右转匝道,保证相交道路在各个方向的转向不受干涉,如图6-13所示。

2. 喇叭形立体交叉

用一个内环匝道和一个外环匝道及两条右转匝道来实现车辆转向的;用于三岔路口,如图16-14所示。

图16-13　苜蓿叶形立体交叉

图16-14　喇叭形立体交叉

3. 环形立体交叉

它是由环道和上跨或下穿的主干路组成的,如图16-15所示。

4. 组合式立体交叉

它是根据各转向交通行驶要求,选用了苜蓿叶形立体交叉、喇叭形立体交叉、迂回式立体交叉等标准形式的某一部位进行组合,如图16-16所示。

5. 菱形立体交叉

形如钻石,亦称为钻石型立交。它是将十字平面交叉路口中的主干道高程在竖直方向与平交路口分离,次干道与四条匝道相连接,仍为平面交叉,但可满足所有转向要求,如图16-17所示。

图16-15　环形立体交叉

6. 迂回式立体交叉

它是环行立交的一种变式,其将左转弯匝道延长绕行的一种形式,如图16-18所示。

二、互通式立体交叉设计图

互通式立体交叉的性质决定了它的设计图样种类比一般道路设计图样的种类要多;它们包括交通流量分布图、透视图、立体交叉平面图、立体交叉纵断面图、交叉区内路基横断面图等。

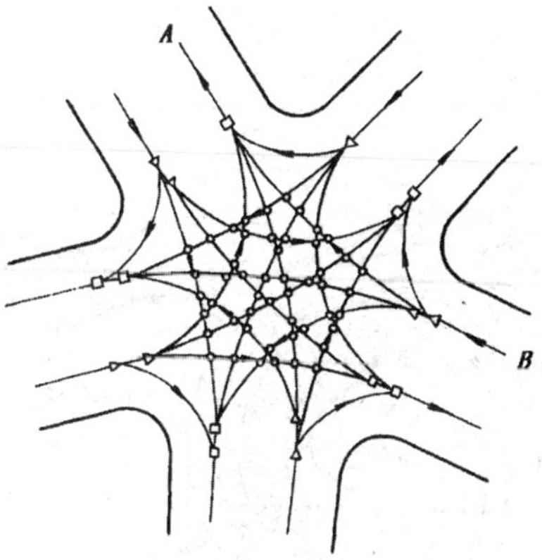

交错点类型	无信号	有信号
	a)	b)
△ 分叉点	10	4
□ 汇合点	10	6
○ 左转车流冲突点	45	4
○ 直行车流冲突点	5	0
交错点总数	70	14

a)

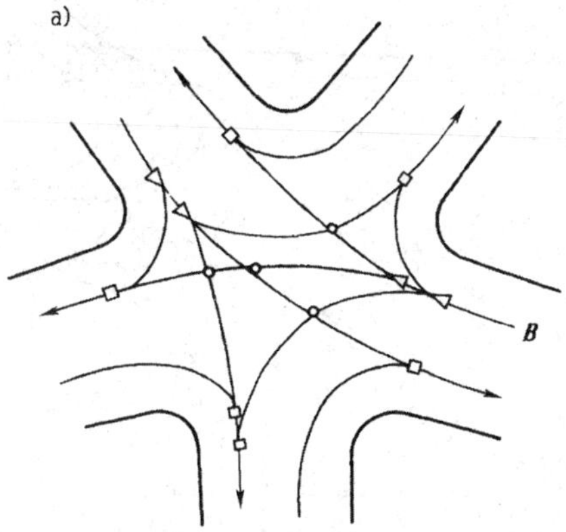

b)

图 16-16　组合式立体交叉

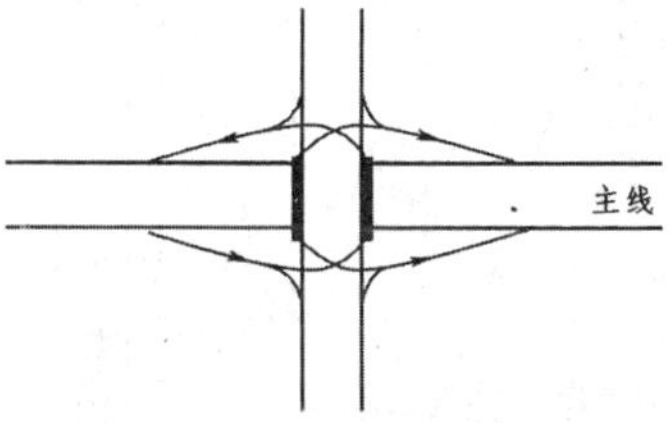

图 16-17　菱形立体交叉

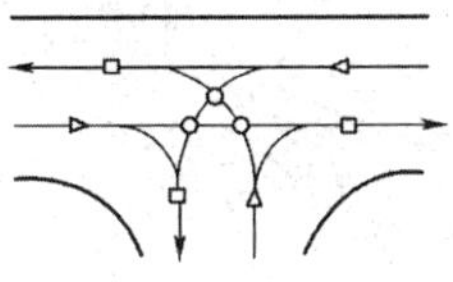

a)

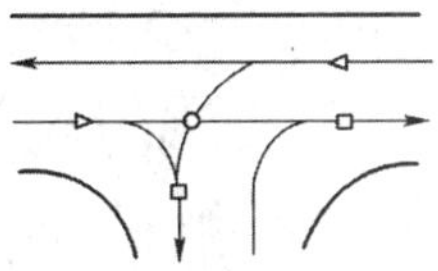

b)

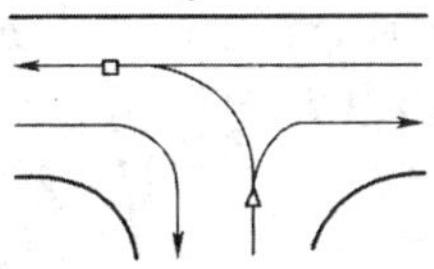

c)

交错点类型	无信号	有信号	
	a)	b)	c)
△ 分叉点	3	2	1
□ 汇合点	3	2	1
○ 左转车流冲突点	3	1	0
○ 直行车流冲突点	0	0	0
交错点总数	9	5	2

图 16-18　迂回式立体交叉

1. 立体交叉平面图

可参照公路路线平面图的内容及绘制方法绘制。绘出主线、被交叉道路的位置、匝道、匝道起(终)点、匝道编号、变速车道、加速车道长度、跨线桥的位置及其交角。比例为 1∶500 ~ 1∶2 000,如图 16-19 所示。

2. 立体交叉纵断面图

内容与路线纵断面图的内容相同,分别绘出主线、被交叉道路、匝道的纵断面。水平方向比例为 1∶2 000;垂直方向为 1∶200,如图 16-20 所示。

3. 交叉区内路基横断面图

分别绘出主线、被交叉道路和匝道的路基路面横断面图。

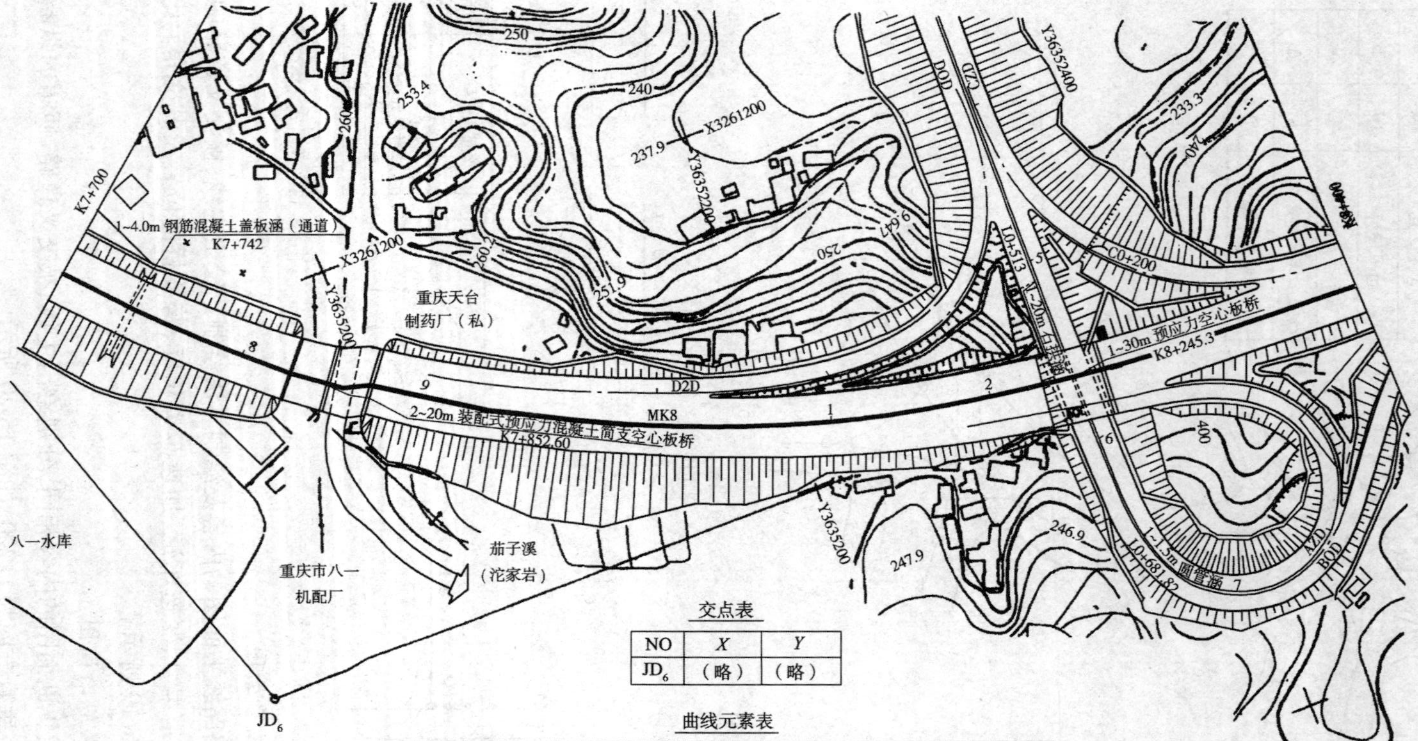

交点表

NO	X	Y
JD_6	（略）	（略）

曲线元素表

NO	a(°′″)	R	L_s	T	L	E	ZH	HY	QZ	YH	HZ
JD_6	71°33′54″	700.103	310.000	663.468	1181.462	169.937	K7+276.071	K7+586.071	K7+868.301	K8+150.532	K8+460.532

设计单位		工程名称	互通式立体交叉平面图	设计		复核		审核		图号		日期	

图 16-19　立体交叉平面图

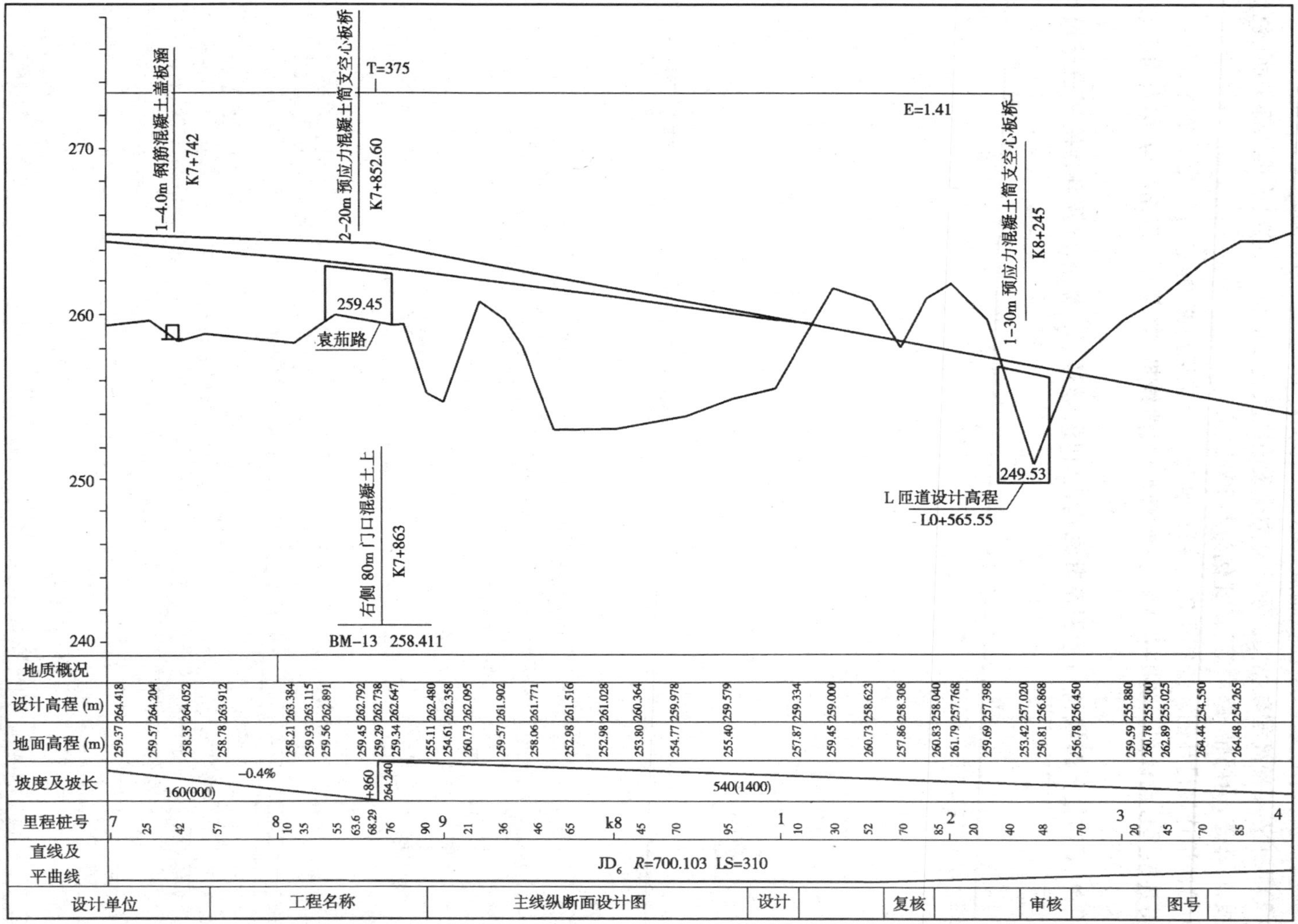

图 16-20 立体交叉纵断面图

施工设计图除了上述图样外,还应绘制:

(1)立体交叉线位图。绘出坐标网,示出主线、被交叉道路、匝道(含变速车道)中心线、桩号、平曲线要素,列出交点、平面控制点坐标表。比例为1:1 000～1:2 000。

(2)匝道连接部高程数据图。示出立体交叉简图及连接部位置,绘出连接细部平面(包括中心线、行车道、分隔带、路肩等)。比例为1:200。

(3)匝道连接设计图。绘制匝道与主线、匝道与被交叉道路、匝道与收费站及匝道与匝道之间等连接部分设计图。图中包括中心线、行车道、路缘带、路肩等。示出桩号、各部分宽度。比例为1:200。

此外,还有诸如跨线桥布置图及其结构设计图;通道、管线、涵洞及其他附属设施设计图等。

第十七章　桥梁与隧道工程图

公路和铁路通过江河、山谷和低洼地带时，需要修筑桥梁以保证车辆的正常行驶和水流的渲泄，公路与公路（或铁路）相交，为提高交通能力和行车速度，也需要修筑桥梁跨过相交路线。桥梁可按用途、承重结构使用的材料、结构体系等进行分类，按用途分为公路桥、铁路桥、公路铁路两用桥、农用桥、人行桥、运水桥（渡槽）及其他专用桥梁；按材料分为木桥、钢桥、圬工桥（包括砖、石、混凝土桥）、钢筋混凝土桥和预应力钢筋混凝土桥；按结构体系分为梁式桥、拱桥、刚架桥和悬索桥等。桥梁由上部结构（主梁或主拱圈和桥面系）、下部结构（桥墩、桥台和基础）及附属结构（防护工程、栏杆和照明设施等）三部分组成。隧道是公路和铁路穿越山岭或地下时修筑的建筑物，隧道工程由洞身及衬砌、洞口和附属工程等部分组成。

第一节　钢筋混凝土梁桥工程图

桥梁工程无论结构形式和采用的材料如何，其表示方法是基本相同的，描述一座桥梁的工程图纸很多，一般可分为桥位平面图、桥位地质断面图、桥梁总体布置图、桥梁构件图、附属工程结构图和结构大样图等几种。

一、桥位平面图

桥位平面图主要表示桥梁和路线连接的平面位置，桥位平面图在地形图的基础上绘制。通过地形测量绘出桥位处的道路、河流、水准点、地质钻孔及附近地区的地形、地物情况，作为桥梁设计和施工定位的依据。桥位平面图采用的比例一般较小，如 1:500，1:1 000，1:2 000 等，如图 17-1 所示，绘图时图例、符号、字体方向等的要求与路线平面图的要求相同，如存在地质钻孔，在图上需注明地质钻孔的位置和编号。

二、桥位地质断面图

桥位地质断面图主要表示桥梁所处河床断面的水文地质情况。根据水文资料调查和地质钻孔得到的水文地质资料，绘制桥位所在河床位置的地质断面图，主要包括河床断面线、最高水位线、常水位线、最低水位线、河床深度变化及地质变化情况。对于特大桥梁，为了在图纸上将桥梁所处河床断面高度和水平方向清晰的表达出来，绘图时高度和水平方向可用不同的比例绘制，根据桥梁长度，一般高度方向较水平方向可放大数倍，图上需注明两方向各自采用的比例。小桥如所处地质情况较好且变化不大时，一般一桥一个地质钻孔，大中型桥梁一般采用一跨一个地质钻孔，地质情况复杂且变化较大时可适当增加地质钻孔，地质断面图一般采取柱状图的形式表达，习惯称为地质柱状图，项目桥梁较多时一般装订成册，在总体布置图的立面图中需绘制地质柱状图，如图 17-2 所示。

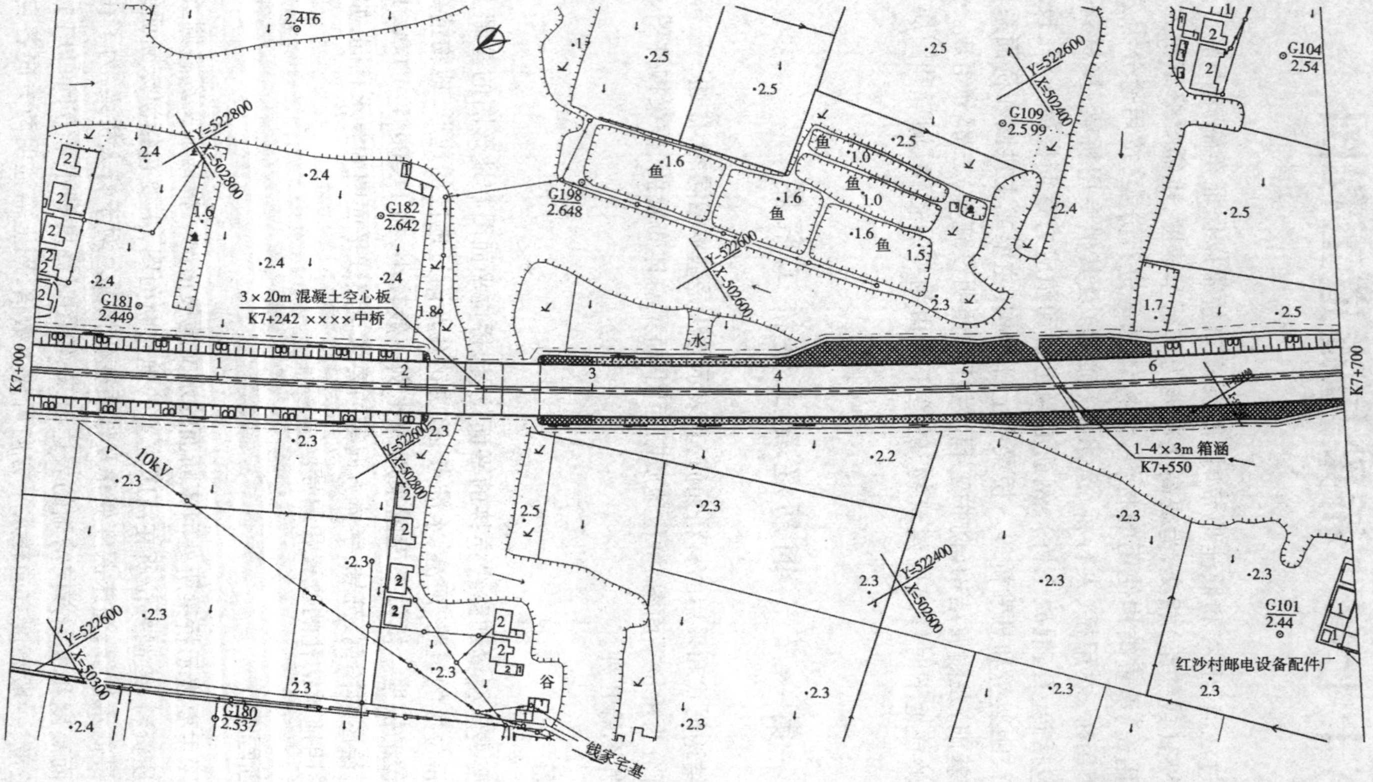

导线点坐标表

导线点编号	X	Y	高程
G327	3502783.833	522612.690	2.777

××市×××高速公路 建设指挥部	××市×××高速公路 ×–×标段（K6+900~K12+400）	K7+242 ××××中桥 桥位平面图	第 1 张 共 1 张	日 期 2000.7	图 号	××省××勘察设计研究院 中国 ××

分项负责人	审查	审核	复核	设计

图 17-1 ××××中桥桥位平面图

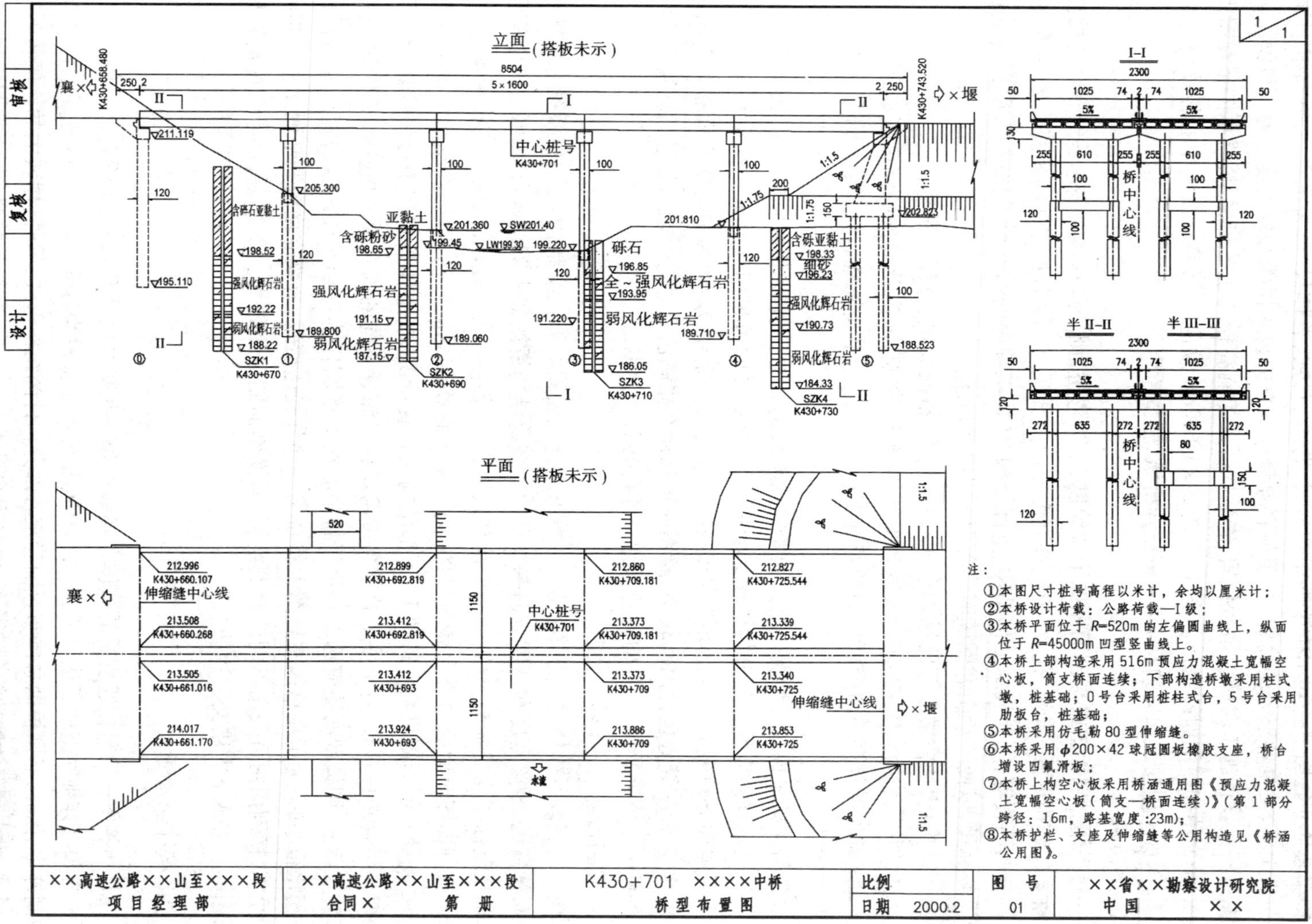

图 17-2　××××中桥总体布置图

三、桥梁总体布置图

桥梁总体布置图主要表示桥梁的结构形式、跨经、孔数、总体尺寸、桥面系、各主要构件的相互位置关系、桥梁各部分的高程、主要材料数量以及总的技术说明和施工要点等。桥梁总体布置图是桥梁设计施工时确定墩台位置、安装构件及控制高程的主要依据，桥梁总体布置图由立面图、平面图和横剖面图组成。图 17-2 为 5 ×1 600cm 预应力钢筋混凝土空心板梁桥总体布置图，该桥采用简支预应力空心板、桩柱式桥墩、轻型桥台。

1. 立面图

一般采用全剖面图或半剖面图的形式绘制，如为弯桥，则应采用展开表示法绘制。立面图表达桥梁的结构形式、跨经、孔数、长度和高度方向主要尺寸、各主要构件的相互位置关系、桥梁各部分的高程等，主要表示上部结构、下部结构、防护工程等的基本形式和尺寸，在立面图的左侧设有标尺，以便于绘图和阅读时参照，如图 17-2 所示。

上部结构：表达桥梁上部的结构形式、跨径设置、桥面高程、里程桩号等；

下部结构：表达桥梁下部墩台及基础的结构形式、高程、深度及简要的河床断面水文地质情况，如基础深度较深而河床断面地质情况变化不大时，为节省图幅，可采用折断画法。

2. 平面图

表达桥梁的平面布置情况、坐标、与跨河或跨线的相对位置和附属结构设置，为了在平面图上将桥梁不同高度的各部分构件表达清楚，绘制平面图时可采用分层掀开表示法，即从左至右按上下顺序分别表示桥面及防护、伸缩缝、支座、盖梁、立柱、承台、基础等的平面布置情况和基本尺寸，若伸缩缝等构件尺寸较小，绘图时可采用夸张画法，即放大画出，桩基只需用十字线绘出各桩中心位置及尺寸，各构件的详细尺寸可参看构件图。

3. 横剖面图

横剖面图表示横桥向的基本情况，一般采用全剖面图的形式绘制，主要包括桥梁上下部结构及布置情况、桥梁宽度和高度方向基本尺寸。多跨结构桥梁如中跨结构布置相同，则中跨和边跨的横剖面图均需画出，分别表示中跨和边跨上下部结构及布置情况，注意按投影理论，画中跨的横剖面图时后面的桥台是可见的，为了使中跨横剖面图表达清楚，在这里只画有用部分，即中跨的横剖面图只画中跨的上、下部结构及布置情况，在总体布置图中可将这两个剖面图各取一半合画在一起，对于多跨桥梁各中跨结构及布置不同的则需画出相应的横剖面图，如为斜桥或弯桥，则横剖面图应选取垂直于桥中心线的平面作为剖切平面。当桥宽尺寸与桥长尺寸相比很小时，为了在总体布置图上将桥梁各部分表达清楚，桥梁立面图和平面图采用相同比例绘制，横剖面图可采用不同的比例绘制，即横剖面图可用较大比例绘制，这种情况需在横剖面图的上方或下方用文字注明。

四、构件结构图

总体布置图一般只描述桥梁的整体布置形式和一些基本尺寸及高程，桥梁各部分构件形状和尺寸并没有详细完整地表达出来，单凭总体布置图不能将桥梁各部分都表达清楚，也无法指导和控制施工，因此，必须根据总体布置图确定各部分构件的结构形式；另外，用较大的比例将各构件的形状、大小完整清楚地绘制在图纸上，这种图称为构件结构图，简称构件图，构件图根据构件的特点和需要，可采用不同的视图、剖面图或断面图以及其他形式表达。如构件复杂，则可用一个或多个剖面图将复杂部分描述清楚。由于采用的比例相对较大，构件图也称详图，根据构件的形状和大小,构件图常用的比例为1:10~1:100,当构件的某一局部尺寸较小在图上不能清晰、完整地表达时,构件的这一局部可采用更大的比例绘制,这种图称为局部放大图。

1. 桥台工程图

桥台是桥梁的下部结构,桥台一方面支承主梁或拱圈,另一方面承受桥头路堤填土的水平压力。分为重力式桥台、轻型桥台、框架式桥台和组合桥台等形式,桥梁墩台按从左至右的顺序编号,如图17-3的0号桥台和17-4示的5号桥台,均为轻型桥台,0号桥台由台帽、耳墙和基础组成,5号桥台由台帽、耳墙、肋板、承台和基础组成。重力式U形桥台,由台帽、台身、侧墙(或称翼墙)和基础组成,因台身和两道侧墙组合构成"U"字形而得名。

立面图:一般采用剖面图代替立面图,表示桥台形状、长度与高度方向的位置、尺寸和高程,重力式U形桥台同时表示台身内部构造和材料,注意台身与基础、台身与台帽如采用不同的材料则需画出材料分界线,并画上材料符号。

平面图:它表示桥台各部分相对位置、形状、长度与宽度方向的尺寸,采用掀开表示法,即假设主梁尚未安装,台后仍未填土;这样桥台的水平投影可见,主体部分投影可见。

侧面图:它表示桥台各部分相对位置、形状、高度与宽度方向的尺寸,侧面图可由台前图和台后图各取一半合并在一起画出,台前图是指人站在河流一侧顺路线观看桥台前面得到的侧视图,台后图是指人站在路堤一侧顺路线观看桥台背后得到的侧视图,即台前图和台后图的观察方向相反。

由于台帽、耳墙、肋板和承台等均为钢筋混凝土结构,桥台结构图包括一般构造图和各部分的钢筋结构图,因此,需画出这几部分的钢筋混凝土结构图,各种钢筋的成型图也需画出,图上同时给出相应的钢筋数量表(可参见相应的桥墩图)。

2. 桥墩工程图

桥墩是多跨桥梁在跨中部分的下部结构,桥墩修筑在桥梁基础上,支承主梁或拱圈。桥墩分为重力式桥墩、空心式桥墩、桩(柱)式桥墩和柔性桥墩等形式,图17-5为桩(柱)式桥墩中的柱式桥墩一般构造图,由盖梁、立柱和系梁组成,由于盖梁、立柱和系梁均为钢筋混凝土结构,因此,需画出这三部分的钢筋混凝土结构图,各种钢筋的成型图也需画出,图上同时给出相应的钢筋数量表。图17-6为桥墩盖梁钢筋结构图,图17-7为桥墩立柱钢筋结构图,图17-8为桥墩系梁钢筋结构图。

3. 基础工程图

基础属于桥梁的下部结构,处于桥梁的最下部,桥梁墩台修筑在基础上。分为刚性扩大基础、桩基础和沉井基础等形式,图17-9为桩基础,桩基础为钢筋混凝土结构,表达方法与钢筋混凝土结构图的内容和要求相同。

4. 主梁工程图

主梁是桥梁的上部结构,主梁有各种结构形式,分类方法也很多,如图17-10和图17-11所示,图17-10为16m预应力钢筋混凝土空心板梁的中板结构图,图17-11为16m预应力钢筋混凝土空心板梁的边板结构图,以上两图均为钢筋结构图,主要表达16m空心板的钢筋布置及数量表。一般预应力钢筋混凝土结构,其预应力钢筋布置单独成图,主要包括预应力钢筋线形布置、坐标表、数量表和设计与施工要点,图17-12为20m预应力钢筋混凝土空心板梁预应力筋布置图。钢筋混凝土T形梁由梁肋、翼板和横隔板等组成,有些T梁根据结构情况也可不设横隔板,梁肋形状根据结构情况可以是等截面的,也可以是变截面的,主梁结构图由梁肋、翼板和横隔板等各部分的结构图组成,表达方法与钢筋混凝土结构图的内容和要求相同。

I—I

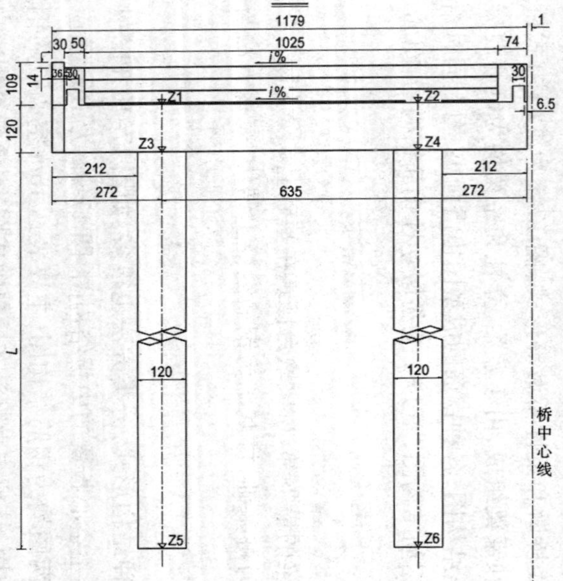

II—II

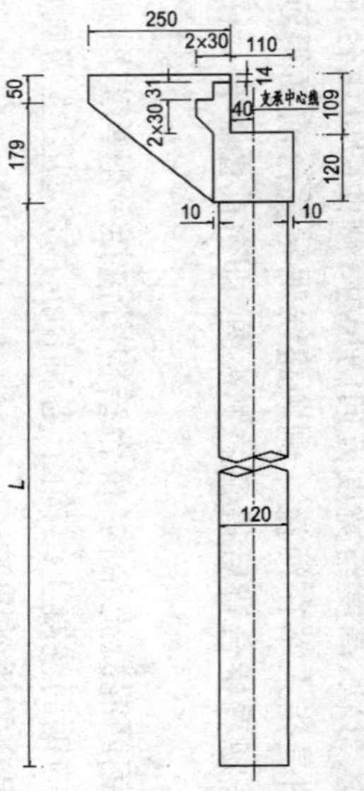

平 面

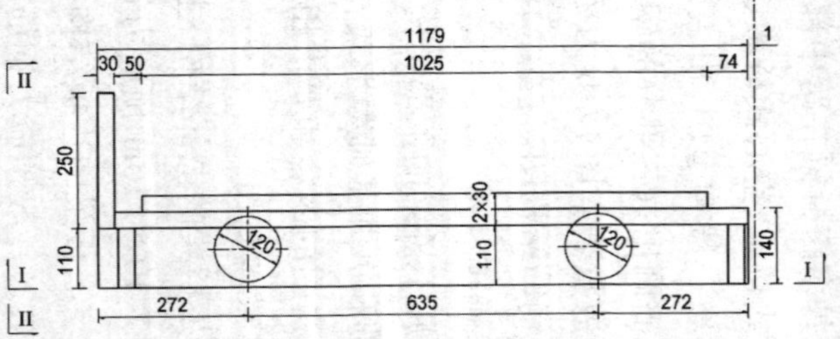

桥台参数表

位置 / 项目	0 号台 左半幅	0 号台 右半幅
Z1 (m)	217.658	217.131
Z2 (m)	217.597	217.439
Z3 (m)	216.358	215.831
Z4 (m)	216.297	216.139
Z5 (m)	212.200	212.200
Z6 (m)	210.700	210.700
Z7 (m)	193.700	193.700
H1 (cm)	415.8	363.1
H2 (cm)	409.7	393.9
L (cm)	1700	1700
i (%)	-0.679	3.430

桥台参数表

位置 / 项目		特征点高程(m) Z1	Z2	Z3	Z4	Z5	Z6	桩长 L(cm)	帽梁横坡 i(%)
0 号台	左半幅	212.002	212.319	210.802	211.119	194.802	195.119	1600	4.992
	右半幅	212.831	212.514	211.631	211.314	195.031	194.714	1660	-4.992

注：

①图中尺寸除注明者外，高程以米计，余均以厘米计；
②图中 Z1、Z2 和 L1、L2 均从桥梁外侧至测设中心线方向按序编号；
③帽梁横坡（i%）自测设中心线至桥梁外侧下坡为正；
④桥台背墙与板端平行，耳墙顺路线布设；
⑤本图仅适用于 0 号桥台。

设计	复核	审核

××高速公路××山至×××段 项目经理部	××高速公路××山至×××段 合同× 第 册	K430+701 ××××中桥 桥台一般构造图(一)	比例 / 日期 2000.2	图号 03	××省××勘察设计研究院 中国 ××

1/2

图 17-3　××××中桥 0 号桥台一般构造图

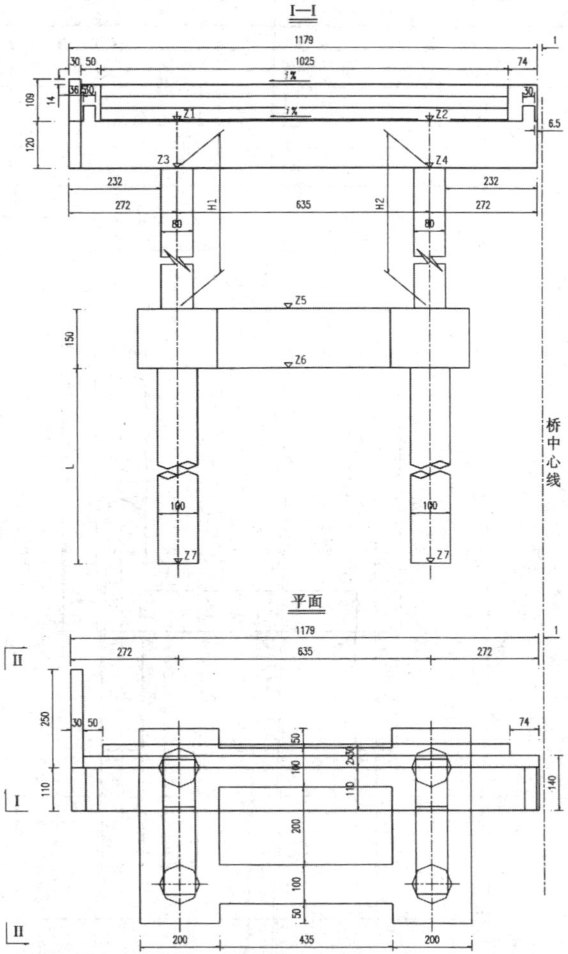

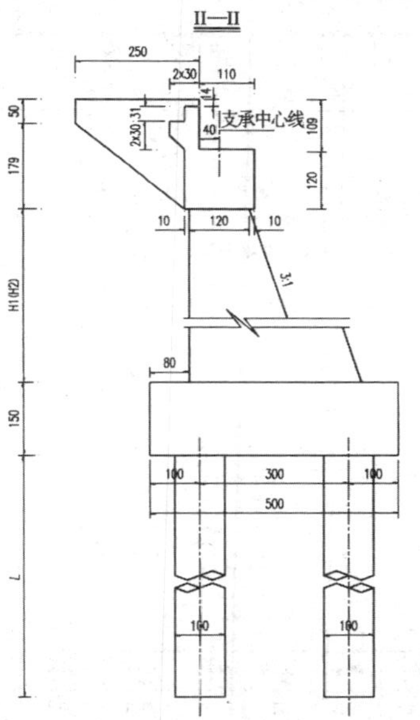

桥台参数表

位置	项目	特征点高程 (m)							肋板高度 (cm)		桩长 L(cm)	帽梁横坡 i(%)
		Z1	Z2	Z3	Z4	Z5	Z6	Z7	H1	H2		
5号台	左半幅	211.806	212.123	210.606	210.923	204.323	202.823	188.523	628.3	660.0	1430	4.992
	右半幅	212.640	212.322	211.440	211.122	204.840	203.340	188.540	660.0	628.2	1480	-5.008

注：

①图中尺寸除注明者外，高程以米计，余均以厘米计；

②图中Z1、Z2和L1、L2均从桥梁外侧至测设中心线方向按序编号；

③帽梁横坡（i%）自测设中心线至桥梁外侧下坡为正；

④桥台背墙与板端平行，耳墙顺路线布设；

⑤本图仅适用于5号桥台。

××高速公路××山至×××段 项目经理部	××高速公路××山至×××段 合同× 第 册	K430+701 ××××中桥 桥台一般构造图(二)	比例 / 日期 2000.2	图号 04	××省××勘察设计研究院 中国 ××

设计 复核 审核

2/2

图17-4 ××××中桥5号桥台一般构造图

5/20

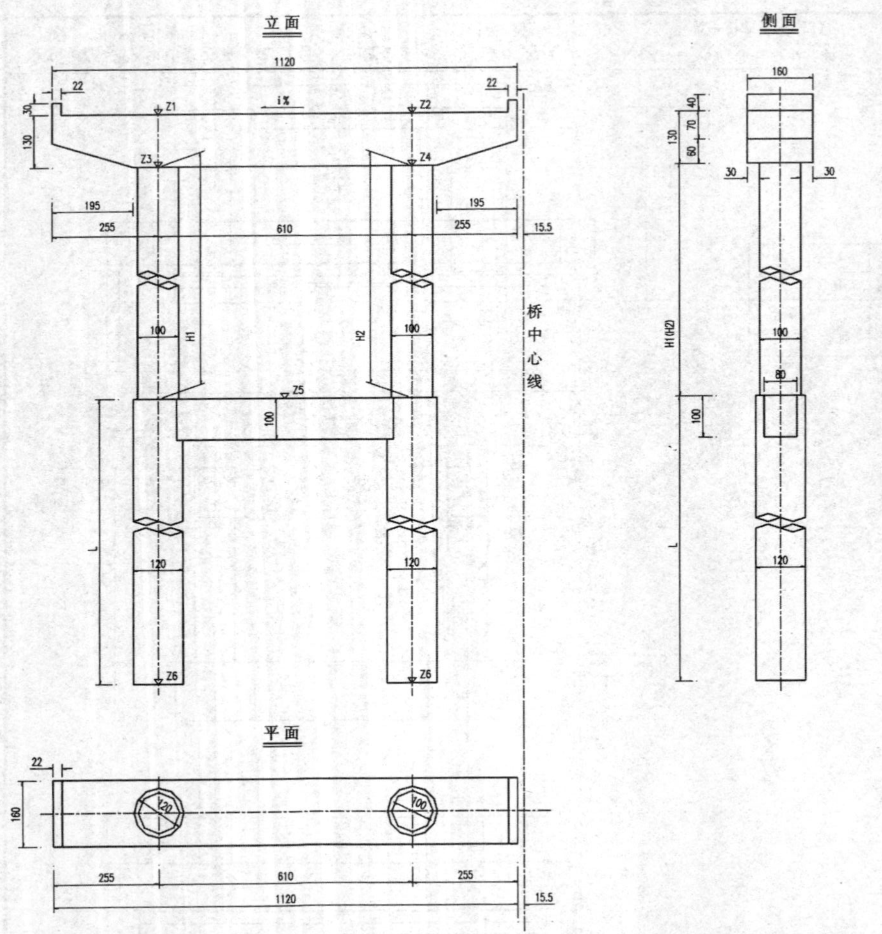

桥墩参数表

项目 \ 位置	1号墩 左半幅	1号墩 右半幅	2号墩 左半幅	2号墩 右半幅	3号墩 左半幅	3号墩 右半幅	4号墩 左半幅	4号墩 右半幅
Z1 (m)	211.964	212.768	211.919	212.724	211.880	212.686	211.847	212.653
Z2 (m)	212.269	212.463	212.224	212.419	212.185	212.381	212.152	212.348
Z3 (m)	210.664	211.468	210.619	211.424	210.580	211.386	210.547	211.353
Z4 (m)	210.969	211.163	210.924	211.119	210.885	211.081	210.852	211.048
Z5 (m)	205.300	205.300	201.360	201.360	199.220	199.220	201.810	201.810
Z6 (m)	189.800	189.800	189.060	189.060	191.220	191.220	189.710	189.710
H1 (cm)	536.4	616.8	925.9	1006.4	1136.0	1216.6	873.7	954.3
H2 (cm)	566.9	586.3	956.4	975.9	1166.5	1186.1	904.2	923.8
L (cm)	1550	1550	1230	1230	800	800	1210	1210
i (%)	5.000	-5.000	5.000	-5.000	5.000	-5.000	5.000	-5.000

注：

①图中尺寸除注明者外，高程以米计，余均以厘米计；

②图中Z1、Z2和H1、H2均从桥梁外侧至测设中心线方向按序编号；

③帽梁横坡（i%）自测设中心线至桥梁外侧下坡为正。

××高速公路××山至×××段 项目经理部	××高速公路××山至×××段 合同×　　第　册	K430+701　××××中桥 桥墩一般构造图	比例 日期　2000.2	图　号 02	××省××勘察设计研究院 中国　　　××

设计　复核　审核

图 17-5　××××中桥桥墩一般构造图

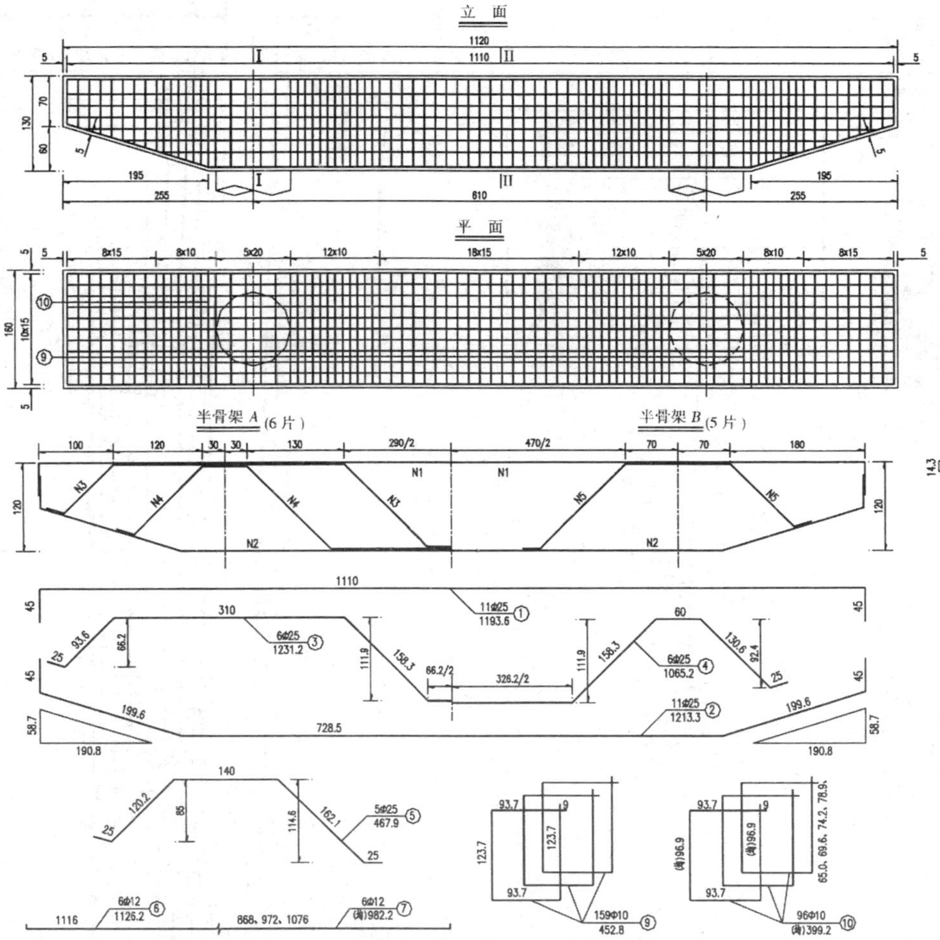

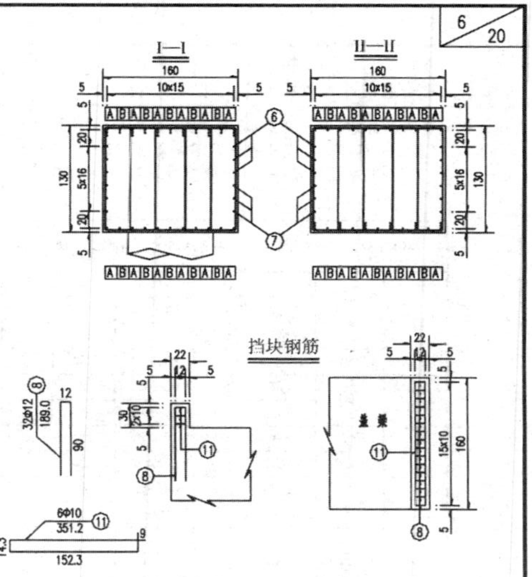

一个桥墩盖梁工程数量表

钢筋编号	钢筋直径 (mm)	单根长 (cm)	根数 (根)	共长 (m)	共重 (kg)	合计 (kg)	C30 混凝土 (m^3)
1	Φ25	1193.6	11	131.30	505.5	1639.9	21.8
2	Φ25	1213.3	11	133.46	513.8		
3	Φ25	1231.2	6	73.87	284.4		
4	Φ25	1065.2	6	63.91	246.1		
5	Φ25	467.9	5	23.40	90.1		
6	Φ12	1126.2	6	67.57	60.0	166.0	
7	Φ12	(构)982.2	6	58.93	52.3		
8	Φ12	189.0	32	60.48	53.7		
9	Φ10	452.8	159	719.95	444.2	693.7	
10	Φ10	(构)399.2	96	383.23	236.5		
11	Φ10	351.2	6	21.07	13.0		

注：

①图中尺寸除注明者外，钢筋直径以毫米计，余均以厘米计；

②钢筋骨架均采用双面焊，焊缝长度及厚度应满足施工规范要求。

××高速公路××山至×××段 项目经理部	××高速公路××山至×××段 合同 第 册	K430+701 ××××中桥 桥墩盖梁钢筋布置图	比例 / 日期 2000.2	图号 07	××省××勘察设计研究院 中国 ××

设计 复核 审核

图 17-6 ××××中桥桥墩盖梁钢筋布置图

设计	复核	审核

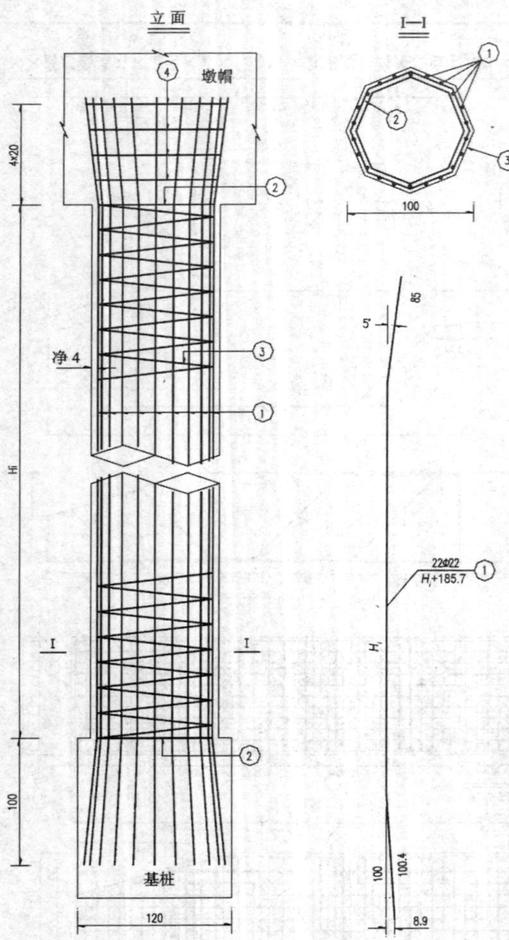

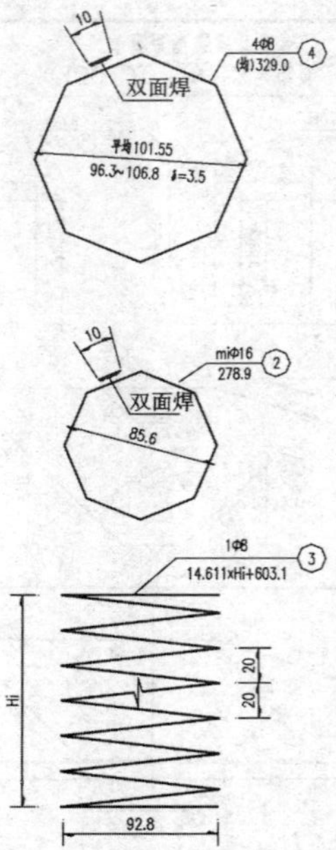

7/20

桥墩墩柱工程数量表

位置	钢筋编号	直径 (mm)	单根长 (cm)	根数	共长 (m)	共重 (kg)	C30 混凝土 (m³)
1 号墩	1	Φ22	(均)737.4	44	324.46	966.9	8.7
	2	Φ16	278.9	8	22.31	35.3	
左半幅	3	Φ8	(均)8664.0	2	173.28	78.8	
	4	Φ8	(均)329.0	8	26.32		
1 号墩	1	Φ22	(均)787.3	44	346.41	1032.3	9.4
	2	Φ16	278.9	8	22.31	35.3	
右半幅	3	Φ8	(均)9392.3	2	187.85	84.6	
	4	Φ8	(均)329.0	8	26.32		
2 号墩	1	Φ22	(均)1126.9	44	495.84	1477.6	14.8
	2	Φ16	278.9	12	33.47	52.9	
左半幅	3	Φ8	(均)14355.0	2	287.10	123.8	
	4	Φ8	(均)329.0	8	26.32		
2 号墩	1	Φ22	(均)1176.9	44	517.84	1543.2	15.6
	2	Φ16	278.9	12	33.47	52.9	
右半幅	3	Φ8	(均)15085.5	2	301.71	129.6	
	4	Φ8	(均)329.0	8	26.32		
3 号墩	1	Φ22	(均)1337.0	44	588.28	1753.1	18.1
	2	Φ16	278.9	14	39.05	61.7	
左半幅	3	Φ8	(均)17424.7	2	348.49	148.1	
	4	Φ8	(均)329.0	8	26.32		
3 号墩	1	Φ22	(均)1387.1	44	610.32	1818.8	18.9
	2	Φ16	278.9	14	39.05	61.7	
右半幅	3	Φ8	(均)18156.8	2	363.14	153.8	
	4	Φ8	(均)329.0	8	26.32		
4 号墩	1	Φ22	(均)1074.7	44	472.87	1409.1	14.0
	2	Φ16	278.9	12	33.47	52.9	
左半幅	3	Φ8	(均)13592.3	2	271.85	117.8	
	4	Φ8	(均)329.0	8	26.32		
4 号墩	1	Φ22	(均)1124.8	44	494.91	1474.8	14.8
	2	Φ16	278.9	12	33.47	52.9	
右半幅	3	Φ8	(均)14324.3	2	286.49	123.6	
	4	Φ8	(均)329.0	8	26.32		
全桥合计	Φ22: 11475.8 kg	Φ16: 405.6 kg	Φ8: 960.1 kg	30号砼: 114.3 m³			

桥墩参数表

位置	项目	墩柱高 H_i (cm)		m_i	
		H1	H2	m1	m2
1 号墩	左半幅	536.4	566.9	4	4
	右半幅	616.8	586.3	4	4
2 号墩	左半幅	925.9	956.4	6	6
	右半幅	1006.4	975.9	6	6
3 号墩	左半幅	1136.0	1166.5	7	7
	右半幅	1216.6	1186.1	7	7
4 号墩	左半幅	873.7	904.2	6	6
	右半幅	954.3	923.8	6	6

注：
①图中尺寸除注明者外，钢筋直径以毫米计，余均以厘米计；
②图中 H_i、m_i(i=1、2) 均从桥梁外侧至测设中心线方向按序编号；
③N2 钢筋为加劲钢筋，设在主筋内壁，每 2m 设置一道，其搭接部分采用双面焊。

××高速公路××山至×××段 项目经理部	××高速公路××山至×××段 合同 第 册	K430+701 ××××中桥 桥墩墩柱钢筋布置图	比例		图号	××省××勘察设计研究院
			日期	2000.2	06	中国 ××

图 17-7 ××××中桥桥墩立柱钢筋布置图

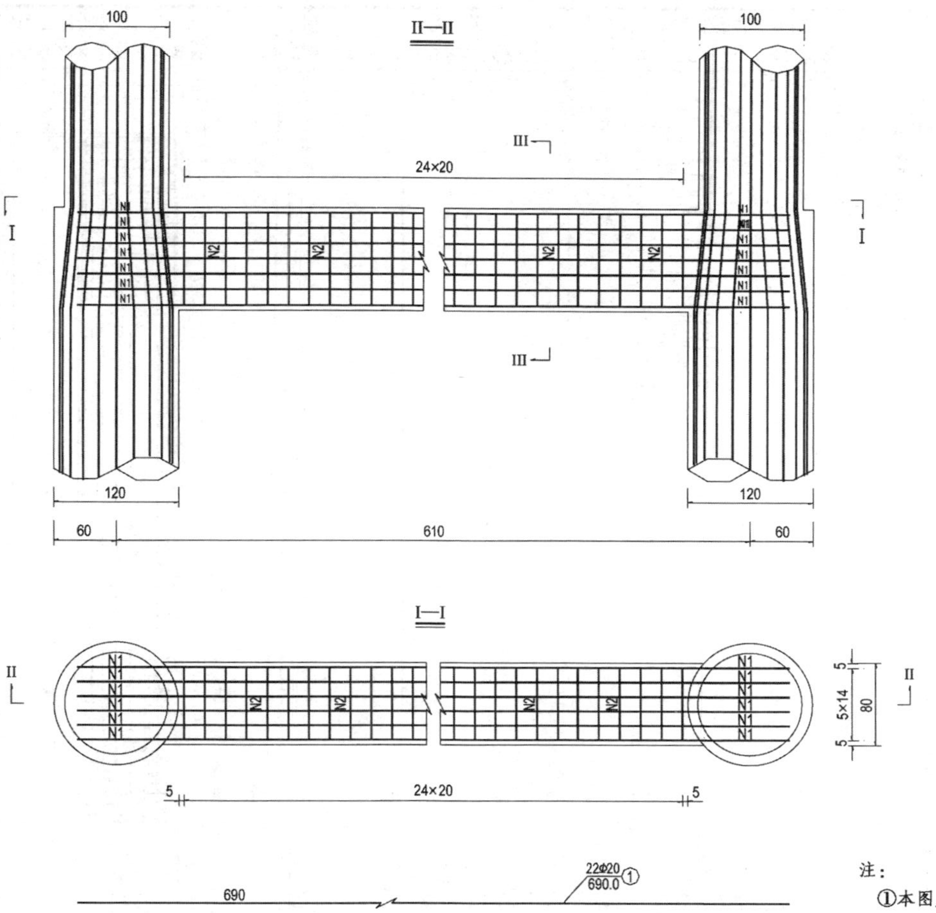

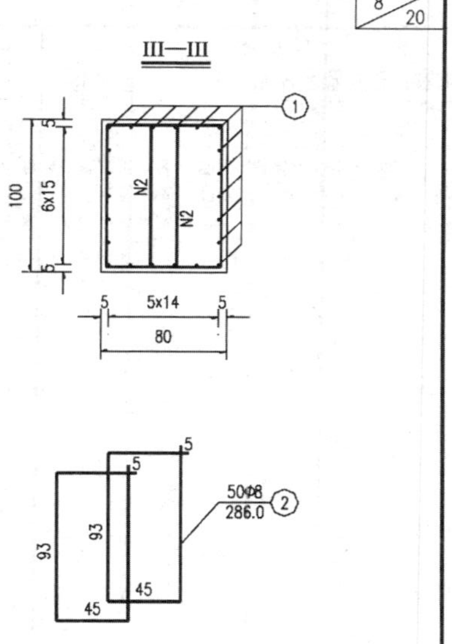

单个系梁工程数量表

编号	直径 (mm)	单根长 (cm)	根数	共长 (m)	共重 (kg)
1	Φ20	690.0	22	151.80	374.9
2	Φ8	286.0	50	143.00	56.5
C25 混凝土 (m^3)	4.1				

注：

①本图尺除注明者外，钢筋直径以毫米计，余均以厘米计。

××高速公路××山至×××段 项目经理部	××高速公路××山至×××段 合同 第 册	K430+701 ××××中桥 桥墩系梁钢筋布置图	比例	图号	××省××勘察设计研究院 中国
			日期 2000.2	08	

设计 复核 审核

图 17-8　××××中桥桥墩系梁钢筋布置图

设计	复核	审核

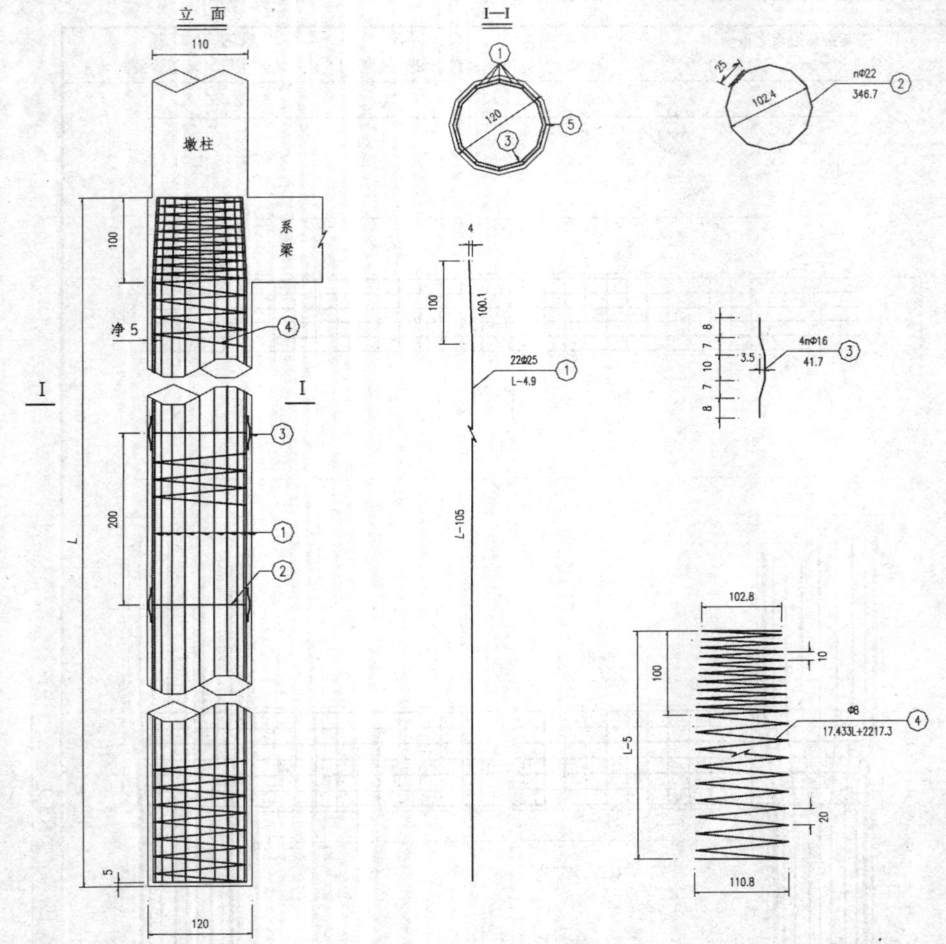

9/20

桥墩基桩工程数量表

位置	桩长(cm) n	编号	直径(mm)	单根长(cm)	根数	共长(m)	共重(kg)	C25 混凝土(m^3)
1号墩	L=1550 n=7	1	Φ25	1545.1	22	339.92	1308.7	17.53
		2	Φ22	346.7	7	24.27	72.3	
		3	Φ16	41.7	28	11.68	18.4	
		4	Φ8	29238.5	1	29.239	115.5	
2号墩	L=1230 n=5	1	Φ25	1225.1	22	269.52	1037.7	13.91
		2	Φ22	346.7	5	17.34	51.7	
		3	Φ16	41.7	20	8.34	13.2	
		4	Φ8	23659.9	1	236.60	93.5	
3号墩	L=800 n=3	1	Φ25	795.1	22	174.92	673.4	9.05
		2	Φ22	346.7	3	10.40	31.0	
		3	Φ16	41.7	12	5.00	7.9	
		4	Φ8	16163.7	1	161.64	63.8	
4号墩	L=1210 n=5	1	Φ25	1205.1	22	265.12	1020.7	13.68
		2	Φ22	346.7	5	17.34	51.7	
		3	Φ16	41.7	20	8.34	13.2	
		4	Φ8	23311.2	1	233.11	92.1	
全桥合计	Φ25: 16162.0kg　Φ22: 826.8 kg　Φ16: 210.8 kg　Φ8: 1459.6kg 25号混凝土:216.7 m^3							

注:

①本图尺寸除钢筋以毫米计外，余均以厘米计；

②N2 钢筋为加劲箍筋，每 2m 计设置一道；N3 为定位钢筋，在 N2 周围设 4 根；

③本桥采用嵌岩桩，必须保证桩底至少嵌入弱风化岩层不小于 2.0m。

××高速公路××山至×××段 项目经理部	××高速公路××山至×××段 合同　第　册	K430+701　××××中桥 桥墩基桩钢筋布置图	比例	图　号	××省××勘察设计研究院
			日期　2000.2	05	中　国　××

图 17-9　××××中桥桥墩基桩钢筋布置图

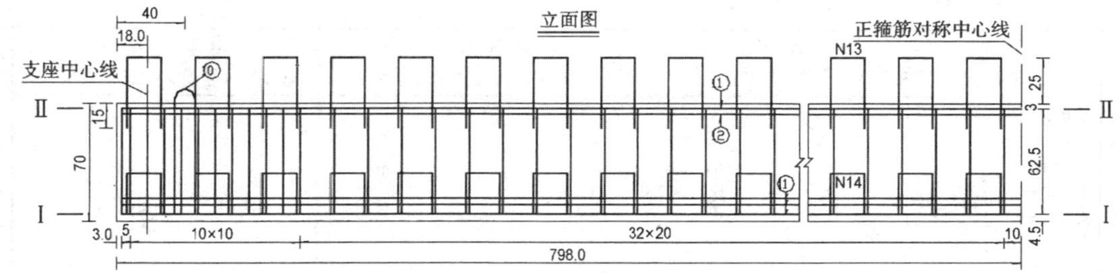

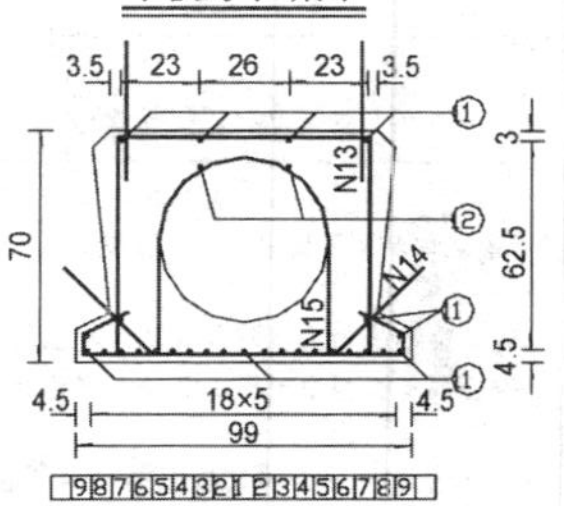

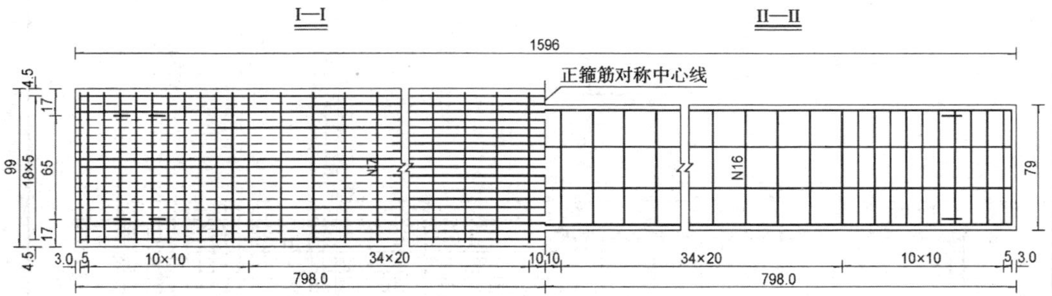

预应力筋有效长度表

编号	1	2	3	4	5	6	7	8	9
长度	1596	620	860	1200	620	1420	1020	1596	1300

一块中板工程数量表

编号	直径 (mm)	长度 (cm)	根数	共长 (m)	共重 (kg)	C40 混凝土 (m^3)
1-9	ϕ12.70 (7ϕ4)	1596	16	255.36	197.9	6.53
10	Φ25	178.8	4	7.15	27.5	
11	Φ12	1592	11	175.12	155.5	
12	ϕ8	1612	2	32.24	110.5	
13		120.0	80	96.00		
14		110.0	80	88.00		
15		158.8	40	63.52		
16	ϕ8	223.3	92	205.44	129.4	
17		132.8	92	122.18		
合计	I 级钢筋：267.4 kg，II 级钢筋：155.5 kg					

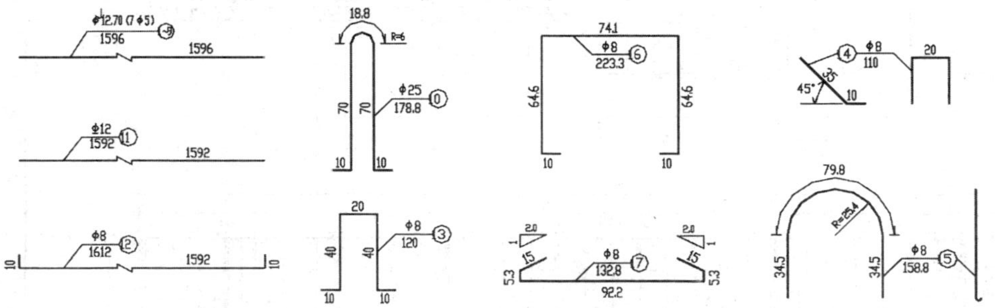

注：

①本图尺寸除钢筋直径以毫米计外，余均以厘米为单位；

②14 号筋伸出部分预制时紧贴侧模，安装时扳出；

③预应力钢铰线标准强度为 1860MPa，张拉控制应力采用 1339MPa；

④本空心板预应力采用先张法施工，混凝土强度达到设计强度 100% 时方可分批放松预应力钢铰线，预制板存梁时间不得大于 60 天；

⑤施工时预应力筋有效长度范围以外部分（图中虚线段）应采用硬塑料管套住，进行失效处理，其有效长度以板跨中心线为轴对称布置；

⑥15 号筋每 40 厘米设一道，其下端钩在 17 号钢筋上并与之绑扎；

⑦伸缩缝等预埋件若需设置，应参照有关图纸预埋。

××高速公路××山至×××段 项 目 经 理 部	××高速公路××山至×××段 项 目 经 理 部	预应力混凝土空心板中板钢筋布置图 跨径 16m 斜度 0°	××省××勘察设计研究院 中 国 ××

图 17-10 16m 预应力混凝土空心板中板钢筋布置图

立面图

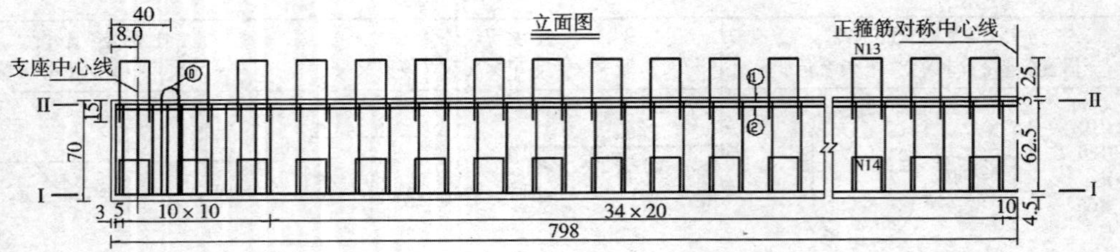

I–I　　II–II

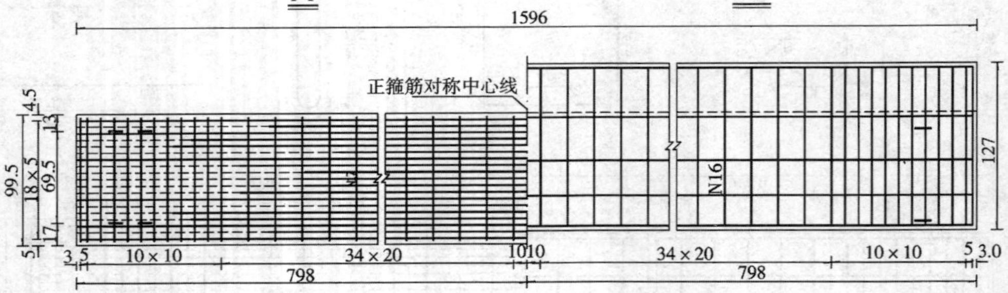

边板跨中断面

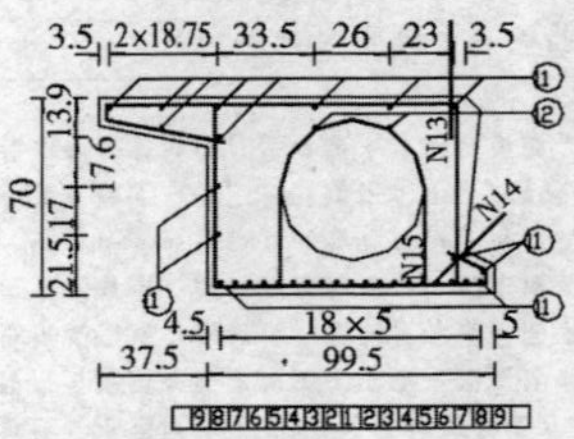

预应力筋有效长度表

编号	1	2	3	4	5	6	7	8	9
长度	840	840	1160	1596	600	1480	1280	1596	1000

一块中板工程数量表

编号	直径 (mm)	长度 (cm)	根数	共长 (m)	共重 (kg)	C38 混凝土 (m^3)
1–9	φ12.70(7φ4)	1596	17	271.32	210.3	8.11
10	φ25	178.8	4	7.15	27.5	
11	φ12	1592	14	222.88	197.9	
12	φ8	1612	2	32.24	74.2	
13		120.0	40	48.00		
14		110.0	40	44.00		
15		158.8	40	63.52		
16	φ12	244.7	92	225.12	199.9	
17	φ8	190.4	92	175.17	69.2	
合计	I 级钢筋：170.9 kg, II 级钢筋：397.8 kg.					

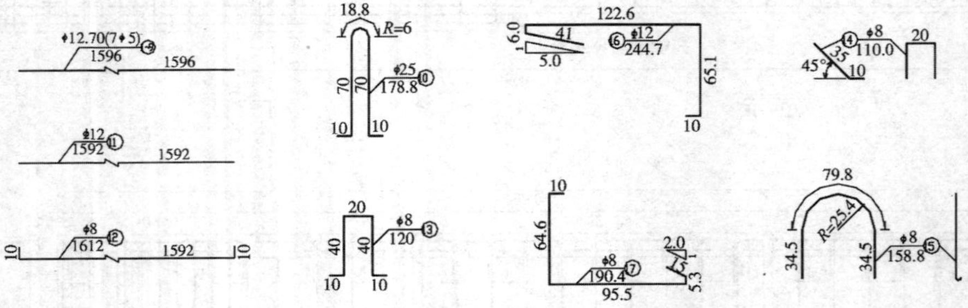

注：
①本图尺寸除钢筋直径以毫米计外，余均以厘米为单位；
②14 号筋伸出部分预制时紧贴侧模，安装时扳出；
③预应力钢铰线标准强度为 1860MPa，张拉控制应力采用 1339MPa；
④本空心板预应力采用先张法施工，混凝土强度达到设计强度 100%时方可分批放松预应力钢铰线，预制板存梁时间不得大于 60 天；
⑤施工时预应力筋有效长度范围以外部分（图中虚线段）应采用硬塑料管套住，进行失效处理，其有效长度以板跨中心线为轴对称布置；
⑥15 号筋每 40 厘米设一道，其下端钩在 17 号钢筋上并与之绑扎；
⑦伸缩缝等预埋件若需设置，应参照有关图纸预埋。

××高速公路××山至×××段 项 目 经 理 部	××高速公路××山至×××段 项 目 经 理 部	预应力混凝土空心板边板钢筋布置图 跨径 16m　斜度 0°	××省××勘察设计研究院 中 国　　××

图 17-11　16m 预应力混凝土空心板边板钢筋布置图

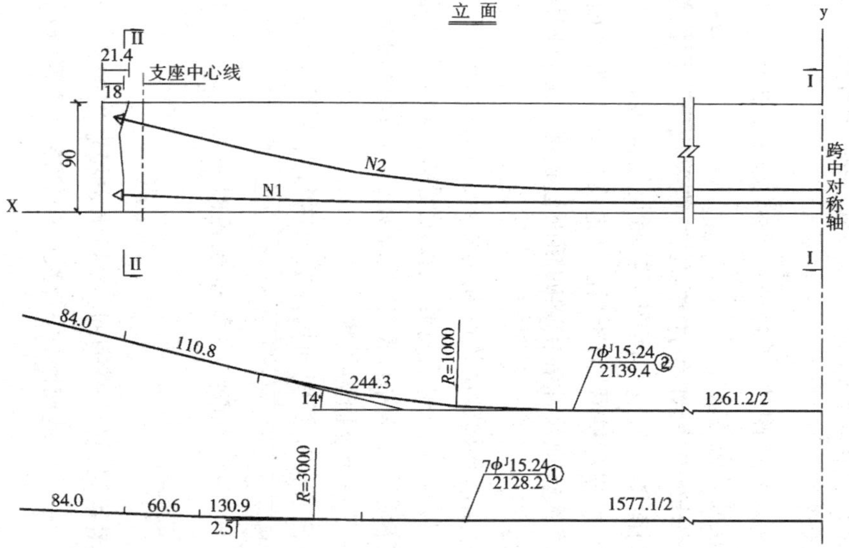

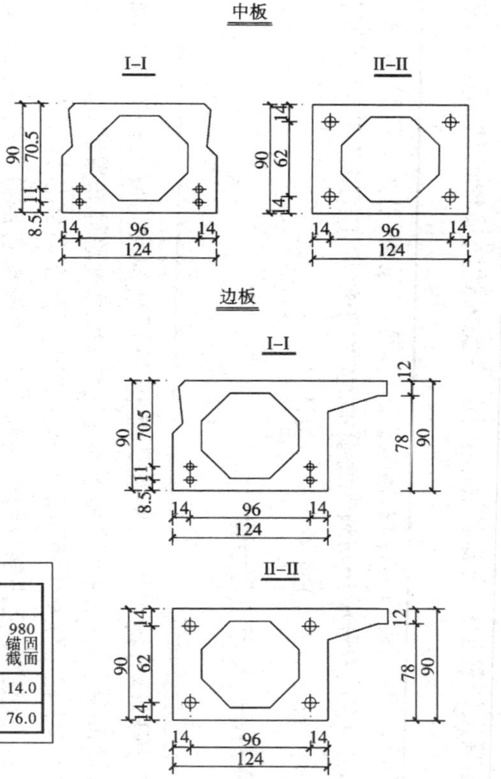

钢束号	竖直坐标	预应力钢束曲线坐标 水平坐标 x																				
		0 跨中截面	50	100	150	200	250	300	350	400	450	500	550	600	650	700	750	800	850	900	950	980 锚固截面
1	y	8.5	8.5	8.5	8.5	8.5	8.5	8.5	8.5	8.5	8.5	8.5	8.5	8.5	8.5	8.5	8.5	8.5	9.1	10.6	12.7	14.0
2	y	19.5	19.5	19.5	19.5	19.5	19.5	19.5	19.5	19.5	19.5	19.5	19.5	19.5	19.7	21.9	26.7	34.0	43.9	56.1	68.5	76.0

全桥钢铰线材料数量表

一块板							全桥	
编号	钢筋类型	单根长 (cm)	根数	总长 (m)	单位重 (kg/m)	总重 (kg)	数量	合计
1	Φʲ15.24	2128.2	14	297.95	1.101	657.8	27	17760.8
2	Φʲ15.24	2139.4	14	299.52				

注：
①本图尺寸除钢绞线直径以毫米计外，其余均以厘米计。本图比例 1:30；
②预应力钢束曲线竖向座标值为钢束重心至梁底距离；
③钢绞线波纹管孔道内直径为 66 毫米，锚具采用 OVM15—7 型；
④预应力钢铰线采用 R_b=1860MPa，张拉控制应力为 0.72R_b，单束张拉力吨位为 18.4t；
⑤预应力单束张拉时应注意全截面内对称、循环、均衡的原则；
⑥锚具型号采用 YM15—7 型。

××省××公路有限公司	××省××市至×××公路(第×合同段)	SK37+053.5×××× 中桥 0 号~3 号墩空心板预应力束布置图	图号	S5-3-1-20	日期	2006.02	××省××勘察设计研究院

审核	复核	设计

图 17-12　20m 预应力混凝土空心板预应力束布置图

5. 桥面系结构图

桥梁中桥面以上部分的结构称为桥面系，分为防撞墙和人行道与栏杆等形式，城市桥梁或有人行要求的桥面系设人行道和栏杆及照明设施。图 17-13 为钢筋混凝土防撞墙工程图，表达方法与钢筋混凝土结构图的内容和要求相同，主要表达防撞墙的结构尺寸、钢筋布置等。

桥梁工程图还有其他一些工程图，如伸缩缝工程图、支座工程图、防护工程图、管线工程图等，即凡是桥梁上各部分结构、桥梁设计与施工需要的、应用于桥梁上的永久性材料和附属工程等均需用工程图的形式表达出来，在此不再一一叙述。

五、桥梁工程图读图和画图方法与步骤

1. 读图

桥梁工程图读图采用形体分析法读图，桥梁是由上、下部结构及附属工程构成的，结构比较复杂，读图时分析桥梁每一个构件的形状大小和相对位置，通过总体布置图把各部分联系起来，弄清各部分之间的关系，就得到整个桥梁的形状和大小。读图时将桥梁图由大化小、由繁化简，利用形体分析法首先想象桥梁各部分的形状和大小，再根据各部分的相对位置及尺寸，将各部分结合起来，综合想象即得桥梁整体形状和布置情况。因此，读图是一个先由整体到局部，再由局部到整体的反复过程。读图的基本步骤如下：

(1)先看图纸的右下角或图纸下方的标题栏和附注，了解项目名称及相关单位、桥梁的名称、种类、主要技术指标、施工说明、比例、尺寸单位等。

(2)阅读总体布置图，弄清各投影图之间的关系，如有剖、断面图，则要找出剖切位置和投影方向。看图时，应先看立面图(包括纵剖面图)，通过立面图了解桥梁结构形式、孔数、跨经大小、墩台形式和数目、总长、总高、高程尺寸、里程桩号、河床断面及地质情况，对照平面图、侧面图、横剖面图等投影图，了解桥梁的宽度、人行道尺寸和主梁的断面形式等。通过阅读立面图，对桥梁的全貌便有了一个初步的了解。

(3)在阅读总体布置图的基础上，通过阅读各构件结构图和大样图，了解桥梁各部分结构的具体形状和大小，注意阅读构件结构图和大样图时也需将相关投影图结合起来看才能将构件读懂。读图时既要看图，也要看表和文字说明等，将图、表、文字说明三方面结合起来就对各构件的形状、大小、使用的材料和数量等有了一个全面的了解。

(4)看懂桥梁图后，再看尺寸，主要对照总体布置图和构件结构图与大样图的尺寸，通过对照复核，检查阅读过程是否有错误或遗漏。

(5)将总体布置图和构件结构图与大样图结合起来，了解桥梁各构件的相互位置和装置尺寸，直到全部看懂为止。

2. 画图

桥梁工程图的画图步骤与其他工程图相同，具体绘图时，应先确定投影图数目(包括剖面、断面图)、比例和图幅，先画桥位平面图和桥位地质断面图，然后画总体布置图，最后画构件结构图与大样图。

构件结构图与大样图数目的选择没有具体规定，一般以三视图为主，并配置一定数量的剖面、断面图，以将构件表达清楚完整为准。

由于各类图样表达的内容和范围不同，作用和要求也不同，各类图样采用的比例也不相同，一般桥位平面图和桥位地质断面图采用较小的比例绘制，这类图样常用的比例取值范围为

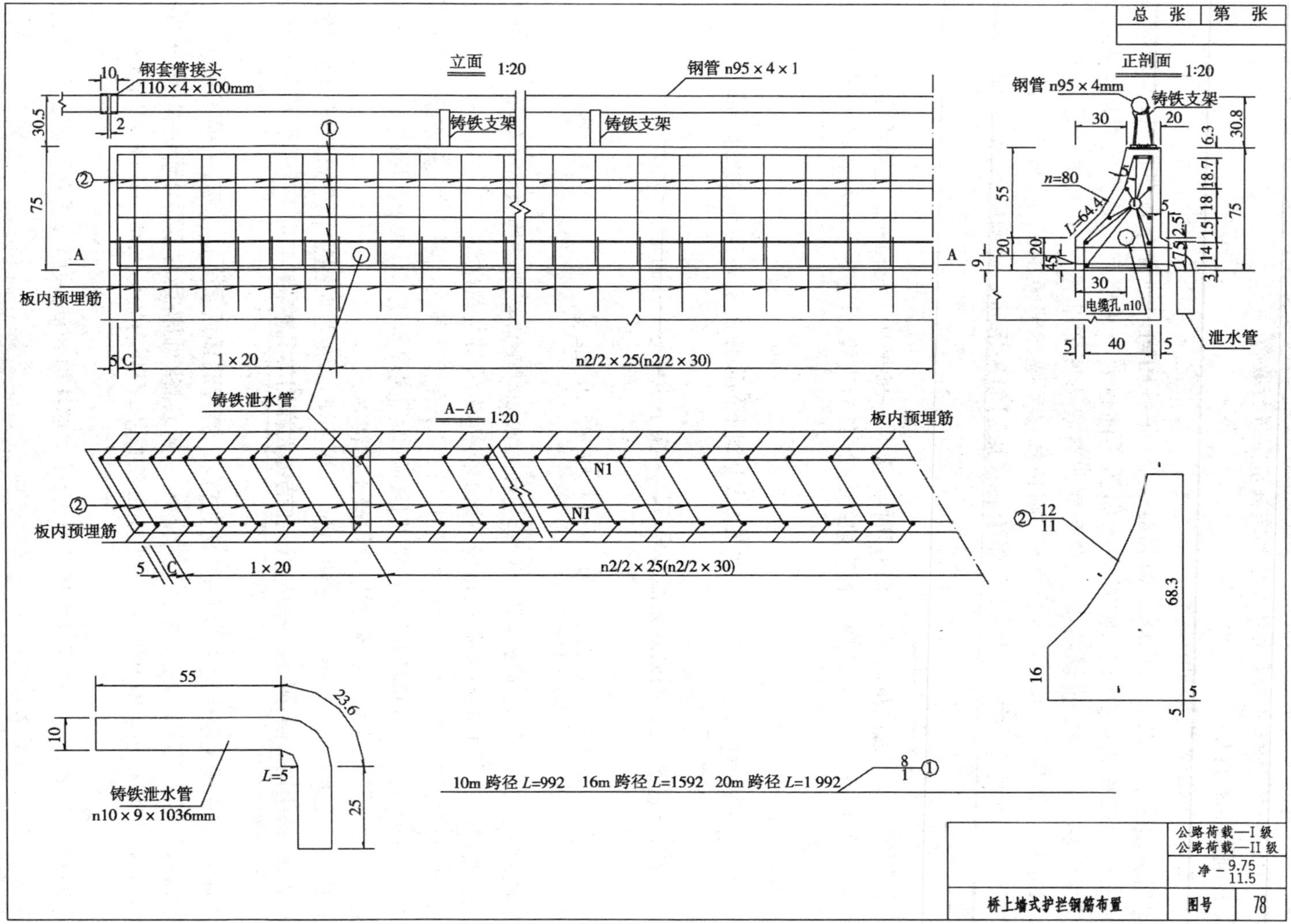

图 17-13 墙式护栏钢筋布置图

1∶500～1∶2000；总体布置图采用普通比例绘制，这类图样常用的比例取值范围为1∶50～1∶500；构件结构图采用较大的比例绘制，这类图样常用的比例取值范围为1∶10～1∶100；大样图采用大比例绘制，这类图样常用的比例取值范围为1∶3～1∶30。当然，绘图时各类图样采用的比例要根据描述对象的具体尺寸大小和图幅范围进行取舍。

各类图样画图步骤如下：

(1)布置和画出各投影图的基线

根据所选定的比例及各投影图的相对位置，把各图均匀地分布在图框内，布图时要留出绘制标题栏和文字说明的地方，各投影图之间也要留出空间以标注投影图名称、比例和尺寸标注，一旦确定投影图位置，便可画出各投影图的基线，如描述的对象具有对称性，则以对称线为基线，如不具有对称性，则选择过所描述对象的最左、最下或最后端点的水平线或垂直线为基线。同一张图纸上各投影图如采用同一比例绘制，则应按三等关系布置。

(2)画各构件的主要轮廓线

以选好的基线作为度量的起点，根据高程及各构件的尺寸绘制构件的主要轮廓线。按先中心线后轮廓线；先水平线后垂直线再一般线；先曲线后直线；先上后下先左后右；先实线后虚线等顺序绘图。

(3)画各构件的细部线：

根据主要轮廓线按从大到小、从左到右、从上到下的顺序画全各构件的投影，画图时注意各投影图的对应线条要对齐。

(4)加深或上墨，并把剖面或断面符号、尺寸、文字说明等一并画全。

第二节　斜拉桥工程图

斜拉桥为组合体系桥，主要由梁、塔、索三种基本构件组成桥梁结构体系。斜拉桥的桥面如同多孔的弹性支承连续梁，斜拉的每根钢索如同桥墩，众多的桥墩斜向集中到一根塔柱上再集中传到地基上。斜拉桥的索承受巨大拉力，塔、梁承受巨大压力，但塔的左右水平力自我平衡。斜拉桥的索塔形式有单柱式、双柱式、门架式、花瓶形(折线"H"形)以及钻石形等，索塔的构造材料：钢结构、混凝土结构、预应力混凝土结构等。

斜拉桥的表达方法与梁桥表达方法相同，主要图纸有桥位平面图、桥位地质断面图、桥梁总体布置图、桥梁构件图、附属工程结构图和结构大样图等几种，图17-14为某斜拉桥总体布置图。

立面图：立面图主要表达结构形式、跨径分布、高程和地质水文情况等，一般采用较小比例，17-14a)采用1∶1 000表达，由于比例较小，一般只需绘制桥梁的主要外形轮廓，细部结构可省略不画，桥梁主跨为10 100cm＋10 100cm斜拉桥，引桥分别为八跨一联(8×2 200cm)简支梁。

平面图：主要表达桥面的平面布置情况，以及下部结构分布，采用分层表示方法，显示墩台和桩基布置，如图17-14b)所示。

侧面图：采用剖面图的形式表达主塔、主梁、墩柱、承台和桩基结构情况，一般需两个或两个以上不同位置的剖面图或断面图表示，如图17-14c)所示。

图17-15和图17-16为斜拉索构造图。

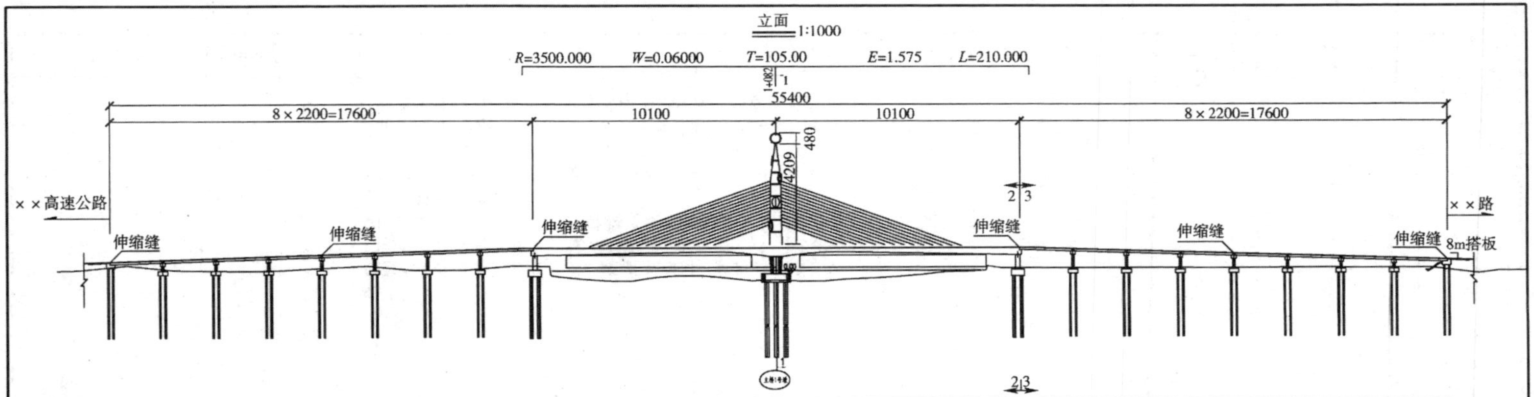

坡度/坡长(m)	7.069	i=3.0% L=277								13.318	L=277 i=3.0%								7.069
里桩号(km)	0+491	0+513	0+535	0+557	0+579	0+601	0+623	0+645	0+667	0+768	0+859	0+891	0+913	0+935	0+957	0+979	0+001	0+023	0+045
设计高程(m)	5.008	5.668	6.328	6.988	7.648	8.308	8.968	9.628	10.286	11.743	10.286	9.628	8.968	8.308	7.648	6.988	6.328	5.668	5.008
台顶高程(m)		1.000	1.000	1.000	1.000	1.000	1.000	1.000	1.000	−0.500	1.000	1.000	1.000	1.000	1.000	1.000	1.000	1.000	
桩底高程(m)	−39.000	−39.000	−39.000	−39.000	−39.000	−39.000	−39.000	−39.000	−55.000		−57.000	−41.000	−41.000	−41.000	−41.000	−41.000	−41.000	−41.000	−41.000
地面高程(m)	2.68	1.85	10.08	0.99	2.03	2.66	1.03	1.63	2.74		1.72	1.71	1.68	1.68	1.61	1.72	1.66	1.63	0.80

注：

①本图尺寸单位以厘米计，标高以米计，黄海高程系；

②桥梁汽车设计荷载：城—A级；

人群荷载：根据不同构件按《城市桥梁设计荷载标准》(CJJ 77—98)确定。

抗震按7度设防；

③主桥上部采用单塔单索面部分斜拉桥。计算跨径100.1m+100.1m；引桥上部结构采用21.12m预应力空心板梁。桥梁总长554m；

④主桥1号墩采用D1500mm钻孔灌注桩，0号墩、2号墩采用D1200mm钻孔灌注桩；引桥下部基础采用D800mm钻孔灌注桩。

××省××设计院	××市××路	×××大桥总体布置图a	设计	复核	审核	设计号	设计阶段	图号	日期
							施工图	S-03-1	2003.10

图 17-14 ×××大桥总体布置图 a)

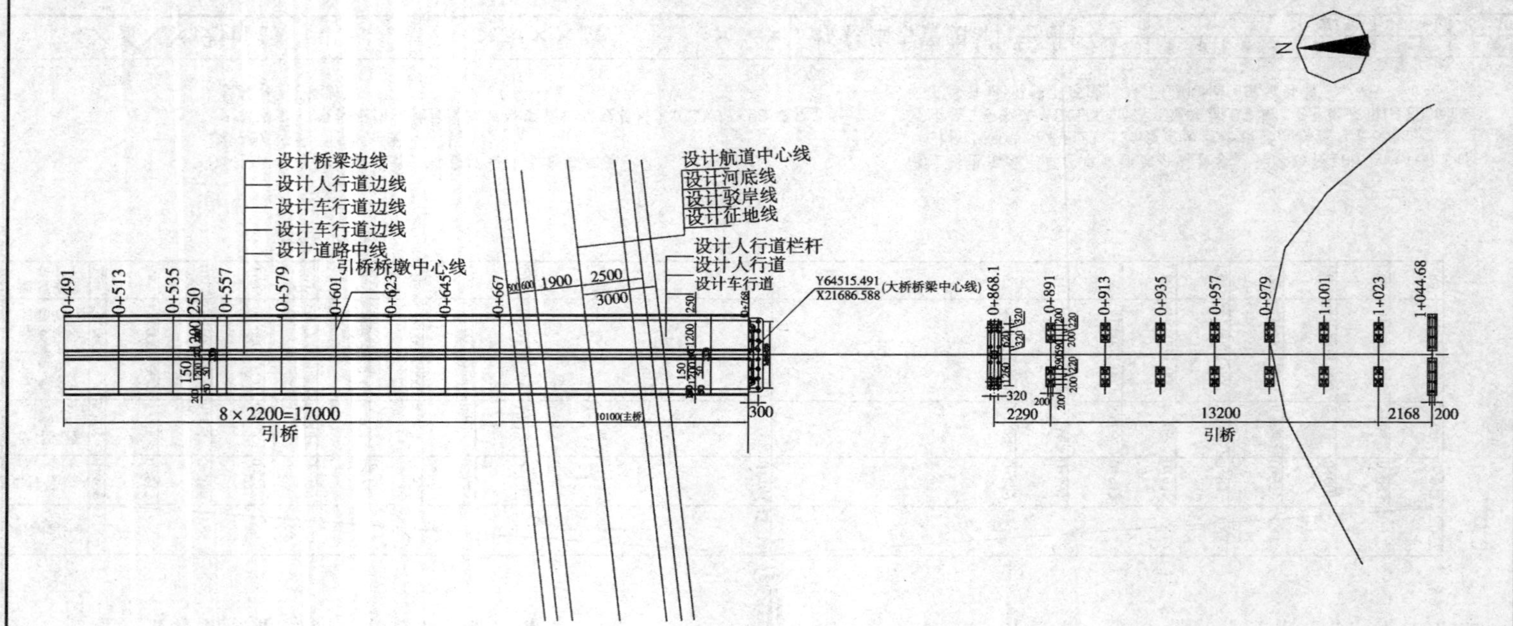

注：

①本图尺寸单位以厘米计，标高以米计，黄海高程系；

②桥梁汽车设计荷载：城—A级；
人群荷载：根据不同构件按《城市桥梁设计荷载标准》CJJ 77—98 确定。
抗震按 7 度设防；

③主桥上部采用单塔单索面部分斜拉桥。计算跨径 100.1m+100.1m.
引桥上部结构采用 21.12m 预应力空心板梁。桥梁总长 554m；

④主桥 1 号墩采用 D1500mm 钻孔灌注桩，0 号墩、2 号墩采用 D1200mm 钻孔灌注桩；引桥下部基础采用 D800mm 钻孔灌注桩。

××省××设计院	××市××路	×××大桥总体布置图b	设计	复核	审核	设计号	设计阶段	图号	日期
							施工图	S-023-2	2003.11

图 17-14 ×××大桥总体布置图 b)

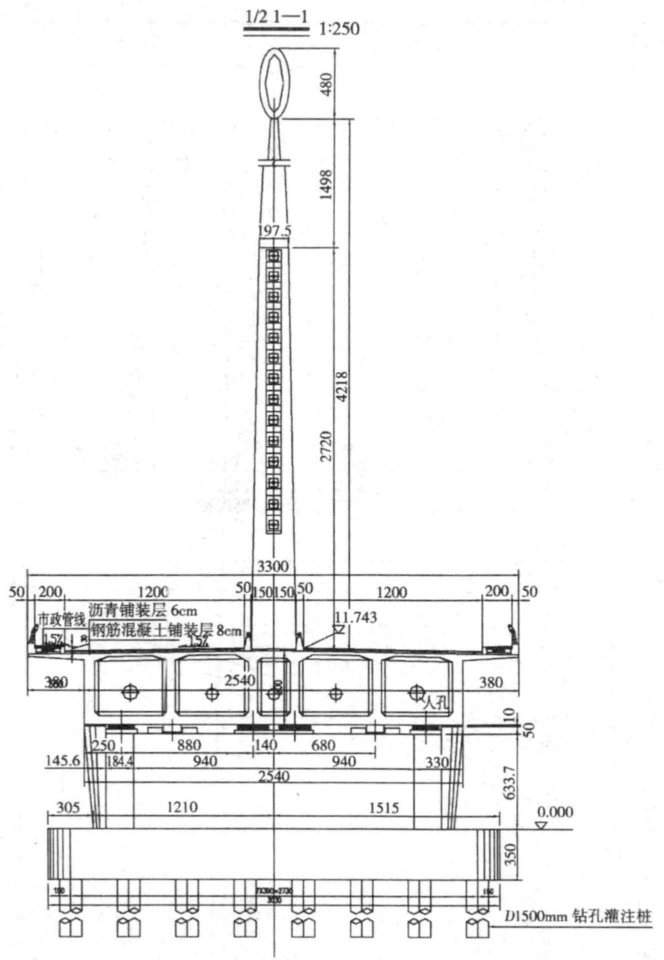

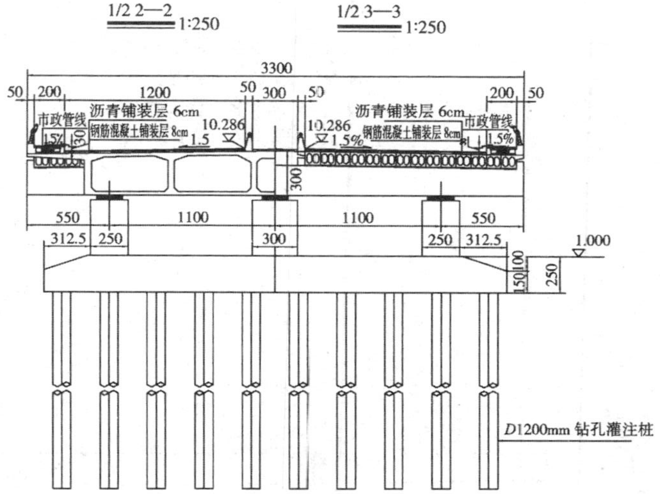

注：

①本图尺寸单位以厘米计，标高以米计，黄海高程系；

②桥梁汽车设计荷载：城-A级；
人群荷载：根据不同构件按《城市桥梁设计荷载标准》(CJJ 77—98)确定，抗震按7度设防；

③主桥上部采用单塔单索面部分斜拉桥。计算跨径 100.1m+100.1m，引桥上部结构采用 21.12m 预应力空心板梁。桥梁总长 554m；

④主桥 1 号墩采用 D1500mm 钻孔灌注桩，0 号墩、2 号墩采用 D1200mm 钻孔灌注桩；引桥下部基础采用 D800mm 钻孔灌注桩。

××省××设计院	××市××路	×××大桥总体布置图c	设计	复核	审核	设计号	设计阶段	图号	日期
							施工图	S-Q23-3	2003.12

图 17-14 ×××大桥总体布置图 c)

斜拉索编号示意图 1:500

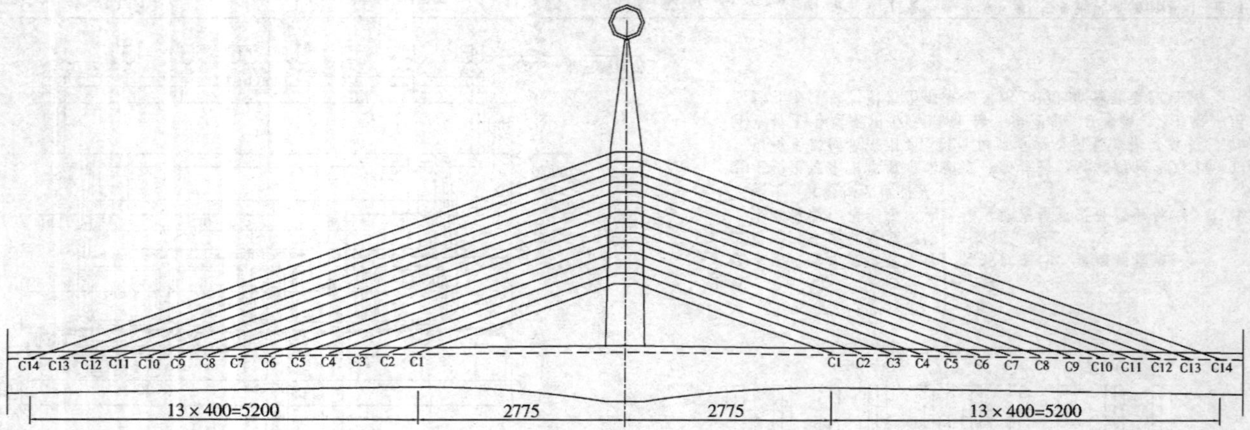

斜拉索材料数量表 全桥

斜拉索编号	拉索张拉力 (t)	单根拉索长 L_0(m)	根数	总长(m)	拉索总重 (kg)
C1	800	63.928	1	63.928	5142.8
C2	800	72.439	1	72.439	5827.4
C3	800	80.951	1	80.951	6512.2
C4	800	89.463	1	89.463	7196.9
C5	800	97.975	1	97.975	7881.7
C6	800	106.486	1	106.486	8566.4
C7	800	114.998	1	114.998	9251.1
C8	800	123.509	1	123.509	9935.8
C9	800	132.021	1	132.021	10620.6
C10	800	140.533	1	140.533	11305.3
C11	800	149.044	1	149.044	11990.0
C12	800	157.556	1	157.556	12674.7
C13	800	166.067	1	166.067	13359.4
C14	800	174.579	1	174.579	14044.2
拉索总质量:134 308.5(kg); OVM200 15-73锚具28套; ϕ285×5×2 500mm不锈钢管28根					

注：

①本图尺寸均以厘米计；

②本桥斜拉索采用 73ϕ15.24 环氧树脂全涂钢绞线体系，R=1860MPa,E_y=1.95×10⁵MPa;

③本桥斜拉索锚具采用 OVM200 15-73 群锚体系。

××省××勘察设计院	××市××路	斜拉索构造图(一)	设计	复核	审核	设计号	设计阶段	图号	日期
							施工图	S-Q43-1	2003.12

图 17-15　斜拉索一般构造图(一)

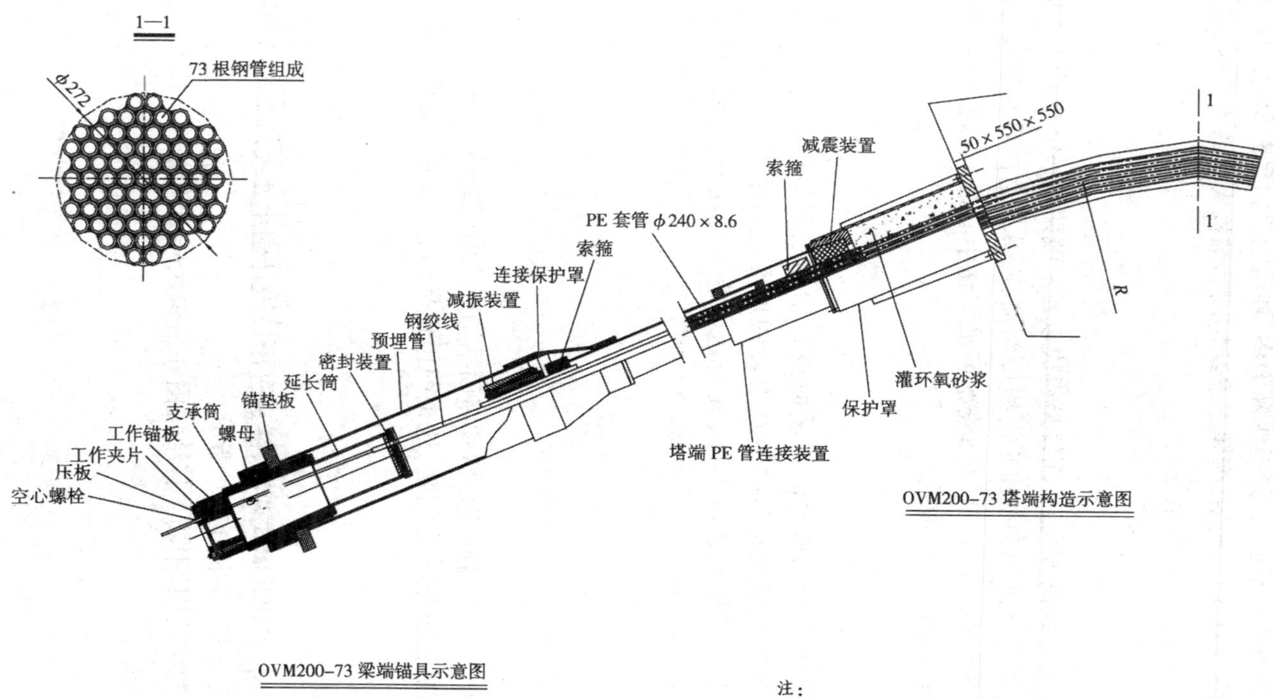

注：

①本图尺寸均以厘米计；

②本桥斜拉索采用 73ϕ15.24 环氧树脂全涂钢绞线体系，R=1860MPa,E_y=1.95×10^{5}MPa;

③本桥斜拉索锚具采用 CVM200 15-73 群锚体系。

××省××勘察设计院	××市××路	斜拉索构造图(二)	设计	复核	审核	设计号	设计阶段	图号	日期
							施工图	S-Q43-2	2003.12

图 17-16　斜拉索一般构造图(二)

第三节　隧道工程图

隧道是公路和铁路穿越山岭时修筑的建筑物,隧道工程由洞身及衬砌、洞口和附属工程等部分组成。隧道工程无论结构形式和采用的材料如何,其表示方法是基本相同的,描述一座隧道的工程图纸很多,一般可分为隧道平面图、隧道纵断面图、隧道洞身衬砌断面构造图、隧道进出口设计图、隧道路面结构图、避车洞结构图、附属工程结构图和结构大样图等几种,附属工程主要包括隧道排水设施、通风设施、照明设施等。

一、隧道平面图

隧道平面图主要表达隧道路线的方向、平面线型组成以及沿线两侧一定范围内的地形、地物情况。在隧道平面图上主要包括地形和隧道平面线型两部分,其表达内容和方法与路线平面图基本相同,由于表达范围相对较小,隧道平面线型可采用路中心线(点划线)及隧道两侧边线(虚线)结合按比例绘制,如图 17-17 所示。

二、隧道纵断面图

隧道纵断面图是通过路中心线用假想的铅垂面进行剖切展开后得到的,隧道纵断面图主要表达隧道路线中心纵向线型以及路线所经山岭的地面起伏情况、地质情况等。隧道纵断面图包含隧道路线图样和资料表两部分,其表达内容和方法与路线纵断面图基本

主要表示隧道洞身衬砌结构形式、洞身断面形状和路面结构形式等,如洞身衬砌结构形式有变化,则每种形式均需用相应的断面图表达清楚,这类图样包括图、表和文字说明三部分,如图 17-19 所示。

四、隧道进出口设计图

隧道洞口处理可分为端墙式和翼墙式两种,隧道进出口设计图主要表示洞口结构形式、洞口截面形状和洞口接线边坡处理。如图 17-20 所示。

隧道路面结构图、避车洞结构图、附属工程结构图和结构大样图等隧道工程图,由于表达方式类似,在此不再一一叙述。

第 1 页　共 1 页

平曲线要素表

交点号	交点桩号	交点坐标		偏角		曲线要素值(m)								曲线控制桩桩号			
		X(N)	Y(N)	左偏	右偏	R	A1	A2	Lh1	Lh2	T1	T2	L	ZH	HY	YH	HZ
JD17	K5+616.495	2514295.000	500218.000		62°48′43″	250.000	122.474	122.474	60.000	60.000	182.988	182.988	214.070	K5+433.507	K5+493.507	K5+707.596	K0+767.576

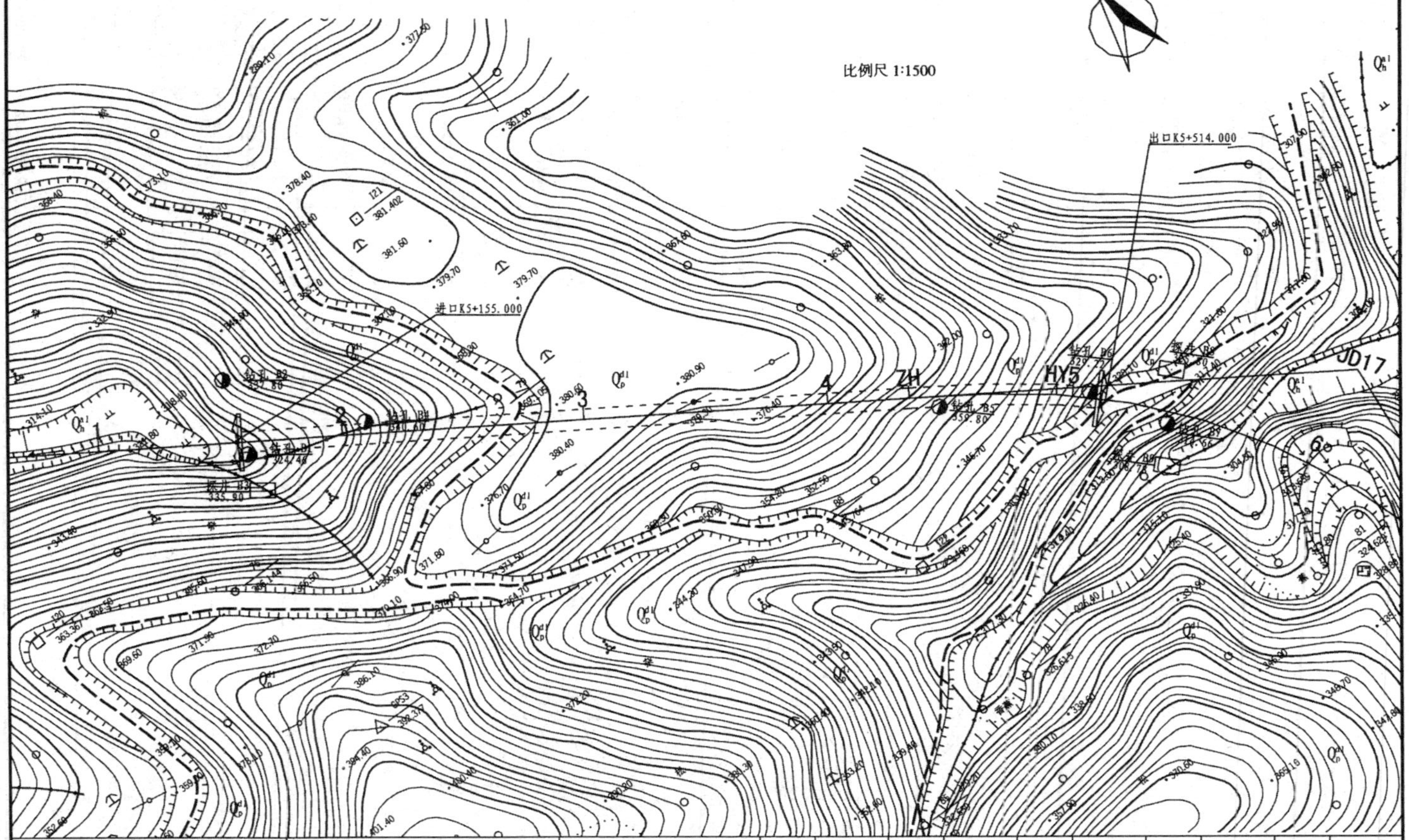

XX省XX设计研究院	XX市XX至XX二级公路新建工程	XX隧道平面图	设计		复核		审核		图号	C6-3-1	日期	2003.9

图 17-17　××隧道平面图

第 1 页	共 1 页

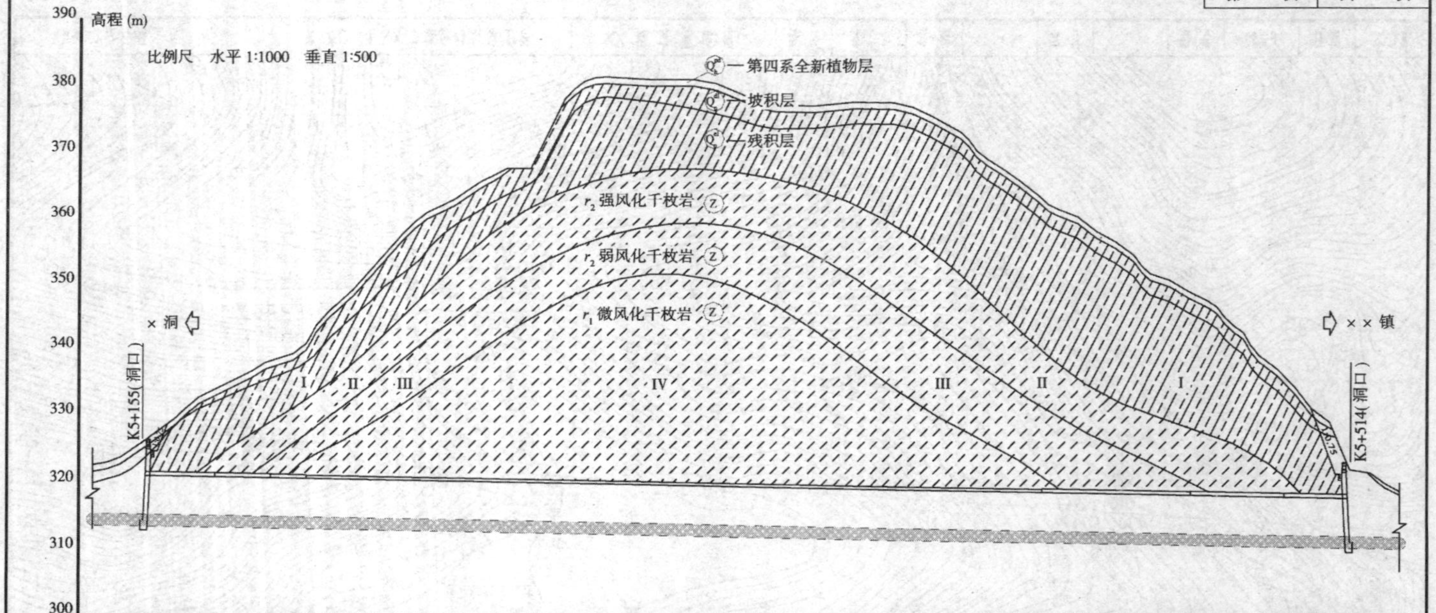

里程桩号	地面高程	设计高程
K5+140	322.565	314.487
+150.000	324.103	314.397
+155.000	325.923	314.352
+160.000	323.703	314.307
+170.000	332.043	314.217
+176.500	334.416	314.158
+180.000	334.614	314.127
+190.000	337.462	314.037
+193.000	338.021	314.010
+200.000	339.309	313.947
+203.500	341.574	313.916
+210.000	345.780	313.857
+220.000	350.662	313.767
+230.000	356.562	313.677
+240.000	360.920	313.587
+250.000	363.633	313.497
+260.000	366.792	313.407
+270.000	367.500	313.317
+280.000	378.000	313.227
+290.000	381.227	313.137
+300.000	381.000	313.047
+310.000	380.952	312.957
+320.000	380.816	312.867
+330.000	379.362	312.777
+340.000	377.388	312.387
+350.000	376.919	312.577
+360.000	377.274	312.507
+370.000	377.652	312.417
+380.000	377.244	312.327
+390.000	375.153	312.237
+400.000	372.000	312.147
+410.000	367.639	312.057
+420.000	364.000	311.967
+423.000	362.998	311.940
+430.000	360.660	311.877
+440.000	357.331	311.787
+450.000	354.000	311.697
+460.000	350.380	311.607
+467.000	348.423	311.544
+470.000	347.543	311.517
+480.000	343.274	311.427
+490.000	338.000	311.337
+494.500	335.986	311.297
+500.000	332.682	311.247
+510.000	326.667	311.157
+514.000	322.000	311.121
+520.000	320.800	311.067

围岩类别	I	II	III	IV	III	II	I
初砌形式	A 型	B 型	C 型	D 型	C 型	B 型	A 型
地质概况	第四系亚黏土	第四季亚黏土下覆强风化千枚岩	亚黏土下覆弱风化千枚岩	第四系亚黏土下覆微风化千枚岩	第四系亚黏土下覆弱风化千枚岩	第四系亚黏土下覆强风化千枚岩	第四系亚黏土

坡度(%)	0.9
隧道长(m)	359

XX省XX设计研究院	XX市XX至XX二级公路新建工程	XX隧道纵断面图	设计		复核		审核		图号	C6-3-2	日期	2003.9

图 17-18　× ×隧道纵断面图

第 1 页	共 1 页

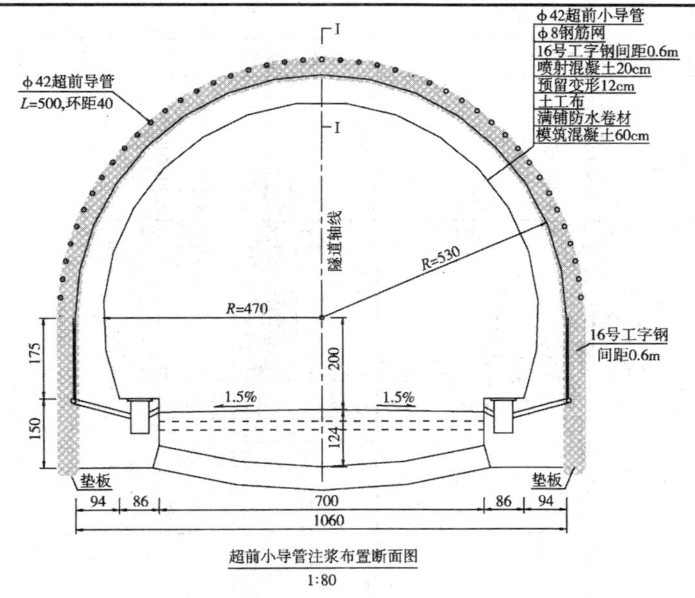

超前小导管注浆布置断面图

1:80

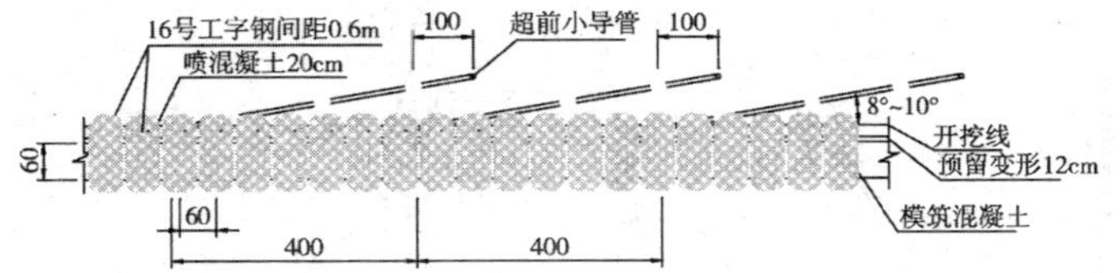

I—I

1:100

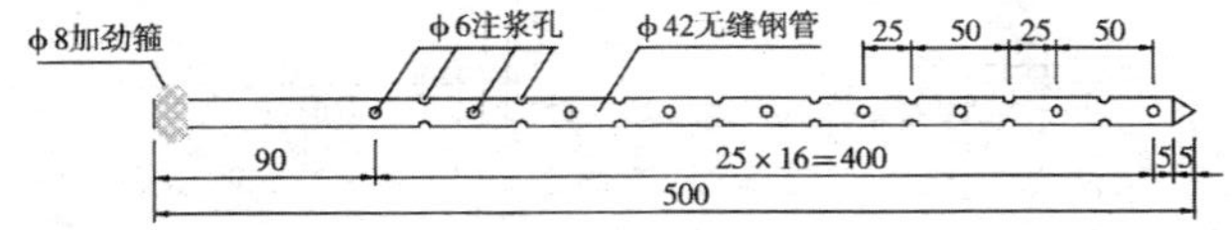

导管大样图

1:30

连接板大样

1:10

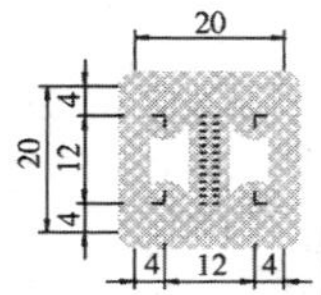

垫板大样

1:10

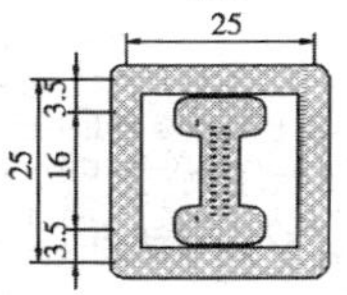

小导管工程数量表

工程名称	材料	单位	单根数量	根数	合计	备注
小导管注浆	ϕ42mm无缝钢管	kg	18.75	430	8062.5	GB8163-87
	加工ϕ6漏浆孔	个	34	430	14620	
	ϕ50mm钻孔	m	5	430	2150	
	525水泥	kg	135	430	58050	
	水玻璃(30玻美度)	kg	151	430	64930	
	磷酸二氢钠(缓凝剂)	kg	4.1	430	1763	
	浆液体积	m^3	0.3	430	129	孔径6倍

工程数量表

工程名称		材料	单位	每延米数量	总长	合计	备注
喷锚支护	钢筋网	ϕ8钢筋	kg	74.66	41	3061.06	
	喷混凝土	C20	m^3	5.65	41	231.65	
	工字钢	16号	m	39.2	41	1607.2	
	钢板		kg	27	41	1107	
洞身防水		防水卷材	m^2	21.4	41	877.4	
		土工布	m^2	21.4	41	877.4	

注：

①本图尺寸除钢筋、钢管直径以毫米计外，其余均以厘米计；

②超前小导管注浆采用外径ϕ42mm，壁厚4mm的热轧无缝钢管加工制成，长500cm，钢管前端加工成锥形，尾部焊接ϕ8钢筋加劲箍，管壁四周钻ϕ6漏浆孔；

③超前小导管注浆应有不小于1m的搭接长度，侧壁需向洞径外方向偏移10~15°；

④本图适用K5+155~K5+176.5及K5+494.5~K5+514段，共长41m。

⑤钢筋网（ϕ8钢筋）呈25×25cm菱形，小导管加劲箍处与钢筋网捆接固定。喷射混凝土按20%的回弹量计入；

⑥超前小导管注浆采用水泥+水玻璃双液，其参数如下：

a)注浆压力1~2MPa　　b)水泥浆参考水灰比1:1

c)水泥强度42.5　　d)水玻璃玻美度为30，模数为2.4

e)水玻璃与水泥浆的参考体积比1:1.5

⑦水玻璃与水泥浆双液必须现场试配。

XX省XX设计研究院	XX市XX至XX二级公路新建工程	XX隧道衬砌断面构造图(A型)	设计		复核		审核		图号	C6-3-6-1	日期	2003.9

图 17-19　××隧道衬砌断面构造图

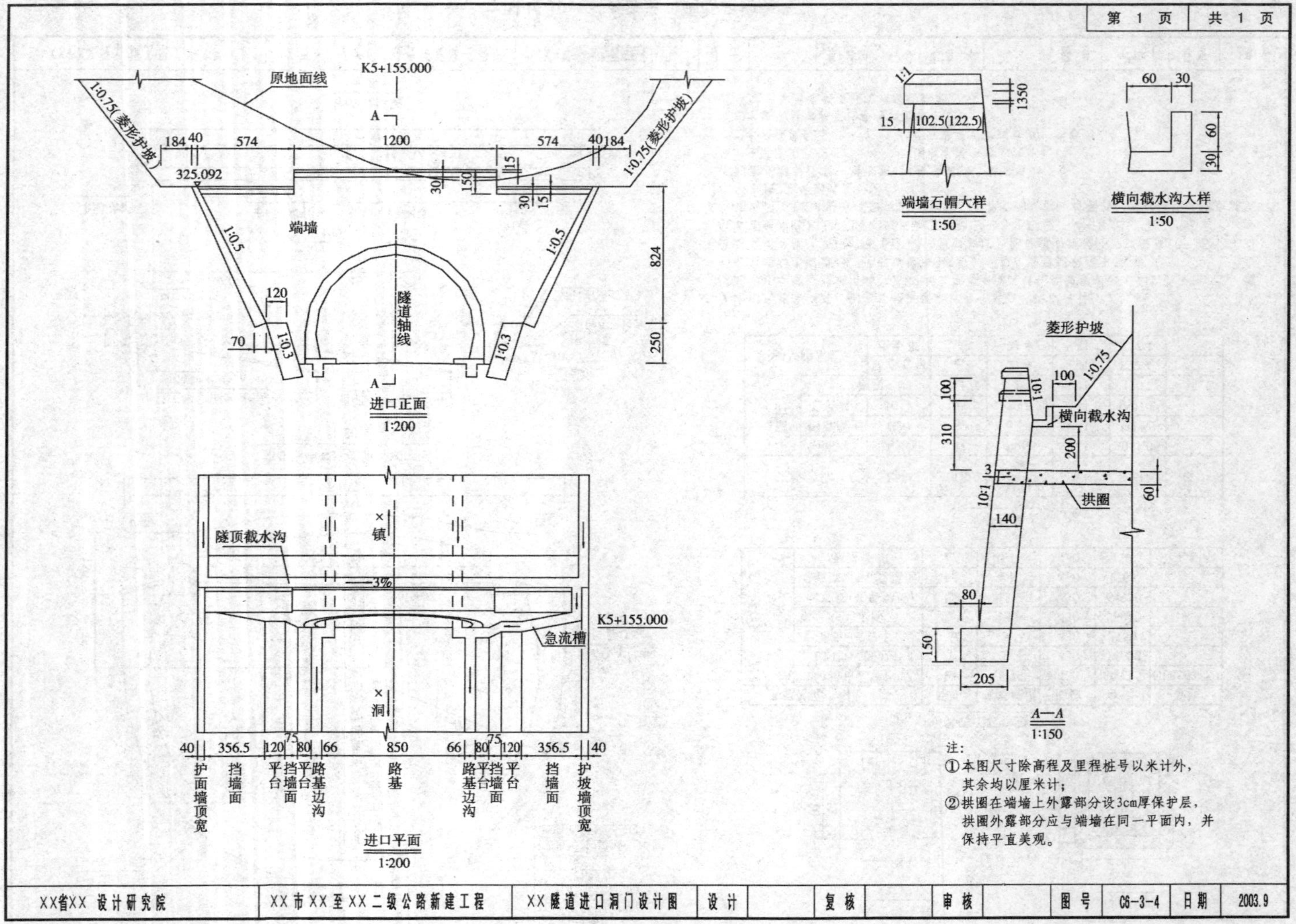

图 17-20　××隧道进出口洞门设计图

第十八章　涵洞工程图

涵洞主要是公路沿线为宣泄地面水流而设置的小型排水构造物。涵洞和桥的区别，按《公路工程技术标准》(JTG B01—2003)规定，单孔跨径小于5m，多孔跨径总长小于8m的称为涵洞；而圆管涵、箱涵不论管径或跨径大小、孔数多少，都叫涵洞。

第一节　涵洞的组成及分类

一、涵洞的组成

涵洞是由基础、洞身、洞口和附属工程组成。

洞口包括端墙、翼墙或护坡、截水墙和缘石等部分。它是设在洞身两端，用以集散水流，保护洞身和两侧路基免受冲刷、使水流顺畅的构造。涵洞与路线正交时，常用的洞口建筑形式有端墙式、翼墙式两种。一般进、出水口采用同一形式，如图18-1所示。

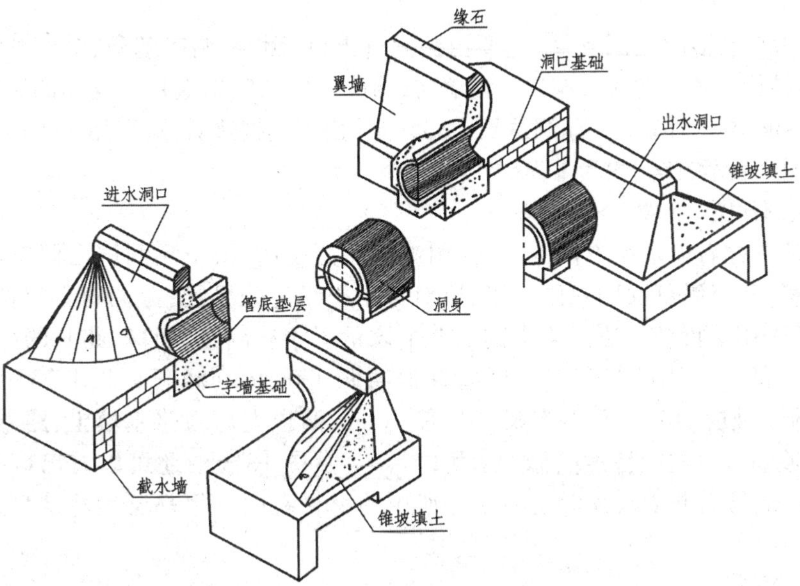

图18-1　圆管涵洞分解图

二、涵洞的分类

(1)按建筑材料分类

常用的有石涵、砖涵、混凝土涵、钢筋混凝土涵，有时也可以用木涵、陶瓷管涵、缸瓦管涵、铸铁管涵等。

(2)按构造形式分类

按构造形式不同，涵洞可分为：圆管涵、拱涵、盖板涵、箱涵等。

(3)按洞顶填土情况分类

按洞顶填土情况可分为洞顶不填土的明涵和洞顶填土厚度大于50cm的暗涵两类。

(4)按断面形状和孔数分类

按断面形状可以分为圆形涵、卵形涵、拱形涵、梯形涵、矩形涵等。

按孔数分为单孔、双孔和多孔等。

第二节　涵洞工程图的表示法

绘制涵洞工程图时，根据涵洞狭而长的结构特点，以水流方向作为纵向，从左向右，用纵剖面图代替立面图；为了使平面图表达清楚，画平面图时不考虑洞顶的覆土。需要时，平面图可画成半剖面图，水平剖切面通常设在基础顶面处。侧面图也就是洞口立面图，如进、出口形状不同时，则均要把进、出口的侧面图画出，也可以用点画线为分界线，采用各画一半合成的进、出口立面图，还可以增加垂直于纵向的横剖面图，以半剖形式表达。除上述的三种投影外，还应画出必要的构造详图，如钢筋布置图、翼墙断面图等。

因为涵洞体积较桥梁小，故涵洞工程图所用的比例较桥梁工程图大。下面以常用的圆管涵、盖板涵、拱涵三种涵洞为例，进一步说明涵洞工程图的图示特点和表示方法。

一、圆管涵

图18-2为钢筋混凝土圆管涵，主要由涵洞进出口、洞身、洞底基础、锥形护坡、缘石等组成，洞身主体结构由圆管构成。洞口为端墙式，墙前洞口两侧砌筑片石铺面的锥体护坡，涵洞洞身长1 060cm，内径为75cm，涵洞总长1 335cm。由于其构造对称，采用了半纵剖面图、半平面图和侧面图来表示，比例均为1∶50。

(1)半纵剖面图

立面图从左往右以水流方向为纵向，用纵剖面图表达，由于涵洞进出洞口形状相同，且左右基本对称，所以纵剖面图只画一半，以对称中心线为分界线；考虑到涵洞长度方向尺寸较大，图中还采用了折断画法。半纵剖面图中表示了涵洞洞身、洞口、路基的相对位置和构造形状以及各部分所用的材料等。圆管涵洞身长1 060cm，涵洞总长1 335cm，防水层厚15cm，设计流水坡度为1%，洞身基础垫层厚30cm，洞顶上部为路基填土，路基边坡与端墙两侧锥形护坡顺水方向的坡度一致，均为1∶1.5。从图18-2中还可以看出有关的尺寸，如截水墙高80cm，缘石断面尺寸等。各部分所用的材料在图中也都已表达清楚，在此不再一一赘述。

(2)半平面图

与半纵剖面图相对应，平面图也只画了一半，并采用了折断画法。图18-2中表示出了洞口基础、端墙、缘石和两侧片石锥体护坡的平面形状，为使图形清晰可见，涵顶覆土作透明体处理。

(3)侧面图

侧面图实际上就是洞口立面图，主要表达了洞口的基本形式，缘石、端墙、截水墙、基础等的形状、相互位置关系及各部分尺寸(如孔径75cm，壁厚10cm，洞口缘石、端墙、截水墙、基础的宽度和高度尺寸)等。

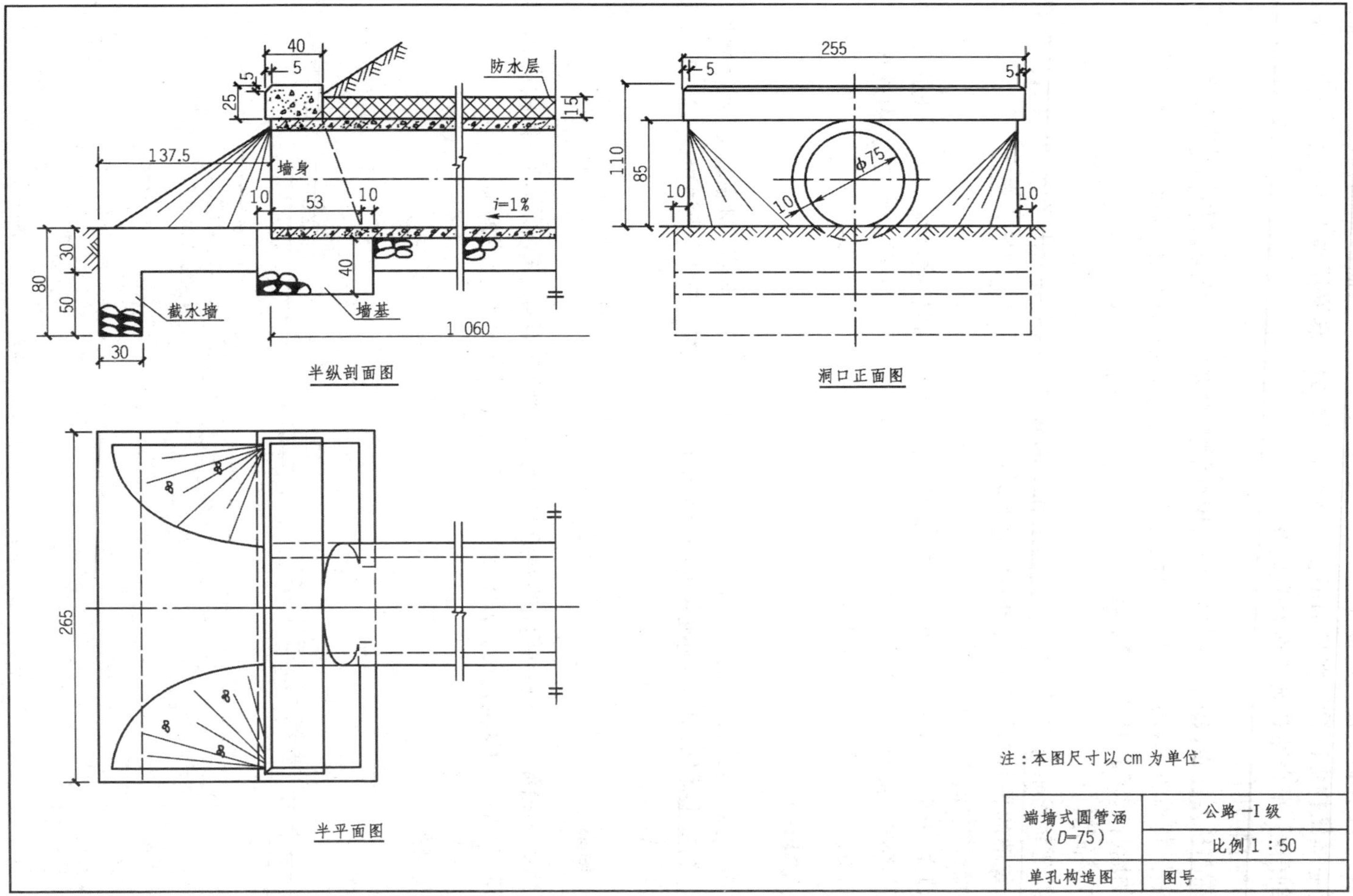
40
5
5
25
防水层
15
137.5
墙身
10
53
10
i=1%
30
80
50
40
截水墙
墙基
1 060
30
半纵剖面图
255
5
5
110
85
10
φ75
10
10
洞口正面图
265
半平面图
注：本图尺寸以 cm 为单位
端墙式圆管涵
（D=75）
公路一I级
比例 1：50
单孔构造图
图号

图 18-2　圆管涵工程图

二、盖板涵

图 18-3 为钢筋混凝土盖板涵，主要由涵洞进出口、洞身、洞底基础、八字翼墙、缘石等组成，洞身主体结构由砌筑的墙身加钢筋混凝土盖板构成。涵洞洞高 120cm，净跨为 100cm。采用了纵剖面图、平面图和洞口立面图来表示。

(1)纵剖面图

立面图从左往右以水流方向为纵向，用纵剖面图表达，考虑到涵洞长度方向尺寸较大，图中采用了折断画法。纵剖面图中表示了涵洞洞身、洞口、路基的相对位置和构造形状等。洞身由砌筑的墙身和钢筋混凝土组成。

(2)平面图

与纵剖面图相对应，采用了半剖面图和折断画法。图中表示出了进、出水口的形式和形状、八字翼墙的平面形状等。为使图形清晰可见，涵顶覆土作透明体处理。

(3)洞口立面图

洞口立面图主要表达了进出水口的基本形式，缘石、端墙、截水墙、基础等的形状、相互位置关系及各部分尺寸等。进、出水口形状相同，只画一侧，不同时要分别画出，由进水口立面图和出水口立面图各画一半合并而成。

三、石拱涵

图 18-4 为某双洞石拱涵工程图。它主要由涵洞进出口、洞身、洞底基础、八字翼墙、缘石等组成。洞身主体结构由共同砌筑的墙身加拱顶构成。石拱涵工程图的图示特点和表示方法请读者自行思考。

四、箱涵

图 18-5 为箱涵工程图。箱涵的洞身主体结构由钢筋混凝土箱形构件分段构成，主要由涵洞进出口、洞身、洞底基础、八字翼墙、缘石等组成，表达方式与前面相同。

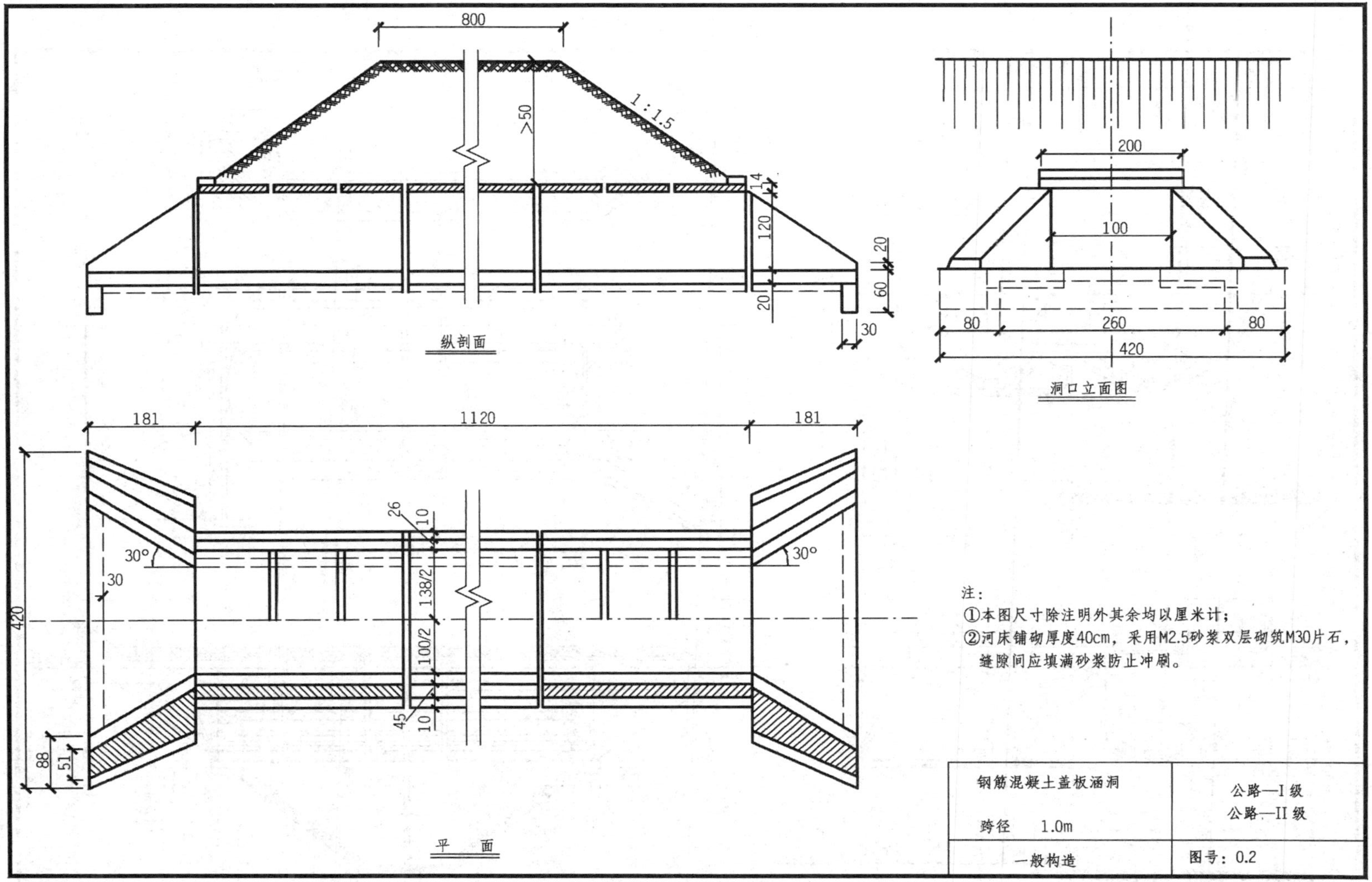

注：
①本图尺寸除注明外其余均以厘米计；
②河床铺砌厚度40cm，采用M2.5砂浆双层砌筑M30片石，缝隙间应填满砂浆防止冲刷。

钢筋混凝土盖板涵洞 跨径　1.0m	公路—I级 公路—II级
一般构造	图号：0.2

图 18-3　盖板涵工程图

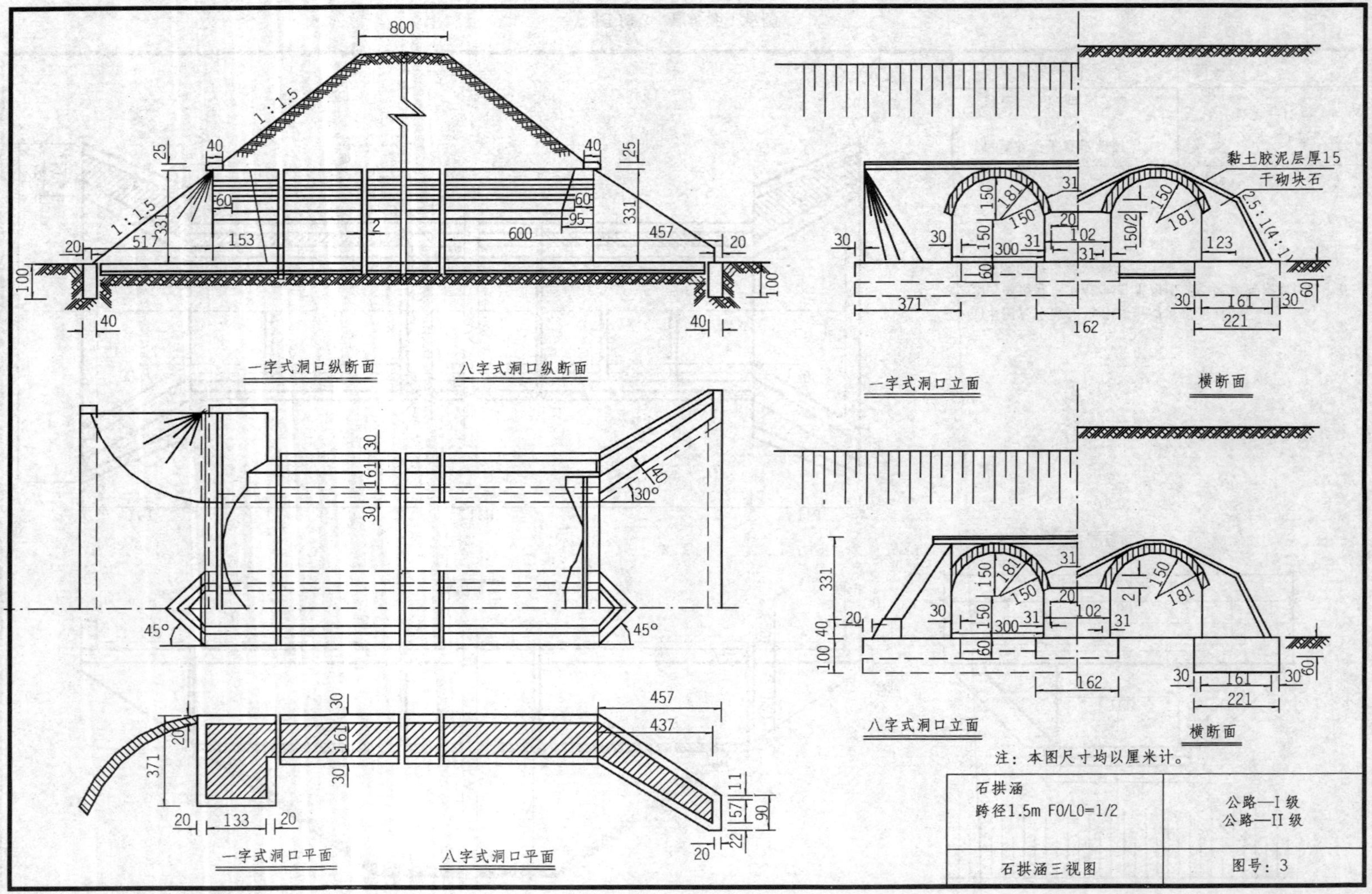
一字式洞口纵断面
八字式洞口纵断面
一字式洞口立面
横断面
八字式洞口立面
横断面
一字式洞口平面
八字式洞口平面
黏土胶泥层厚15
干砌块石
注：本图尺寸均以厘米计。
石拱涵
跨径1.5m F0/L0=1/2
公路—I 级
公路—II 级
石拱涵三视图
图号：3

图 18-4　石拱涵工程图

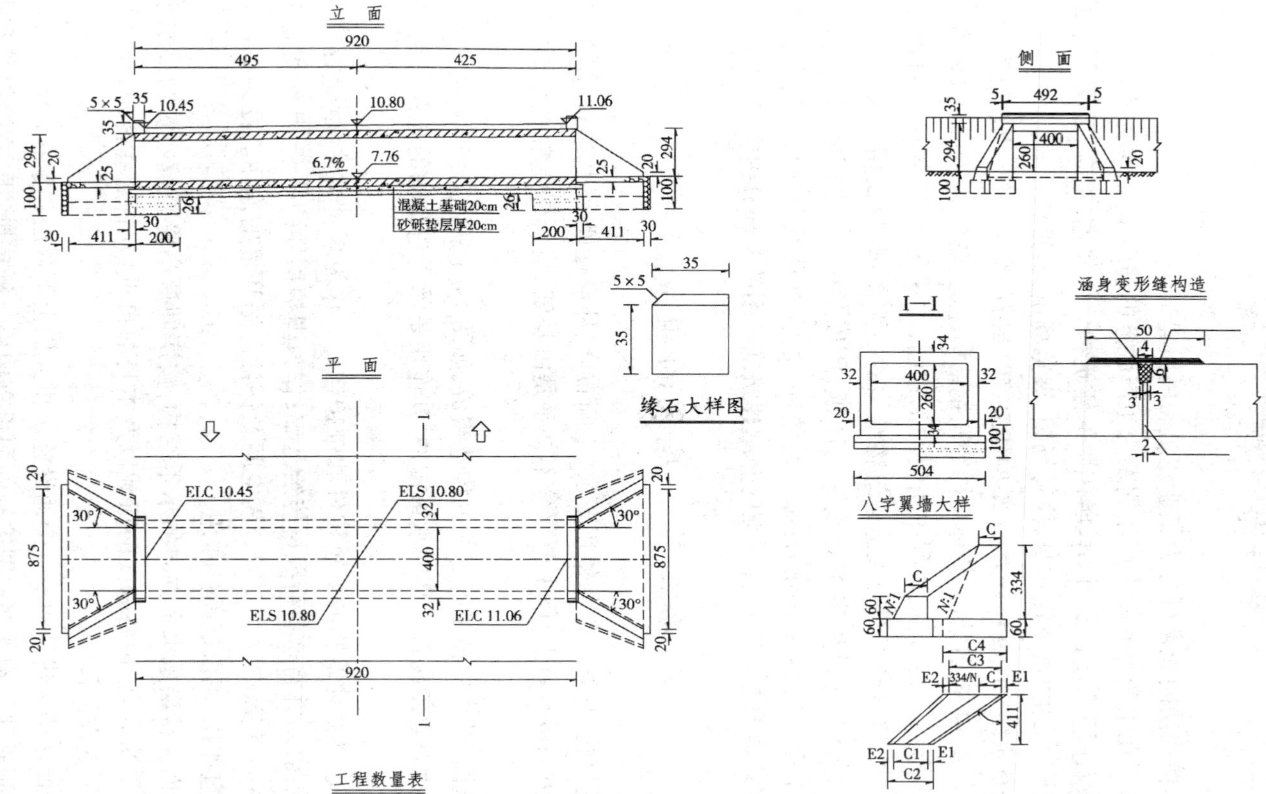

工程数量表

C30混凝土铺装层 (m³)	C15混凝土涵身基础 (m³)	涵底砂砾垫层 (m³)	M7.5浆砌片石八字墙身 (m³)	M7.5浆砌片石八字墙基础 (m³)	M7.5浆砌片石隔水墙 (m³)	M7.5浆砌片石洞口铺砌 (m³)	C20混凝土帽石 (m³)	涵长(m)	
								左	右
4.27	9.88	16.51	24.84	12.1	5.49	13.10	1.38	4.95	4.25

注：
1.本图尺寸除高程以米计外，余均以厘米计。
2.变形缝4cm×6cm的槽口设在顶面、底板的上面和侧墙的外面，过水箱涵底板变形缝的顶面可不设油毛毡，而在填塞沥青麻絮后再灌注热沥青即可。
3.每道涵均在涵身中部(中央分隔带下)连同基础设变形缝一道，防水措施按本图所示处理。
4.本涵地基允许承载力见规范要求。

图 18-5　箱涵工程图

第十九章　房屋建筑工程图

第一节　概　　述

房屋建筑按其使用功能通常可分为工业建筑和民用建筑。

工业建筑指为工业生产服务的生产车间及为生产服务的辅助车间、动力用房、仓库等。

民用建筑指供人们工作、学习、生活、居住用的建筑物。如住宅、宿舍、公寓等以及公共建筑，如学校、托幼、医疗卫生、观演性建筑、体育场馆、展览场馆、宾馆旅社等。

房屋有时又按承重结构的材料分为：木结构建筑、砖（或石）结构建筑、钢筋混凝土结构建筑（如框架结构、剪力墙结构、框剪结构、筒体结构等）、钢结构建筑、混合结构建筑（如砖混结构）。

房屋建筑工程图是在房屋建设过程中用到的工程图，主要包括：建筑施工图、结构施工图和设备施工图。其中，建筑施工图是表达建筑物结构的主要图纸，它是用正投影方法详细、准确地画出的房屋的图样，它是用来指导施工的图纸，所以又称为“建筑施工图”，常简称“建施”。建筑施工图根据其内容又可分为：施工总说明、建筑总平面图、建筑平面图、建筑立面图、建筑剖面图、建筑详图等。本章将详细的介绍建筑施工图的各部分内容。

第二节　房屋的组成

各种不同的建筑物，尽管它们的使用要求、空间布局、外形处理、结构形式、构造方法、室内设施、规模大小等方面各有特点，但主要部分不外乎是由基础、墙（柱）、楼层、地面、屋顶、楼梯和门窗等组成。

学习房屋建筑图，首先应该了解房屋的构造组成，如图 19-1 所示。

（1）基础。基础是建筑物最下部的承重构件，其作用是承受建筑物的全部荷载，并将这些荷载传给地基。

（2）墙（或柱）。墙是建筑物的承重构件和围护构件。作为承重构件，承受着建筑物由屋顶或楼板层传来的荷载，并将这些荷载再传给基础；作为围护构件的外墙，其作用是抵御自然界各种因素对室内的侵袭；内墙主要起分隔空间及保证舒适环境的作用。框架或排架结构的建筑物中，柱起承重作用，墙仅起围护作用。

（3）楼层和地面。楼层是水平方向的承重结构，按房间层高将整幢建筑物沿水平方向分为若干层；楼板层承受家具、设备和人的荷载以及本身的自重，并将这些荷载传给墙或柱；同时，对墙体起着水平支撑的作用。

（4）楼梯。楼梯是楼房建筑的垂直交通设施。供人们上下楼层和紧急疏散之用。

（5）屋顶。屋顶是建筑物顶部的围护构件和承重构件。抵抗风、雨、雪的侵袭和太阳辐射热的影响；又承受风雪荷载及施工、检修等屋顶荷载，并将这些荷载传给墙或柱。

（6）门与窗。门主要供人们内外交通和分隔房间之用；窗主要起通风、采光、分隔、眺望等围护作用。

一座建筑物除上述主要组成部分以外，一般建筑物还有阳台、雨篷、台阶、雨水管、及其他各种构配件和装饰等。此外，依据房屋功能、标准和规模的不同，还设有给水排水、采暖通风、电气等多种设施。

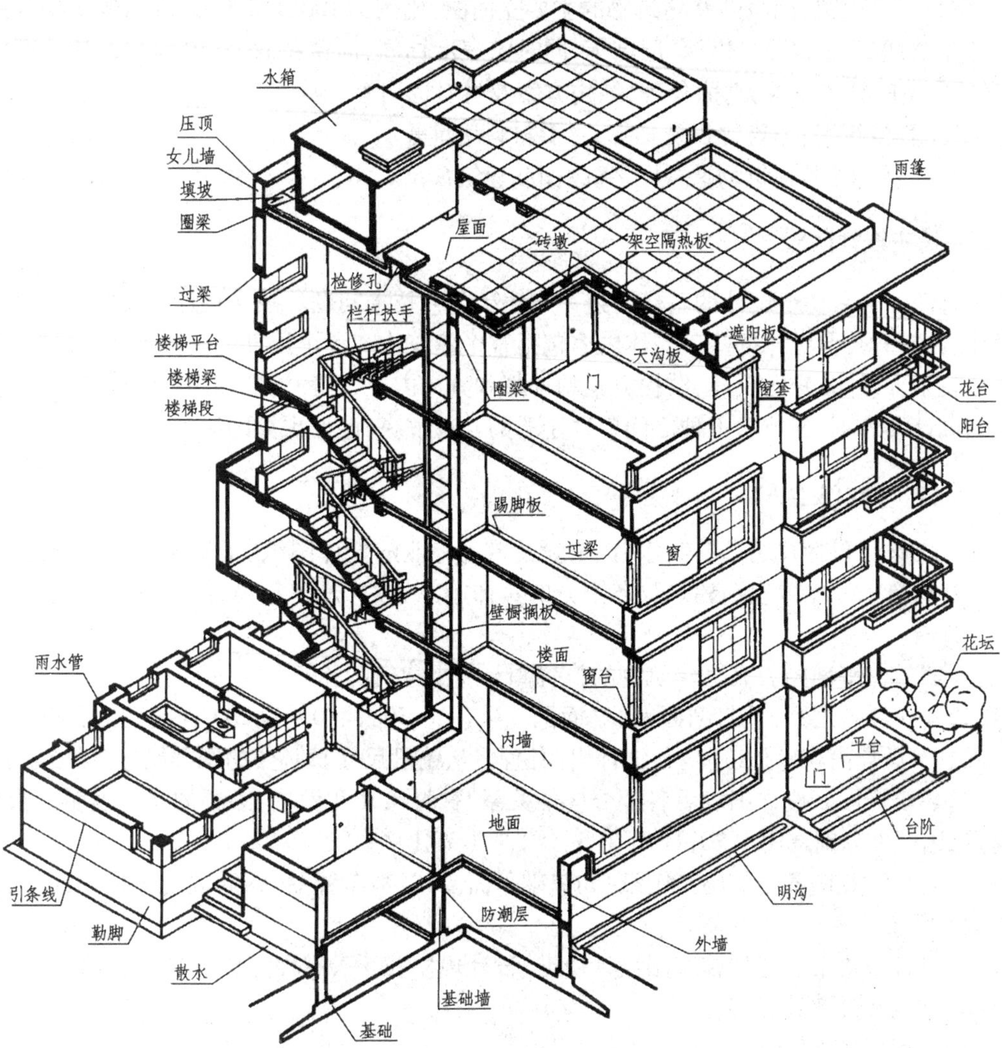

图 19-1　房屋的组成

第三节　房屋设计的基本过程

房屋建筑设计过程一般有两阶段设计或三阶段设计。两阶段设计是指初步设计和施工图设计两阶段。对于大型、复杂建筑工程项目，采用初步设计、技术设计和施工图设计三阶段设计。

一、初步设计阶段

初步设计的内容一般包括设计说明书、设计图纸、主要设备材料表和工程概算等，具体的图纸和文件有：

(1)设计总说明：设计指导思想及主要依据，设计意图及方案特点，建筑结构方案及构造特点，建筑材料及装修标准，主要技术经济指标以及结构、设备等系统的说明。

(2)建筑总平面图：比例1:500、1:1000，应表示用地范围，建筑物位置、大小、层数及设计高程，道路及绿化布置，技术经济指标。

(3)各层平面图、剖面图及建筑物的主要立面图：比例1:100、1:200，应表示建筑物各主要控制尺寸，如总尺寸、开间、进深、层高等，同时应表示标高，门窗位置，室内固定设备及有特殊要求的厅、室的具体布置，立面处理，结构方案及材料选用等。

(4)工程概算书：建筑物投资估算，主要材料用量等。

(5)建筑效果图：建筑物透视图、鸟瞰图和建筑模型。

二、技术设计阶段

主要任务是在初步设计的基础上进一步解决各种技术问题。技术设计的图纸和文件与初步设计大致相同，但更详细些。具体内容包括整个建筑物和各个局部的具体做法，各部分确切的尺寸关系，内外装修的设计，结构方案的计算和具体内容、各种构造和用料的确定，各种设备系统的设计和计算，各技术工种之间各种矛盾的合理解决，设计预算的编制等。

三、施工图设计阶段

施工图设计包括建筑、结构、水电、采暖通风等专业的设计图纸、工程说明书，结构及设备计算书和概算书。主要表示建筑物各部分的具体施工方法，是建筑设计的最后阶段。具体图纸和文件有：

(1)建筑总平面图。表达建筑物的位置和与周围建筑的相互位置关系。

(2)建筑物各层平面图、剖面图、立面图。采用1:50、1:100、1:200的比例。除表达初步设计或技术设计内容以外，还应详细标出门窗洞口、墙段尺寸及必要的细部尺寸、详图索引。

(3)建筑详图。应详细表示各部分构件关系、材料尺寸及做法、必要的文字说明。根据节点需要，比例可分别选用1:20、1:10、1:5、1:2、1:1等比例。

(4)各工种相应配套的施工图纸，如基础平面图、结构布置图、钢筋混凝土构件详图、水电平面图及系统图等。

(5)设计说明书。包括施工图设计依据、设计规模、面积、高程定位、用料说明等。

(6)结构和设备计算书。

(7)工程概算书。

第四节 建筑施工图

一、建筑施工图的有关规定

我国制定了“房屋建筑制图统一标准”、“建筑制图标准”、“总图制图标准”等国家标准，在绘制、阅读建筑施工图时，应该严格遵守国家标准中的规定。

建筑施工图中的各图样，主要是用正投影方法绘制。通常，在水平面投影面上作平面图，在垂直投影面上作正、背立面图和在侧立投影面上作剖面图或侧立面图。在图幅大小允许下，可将平、立、剖面三个图样，按投影关系画在同一张图纸上，以便于阅读，如果图幅过小，平、立、剖面图可分别单独画在几张图纸上。

平面图、立面图和剖面图(简称“平、立、剖”),是建筑施工图中最重要的图样。

房屋的尺寸一般较大,所以施工图一般都用较小的比例绘制。由于房屋内各部分构造较复杂,在小比例的平、立、剖面图中无法完全表达清楚,所以还需要配以大量较大比例的详图来表示各部分的详细结构。

除了上述表达方法外,建筑施工图还有几项常用的规定和表达方法如下。

1. 定位轴线及其编号

在建筑物的主要承重构件处,如墙或柱等位置均画有定位轴线,并编有序号。定位轴线应用细点画线绘制。

定位轴线是用来确定建筑物主要结构或构件的位置及其标志尺寸的线。在平面图中,纵向和横向轴线构成轴线网,定位轴线的编号应注写在轴线端部的圆内。圆应用细实线绘制,直径为 8 ~ 10mm。定位轴线圆的圆心,应在定位轴线的延长线上或延长线的折线上。平面图上定位轴线的编号,宜标注在图样的下方与左侧。横向轴线编号由左至右用阿拉伯数字①、②、③、…,顺序编号。纵向轴线编号应用大写拉丁字母 *A*、*B*、*C* 从下至上顺序编号,拉丁字母的 *I*、*O*、*Z* 不得用做轴线编号。

对于次要构件的位置,可采用附加定位轴线表示。附加定位轴线号用分数标注,编号规则是:两根轴线之间的附加轴线,分母表示前一轴线的编号,分子表示附加轴线的编号。附加轴线的编号用阿拉伯数字顺序编号。图 19-2a) 、b)的附加轴线分别表示③轴之后的第 1 根附加轴线、*B* 轴之后的第 3 根附加轴线(图 19-3)。

①轴和 *A* 轴之前的附加轴线分母分别用 01 、0*A* 表示。图 19-4a) 、b)的附加轴线分别表示①轴之前的第 1 根附加轴线、A 轴之前的第 2 根附加轴线。

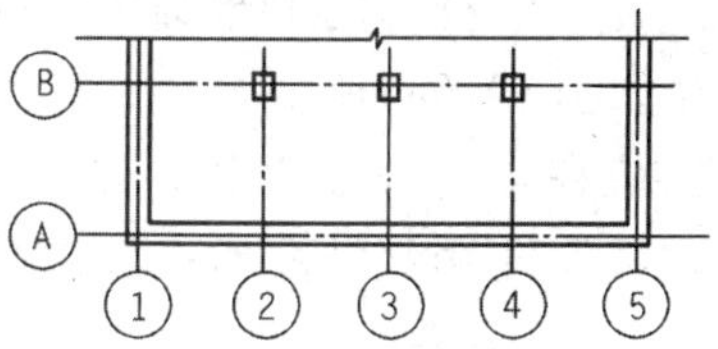

图 19-2　定位轴线和编号

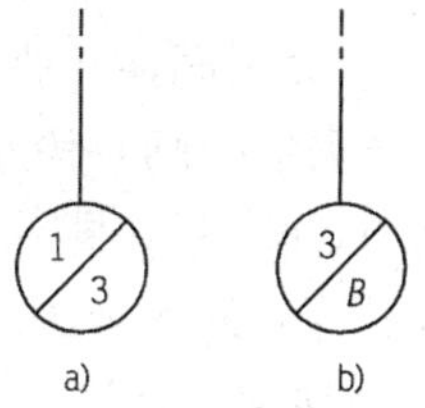

图 19-3　附加轴线

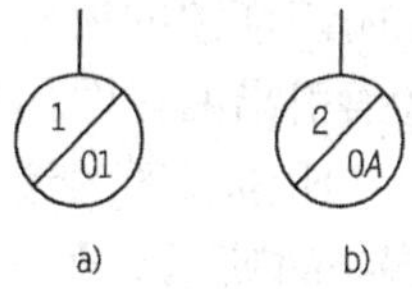

图 19-4　附加轴线

2. 高程

高程——建筑物的某一部位与确定的水准点的高差,称为该部位的高程。在总平面图、平面图、立面图和剖面图上,经常用高程符号表示某一部位的高度。

各图上所用高程符号应按图 19-5a) 所示形式以细实线绘制。图 19-5b) 为具体的画法。高程数值以米为单位,一般注至小数点后三位数(总平面图中为两位数)。在“建施”图中的高程数字表示其完成面的数值。如高程数字前有“ - ”号的,表示该处完成面低于零点高程。如数字前没有符号的,则表示高于零点高程。如同一位置表示几个不同高程时,数字可按图 19-5d)的形式注写。总平面图中的高程和尺寸均以米为单位,一般注写到小数点以后的第二位。室外整平高程采用全部涂黑的等腰三角形表示,高度为 3mm。见图 19-5b)。

高程分为绝对高程和相对高程两种:

(1)绝对高程是指以我国青岛市黄海海平面作为基准而测定的高度尺寸。全国各地的高程均以此为基准。

(2)相对高程是以建筑物的首层室内主要房间的地面为零点(± 0.000),表示某处距首层地面的高度。新建建筑物应标注室内外地面的绝对高程。

新建建筑名称(或编号)、层数及室内底层地面和室外整平地面的绝对高程。

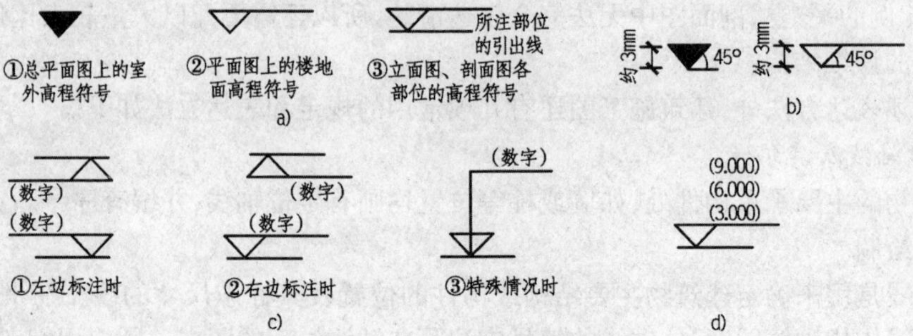

图 19-5　高程符号

a)高程符号形式;b)具体画法;c)立面与剖面图上高程符号的注法;d)多层标注

总图中标注的高程应为绝对高程,如标注相对高程,则应注明相对高程与绝对高程的换算关系。建筑物首层室内地面、室外整平地面一般要注绝对高程。若建筑基地的规模大,且地形有较大的起伏时,总平面图除了标注必要的高程外,还要绘出建设区内的等高线,从等高线的分布可知建设区内地形的坡向,从而确定建筑物室外的排水方向及平场需开挖、填方的土石方量。

3. 索引符号与详图符号

(1)索引符号

图样中的某一局部或构件,如需另见详图,应以索引符号索引如图 19-6a)所示。索引符号是由直径为 10mm 的圆和水平直径组成,圆及水平直径均应以细实线绘制。索引符号应按下列规定编写:

①索引出的详图如与被索引的详图同在一张图纸内,应在索引符号的上半圆中用阿拉伯数字注明该详图的编号,并在下半圆中间画一段水平细实线如图 19-6a)所示。

②索引出的详图如与被索引的详图不在同一张图纸内,应在索引符号的上半圆中用阿拉伯数字注明该详图的编号,在索引符号的下半圆中用阿拉伯数字注明该详图所在图纸的编号如图 19-6a)所示。数字较多时,可加文字标注。

③索引出的详图如采用标准图,应在索引符号水平直径的延长线上加注该标准图册的编号如图 19-6a)所示。

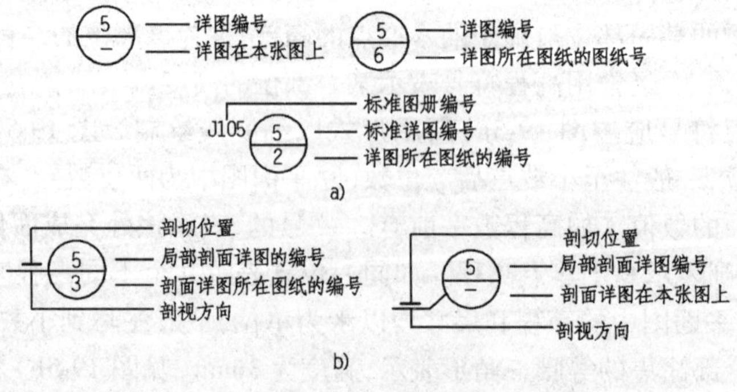

图 19-6　索引符号

a)详图索引符号;b)局部剖切索引符号

索引符号如用于索引剖视详图,应在被剖切的部位绘制剖切位置线,并以引出线引出索引符号,引出线所在的一侧应为投影方向,如图 19-6b)所示。

(2)详图符号

详图的位置和编号应以详图符号表示。详图符号的圆应以直径为 14mm 粗实线绘制。详图应按下列规定编号：

①详图与被索引的图样同在一张图纸内时，应在详图符号内用阿拉伯数字注明详图的编号，如图 19-7a)所示。

②详图与被索引的图样不在同一张图纸内，应用细实线在详图符号内画一水平直径，在上半圆中注明详图编号，在下半圆中注明被索引的图纸的编号。如图 19-7b)所示。

4. 图例

为了使绘制建筑施工图简便统一，在《总图制图标准》(GB/T 50103—2001)、《建筑制图标准》(GB/T 50104—2001)中规定了总平面图例、道路与铁路图例、管线与绿化图例、构造及配件图例等。

5. 线型

建筑施工图中采用多种线型表示不同的结构部分。

(1)实线。图纸中把主要的轮廓线用粗实线表示，次要的轮廓线用中实线表示。定位轴线、尺寸线、引出说明线、折断线、高程、图例等用细实线绘制。地坪线用加粗实线表示，如图 19-8 所示。

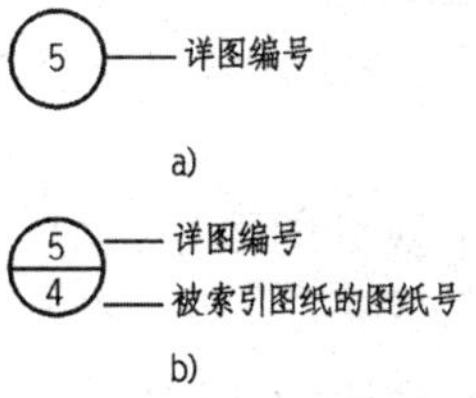

图 19-7 详较符号的画法

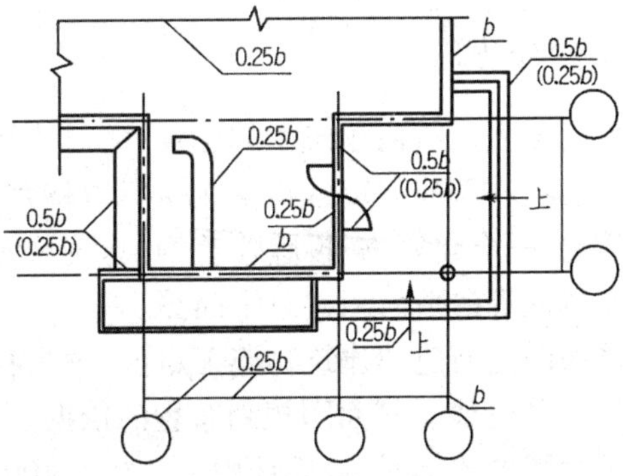

图 19-8 平面图图线宽度选用示例

(2)虚线。中粗虚线用来表示看不见的轮廓线。

(3)对称中心线、定位轴线用细点划线画出。管道中心线用粗点划线画出。

不同类型图纸对线型的其他相关规定将在分类图纸介绍中结合图例详细说明。

二、施工总说明

施工总说明又称首页图，包括工程概况、主要设计依据、设计说明、图纸目录、门窗表、装修表以及有关的技术经济指标等。有时直接注写在建筑总平面图上。

1. 工程概况

内容一般应包括建筑名称、建设地点、建设单位、建筑面积、建筑基底占地面积、建筑工程等级、设计使用年限、建筑层数和建筑高度、防火设计、建筑分类和耐火等级、人防工程防护等级、屋面防水等级、地下室防水等级、抗震设防烈度等，以及能反映建筑规模的主要技术经济指标，如住宅的套型和套数(包括每套的建筑面积、使用面积、阳台建筑面积)。设计高程：本项的相对高程与总图绝对高程的关系。工程设计的范围等。

2. 主要设计依据

本项工程施工图设计的依据性文件、批文和相关规范。

3. 设计说明

工程所在地区的自然条件,建筑场地的工程地质条件,规划要求以及人防、防震的依据,承担设计的范围与分工,水、电、暖、煤气等供应情况以及道路条件,采用新技术、新材料的做法说明及对特殊建筑造型和必要的建筑构造的说明等。

4. 技术经济指标

技术经济指标一般以表格形式列出,一般包括用地面积、总建筑面积、建筑系数、建筑容积率、绿化系数、单位综合指标等。

5. 图纸目录

一般以表格形式对多张图纸进行编号,以便于查阅。

6. 门窗表

一般包含门窗个数及门窗性能(防火、隔声、防护、抗风压、保温、空气渗透、雨水渗透等)、用料、颜色、玻璃、五金件等设计要求。

7. 装修表

一般包括墙体、墙身防潮层、地下室防水、屋面、外墙面、勒脚、散水、台阶、坡道、油漆、涂料等的材料和做法,可用文字说明。

三、建筑总平面图

建筑总平面图表达新建建筑物的位置,朝向及其与周围环境(如原有建筑、道路、绿化、地形等)的相互关系,在画有等高线或加上坐标方格网的地形图上,以图例形式用水平投影的方法画出新建筑物、原有建筑物、拆除建筑物、建筑物周围的道路、绿化区域以及该建造地区的方位和风向频率玫瑰等的平面图称总平面图。

建筑总平面图是新建的建筑物施工定位、放线和布置施工现场的依据,也是其他专业(如水、电、暖、煤气)的管线总平面图规划布置的依据。

建筑总平面图的比例,一般应选用 1:500、1:1000、1:2000,常用绘图比例是 1:500。

由于总平面图绘图比例较小,图中的原有房屋、道路、绿化、桥梁边坡、围墙及新建房屋等均是用图例表示。新建建筑物用粗实线绘制,层数可用小圆黑点或数字表示。新建的道路、桥涵、围墙等用中实线绘制,原有的建筑物、道路及坐标网、尺寸线、引出线等用细实线绘制,图上应标出新建房屋的定位尺寸或坐标,标出测量坐标网(以细实线画出交叉十字坐标网格,坐标代号用“X、Y”表示)或施工坐标网。红线指规划部门批给建设单位的占地面积,一般用红笔圈在图纸上,具有法律效力,如图 19-9 和表 19-1 所示。

总平面图常用的图例 表 19-1

名称	图例	说明	名称	图例	说明
新建的建筑物	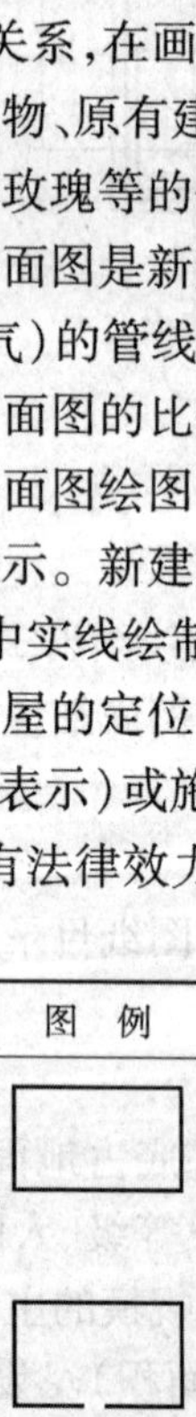	①上图为不画出入口图例,下图为画出入口图例 ②需要时,可在图形内右上角以点数或数字(高层宜用数字)表示层数 ③用粗实线表示	填挖边坡	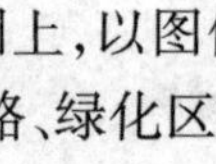	边坡较长时可在一端或两端局部表示
			护坡		
原有的建筑物	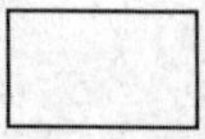	①应注明使用者 ②用细实线表示	雨水井		
			消火栓井		

续上表

名称	图例	说明	名称	图例	说明
计划扩建的预留地或建筑物		用中虚线表示	室内高程	151.00	
拆除的建筑物	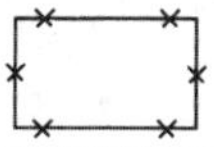	用细实线表示	室外高程	▼143.00	
新建的地下建筑物或构筑物		用粗虚线表示	新建道路	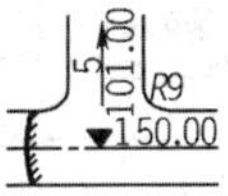	①"R9"表示道路转弯半径为9m;"150.00"为路面中心高程;"5"表示5%,为纵向坡度;"101.00"表示变坡点距离 ②图中斜线为道路端面示意,根据实际需要绘制
围墙及大门	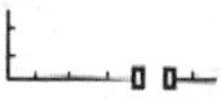	①上图为砖石、混凝土或金属材料的围墙 ②下图为镀锌铁丝网、篱笆等围墙 ③如仅表示围墙时不画大门	原有道路		
			计划扩建的道路	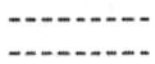	
露天桥式起重机	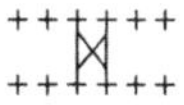		道路曲线段	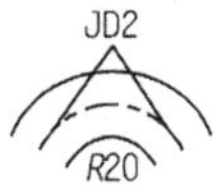	①"JD2"为曲线转折点编号 ②"R20"表示道路曲线半径为20m
架空索道	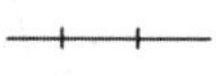	"I"为支架位置	桥梁	 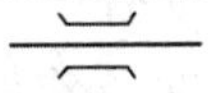	①上图为公路桥 ②下图为铁路桥 ③用于旱桥时应注明
坐标	X105.00 Y425.00	①上图表示测量坐标 ②下图表示施工坐标	跨线桥	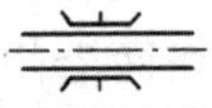	道路跨铁路
				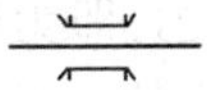	铁路跨道路
	A131.51 B278.25			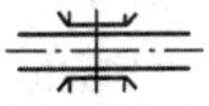	道路跨道路
				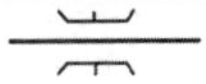	铁路跨铁路
方格网交叉点高程	-0.50 | 77.85 78.35	①"78.35"为原地面高程 ②"77.85"为设计高程 ③"-0.50"为施工高度 ④"-"表示挖方,"+"表示填方	管线	—代号—	管线代号按现行国家有关标准的规定标注

指北针或风向频率玫瑰图

风向频率玫瑰图画出正北方向,并按当地多年平均统计的各个方向的吹风次数的百分数以一定比例在各个方向线上画出端点,然后连成多边形,风吹方向是指从外吹向中心,实线表示全年风向频率,虚线表示按6、7、8三个月统计的夏季风向频率。如图19-10所示。

房屋周围的绿化规划和管道布置

总平面图上需要表示房屋周围的水、暖、电等管线及绿化的布置情况,如给水管、排水管、供电线路尤其是高压线路,采暖管道等管线在建筑基地的平面布置。还需表示周围树木、花草、建筑小品和美化构筑物的位置。

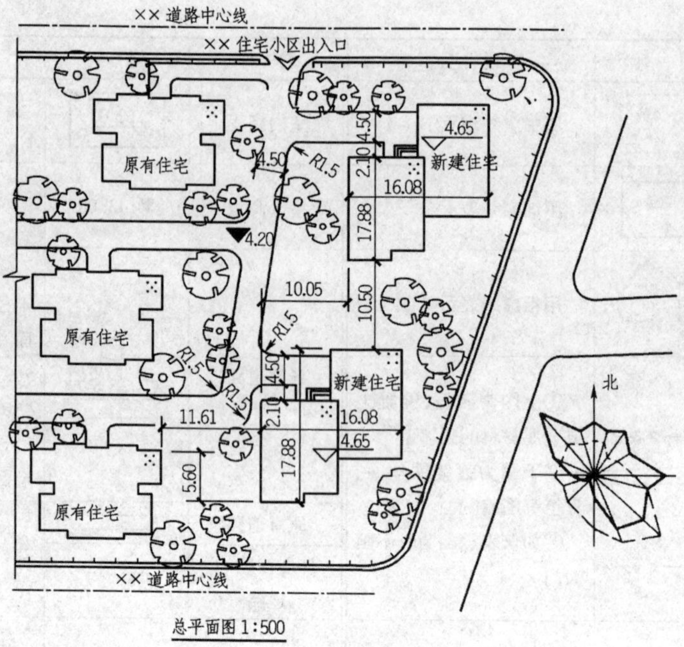

图 19-9　某住宅小区总平面图

四、建筑平面图

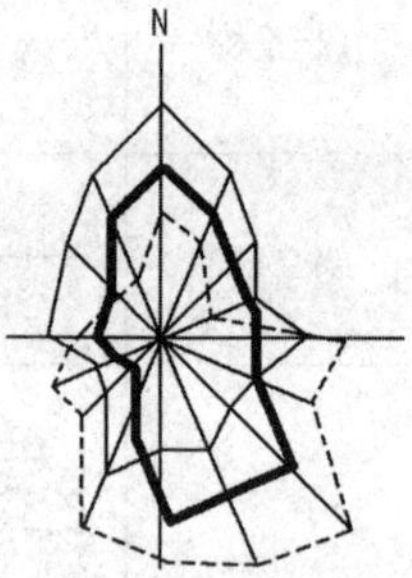

图 19-10　风玫瑰图

建筑平面图又称平面图，是建筑施工中作为放线、砌筑墙体、安装门窗、室内装修、施工备料及编制预算的依据。

1. 建筑平面图的产生与作用

假想用一水平的剖切面沿门窗洞的位置将房屋剖切后，对剖切面以下部分所做出的水平剖面图，即为建筑平面图，简称平面图。它反映出房屋的平面形状、大小和房间的平面布置（如房间的形状、大小、位置），墙（或柱）的位置、厚度和材料，门窗的类型和位置等情况，走廊、楼梯的平面位置等，如图 19-11 所示。

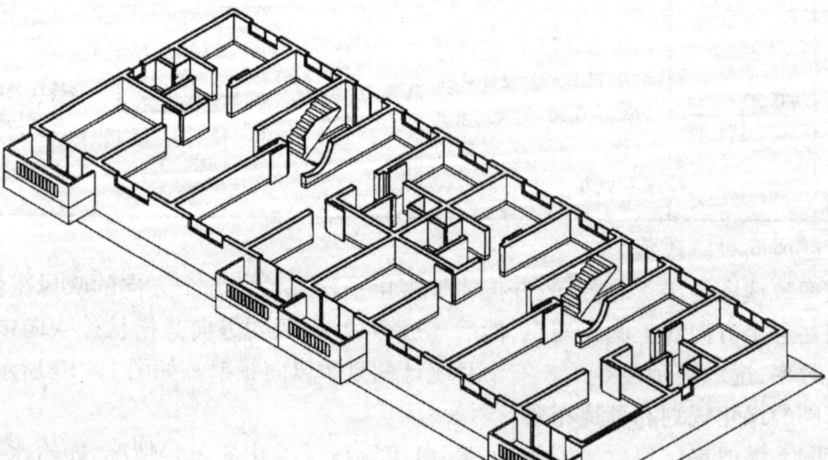

图 19-11　房屋建筑平面图的形成

一般房屋每层都应画出平面图，并在图的下方注明相应的图名，如底层平面图、二层平面图等。此外，还有屋面平面图，是房屋顶面的水平投影。若房屋上下各层的房间数量、大小和布置都一样时，则相同的楼层可用一个平面图表示，称为标准层平面图。有时，根据房屋局部的复杂程度，可绘制局部如夹层、高窗、顶棚、预留洞等局部放大平面图。平面图上的断面材料图例可用简化画法表示，如砖墙涂红色、钢筋混凝土涂黑色等。

2. 建筑平面图的内容

(1)平面图的图名、比例

平面图按表达位置不同分底层平面图(图19-12)、标准层平面图(图19-13)、顶层平面图(图19-14)、屋顶平面图(图19-15)等。

(2)建筑物的朝向及内部布置

建筑平面图一般需注明房间的名称和编号，建筑物主要入口在哪面墙上，就称建筑物朝哪个方向，一般在底层平面图上画出指北针，方向指向正北，指北针用细实线绘制，圆的直径宜为24mm，指北针尾宽宜为3mm，在指针尖端处，注汉字“北”。

(3)定位轴线及编号

在建筑物的墙、柱或梁等主要承重构件处，应绘出定位轴线，并编有序号。定位轴线的绘制和注法如前述。

(4)建筑物的尺寸标注及高程

建筑平面图的尺寸分外部尺寸和内部尺寸。

外部尺寸一般注写三道尺寸。

①外部尺寸：为便于读图和施工，一般在图形的下方及左侧注写三道尺寸：

第一道尺寸表示外轮廓的总尺寸，即指从一端外墙边到另一端外墙边的总长和总宽尺寸。

第二道尺寸表示轴线间的距离，用以说明房间的开间及进深的尺寸。房屋的开间、进深称为横向轴线和纵向轴线间的尺寸，一般情况下两横墙之间的距离称为“开间”，两纵墙之间的距离称为“进深”。

第三道尺寸表示各细部的位置及大小，如门窗洞宽和位置、墙柱的大小和位置等。标注这道尺寸时，应与轴线联系起来。

另外，台阶(或坡道)、花池及散水等细部的尺寸，可单独标注。

②内部尺寸：为了说明房间的净空大小和室内的门窗洞、孔洞、墙厚和固定设备(例如厕所、盥洗室、工作台、搁板等)的大小与位置，以及室内楼地面的高度，在平面图上应清楚地注写出有关的内部尺寸和楼地面高程。楼地面高程是表明各房间的楼地面对高程零点(注写为0.000)的相对高度。高程符号与总平面图中的室内地坪高程相同。

其他各层平面图的尺寸，除标注出轴线间的尺寸和总尺寸外，其余与底层平面相同的细部尺寸均可省略。

(5)门、窗的表示

①门窗用编号表示。门用 *M* 表示，窗用 *C* 表示，并采用阿拉伯数字编号，如 *M*1、*M*2、*M*3、*C*1、*C*2、*C*3，同一编号代表同一类型的门或窗。当门窗采用标准图时，注写标准图集编号及图号。

②门线的开启方向。门线用90°或45°的中实线表示门的开启方向。开启弧线(细实线)应绘出。

③门窗的画法。门与窗均按图例画出，窗线用二条平行的细实线图例(高窗用虚线)表示窗框与窗扇，加上窗台共有四条线。，当小比例(1:200)绘制时，窗线可以用单粗实线表示。

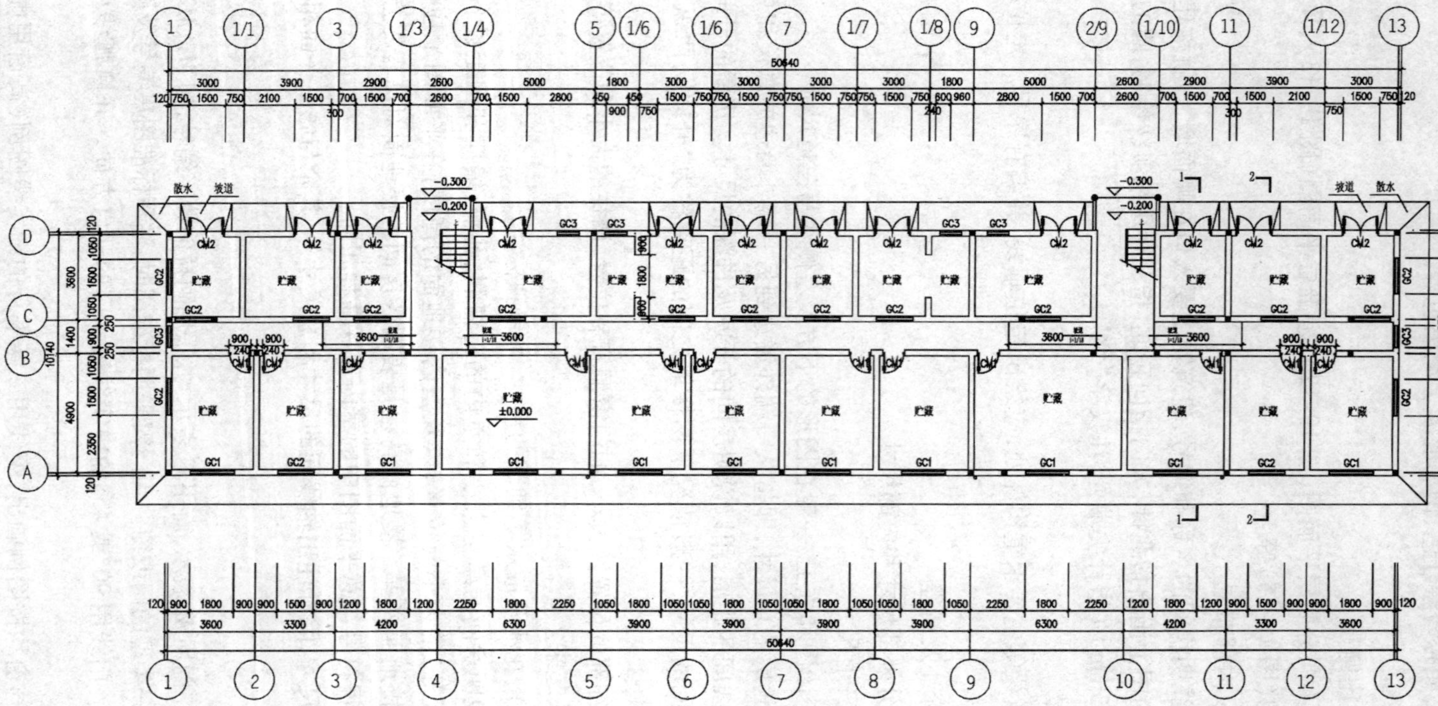

底层平面 1:100

注：①烟道做法详见皖 98J107B-1；
②排气道做法详见皖 98J107D-1；
③泛水坡度未注明处均为 0.5%；
④墙体厚度除注明外均为 240 厚。

图 19-12　底层平面图

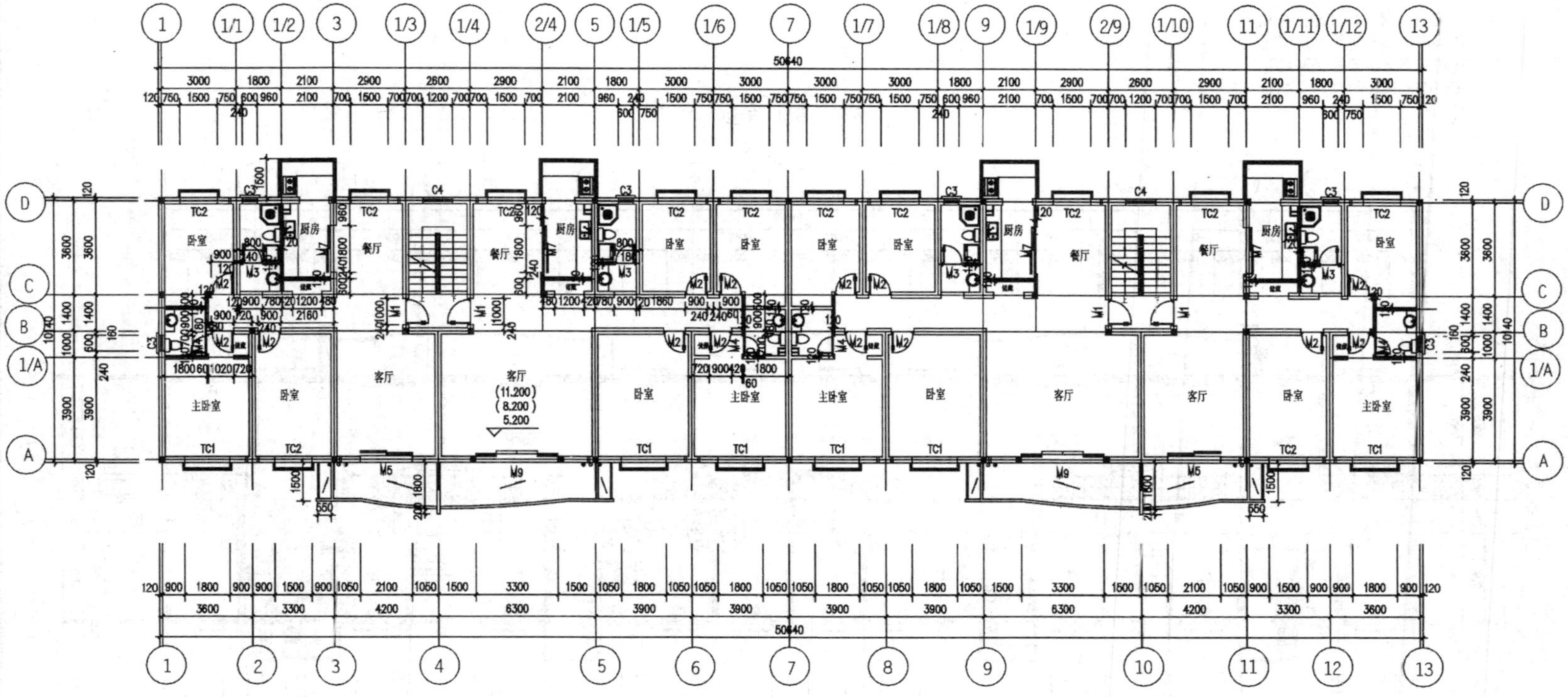

三～五层平面 1:100

注：①烟道做法详见皖 98J107B-1；
②排气道做法详见皖 98J107D-1；
③泛水坡度未注明处均为 0.5%；
④墙体厚度除注明外均为 240 厚。

图 19-13　标准层平面图

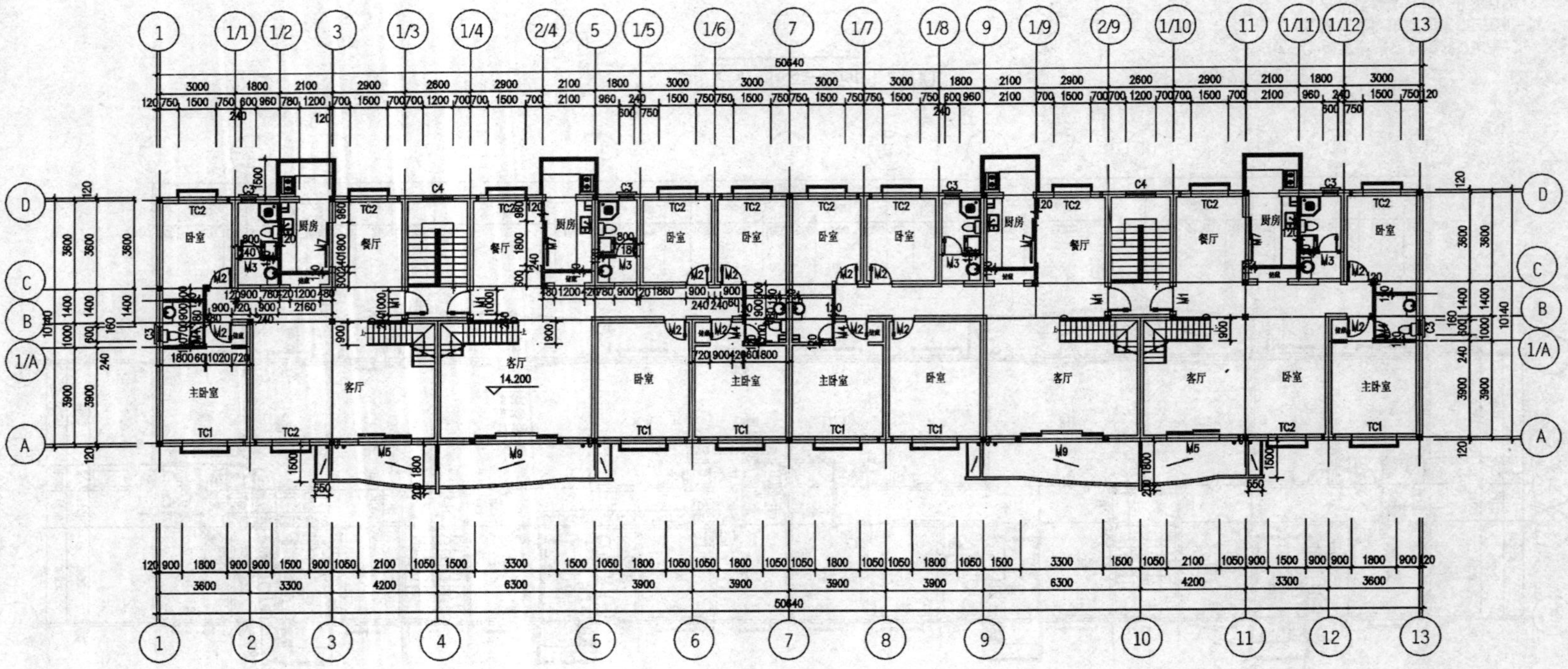

顶层平面 1:100

注：①烟道做法详见皖 98J107B-1；
②排气道做法详见皖 98J107D-1；
③泛水坡度未注明处均为 0.5%；
④墙体厚度除注明外均为 240 厚。

图 19-14　六层平面图

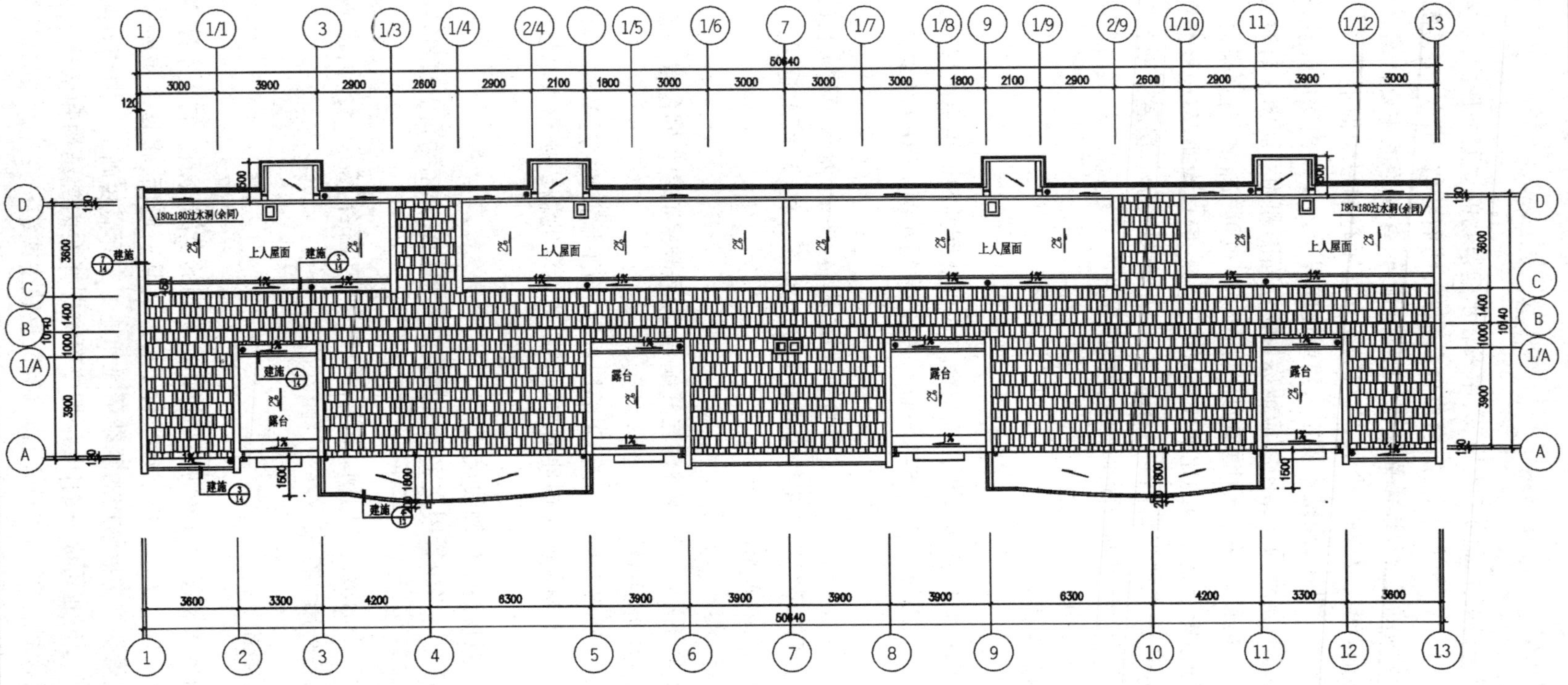

屋顶平面 1:100

图 19-15　屋顶平面图

五、建筑立面图

建筑立面图是建筑立面的正投影图，用来表示建筑物的立面外形的，主要反映房屋的外观和立面装修的做法。如外部造型、门窗位置及形式，墙面装修、阳台、雨篷等部分的材料和做法。它是施工中外墙面造型、外墙面装修、工程概预算、备料等的主要依据。

一般建筑物都有前后左右4个面，在与房屋立面平行的投影面上所作的正投影称为建筑立面图，简称立面图。其中，反映主要出入口或比较显著地反映出房屋外貌特征的那一面的立面图，称为正立面图，其余的立面图相应地称为背立面图和侧立面图。有时按房屋的朝向来命名，如南立面图、北立面图、东立面图和西立面图等。也可按轴线编号来命名，如①-⑨立面图或Ⓐ-Ⓑ立面图等。由于立面图的比例较小，如门窗扇、檐口构造、阳台栏杆和墙面粉饰和装修等细部，往往只用图例表示。它们的详细构造，另用详图表示。房屋立面若有不平行于投影面部分，可将该部分旋转至与投影面平行位置再投影并在图名后注写“展开”两字。如图19-16、图19-17、图19-18所示。

建筑立面图图示内容：

(1)图名与比例

建筑立面图的命名以建筑主要出入口命名或以墙面的朝向来命名或以建筑两端定位轴线编号命名。建筑立面图的比例一般与平面图一致，常用比例1:50、1:100、1:200。

(2)线型

最外轮廓线用粗实线表示；凸出墙面的雨篷、阳台、柱子、窗台、窗楣、台阶、雨篷、花池等投影线用中粗线表示；地坪线用加粗线表示；门、窗及墙面分格线、雨水管以及材料符号引出线、说明引出线等用细实线画出。

(3)定位轴线

立面图中只画出两端的轴线并注出其编号，编号与平面图相同位置一致。

(4)尺寸标注及文字说明

竖直方向：标注室内外地面高差、防潮层位置、窗下墙高度、门窗洞口高度、洞口顶面到上一层楼面的高度、上下相邻两层楼地面之间的距离。女儿墙或挑檐板高度。一般以高程的形式标出。

水平方向：一般仅注定位轴线尺寸。

文字说明：可在适当位置用文字标出其装修要求。有详图的索引符号。

(5)图例

立面图对于较小的结构如门窗、雨篷、檐口、壁柱、窗台、窗楣、台阶、花池等构件采用图例表示。其细部结构另用详图表示。

六、建筑剖面图

建筑剖面图是在竖直方向上剖切建筑物所得到的全剖面图。它表示建筑物的建筑结构和空间布置的工程图样。剖切平面常选平行于房屋的某一墙面，将整个房屋从屋顶到基础剖切开。剖面图的数量根据房屋结构的复杂情况和施工实际需要确定。剖切方向一般选平行于侧面的横向剖切，必要时也可纵向剖切，剖切位置应选择在内部结构和构造比较复杂的部位，一般应选择通过楼梯间、主要出入口、门窗洞等能反映主要结构变化的位置。多层房屋常选择在楼梯间部位，如图19-19所示。

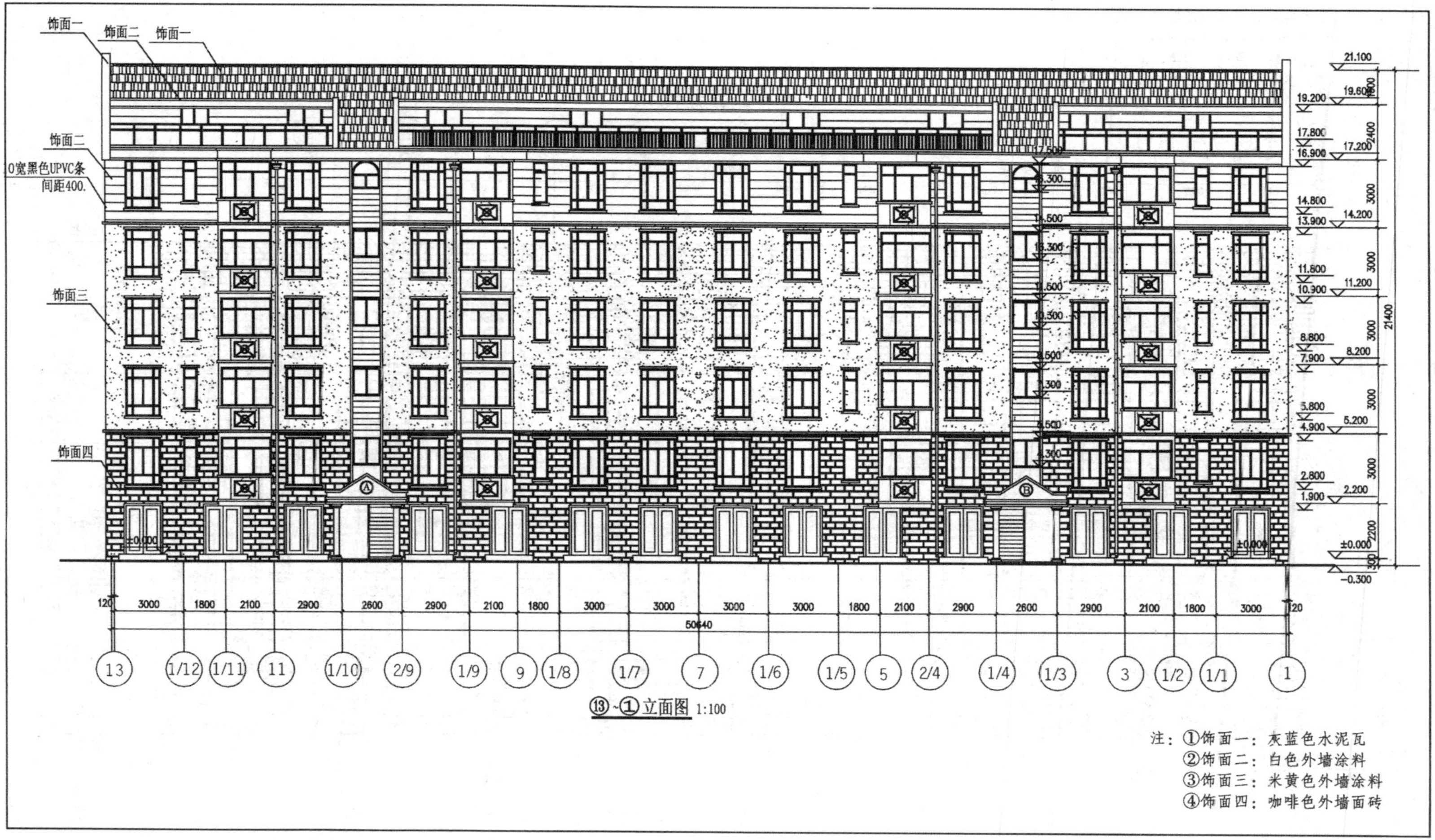

图 19-16　13-1 立面图

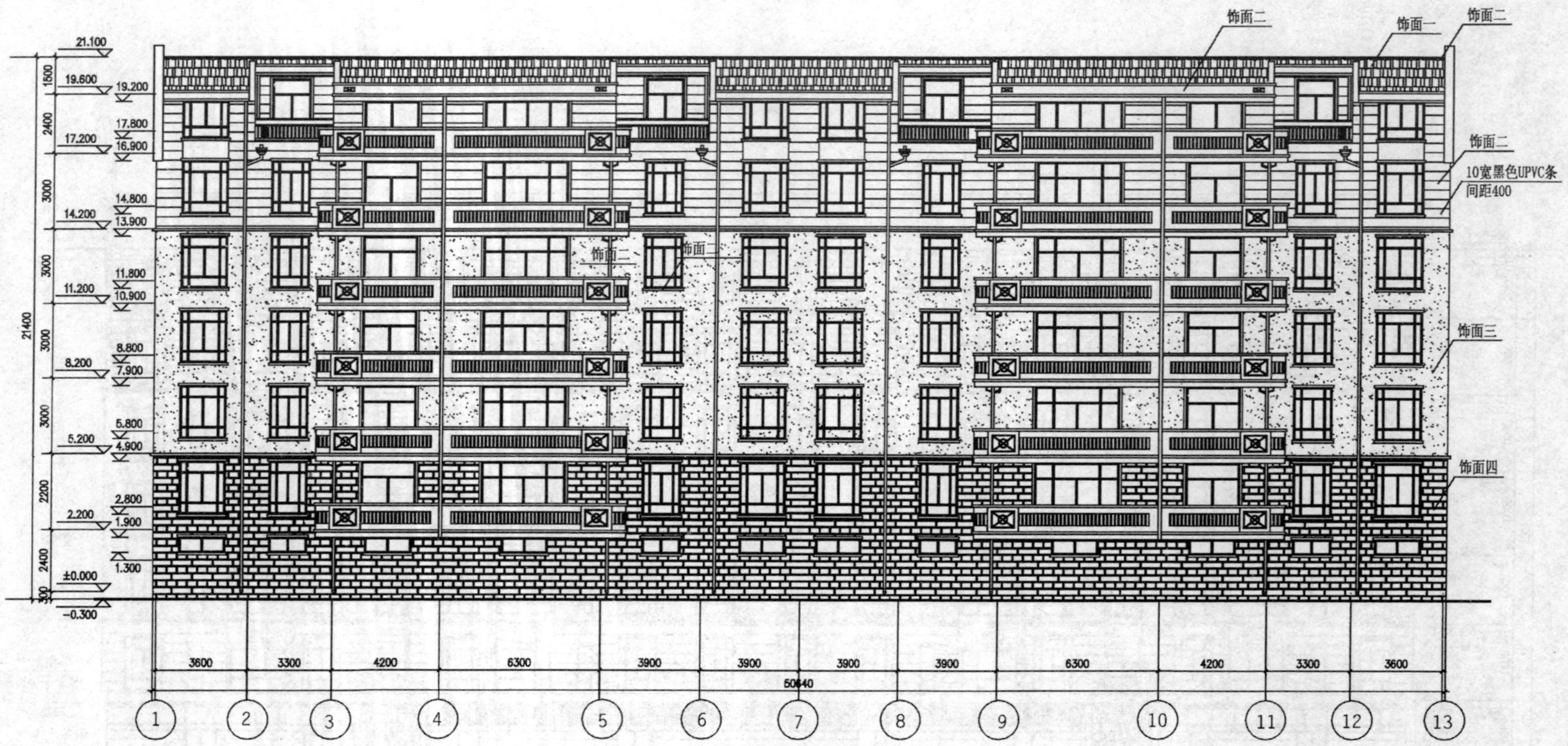

①~⑬立面图 1:100

注：①饰面一：灰蓝色水泥瓦；
②饰面二：白色外墙涂料；
③饰面三：米黄色外墙涂料；
④饰面四：咖啡色外墙面砖。

图 19-17　1-13 立面图

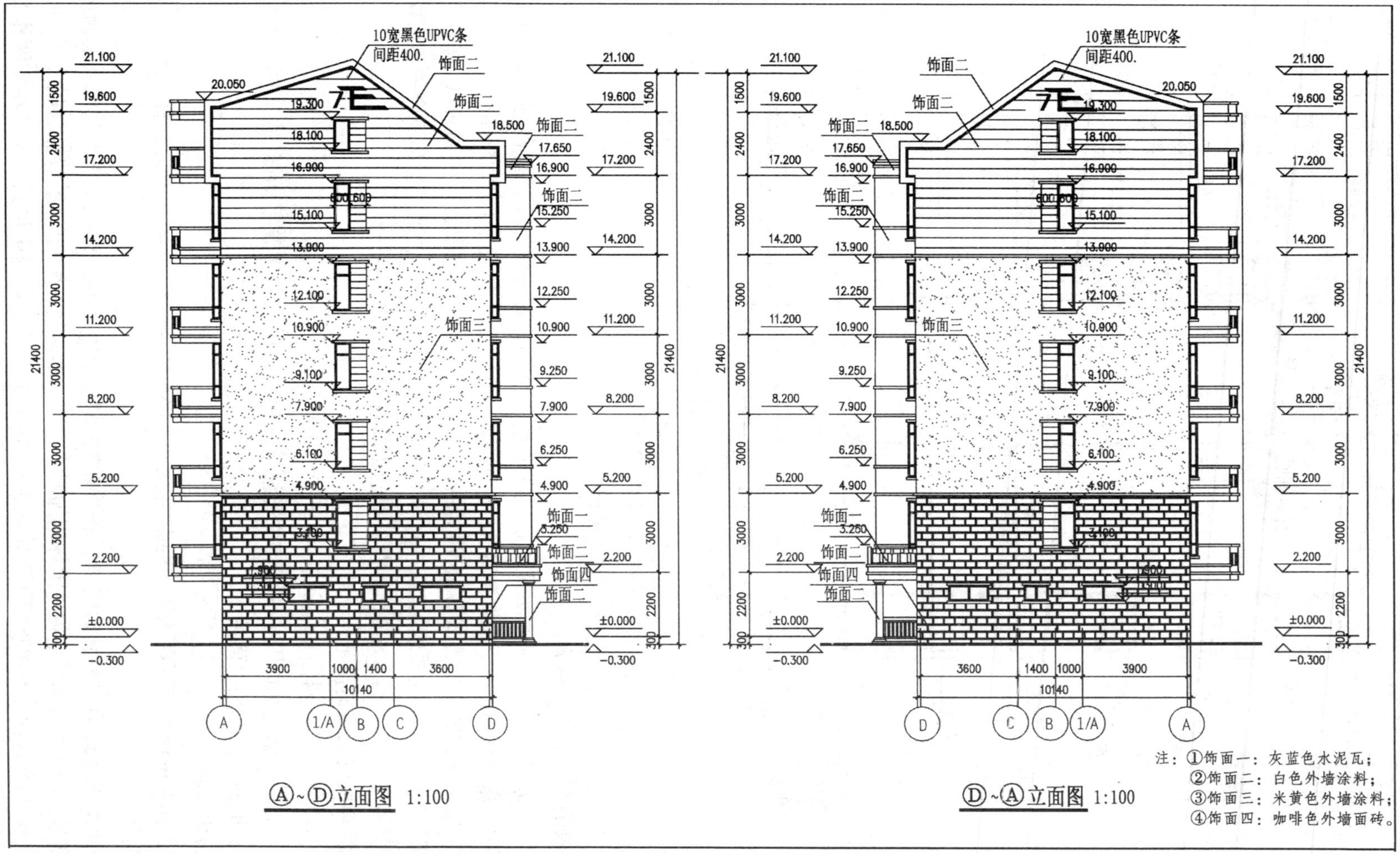

图 19-18　A-D、D-A 立面图

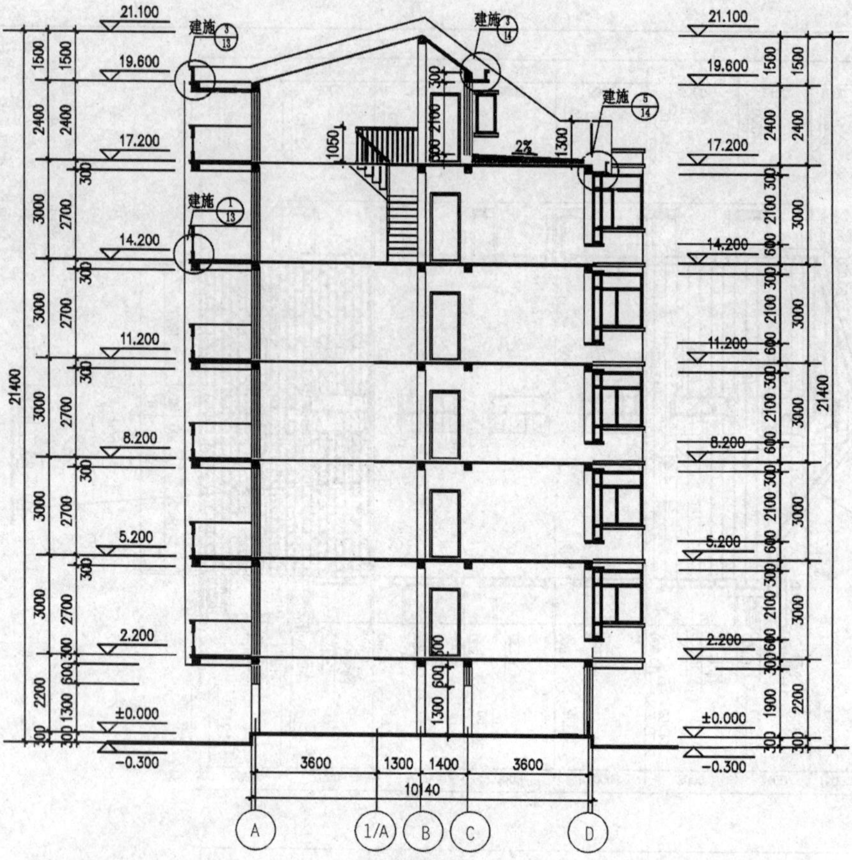

1~1剖面图 1:100

图 19-19 1-1 剖面图

建筑剖面图的图示内容：

建筑剖面图主要是用来表示建筑物内部垂直方向的高度、楼层分层、垂直空间的利用，沿高度方向分层情况、各层构造做法、层高及各部位的相互关系，门窗洞口高、层高及建筑总高以及简要的结构形式和构造方式等情况的图样。例如屋顶形式、屋顶坡度、檐口形式、楼板搁置方式、楼梯的形式及其简要的结构、构造等。建筑剖面图是与平、立面图相互配合的不可缺少的重要图样之一，也是施工、概预算及备料的重要依据。

建筑剖面图的表达规定：

(1)注明图名与比例

图名必须与底层平面图中的剖切位置编号一致。比例应与建筑平面图、立面图一致。剖切位置一般标注在底层平面图上。

(2)定位轴线

在剖面图中应画出两端墙或柱的定位轴线及其编号，编号与平面图对应位置一致。

(3)图线

剖面图的线型，凡是剖到的墙、板、梁等构件的剖切线用粗实线表示；而没剖到的其他构件的投影，则常用细实线表示。室内外地坪用加粗线表示。剖切到的房间的墙身轮廓线、柱子、走廊、楼梯、楼梯平台、楼面层和屋顶层用粗实线表示，在 1∶100 的剖面图中可只画两条粗实线作为结构层和面层的总厚度。在 1∶50 的剖面图中，则应在两条粗实线的上面加画一条细实线以表示面层。板底的粉刷层厚度,在 1∶50 的剖面图中,应加绘细实线来表示粉刷层的厚度。

其他可见的轮廓线如门窗洞、楼梯梯段及栏杆扶手、可见的女儿墙压顶、内外墙轮廓线、踢脚线、勒脚线等均画中粗实线。

门、窗扇及其分格线、水斗及雨水管;外墙分格线(包括引条线)、剖面图中的断面,其材料图例与粉刷面层线和楼、地面面层线等画细实线,尺寸线、尺寸界线和高程符号均画细实线。习惯上,剖面图中可不画出基础的大放脚。基础用折断线省略不画,另由结构施工图表示。

(4)高程

建筑剖面图中,室内外的地面、各层楼面、楼梯休息平台面、门窗的上下沿、阳台面、屋顶檐口顶面、某些梁的底面、雨篷的底面等用高程标出,需标注高程的部位有的高程和以及必需标注的某些楼梯平台梁底面等的高程。

高程有建筑高程(竣工后的高程)和结构高程(不包括粉刷层)。门、窗洞的上顶面和下底面为结构高程。

(5)尺寸标注

建筑剖面图中应标注出竖直方向剖到部位的尺寸和高程。

竖直方向标注的高度尺寸分为外墙的竖向尺寸和局部尺寸。外墙的竖向尺寸分三道尺寸标注:最外一道为室外地面以上建筑物的总高。中间一道尺寸为层高尺寸(两层之间楼地面的垂直距离)。最里边一道尺寸为细部尺寸,标注墙段及门、窗洞高度、窗台的高度、洞间墙尺寸及栏杆扶手的高度尺寸、屋檐和雨篷等的挑出尺寸等。

水平方向,常标注剖到的墙、柱及剖面图两端的轴线编号及轴线间距。

某些局部细小结构如墙脚、窗台、过梁、墙顶等节点另用详图表示,在剖面图对应部位画上详图索引标志。

(6)坡度

建筑物的屋面、散水等倾斜部位,用坡度来表示倾斜的程度。

七、建筑详图

将平面图、立面图、剖面图表达的不够清楚的建筑细部,用较大的比例进行详尽绘制的图样称为建筑详图(也叫大样图)。它对建筑物细部的形状、大小、材料和做法加以补充说明。建筑详图主要表示建筑构配件(如门、窗、楼梯、阳台、各种装饰等)的详细构造及连接关系;表示建筑细部及剖面节点(如檐口、窗台、明沟、楼梯、扶手、踏步、楼地面、屋面等)的形式、层次、做法、用料、规格及详细尺寸;表示施工要求及制作方法。建筑详图是建筑细部的施工图。详图一般以剖面图绘制,若平面图有局部表达得不够清楚,还要绘制平面详图。详图中应有索引符号以表示详图的位置。

常用的建筑详图有:墙身剖面节点详图、门窗详图、楼梯详图、建筑构配件详图、房屋详图及厨房、浴室、卫生间详图等。详图常用的比例 1∶10、1∶20、1∶50 等。

1. 墙身剖面节点详图

墙身剖面节点详图实际是建筑剖面图的局部放大图,常用比例为 1∶20,它表达房屋的屋面、楼层、地面和檐口构造、楼板与墙的连接、门窗顶、窗台和勒脚、散水等处构造的情况,是施工的重要依据,如图 19-20 所示。

2. 楼梯详图

楼梯是多层房屋垂直的交通设施。其构造与尺寸应满足人流通行和物品搬运的要求。楼梯通常由楼梯段、楼梯梁、楼梯平台、楼梯栏杆或栏板与扶手组成。在房屋建筑中常用的是预制或现浇的钢筋混凝土楼梯。

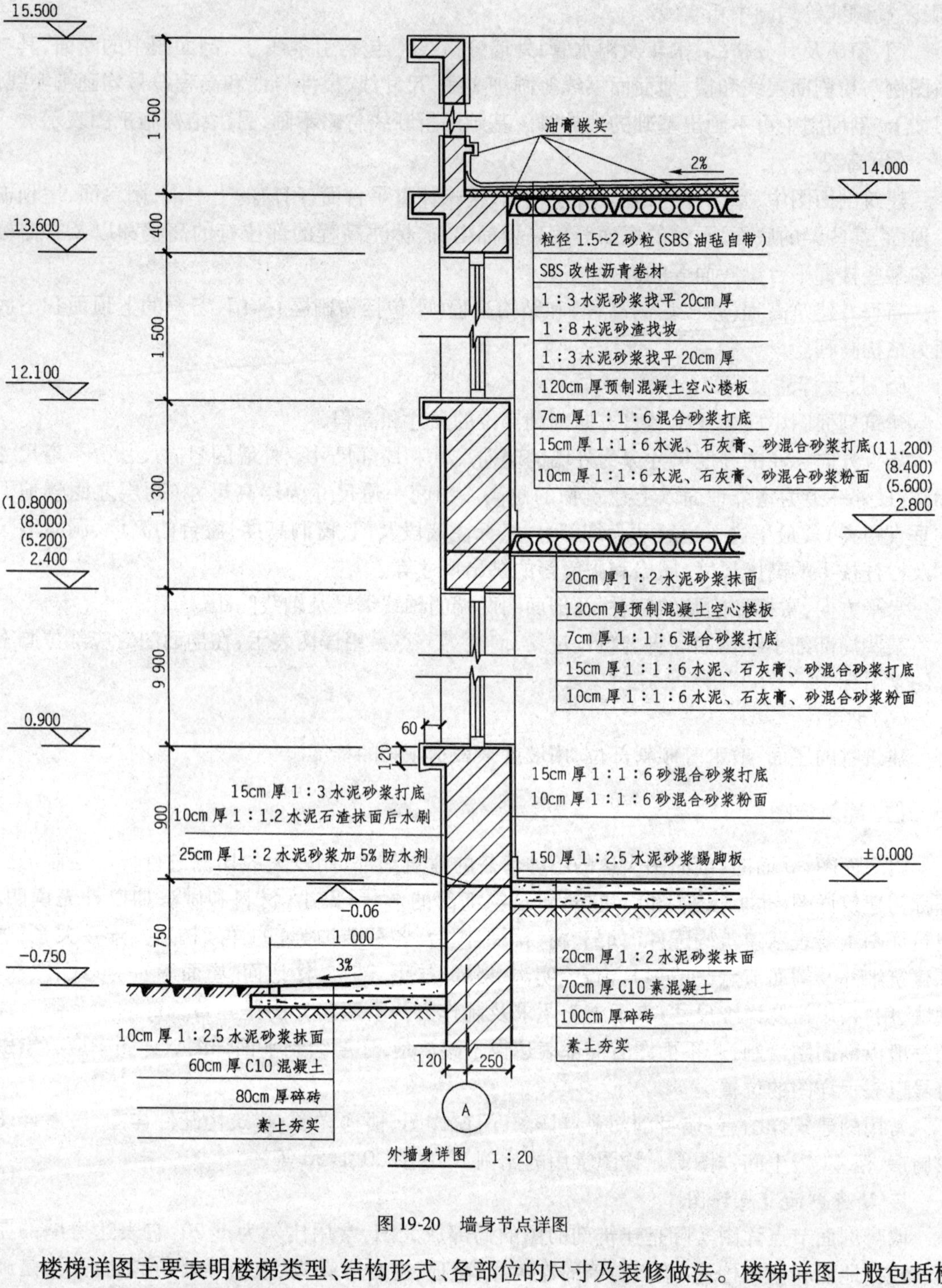

图 19-20 墙身节点详图

楼梯详图主要表明楼梯类型、结构形式、各部位的尺寸及装修做法。楼梯详图一般包括楼梯平面图、楼梯剖面图及栏杆或栏板、扶手、踏步大样图等图样，如图 19-21 所示。

楼梯平面图：楼梯平面图是通过本层向上走的第一梯段即休息平台以下、窗台以上的位置处剖切向下投影得到的水平剖面图。梯段被剖到的楼梯段用 45° 折断线表示。

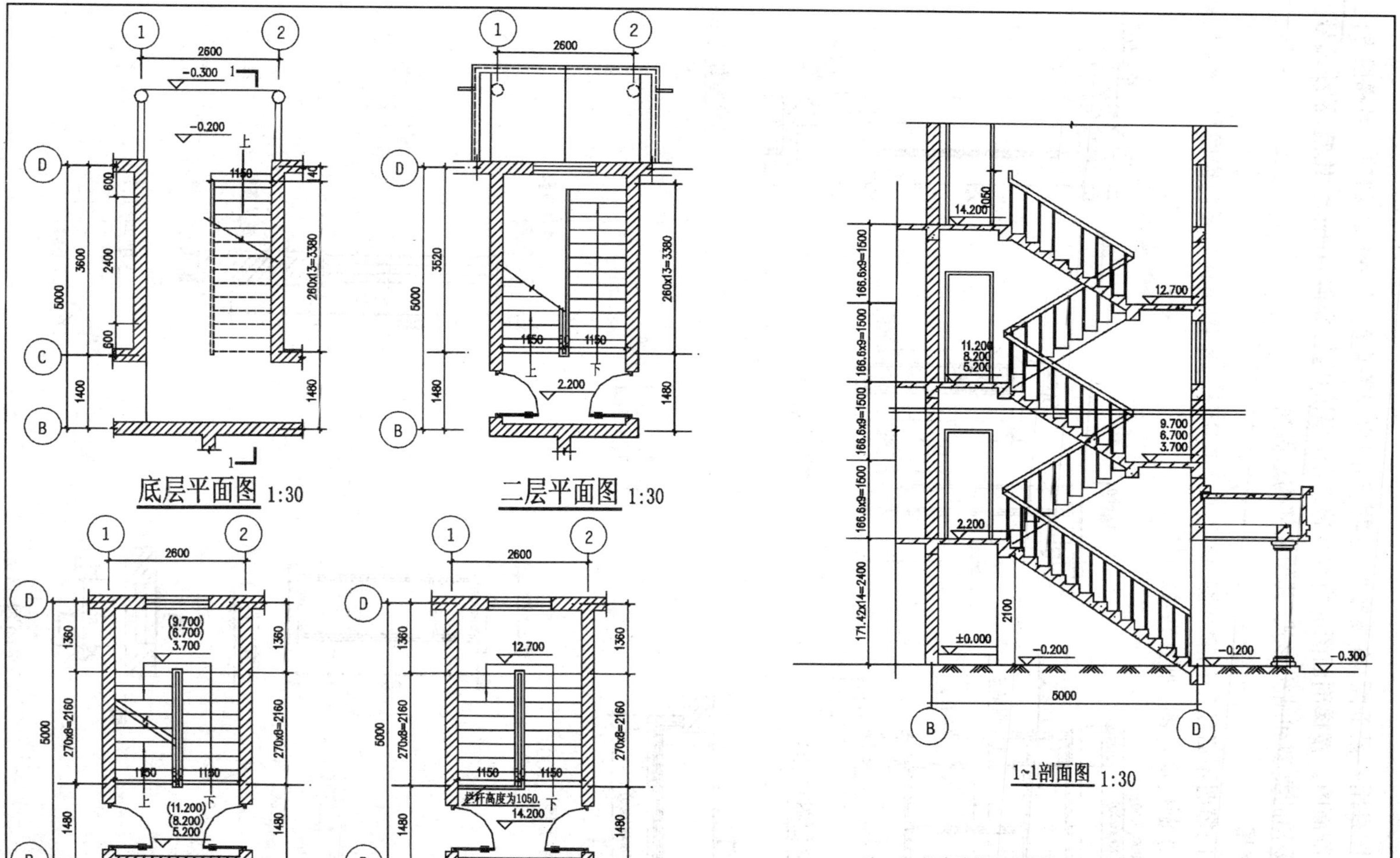

注：1. 尺寸单位以毫米计；

2. 楼梯栏杆详见皖 94J401 第七页 M1。栏杆竖向间距≤110mm。

图 19-21　楼梯各楼层平面图和楼梯剖面图

楼梯平面图的内容与建筑平面图的内容类似，有图名、比例、轴线、高程、各部分尺寸、上下走向和踏步级数等。

楼梯剖面图是用一铅垂面，将楼梯某一梯段和门窗洞垂直剖开，并向未剖到的另梯段方向投影所得到的剖面图。楼梯剖面图的内容与建筑剖面图的内容类似，有图名、比例、轴线编号、各部分尺寸、楼梯的类型和结构形式、其他细部构造做法。

3. 门窗详图

采用标准门窗时不必绘制门窗详图，但必须注明所选标准图集代号及门窗图号。特殊设计的门窗必须绘制门窗详图，如图 19-22 所示。

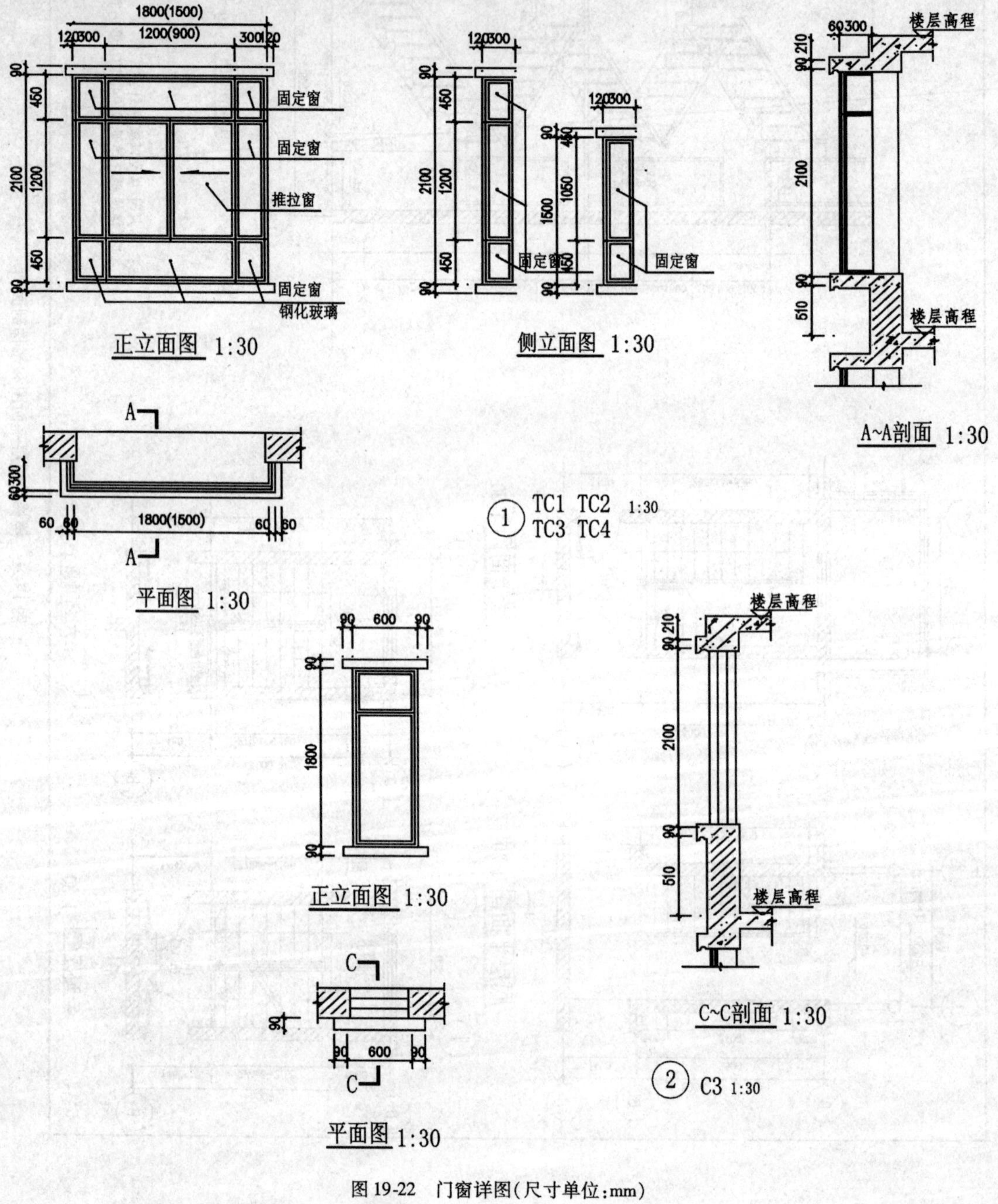

图 19-22　门窗详图(尺寸单位:mm)

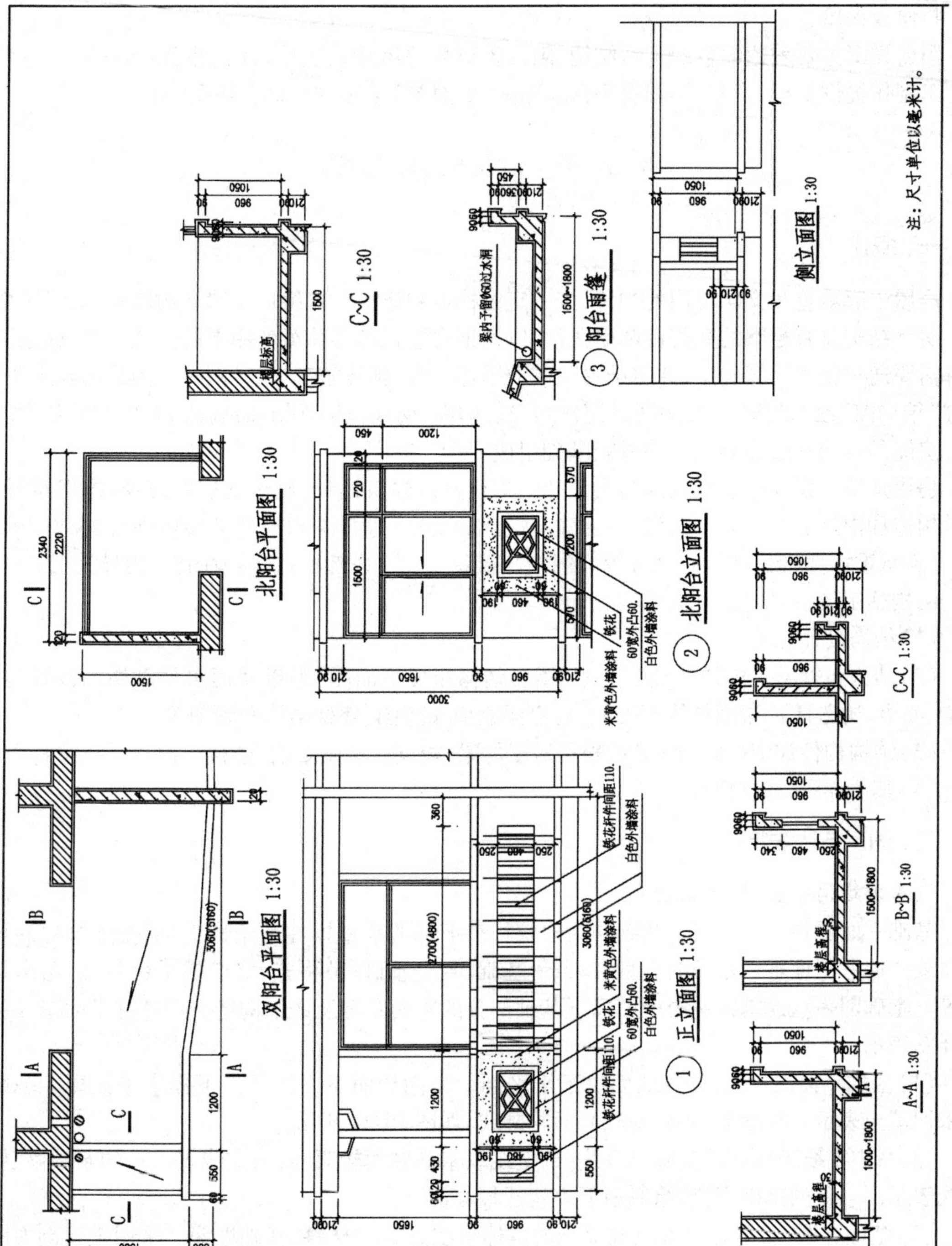
双阳台平面图 1:30
北阳台平面图 1:30
C~C 1:30
① 正立面图 1:30
② 北阳台立面图 1:30
③ 阳台雨篷 1:30
侧立面图 1:30
A~A 1:30
B~B 1:30
C~C 1:30
铁花
铁花杆件间距110.
米黄色外墙涂料
白色外墙涂料
60宽外凸60.
梁内予留Φ60过水洞
楼层标高
注：尺寸单位以毫米计。

图 19-23　阳台详图

门窗详图常用用立面图、节点剖面详图、断面图来表示门窗的截面、用料、安装位置、门窗扇与框的连接关系等。再列出门窗五金材料表和有关文字，对门窗所用小五金的规格、数量和门窗制作作出说明。

4. 阳台详图

阳台详图主要表达阳台的基本结构、阳台各部分的尺寸及装修做法、外墙装修等，为阳台的施工制作提供依据。阳台详图有阳台立面图、平面图和剖面图，如图 19-23 所示。

第五节　结构施工图

一、概述

房屋中起承重和支撑作用的构件，按一定的构造和连接方式组成房屋结构体系，称房屋结构。房屋结构要有足够的坚固性和耐久性，以保证房屋在各种荷载作用下的安全使用，这些构件都需要通过受力计算确定，并将结果绘制成图样，用以指导施工，这种图样称为结构施工图，简称“结构图”或“结施”。结构图是制作和安装构件、编制施工计划和预(决)算的重要依据。

房屋的结构一般由梁、板、柱、墙、基础组成。

房屋建筑的设计一般包括建筑设计和结构设计。建筑设计：确定房屋的外观、内部布置、建筑构造和内外装修等。结构设计：由建筑设计的要求，进行结构的选型和构件布置、力学计算、决定承重构件(梁、柱、墙、基础等)的材料、形状、大小、内部构造，绘成图样，指导施工。

结构施工图一般包括：

(1)结构设计说明。

(2)结构布置图。包括基础平面图、楼层结构布置平面图(贴近楼面水平剖切，表示门窗过梁、圈梁、构造柱)、屋面结构平面图、连系梁立面布置图、楼梯结构布置图等。

(3)结构构件详图(含配筋图)，表示房屋的梁、板、柱、基础结构、楼梯结构、屋架结构。

(4)其他详图，如支撑详图。

二、图示方法与特点

1. 基础结构布置图(平面图)：

基础平面图和基础详图。基础作为建筑物最下部的承重构件埋于地下，承受建筑物的全部荷载并传递至地基。基础的类型有：条形基础、独立基础、整格式基础、桩承台基础、箱形基础等。基础图表示建筑物室内地面以下基础部分的平面布置及详细构造。用基础平面图和基础详图表示。

(1)基础平面图：底层室内地面以下水平剖切将剖切面下方构件向下作水平投影。基坑按未回填土表示。只画基础墙、基础底面轮廓线，如图 19-24 所示。

图示：中实线表剖到的基础墙身线，细实线表基础底面轮廓线，粗实线表可见的基础梁、粗虚线表示不可见的基础圈梁、涂黑矩形表构造柱断面。

(2)基础详图：表示基础各组成部分的具体形状、大小、材料、基础埋深。采用垂直剖面图或断面图表示。基础详图包括：基础的垫层、基础、基础墙(包括大放脚)、基础梁、防潮层等所用的材料、尺寸、配筋。

图示方法：基础平面图用水平剖面图表示，基础的底面由设计计算进行放大，只画基础墙、柱的断面和基础的底面轮廓线及基础梁的中心线位置。

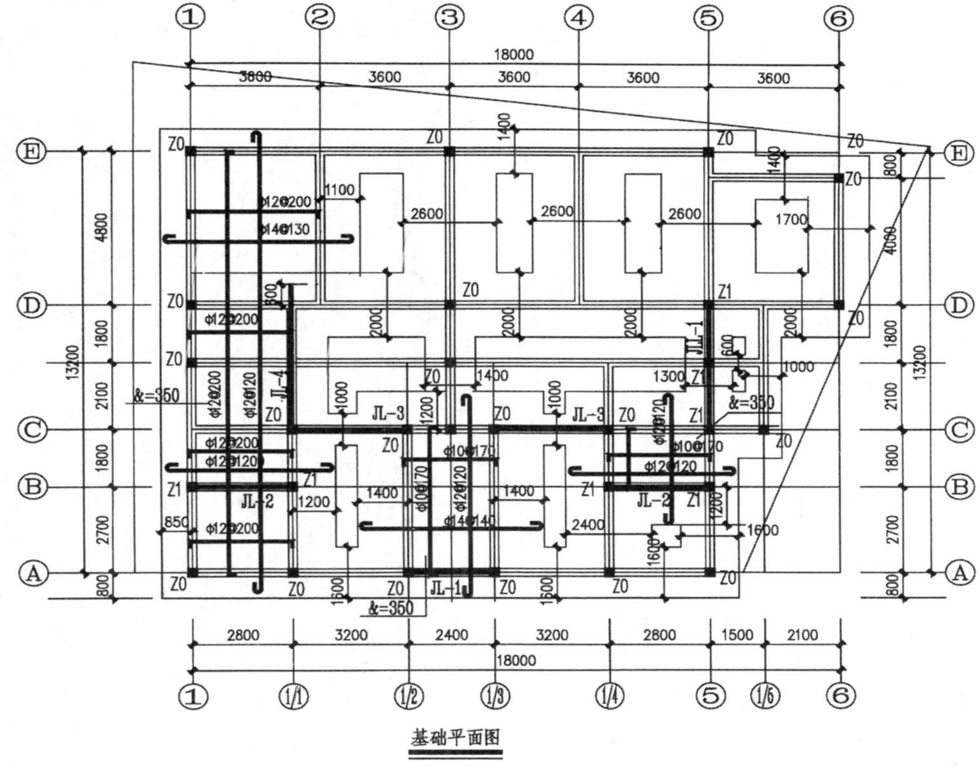

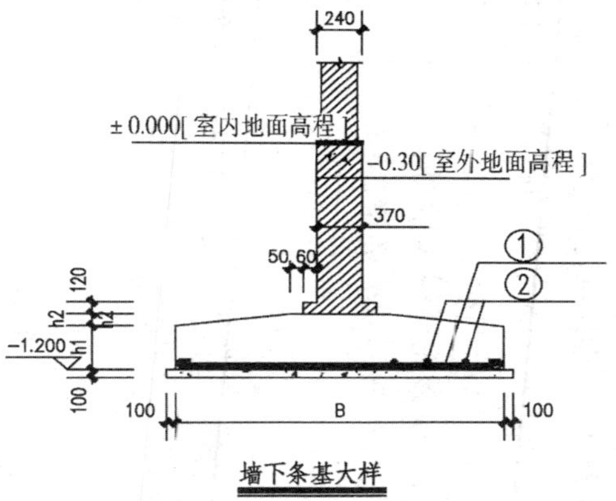

编 号	B	h1	h2	①	②
TJ06	600	200	0	φ6@200	φ6@200
TJ10	1000	250	50	φ8@180	φ6@200
TJ13	1300	250	50	φ10@180	φ6@200
TJ14	1400	250	50	φ10@150	φ6@200
TJ16	1600	250	50	φ10@120	φ6@200
TJ20	2000	300	50	φ10@140	φ6@200
TJ26	2600	300	100	φ12@100	φ6@200

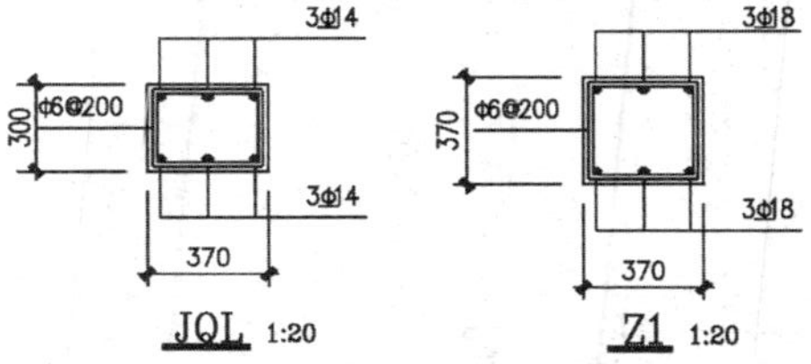

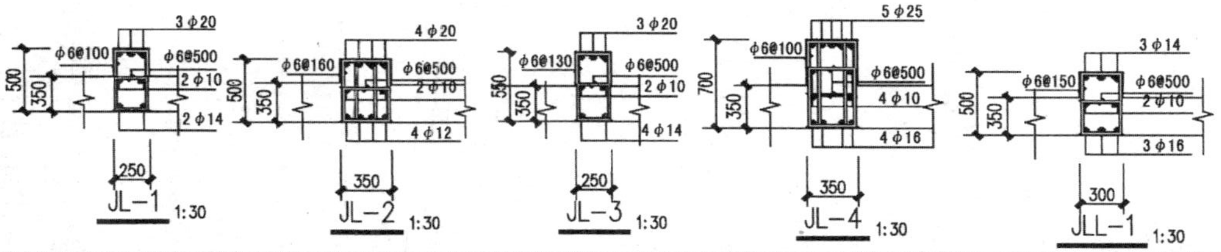

图 19-24　某房屋基础平面图

基础的尺寸标注:主要标注基础的平面定位尺寸和主要外形尺寸。

2. 楼层结构平面图

(楼层)结构平面布置图表示墙、梁、板、柱等承重构件在平面图中的布置,是施工中布置各层承重构件的依据。(楼层)结构平面布置图是用紧贴楼面的水平面剖切的投影图。楼面采用(预应力)钢筋混凝土多孔板,用对角线表示铺设范围,一侧注明块数、代号、规格,如图19-25所示。常见构件有:门窗过梁、圈梁、构造柱。构件用其投影轮廓线表示,板下不可见梁用粗虚线表示,构造柱断面用涂黑矩形表示。构件的类型用代号表示:*QL* 圈梁、*YGL* 预过梁、*L* 梁、*YTB* 阳台板、*YPB* 雨篷板、*GZ* 构造柱。

3. 结构构件详图

结构构件详图表示房屋的结构构件如梁、板、柱、基础、楼梯、屋架等结构详细构造图,常用配筋图的形式绘出。其表示方法与其他土木工程建筑物的钢筋结构图表示方法类似。其具体内容在钢筋结构图一章说明。

4. 屋顶结构平面图

屋顶结构平面图表示屋顶的隔热、保温、防水等的作法。

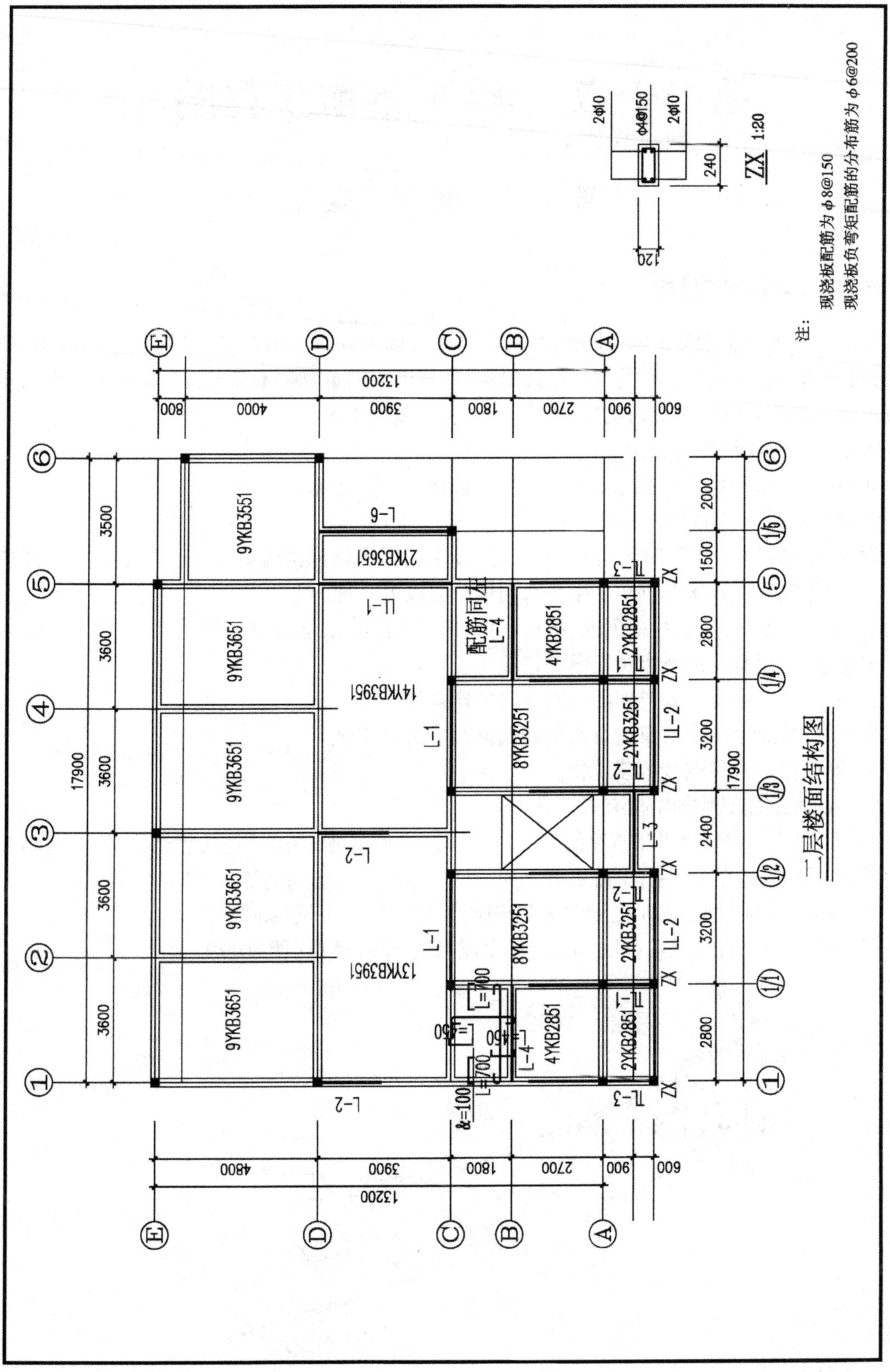

图 19-25　某二层结构平面图

第二十章　水利、港航工程图

第一节　概　　述

一、水工建筑物的结构

表达水利水电工程建筑物（水坝、水电站、船闸、渠道等）的图样称水工图。包括视图、尺寸、图例符号和技术说明。它是反映设计思想、指导施工的重要技术资料。一套水利工程图样除表示水工建筑外，还有机械、电气、管线、水文和工程地质图。

水工建筑按建设位置分为：

河道中（河水利用），包括水利设施、水坝、船闸、水渠、水闸。

河岸（海边），包括码头、海岸工程。

为利用或控制水资源而修建的工程设施，或为利用水资源同时修建若干个不同作用的建筑物，这种建筑物群称水利枢纽。主要水利枢纽有以下几种。

拦河坝：挡水建筑物，拦截河流，抬高水位，形成水库和水位落差。

水电站：利用水位差及流量发电的建筑物。

船闸：克服水坝水位差产生的通航障碍的建筑物。

泄水闸：排放上游水流及进行水位和流量调节的建筑物。

冲沙闸：排放水库泥沙的建筑物。

常用的水工建筑物的结构有以下几种。

（1）上、下游翼墙：过水建筑物的引水、导水墙，有圆弧形、扭曲形、八字斜墙式，上游翼墙为引导水流平顺地进入闸室，下游翼墙是为了使出闸的水流均匀地扩散（图20-1）。

（2）铺盖：闸前护底，它是上游河床用于防冲、防渗的保护层（图20-1）。

（3）护坦及消力池：闸后护底、消能，让水流翻滚、消耗能量（图20-1）。

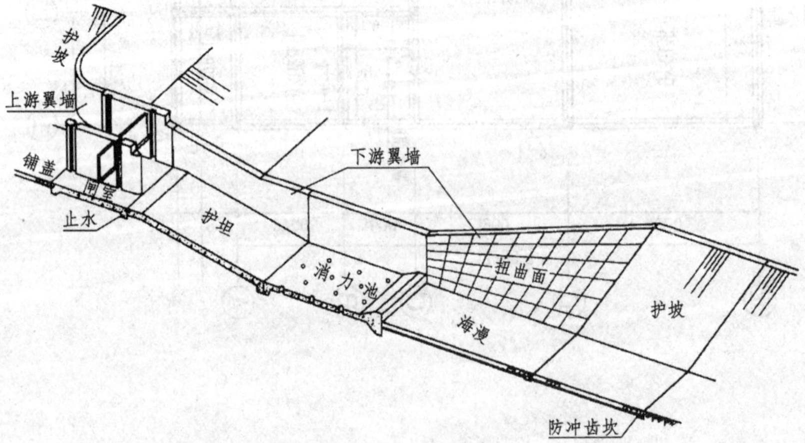

图20-1　水闸轴测图

(4)海漫及防冲槽(或防冲齿坎):继续护底、消能,保护河床免受冲刷(图 20-1)。

(5)廊道:坝身内或闸首中为了施工、排水、检查、交通等作用而设置的通道(图 20-2)。

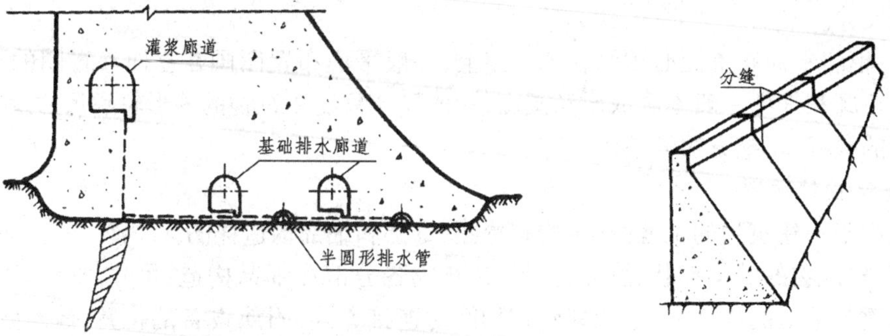

图 20-2　廊道和分缝

(6)分缝:为防止因温度变化或地基沉降不均匀而引起的断裂现象而人为设置的伸缩、沉降缝。

(7)分缝中的止水:在分缝处阻水防止渗漏。

水利工程设计过程一般要经过规划、可行性研究、初步设计、施工设计几个阶段。

二、水工图的分类

1. 工程位置图(灌溉区规划图)

工程所在地理位置,表达与枢纽有关的河流、公路、铁路、重要的建筑物、居民点,一般比例较小范围较大,建筑物一般用图例表示,如图 20-3 所示。

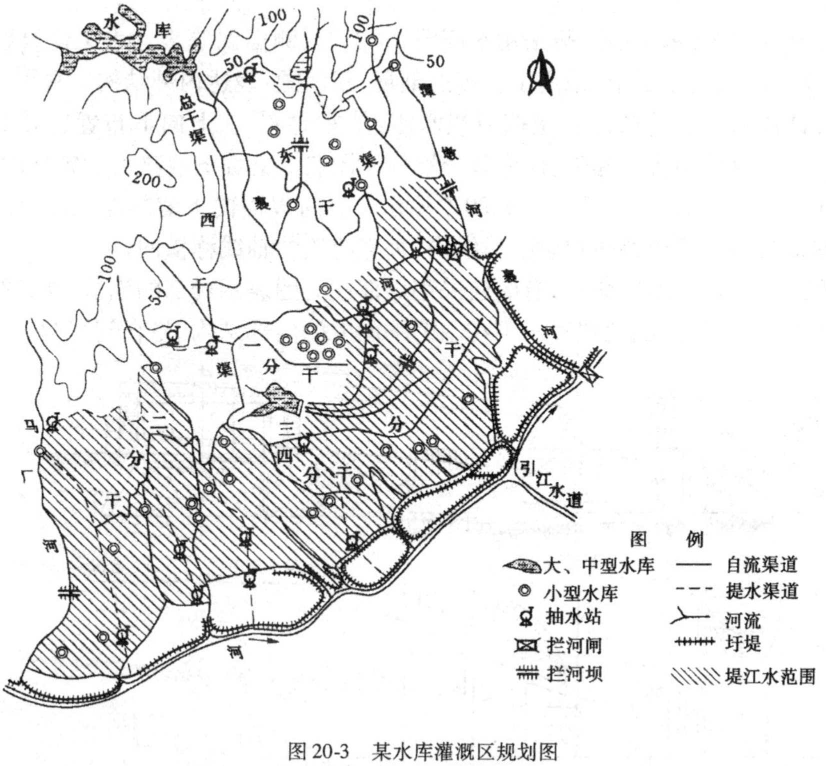

图 20-3　某水库灌溉区规划图

2. 枢纽布置图(总体布置图)

枢纽布置图表示整个枢纽在平面和立面的布置情况。

内容:所在地区的地形、河流及流向、地理方位(指北针),各建筑物的相互位置关系,建筑物与地面的交线、填挖方边坡线,公路、铁路、居民点、有关重要的建筑物,建筑物的主要高程和主要轮廓尺寸。

特点:枢纽平面布置图必须画在地形图上,一般平面布置图画在立面布置图的下方,结构上的次要轮廓和细部一般不画或示意画出,一般尺寸只注建筑物的外形轮廓尺寸及定位尺寸、主要部位的高程、填挖方边坡坡度。

3. 建筑物结构图

枢纽中某一建筑物的工程图:结构布置图、分部和细部构造详图。

内容:建筑物的结构形状、尺寸、材料,建筑物各分部和细部构造、尺寸、材料,工程地质情况及建筑物与地基的连接方式,相邻建筑物间的连接方式,附属设备的位置,建筑物的工作条件,如上、下游各种设计水位、水面曲线等。

特点:把建筑物的结构形状、尺寸大小、材料等表达清楚。一般用较大的比例。

4. 施工图

施工图表达施工组织和施工方法的图样。

如施工总平面布置图、施工场地布置图、基础场地开挖图、施工导流布置图、混凝土分期分块浇筑图、施工方法布置图。

5. 竣工图

根据工程完工后的实际情况画出的图样。

三、水工图的表达方法

视图的名称与配置:水工图一般采用平面图、立面图、侧面图等表达水工建筑物的外部结构。此外,由于内部结构较复杂,采用了较多的剖视、断面图:表达内部结构。视图一般按投影关系配置并标注图名。布置视图尽量按习惯水流:从左向右、从上向下布置。对于对称的结构:可以只画一半,或两图合并起来,但应该分别标注图名。立面图改称为上游立面图、下游立面图(向下、上游方向看)。如图20-4、图20-5所示。有时以面向下游的左、右边称为左岸、右岸。一般沿水流方向或建筑物对称轴线称纵向,垂直建筑物轴线称横向。

除了基本三面视图表示方法外,有时还采用局部放大图表示局部的细节、展开视图表示不在一个平面上的结构、展开剖视图表示不在一个平面上的内部结构、复合剖视图表示多个面上

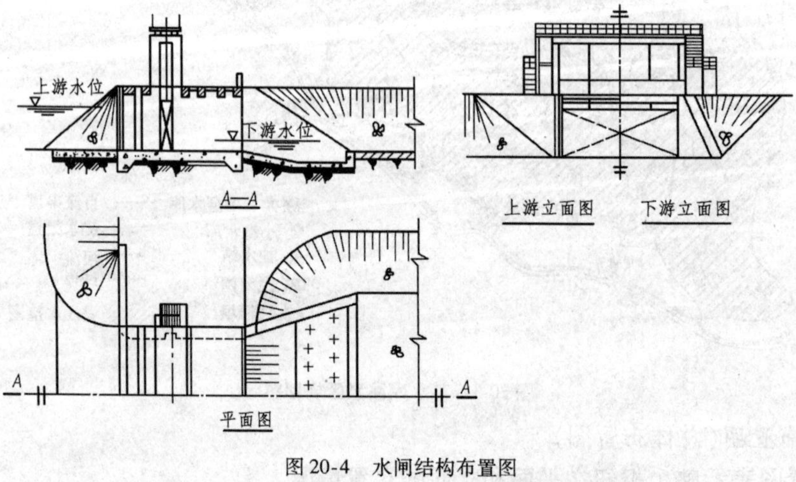

图20-4 水闸结构布置图

的结构、分层表示法表示建筑物表面上的多层铺设、掀土表示法表示地下结构、假想表示法表示运动部件的运动范围、拆卸表示法表示拆除遮挡部分后的后面部分的结构、连接表示法表示分段绘制的图形间的连接关系和一些规则排列物体的简化画法。

水工图由于结构复杂,图线较多,通常图线分为多个层次,常分为粗、中、细线。

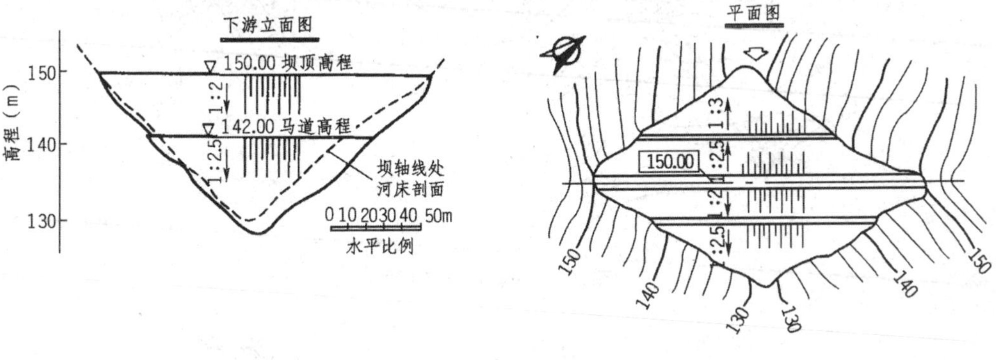

图 20-5 土坝视图配置

四、水工图的尺寸标注

水工图的尺寸特点:水工图的尺寸标注除了基本的尺寸标注要求外,根据水工建筑物的特点,还有一些特殊的要求。

1. 基准面和基准点用于放样定位

高程基准面:图中应说明采用的水准零点名称。设计基准面:建筑物上在铅垂方向上的重要位置的铅垂面,常取过坝、闸轴线、码头前沿等的铅垂面。基准点:确定建筑物平面位置的参考点。如图 20-6 的 *A*、*B* 点。

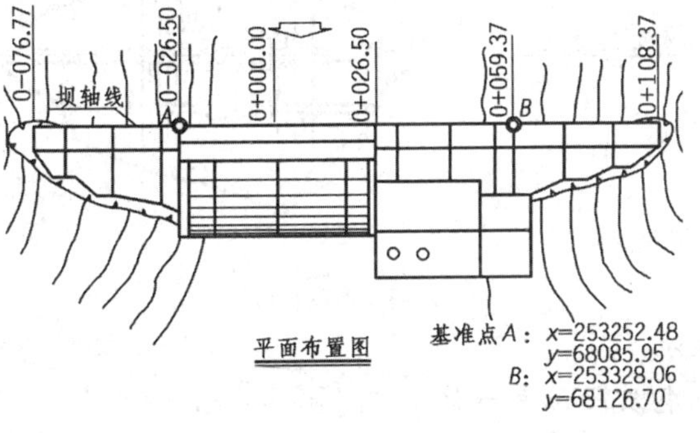

图 20-6 里程桩号和基准点表示法

2. 点、线、面尺寸标注

有时需对一些点、线、面单独进行尺寸标注。点常用坐标标出。

3. 长度尺寸的标注

有时可用桩号标出,如图 20-7 所示。

4. 高度尺寸的标注

一般可用高程标出。如图 20-8 的水位和坝顶高程。

5. 规则变化的曲线、曲面尺寸标注

可用列表法、数学表达与列表结合法或坐标标注法表示。

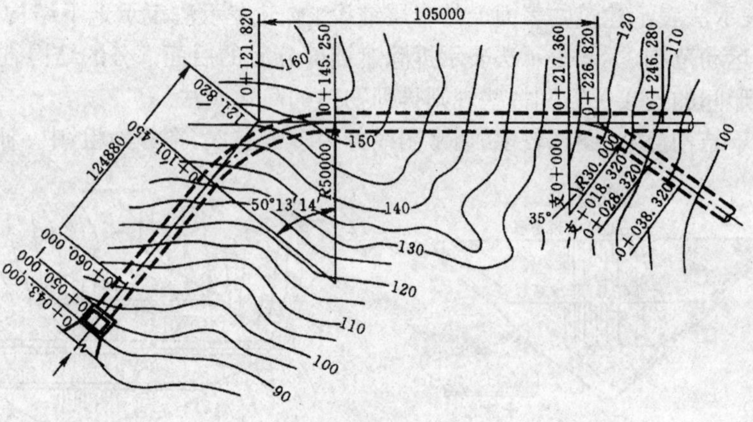

图 20-7　里程桩号表示法

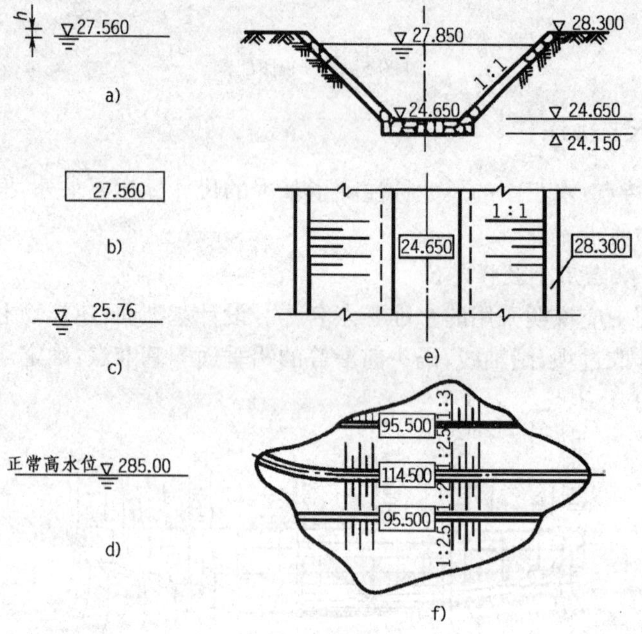

图 20-8　高程表示法

6. 水工图的其他注法

在标注长度尺寸时，各分段长度与总长同时标注形成封闭尺寸。不在同一张图上的相同结构或不同比例的不同图上的同一结构，为方便查找有时采用重复标注尺寸的方法。对称结构的尺寸，可以向两边对称标注也可注出一半。

第二节　水利工程图读图示例

水利工程图有：水坝、船闸等工程图。

1. 水利工程图的读图

读图的方法和步骤：由枢纽布置图到结构图，由主要结构图到其他结构图，由大轮廓图到小构件图。

读总体布置图以平面图为主，了解建筑物所在位置的地形、地理方位、河流、各建筑位置、关系等。

读结构图,先主要建筑物,再其他建筑物,了解各建筑物的细部构造形状、尺寸大小、材料、各部分相互关系、附属设备等。

读图方法有形体分析法和线面分析法。

多张图表达应注意弄清投影关系、投影方向。结合高程和尺寸来读图。

2. 读图举例

下面以读总体布置图为例说明水工图的基本读图方法,结构图的读图与其他土木工程图类似。

(1)读某土坝的平面布置图

土坝是主要用来蓄水、引水灌溉的小型水利工程,土坝的基本组成由土坝坝体、泄洪管道、引水渠等组成。

(2)读某重力坝平面布置图

图 20-9 为某重力坝的平面布置图,中部为溢流坝段,上面有交通桥,右端有消力池和海漫,右岸左下部有引水发电隧道和控制闸门,右岸靠近溢流坝段设导流排沙洞和控制闸门,坝两侧设上坝公路。其他表示方法与上述类似。

(3)读某船闸总体布置图

船闸由三部分组成:闸室、闸首、引航道。

闸室是供船舶过闸时停留的地方,由闸墙和底板组成。

上下游引航道为引导船舶安全进出船闸和过闸停泊之用,设靠船设施、隔水墙、挡土墙和护坡。

闸首是将闸室上下游航道分隔的挡水建筑,由边墩、底板、闸门、输水系统组成,分上闸首和下闸首。

视图表达:上方平面图采用半剖视表达,上半部剖切示出闸门输水通道,下半部分为外形图,表示整个船闸的平面外形,闸室中部采用断开画法。立面图为沿船闸中心线剖切的剖视图,表示了船闸的纵向情况。

第三节 (港航)码头工程图

表达港口、航道工程中的水利工程建筑物(码头)的图样称港工图。

港口设施有码头、防波堤。码头:用于船舶停靠、装卸货物、旅客上下船。

码头设施:常见的有系船设备(系船柱、系船环、护木)用于船舶的系缆;码头地坪台(前方桩台、后方平台),用作装卸操作场或暂时堆场;门式起重机、铁路用于装运货物。

码头分类,按平面布置分为:有顺岸式、突堤式、墩式码头;按断面形式分为:有直立式、斜坡式、半直立式、半斜坡式、多级式码头;按结构型式分为:有重力式、板桩式、高桩式、混合式码头。如图 20-10 所示。

一、高桩码头结构

高桩码头由于结构简单、施工方便,是常用的码头结构形式,这里主要说明高桩码头和图形表达方法。

码头主体结构分上部结构和下部结构,如图 20-11 所示。

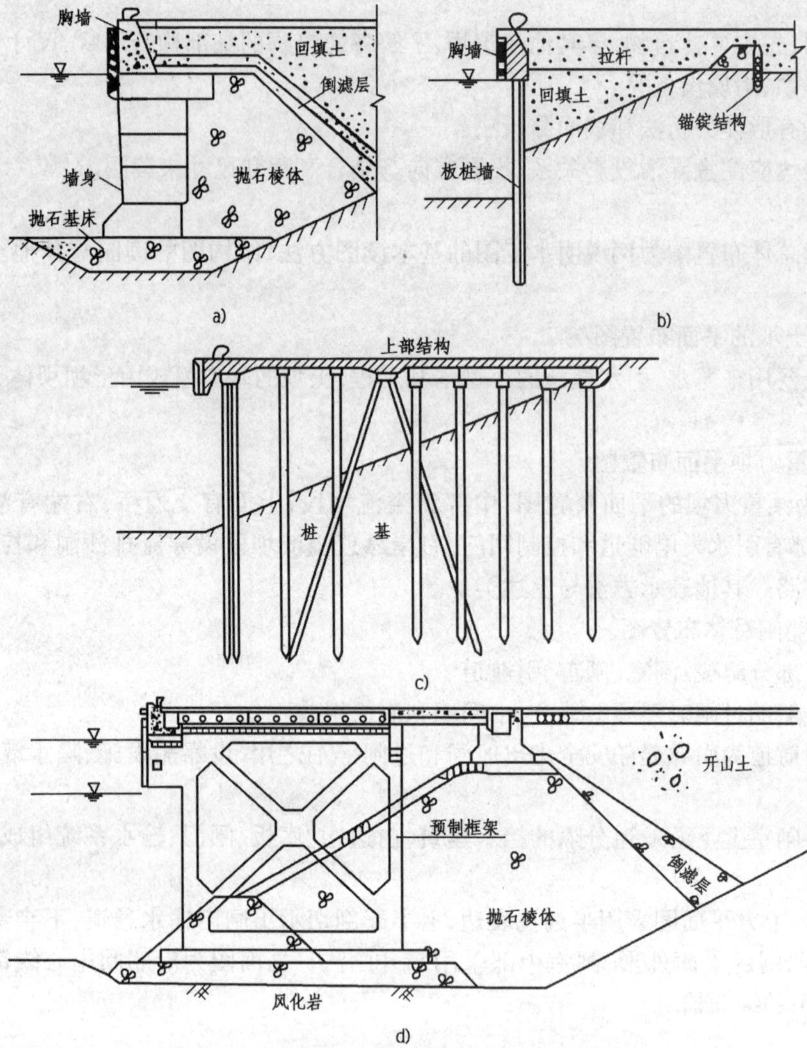

图 20-10　码头的结构形式

a)重力式;b)板桩式;c)高桩式;d)混合式

上部结构包括承台或板梁及靠船设备、系船设备和其他设备。板梁式码头从上往下有面板、纵梁、横梁、桩帽;靠船设备有橡胶护舷、护木、防冲桩等用于对船舶靠泊时的撞击和挤压力、风浪作用力的吸能。系船设备有(风暴)系船柱、系船环、外海锚地用的系船浮筒等。其他码头设备还有轨道结构、供水供电管沟、扶梯和台阶、码头路面、护轮槛和系网环等。

下部结构主要是钢筋混凝土桩、基础等。

码头前后方的使用要求不同,前沿地带装有门机、堆放货物及系靠船舶。后方地带一般为堆场或行驶小型流动机械的通道。常用,纵向变形缝将码头分为前桩台和后桩台两部分。

二、码头工程图

按所表达内容和范围分三类:

总平面图:用 1∶500 ~ 1∶2 000 的比例表出建筑物的大致轮廓和位置。尺寸标注只注出各、建筑物的总体尺寸、位置尺寸和主要部位的高程尺寸，一般绘在地形图上。

建筑物结构图：建筑物的形状、大小、结构、材料，基础的地质情况，基础与地基的连接方式，与相邻建筑的连接方式，上下游工作位置，细部构造及附属设备。常用比例1∶50～1∶200。

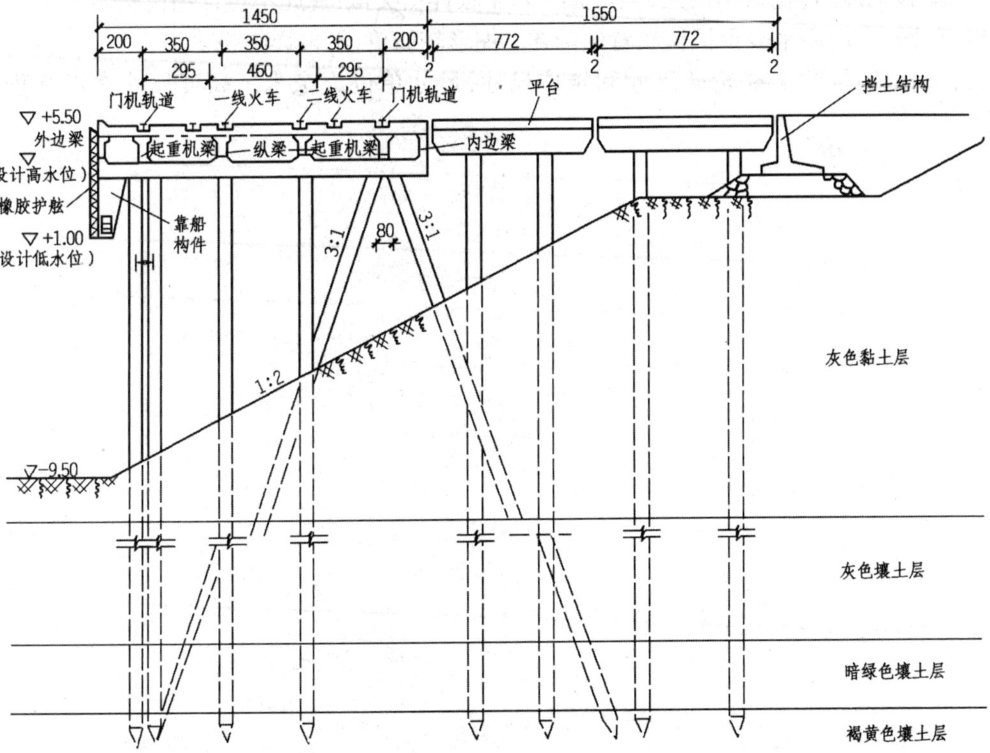

图20-11　宽桩台高桩码头

施工详图（包括构件图）：主要表达建筑物中各种构件的形状、大小、材料及构件之间的连接方式。

按结构也可分为整体结构图、分部结构图、桩位图、梁板安置图。

常用的表达方法有以下两种：

（1）平面布置图，主要表达码头的位置、平面形状和大小、层面和前沿设备的布置等。图20-12为某码头的14～24分段的平面布置图，由于图纸过长，两端各略去了部分分段。该码头由码头前沿、码头前平台、码头后平台组成。码头前平台是船舶停靠、货物装卸、旅客上下船的建筑物，为使船舶平稳停靠，码头前沿设有鼓型橡胶护舷的靠船设施，码头前平台设有大型装卸机械的门机轨道，码头前沿设有可拆卸系船柱和防风系船柱，码头前沿还设有供水、供电、通讯设施，码头前平台还设有排水设施。码头平面图表达了该码头的位置、平面形状和大小，在右边注明了码头的定位坐标，面层和前沿设备的布置和安装位置，平面图表示了各部分的主要尺寸和码头设备一览表。

（2）码头立面图或断面图，主要表达码头的结构及各组成部分的形状、大小和位置。如图20-13为某码头的东侧立面图。该立面图主要表达了码头的结构及各部分的形状大小和位置，立面图表达了从码头前平台、后平台及堤岸和堤外坡在立面方向的布置情况，立面图表达了从码头前沿到后平台的桩、梁、板的布置和相互位置关系，详细地表达了各部分的结构情况、主要轮廓尺寸和定位尺寸,尺寸标注时常采用多层结构尺寸标注法,立面图同时还表示了河道或海底各层地质状况,立面图还表示了码头前沿的靠船设施安装位置。

码头立面图中自下而上的各层为:桩、梁、板、磨耗层。

码头立面图中自前向后的各段为:前沿、前平台、后平台、简支板、挡土墙、岸上路面。

码头施工详图(包括构件图)与其他土木工程详图类似,在此不再详细说明。

桩位图:专门用来表示桩位布置的图样。图形较简单,不再详细说明。

尺寸标注:标注主要轮廓尺寸和定位尺寸,尺寸单位为毫米。高度尺寸常以高程形式注出。

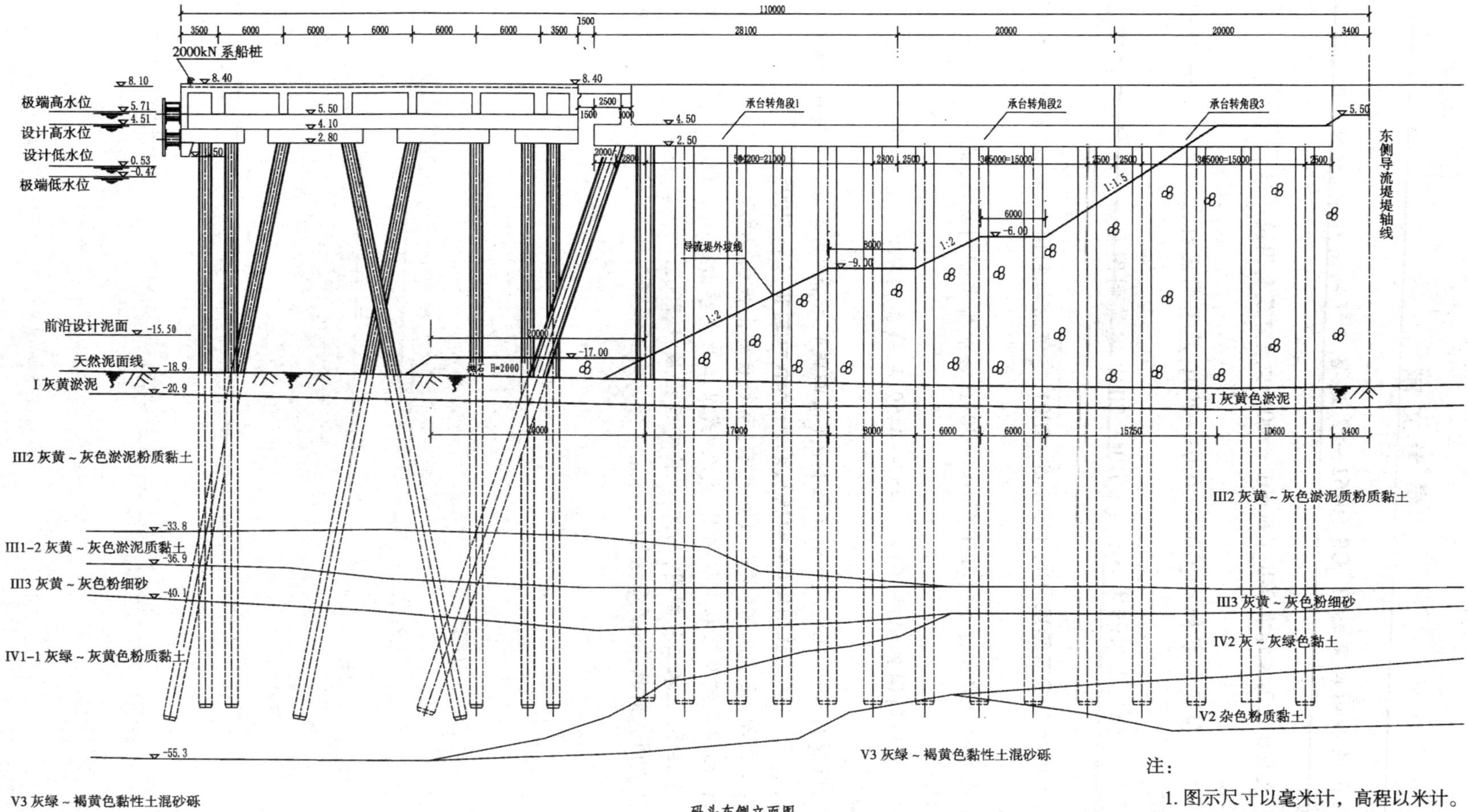

码头东侧立面图 1：200

注：

1. 图示尺寸以毫米计，高程以米计。
2. 图示抛石轮廓线根据该处东侧导 .

图 20-13　某码头立面图

参考文献

[1] 中华人民共和国国家标准. GB 50162—92 道路工程制图标准. 北京:中国计划出版社,1993.

[2] 中华人民共和国国家标准. GB/T 50001—2001 房屋建筑制图统一标准. 北京:中国计划出版社,2002.

[3] 中华人民共和国国家标准. GB/T 50103—2001 总图制图标准. 北京:中国计划出版社,2002.

[4] 中华人民共和国国家标准. GB/T 50104—2001 建筑制图标准. 北京:中国计划出版社,2002.

[5] 中华人民共和国国家标准. GB/T 50105—2001 建筑结构制图标准. 北京:中国计划出版社,2002.

[6] 中华人民共和国国家标准. GB/T 50106—2001 给水排水制图标准. 北京:中国计划出版社,2002.

[7] 中华人民共和国国家标准. GB/T 4457—4459 机械制图标准. 北京:中国计划出版社,2002,2003.

[8] 许良乾,殷佩生. 画法几何及水利工程制图(第四版),北京:高等教育出版社,2001.

[9] 谢步瀛,袁果. 道路工程制图(第四版),北京:人民交通出版社,2006.

[10] 大连理工大学. 画法几何(第六版). 北京:高等教育出版社,2003.

[11] 何铭新. 画法几何及土木工程制图,武汉:武汉工业大学出版社,2000.

[12] 张英,谭海洋. 土木工程制图,北京:人民交通出版社,2007.

[13] 网易行业门户网站,http://co.163.com.